経済学と統計的方法

是永純弘

八朔社

装幀・髙須賀優

目 次

I 統計学の方法論的諸問題

第1章 確率論の基礎概念について ……3
—— R. v. Mieses の確率観 ——

はしがき ……3
1 確率概念の基礎 ……4
2 ミーゼス基礎論の意義と限界 ……14
むすび ……26

第2章 統計的方法の「有効性」について ……31

はしがき ……31
1 「統計理論における現代の危機」 ……33
—— L. ホグベンによる統計的方法の批判的評価 ——
　1 現代統計学の基礎理論としての確率論の不確実性　34
　2 統計理論の諸領域における確率計算の実質的意味　39
　3 総　括　47
2 いわゆる統計的方法の仮象的有効性 ……48
—— 社会・経済現象における決定論的法則性と確率計算法との対立 ——
むすび ……52

第3章 経済研究における統計利用の基本問題 ……54
—— 経済研究と社会情報としての統計の利用をめぐって ——

はじめに ……54
1 社会統計学の研究対象としての統計とその利用方法 ……56
2 社会情報としての統計とその利用の対象反映性 ……62

II 経済学における数学利用

第4章 経済学研究における数学利用の基礎的諸条件 ……71

序　説 …………………………………………………………71
　　1　数学の学問的性質 ……………………………………74
　　　はしがき　74
　　　　1　数学の対象と方法　75
　　　　2　数学的方法の利用　82
　　　むすび　88
　　2　経済学における諸量とその関係 ……………………88
　　　はしがき　88
　　　　1　経済的諸量の特徴　89
　　　　2　経済的量的諸関係の特徴　98
　　　むすび　107
　　3　経済学における数学的方法 …………………………107
　　　はしがき　107
　　　　1　経済的諸量とその関係の数学的表現　108
　　　　2　経済的量的諸関係の数学的分析　112
　　　　3　経済学の研究方法体系における数学的方法の地位　114
　　　むすび　116
　　4　数学利用論の最近の諸形態 …………………………116
　　　はしがき　116
　　　　1　論理学的数学主義の経済学への進入　117
　　　　2　確率論的非決定論の経済への進入　126
　　　むすび　141
　　結　語 …………………………………………………………141

第5章　数学的方法の意義と限界 …………………………147
　はしがき ………………………………………………………147
　1　数学的方法の学問的性格と諸科学におけるその利用 …148
　　　1　数学の対象と数学的方法の抽象性　150
　　　2　諸科学における数学の利用　152
　　　3　自然科学における数学の利用　156
　2　社会現象の特質と数学的方法の利用 ……………………160

1　社会現象の特質　160
　　2　社会的定量の特質　161
　　3　社会的定量の指標性　163
　　4　社会科学における抽象の特質と数学の誤用　167
　　5　数学的諸手段の利用　170
　　6　数学誤用の所産としての「数学主義」とその諸形態　173
　　7　計算技術の発達とサイバネティクスの意義　177
　むすび …………………………………………………………178

第6章　計量経済学的模型分析の基本性格 …………………183
　はしがき …………………………………………………………183
　1　「模型分析」の関数関係的現象認識の一面性 …………185
　　1　「模型分析」の構造とその基本的特質　185
　　2　模型分析の欠陥　190
　　3　模型分析における統計利用上の諸欠陥　194
　2　マルクス経済学への「模型分析論」の進出 ……………197
　むすび …………………………………………………………202

III　現代経済学方法論批判

第7章　「経済学の危機」と近代経済学の方法 ……………207

第8章　現代経済学の方法・思想的特質 ……………………220
　はしがき …………………………………………………………220
　1　現代経済学の「科学性」——その科学観の特質—— …………222
　　1　現代経済学の経験科学性　222
　　2　現代経済学の数理科学性　227
　　3　数理的経験科学としての現代経済学　231
　2　現代経済学の主要な分析手法 ………………………………237
　　　——モデル分析・システム分析・情報理論の適用とその問題点——
　　1　モデル分析手法の特質　238
　　2　システム分析手法の特質　243

3　モデル分析・システム分析における情報理論の適用
　　　　とその問題点　251

第9章　「政策科学」は可能か………………………………261

第10章　システム思考と社会認識………………………283
　はじめに………………………………………………283
　1　システム思考の基本特質………………………285
　2　システム思考の問題点…………………………292
　　──大型モデル分析におけるシステム思考適用例について──
　3　システム思考と社会・経済における諸システムの研究…298

IV　統計と情報

第11章　社会情報の真実性とその利用について……309
　はしがき………………………………………………309
　1　社会情報の特質とその真実性…………………310
　2　社会情報の利用をめぐる諸問題………………317
　むすび…………………………………………………322

第12章　統計の情報特性について……………………325
　はじめに………………………………………………325
　1　社会情報としての統計…………………………326
　2　数量情報としての統計…………………………333
　むすび…………………………………………………341

解　　説……………………………………近　昭夫…344

故是永純弘教授主要業績　357
編集を終えて　359

I 統計学の方法論的諸問題

第1章　確率論の基礎概念について
——R. v. Mieses の確率観——

はしがき

　本章の課題は，Richard von Mieses, *Wahrscheinlichkeit, Statistik und Wahrheit*, Dritte, Neubearb, Aufl., Wien, 1951 における，ミーゼスの確率基礎論の要旨とその意義をあきらかにするにある。

　周知のように，ミーゼスは，確率を集団現象又は反復事象の一標識が無限回の試行中にあらわれる相対的頻度の極限値であると，規定する。この，いわゆる頻度説的確率観に対しては，その仮定の数学的困難をめぐる批判と，その思考の基礎によこたわるマッハ主義的認識論の指摘がなされている。その結果，「ミーゼスの頻度説は現今の指導的な専門家の間ではほとんど支持者がない」[1]と評価されている。

　しかし，ミーゼスの確率論，とくにその基礎論は，今日もはや，「理論闘争」の相手方としての，あやまれるマッハ主義的見解[2]にすぎないと，簡単に片づけられてしまうものだろうか？[3]

　測度論的確率論の代表的な基準文献の一つとして有名な，A. コルモゴロフの *Grundbegriffe der Wahrscheinlichkeitsrechnung* では，確率論を現実世界に適用するときの前提条件の考察を，多くの点で，ミーゼスの研究に委ねる旨，明記されている。又，最近，物理学者の一部で論争されている，動力学的合法則性と統計的合法則性との関係の問題にかんし，決定論の立場を擁護する論者は，確率を客観的な事象との関係でとらえるための基礎を与えたミーゼスの基礎論を高く評価している[4]。

　確率とは，客観的実在のいかなる側面を反映する概念であるか，という問題は，確率論の基礎づけには勿論，自然及び，とくに社会の諸現象に，数学

的確率論の成果を有効に応用せんとするとき，まず第一に考えてみなければならない問題であろう。統計数字材料を用いて，社会科学の研究をすすめる，われわれにとって，数学が提供する他の諸理論，諸方法と同様に，確率論もまた，その客観的，現実的な基礎が確定されないかぎり，有効に利用されえないであろう。ミーゼスの所説には，なるほどマッハ主義的認識論からくる限界や制約があるとはいえ，その限界内にもせよ，多くの自然現象と数学的確率の概念との結びつきに注目し，客観的，具体的な，豊富な経験的事実を整理した功績は，評価されねばなるまい。ミーゼスをマッハ主義と評して一蹴し，かえって，主観主義的確率観に転落したり，確率を分析不能な不可知の神秘的概念としてまつりあげることによって，結局不可知論に屈服する，といった危険が，世のミーゼス批判家にもすくなくない。そうした諸「権威」の通説の一つに，集合論的に基礎づけられた確率論では，もはや，現実世界への適用条件を問題にする余地がなくなるといった主張がある。こうした傾向とは反対に，われわれが，社会現象の研究における，いわゆる統計的方法の有効性をあらためて吟味するとき，ミーゼスの確率基礎論は，やはり，考察の一つの出発点を与えてくれるものと思われる。[5]

1　確率概念の基礎

　確率論の基礎づけに捧げられた，この書の全六章を通じて，ミーゼスは，いわゆる運まかせ遊戯の仮説的計算例よりも，現実の統計材料を，ひろく，社会統計，生物統計，統計物理の諸実例から豊富にとり出して，頻度説の意味をくわしく検討している。

　確率とは何か，また，確率論とはいかなる学問か，という問題に，ミーゼスは次のように答えることによって，その基礎論を展開しはじめる。

　通俗的な言い方で，「確からしさ」が論ぜられる事象は，非常に広い範囲にわたって存在しているが，確率論の対象になる事象は，次の三種のものにかぎられる。第一は賭事や運まかせ遊戯，第二に保険業務，人口現象等の社会統計，第三は，力学や物理学の一部で扱われる統計物理的現象である。

　これらの諸現象の共通性はいずれも多数個体の一団たる集団現象（Mas-

「その中をどろぼうが、そっと戸を開けてはいって来た」

「ほほう」と源兵衛は眼をかがやかせた。「それで？」

「どろぼうは部屋の中をうかがっていたが、やがて押入れの中から衣裳を出して、大風呂敷に包みはじめた」

「ふむ」

「それを見ていた権八、『もしもし』と声をかけた」

「ふん、それで」と源兵衛は身をのりだした。

「どろぼうはびっくりして逃げだそうとした。権八はしずかに言った。『まあお待ちなさい。その中にわたくしの著物も一枚はいって居ります。それもついでに持って行ってください』」

「ふん、それで」

「どろぼうはふるえながら、その著物をも風呂敷に入れて逃げて行った」

「ふん、それで」

「それだけの話だ」

「ちぇッ」

源兵衛は舌打をして、つまらなそうにごろりと横になった。

9

その日の夕方ちかく、土間に按摩のトメさんが、杖をたよりに入って来た。

また「甲斐」のウイスキーにしても英知の図の「ウ」にしてもますいと一本も飲めなかつたですが、"ウイスキー"ということばをおぼえてから、"ウイスキー"ということばを毎日のように使つて、"ウイスキー"ということばを毎日の中で自分のものにしていく、そのことによつてまず「ウイスキー」ということばを自分のものにしていき、そのうち、だんだんと「ウイスキー」ということばに慣れていく、「ウイスキー」ということばを使つていると、"ウイスキー"という酒を飲みたくなつてきます。そして「ウイスキー」ということばを自分で口に出して発音してみる、「ウイスキー、ウイスキー」と口に出して言つてみる。するとその「ウイスキー」ということばが自分の耳にきこえてくる。そしてなんとなく「ウイスキー」というものを飲んでみたくなつてくる。そしてとうとう「ウイスキー」を飲んでみる。すると「ウイスキー」のおいしさがわかつてくる。

「ウイスキー」のおいしさがわかつてくると、ますます「ウイスキー」が飲みたくなつてきて、そして「ウイスキー」を飲むようになる。そして「ウイスキー」を飲んでいるうちに、だんだんと「ウイスキー」の味がわかつてくるようになる。そして「ウイスキー」の味がわかつてくると、ますます「ウイスキー」が好きになつてくる。そして「ウイスキー」が好きになつてくると、ますます「ウイスキー」を飲むようになる。そして「ウイスキー」を飲むようになると、ますます「ウイスキー」の味がわかつてくるようになる。

第1章　確率論の基礎概念について　5

senerscheinungen）であるか，何回も反復される同種又は一個の個体の反復事象（Wiederholungsvorgänge）だという点にある。気体分子の一団や，サイコロ投げの反復はその実例である。

　これらの集団現象乃至反復事象は，ミーゼスによると，確率論が成立するための不可欠の現実的な前提である。いや，それどころか，こうした事象又は，現象が存在しないときには，確率を云々することが，そもそも，ナンセンスになってしまう。確率が存立するための第一の前提にあたるこの集団現象又は反復事象のことを総称して，ミーゼスは，コレクティフ（Kollektiv）とよぶ。

　それ故，例えば1回限りの歴史的事件について，「ドイツが再びリベリアと戦うことの確からしさ」とか，特定の一個人の死亡の確率等を計算したりするのは，ミーゼスによれば，全くのナンセンスである。だが，R. A. フィッシャー，H. ライヘンバッハ等は，こうしたナンセンスをあえて犯している。

　多数の個体の集りがあって「その一つ一つが個体的に何らかの観察可能なメルクマールたる数値，色，その他で区別される場合」この集り全体がミーゼスのいうコレクティフをなす。

　「確率」はこのコレクティフに対して，その要素の一定のメルクマールについての観測，測定を行ったときあきらかになるこのコレクティフが本来もっている一つの性質に他ならない。だから例えばあるサイコロを多数回投げて「六の目が出る確率は，サイコロの重さや熱伝導性や電気伝導性と同様のそのサイコロの物理的性質（eine physikalische Figenschaft）だ」とミーゼスはいう。

　サイコロ投げを例にとり，一個のサイコロを何回も投げるか，或は多数の同形同質のサイコロを同時に投げるとき，例えば六の目が出る回数又は個数が夫々投げの総回数又は総個数に対する比率である相対的頻度は，サイコロ投げの回数又は個数が多くなるにつれて一定の値に近づくことが経験的に確かめられる。この関係を図示すると図1-1のようになる。そしてここでミーゼスはサイコロ投げの回数又は個数をどんどん多くしていって，かりに無限回又は無限個なげたと仮定したとき，この六の目が出る相対的頻度は，数

図1-1

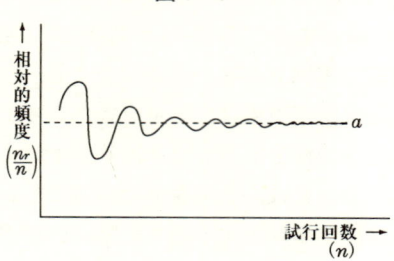

学的な意味での一定の極限値をもつだろうと想定する。勿論この想定は従来行われた実験又は観測の諸結果からいろいろのコレクティフについて確認された一の帰納的結果を一般化したものである。こうしてコレクティフの性格が第一に規定され，「コレクティフとは各個体の観察メルクマールの相対的頻度が一定の極限値に近づくだろうとの推定が正しいと思われるような集団現象又は反復事象，要するに個別的観察の長い系列のことだ」ということになる。この極限値こそは「コレクティフ内でのメルクマール出現の確率」に他ならない。

　ここまでのところで肝要なのは，確率とは必ず一定のコレクティフの存在を予想し，試行系列の長さが無限大になるとき一定の値をとる，集団又は反復事象の客観的な性質——「物理的性質」——だという点である。

　では観測又は試行の無限系列において，コレクティフ内のあるメルクマールの出現の相対的頻度がとる極限値はすべて確率か？というとそうではない。このメルクマールの出現がある規則性（それが既知であるか未知であるかは問わない）にしたがって反復するときには，相対的頻度の極限値は存在してもそれを確率とはしない。何故か？　例えば100米毎に1本の小さな標柱が並び，1000米毎に1本の大きな標柱が並んでいる長い道路を歩く場合，この道路の十分に長い一区間で出合わす標柱の総数に対する大きな標柱の個数はほぼ1/10になり，区間がひろがるにつれこの相対的頻度はますます0.1に近づく。しかしここでの標柱はあきらかに一定の順序にしたがって並べられているのだから，一回一回のサイコロ投げでどの目が出るのかわからない——正確にいえばサイコロの初期状態が偶然性に支配されている——事例と

第 1 章　確率論の基礎概念について　　7

この標柱の例を同一視することはできない。標柱コレクティフにおける「大」のメルクマール出現の順序は 10 回に 1 回と規則づけられているという意味で，このコレクティフは一定の規則性をもつ。この種のコレクティフ，ミーゼスの言によれば一定の「Spielsystem」をもつコレクティフには確率という性質は存在しない。確率が存在し，試行によって相対的頻度の極限値としてのその値が推定できるのは，こうした規則性のないコレクティフ，つまりどの一部分を任意にとり出してもそこにこのような規則性が全然存しないようなコレクティフであって，これをミーゼスは無規則コレクティフとよぶ。コレクティフ内のどの一部をとり出し（「項位選出」Stellenauswahl）ても，このとり出しが相対的頻度の極限値を少しもかえない性質つまり「無規則性」（Regellösigkeit）をもつことが，確率を論じうるコレクティフの第二の性格規定である。標柱の例で，今偶数番目の標柱のみをとり出して一のコレクティフを作ってさきの観測を行うと，どの標柱から数えはじめるかによって大なる標柱に出合わす相対的頻度は正確に 0 になったり 1/5 になったりするもので，観測区間の幅をいくら増してもこの事情は変らない。つまり選び出し方の如何によって相対的頻度の極限値に変化が生ずる。そしてこれはもとの標柱コレクティフが一定の規則にしたがっているからである。ミーゼスはいう「選択の順位（Auswahlsystem）によってゲームの利得見込が左右されぬことは，確率計算の本来の対象である観察系列又は集団現象の特徴的な，他と区別される性質だ」と。（Unmöglichkeit des Spielsystem）

　こうして確率計算が適用されるようなコレクティフは，〔1〕「一定のメルクマールが系列中に出現する相対的頻度が一定の極限値をもち」，〔2〕「系列全体からある部分系列を任意にとり出しても，この極限値がかならず不変である」の二要件を充たさねばならぬ。

　ミーゼスの「確率」はこのような二要件をそなえたコレクティフについてのみ，その存在が認識され，試行によってその値が算定されるものにほかならない。だから一言でいえば無規則コレクティフ内でのあるメルクマール出現の相対的頻度の極限値と定義されるこの「確率」は，ラプラスによって定式化され，現在まで多くの文献にみうけられる「確率とは事例の総数で好都合な事例の数を割った比である」とか，或は「確率とは集合の数学的測度で

ある」という現在の「通説」的定義とかとは全くちがっている。

前者「確率とは均等可能な全ての事例の総数で，好都合な事例数を割った商である」という「古典的」な定義に対して，ミーゼスはこの定義を基礎づけうる一貫した理論の存在しないことを指摘しつつ「最初は均等可能の定義が用いられながら，しばらくするとこの限定は置忘れられて……頻度の定義にすべり込む……私見によれば古典的解釈と私の見解との間には架橋できない溝がある」という。

古典的な確率定義に対するミーゼスの批判は「均等可能」の仮定が実は「等確率」の仮定であるという petitio principi をこの定義が犯していることの指摘に重点がある。そして誰しも気づくこの困難はこの定義が単なる「トートロギー」だからということにあるというよりは，むしろこの許容しがたい仮定を合理化しようとした多くの確率論の無益な努力を結果した点で大きな意味をもつ。

勿論「均等可能」の仮定が必ずしも存在しないことは，古典的定義にしたがってくみ立てられた確率論は「"いかさま"サイコロ („falschen" Würfel)」を説明する段になると立ちどころに行詰ることで証明される。いかさまサイコロには，「3の目の出る確率はもはや存在しないのか？」古典的定義によればたしかに存在しないことになる。死亡統計における死亡確率の例ではこの困難はいっそう明らかになる。「当年40歳の人々が向こう一年間に死亡する確率が 0.011 であることをものがたる表があるとき一体均等可能な事例とか好都合な事例はどこにあるのか？ 1000 の可能性のうち 11 が，それとも 3000 のうち 33 が死亡にあたるのか？ ここで数えられた可能性とは何か？」これに対して古典的定義は少しも説明を与えない。古典的定義がおしなべてよりどころにする一般前提としてのこの「均等可能性」の仮定がそれ自体，経験的にほとんどいわれのない仮定であることは，事の必然的な結果として，この定義を擁護しようとするとき多くの困難をもたらすが，ミーゼスが批判している主な論点は，この定義と ①「先験的」確率，②「無差別原理」，③大数法則，との関係である。論旨を要約すると，

まず，等質の正六面体のサイコロについてその六つの面が投出される確率が夫々1/6 に等しいことが先験的事実であるとの仮定は，ミーゼスの確率定

義と少しも関わりがない。「頻度説の定義の意味で，投下中にサイコロの六面が各々等頻度で出るといわれるときはじめてこの内容をもち，先験的であろうとなかろうと一の認識となる」からである。つまりミーゼスによれば，この仮定の内容はあくまでも経験的結果であって，「経験と独立な思惟必然的 (denknotwendig) な結論」ではない。一般に，「観測と経験とから導かれた知識」以外のものの前提は，ミーゼスの確率にとって余計なものに他ならぬ。

次に「均等可能性」の仮定は，また以下のようにして「主観的確率概念」の認識論的背景とつながりをもつ。つまりこの場合には，この仮定は「純然たる無知の結果」とされる。「諸条件についての知識の皆無」の結果を直ちに可能な事例の等確率性とみなす Czuber の定義，「一見科学的な粉飾のほどこされた」Keynes の「無差別の原理」等のいわゆる主観説に対して，ミーゼスはいう「事物について何もわからないときは，その確率についても何もいえない (eben auch über ihre Wahrscheinlichkeit nichts aussagen) のだが，こんな簡単なことがケインズにはわからないらしい」と。要するに主観説の奇妙な考え方は，「諸事例が等確率だと考えられるのは，諸事例が等確率であるということに等しい。理由は確率が主観的なものに他ならぬからだ」というに帰着する。こうして古典的定義は危殆にひんする。

最後に大数法則が「救いの神 deus ex machina」として登場しようとするが，失敗に終る。その経緯は次のようである。考察されるのは第一に，ポアソンの定理と通称されている二つの命題の混同の上になり立ついわゆる大数の第一法則と，ベイズの定理と称されている大数の第二法則の二つが，どのようにして古典的定義と頻度説的定義との間の溝をうめようと試み，しかも失敗しているかという点である。ミーゼスの結論は，第一・第二両法則ともにコレクティフを前提する頻度説で定義された確率概念を基礎におかない限り，内容のない命題になってしまうというにある。何故か？

ポアソンの定理は互いに相容れない二つの命題で定式される[7]。「恒常的原因と不規則な一定の変化傾向を示さない原因とが作用する同種の諸事象を多数観察すると，この多数の現象の間にほとんど不変の比率がみとめられる」というのが第一の命題だとすると，これは「ある事象の生起の相対的頻度は，

試行がすすむにつれて一定の値に接近してゆく」というもので，前述のコレクティフの「第一要件」を指す。ところが第二の命題は，ポアソン自身が「大数法則」という次のベルヌイの定理であらわされる。それによると「好都合な事象出現の確率 p なる単純反復試行（＝標識系列）を n 回くりかえすとき，ε を任意の小さい数とすれば，この試行中最低 $(pn-\varepsilon n)$ 回，最高 $(pn+\varepsilon n)$ 回，好都合な事象が出現する確率は n が大になるにつれて 1 に近づく」。ポアソンの定理はこの二者択一試行を同種多数事象に一般化したものであり，チェビシェフの不等式はさらにこの二者択一試行を一般化し，初期の可能性を三つ以上みとめたものであって，いずれにしても通常「大数の第一法則」として一括されている命題は上に定式化した定理と本質的に同じ思考内容をもつ「数学上の定理」のことであるとミーゼスはいう。そこで問題はこの定理中の「確率 p」であって，例えば正常な硬貨を投げたときその表又は裏が出ることが等可能であるという仮定がこの「確率 p」の背後に暗におかれている。ところが硬貨を n 回投げたとき，実際に生起することの可能な結果としては，n が大きいときには非常に多数のものがありうる。この諸結果の可能性が夫々相等しいという保証はどこにもない。故に「確率 p」に均等可能性の仮定をあてはめて，例えば硬貨なげの場合，表と裏とに夫々 1/2 の確率をふりあてるや否や，上の定理は硬貨投げの実際経験と何のかかわりもない「数学的に導かれた命題」になってしまう。こうして最初に定式化したポアソンの定理の第一の意味に盛られている「一般的・経験的な基礎」（頻度説との関連はこの基礎なしには絶対つかない！）が，この定理の第二の定式化ではあとかたもなく消え去り，そのまま，ポアソン・チェビシェフの命題へと一般化されて「純算術的な主張」（reinarithmetischer Natur）に化したものが，一般にいわゆる「大数の第一法則」なのだとミーゼスはいう。しかしこれはこの法則の頻度説的理解，つまり現実にその値がいくらになるかが知られているか否かにかかわらず「確率 p」について何らかの経験的知識が仮定できる場合にのみこの法則の意味をみとめ，また n が大であるという条件を必ずみたすことを要求する理解を妨げない。いなむしろ第一法則の正しい理解はこれ以外にはないのだというのがミーゼスの主張である。

第1章　確率論の基礎概念について

　大数の第二法則すなわち「ベイズの定理」についても同様に真の意味づけは頻度説による他不可能である。今度は試行回数 n の大小に重点がおかれるが，やはり均等可能の仮定は不要である。

　「任意にとりだした客体を多数回（n 回）投げたときの適中頻度を〔$n_1: n=a$〕とするとこの客体の適中確率 p が a に等しいか又はほぼ等しいことの確率は非常に大きい」という形であらわされる「ベイズの定理」がいわんとする内容は多くの場合「適中確率 p」について試行前に「均等可能性」が仮定され，いわゆる「事前確率均等」とされることによって，恰も古典的定義の頻度説的弁明を意味するかのようにうけとられているが，これは正しくない。頻度説的にいえることは，試行回数 n が大きくなるにつれて，試行前にこの「適中確率」がいくらであるか（いくらと仮定するかではない）が，試行結果によって知られる確率つまり「事後確率」a の値にほとんど影響を及ぼさないということだけである。極限の場合，すなわち数学的に n が無限大のときは，「事前確率」の如何にかかわらずさきの定理が妥当するというにすぎぬ。したがってこの定理は事前確率の均等分布の仮定に何らの証明もあたえないし，又 n が少数の場合（小標本理論でみとめられた程度の標本数の場合）には，a から p への逆推論（Rückschluss）の支えにならない。この第二法則もまた，それ故，古典的定義を擁護する力をもたないが，それだけではなく，例えば R. A. フイッシャーとその弟子たちが「美事」に確率から区別した「尤度」（Likelihood）の概念に対する経験的な証明にもなりえない。むしろ「尤度」にもとづく推論が通常小なる n についてその「威力」を発揮しうると考える人々に対して，正反対のことを示す定理がこの第二法則なのだとミーゼスは明言する。

　確率の古典的定義の基礎に横たわる均等可能性の仮定に対するミーゼスの批判は大要以上のとおりであるが，いずれの論点をみても一貫しているのは，コレクティフ概念にもとづく頻度説を堅持することによって，確率概念，したがって確率論に経験的な基礎を与え，客観的な事実との関連を見失わないように努めたミーゼスの立場である。

　さて，確率は集合の測度であるとする，コルモゴロフによって代表される見解に対してもミーゼスは自らの頻度説を堅持してやまない。『確率計算の

基礎概念』で展開されているコルモゴロフの研究も，ミーゼスによれば，「確率計算という学科の純数学的側面だけにもっぱらその注意を向けた」基礎論で，その公理系は，「確率が算定されるべき分布函数と，メルクマール空間の部分集合についてのいくつかの函数論的仮定」の上に成り立つ。「しかしわれわれの公理系は不完全（unvollständig）だから確率計算の諸問題については種々の確率域（Wahrscheinlichkeitstelder）が考えられる[8]」というコルモゴロフの指摘は公理論的確率計算の限界を示すとミーゼスは考える。ミーゼスの考え方の基本線は「われわれの基礎論は，一面的な数理・形式的見解がなおざりにしている点をはっきりさせることを目指す，そしてこの局面にこそ定率論の基礎づけの上で克服しなければならない本当の困難があるのだ」という指摘に縮約されている。したがって，例えば確率計算を加法的集合函数論の一部に還元する集合論的基礎論によってもミーゼスのいう「本当の困難」は到底克服されない。だから，「確率論は決して集合論の一部ではなく，『コレクティフ』の形に理想化された観察可能な現象についての理論なのである。集合論の諸定理，とくに積分の理論のそれは，コレクティフの定義が提起する問題を解くためにしか，確率論に奉仕しない」ということになる。要するに集合論は数学的補助手段として，確率計算を援けるものにすぎない。E. Tornier や J. L. Doob が試みた頻度説の拡張についてもやはり，「確率計算のエレメンタールな課題——基礎論評価の問題はここにある——の解決のためにどのような新図式がつくられるか」の点でミーゼスは期待をかけているだけで，とくにアメリカの文献で頻度説の拡張が「集合の測度としての確率」にもとづくと解されている最近の傾向もまたミーゼスによれば，「集合論という補助手段の応用範囲が拡張された」ことを物語る。

　以上にみたように，ミーゼスが確率論の基礎においたコレクティフは，確率についての古典的定義や，確率＝測度観の基礎論からミーゼスのそれを区別するもっとも主要な範疇であり，しかもこの範疇を媒介にしてはじめて確率論は現実世界の諸事象と確固たる関連がつけられることになる。

　ところでコレクティフにもとづく確率概念に対するこれらの異った規定に反対するかたわら，ミーゼスはコレクティフの二要件たる系列の無限性及び項位選出に対する不感性＝無規則性というミーゼスの頻度説に特有の仮定に

対する諸批判に向って，次のように反論する。

　コレクティフ系列の無限性に対する批判は，1934年のJ. Blumeの有限標識系列説以来，「確率論の有限主義的解釈」として展開されているが，その要旨はミーゼスによれば，確率論の適用対象たる観測系列が有限箇の項又は要素から成立つのに注目して，有限系列にみられる相対的頻度の実際の値のみが求められる点にある。しかし例えばブルーメの場合には，実は極限値を求めているのであり，また，コレクティフの無規則性を有限系列で示すことができなかった。有限の観測系列を「Kollektivmasslehre」で体系的に記述しようとしたT. Fechnerは，そのいわゆる「Kollektivgegenstand」を理想化すれば「合理的な確率概念の基礎が得られる」ことに気付かなかった。

　ミーゼスによると無限系列の仮定は，一見確率論の現実による検証を不可能にする点で批判されるかに見えるが，これはおよそすべての経験科学の概念に共通の困難で，この批判に対してC. G. Hempelとともに「無限コレクティフの概念にもとづく理論の成果は，論理的には少しも限定なしに使えるが，実用上はよく規定された仕方でしか有限の観測系列に適用できない」と考えれば良いという。[9]

　一方無規則性の仮定に対しては，これに全く反対する立場のものと，無規則性の要件に制限を加えようとするものがある。前者は「無規則性要件を満足するような標識系列は存在しない」というが，ここにいう「存在しない」とは，この種の系列を公式又は計算規則で記述できないということに他ならない。しかしミーゼスによれば，本来無規則系列とは「抽象的な論理的存在」なので，その存在の分析的証明を必要としない。次に後者は，項位選出の種類を限定して，例えば「ベルヌイ系列」だけを論ずる場合のように，「明示的に作り出された」系列だけを確率論の基礎におくものだが，項位選出を限定すると完全な確率計算は構成できない。勿論すべての項位選出に対して不感的なコレクティフが実際に存在するか否かの検証は不可能だが，無規則性の仮定を一の公理又は協定として，それにもとづいて構成された確率論に矛盾が生じないならば一応この仮定は承認しうるとミーゼスは考える。現在迄の数学的研究によっても「個々の標識の相対的頻度の極限値が，項位選出の任意の有限集合又は可付番無限集合に対して不感的である」

(gegenüber irgend einer endlichen oder abzählbar unendlichen Menge von Stellenauswahlen unempfindlich) とされれば理論上の矛盾が生じないことは証明されている。しかも項位選出の「連続体無限集合」が扱われるとき，果して理論上の矛盾が生ずるか否かはまだ全く判っていない。少なくとも現段階で無規則コレクティフにもとづく確率計算の理論がどんな部面に応用されても論理的な矛盾におちいったことはないと確認されているのだ。

2 ミーゼス基礎論の意義と限界

確率が客観的実在のいかなる側面を反映しているかの問題に対するミーゼス基礎論からの解答は，「無限・無規則系列としてのコレクティフ内部の相対的頻度の極限値＝確率」とみるミーゼスの定義が，確率計算の応用領域でいかに貫かれているかを省みることによって，いっそうはっきりする。

ミーゼスは H. Dubislav にしたがって「理論の正しさは論理的推論にではなく実用的決定にもとづく (nicht auf einem logischen Schluss, sondern auf einem praktischen Entschluss)」という立場から，サイコロ投げの仮説例よりも，統計学，誤差論及び統計物理学上の諸実例における確率計算の有用性を重視する。しかし二章にわたって豊富な実例について実証されているのは，ミーゼスの確率論の数学的精巧さではなく，その基礎論の経験的地盤の堅固さ，ミーゼスに特有の認識論的背景であって，「論理的抽象物」として仮定されたそのコレクティフの現実性が検証されるのもまたこの応用領域における諸問題をつうじてであると考えられる。

われわれはまず，統計学，誤差論，そして統計物理学の三つの応用領域でミーゼス確率論の基礎づけがいかなる意義をもつかを，彼のかかげる主要な具体的諸実例についてあきらかにし，次にこの基礎づけの認識論的限界と若干の問題点を指摘してみよう。

統計学における確率計算が考察されるとき，ミーゼスが統計学の研究対象とみなすのは，出生，死亡等の人口現象，婚姻，自殺，所得等の社会現象，遺伝，生物体器官の測定，薬剤・療法の効果判定，大量生産などで，社会統計学に固有の統計調査の問題は意識的に考察の範囲外におかれている。

第1章　確率論の基礎概念について　　15

　こうした広い範囲の事実領域を前にしても，ミーゼスの考察は「現実の観測結果から抽象され理想化された集団現象の概念」としてのコレクティフから出発する。そこでここでの基本問題は以上の統計的諸現象が一体，近似的にコレクティフとみなされるか，あるいはコレクティフに還元できるか，もし出来るとしたらその意味はどうか，である。例えば統計調査の結果としての数字材料（年次別地方別婚姻件数）を「直接に——コレクティフとしてとらえるか，あるいは，何らかの仕方で——正確にいえばコレクティフ性をもつ無限数列の有限部分とみなして——これをコレクティフに還元して，それについて考えられるかという問題が中心になる。

　ミーゼスの思考のみちすじは，観測の無限系列——コレクティフ概念への一般化——新しい統計系列への適用であらわされるが，彼はこのプロセスをマックスウェルの電磁気論に対比し，具体的な電磁気的諸現象——マックスウェルの方程式への一般化——具体的現象の説明にたとえ，「マックスウェルの概念規定や方程式計算の基礎になる思考実験が現実の自然現象のどれとも直接に対応しないし，また対応してもそれはある程度の近似性においてであることがマックスウェルの理論を反駁するものではない」という。同じことがコレクティフ概念を唯一の基礎とする確率論にもいえる。それ故具体的な統計系列が「直接かつ精密に」コレクティフとして現象する数列に還元できないからといって，コレクティフ概念を無用のものとするわけにはいかない。

　ところで現実にえられる統計系列にコレクティフ概念をあてはめたり，またコレクティフにこの系列を還元したりするとき重要なはたらきをするのはいくつかの「統計的函数」である。これは系列をなす「観測値の順序や総数にかかわりなく，ただその分布だけに依存する量」であるが，もっとも簡単な例は系列の算術平均だとミーゼスはいう。そして観測の回数が非常に多いという条件がみたされるとき，この統計的函数の値は，頻度説的に意味づけられた大数の第一・第二法則にもとづき，一定の安定的な値に接近する。

　現実の統計系列とコレクティフとの関連づけにあたってもこの統計的函数は重要な意味をもつ。ミーゼスは代表例としてレキシス数を詳しく説明する。系列標識の分散の程度を与えるこのレキシス数を，多数回の観測結果たる統

計系列について計測するとき,現実の数字材料にもとづく分散の計算結果は,確率計算にもとづく分散の期待値とよく一致する事が確認される。レキシス数をあらわす次式

$$L=\frac{S}{z.d(1-d)}$$

において,S は現実の系列の分散,z は試行系列をいくつかに分けたときのグループ内の試行の回数の合計つまり度数の合計,そして d は統計系列の算術平均をこの z で割った数である。この z は勿論観測結果と直接の関係にない一定の数だから,S と d はともに「統計的函数」をなし,したがって L も同様一つの統計的函数になる。前述の大数法則をここで援用すると,コレクティフの分布が既知のときには充分試行の回数 n が大ならば L の理論値に近い値が実際の観測結果として得られるだろうと期待できるし,またコレクティフについてその分布も何も充分わかっていなくても,n が充分に大きくさえあれば,観測結果に近い分布をもつコレクティフの存在を推定しても大過はない。

　ベイズの定理の名の下に,事前確率均等の仮定を暗に立てながら,ふつう行われている統計的函数の値の「推定」にかんれんして,ここでミーゼスは「統計的仮説検定論」の考え方を次のように批判する。「事情のいかんを問わず未知の確率の値を観測結果から確実に (sicher) 推定することはできない」ということ,ならびに「検定の妥当性を決するのは,少数例についての仮説内容だけではない」ということが「検定」の計算以前に分っている。ベイズの定理を使う推論＝逆確率の推論＝逆推理 (Rückschluss) は一般に,試行数 n が充分大きくて,事前確率——これをミーゼスは初期コレクティフ内の確率という意味で初期確率 (Ausgangswahrscheinlichkeit) という——の差が観測結果の頻度の収斂にほとんど影響しない限りでしか意味をもたない。「初期確率が現実に知られていないとき,n（試行回数）が小ならば,何も主張できない」が,「n が大なるとき,……それについて何かの仮定（例えば一定不変）をたてるならば,有用な結果をうる」というミーゼスの主張は,頻度説の当然の帰結である。ところが通常の仮説検定論にはこの点において誤解がある。

催眠剤の新薬について次のデータがあったとする。
　　　投与10例中，最大睡眠時間延長　　　3.7時間
　　　　　　　　　最大睡眠時間短縮　　　-1.6時間
　　　　　　　　　平均睡眠時間延長　　　0.75時間

「小標本理論」によると「この薬剤の調合をしらべるとわかったかもしれない先験的知識を利用しなくても，このデータだけから，この薬をのめば平均して睡眠時間が延長されることの尤度は0.888約90％になると推定できるというが，判断力のある医師は決してこの薬に90％の力をみとめたりはしないであろう」。「こうした事実の知識から何か数量的なものを導き出せない，また出すことが非常にむつかしいときには，試行の系列を延長して，数百回，数千回試みる他方法はない」。これが小標本論に対するミーゼスの評価である。

　さてコレクティフ概念にもとづく確率論の有用性が証明された領域として，ミーゼスは，生物の品種改良の遺伝学的研究（メンデル）及び産業技術の工学的諸研究の具体的な事例のいくつかをとくに指摘するが，これらの諸領域の具体的実例のどれをとっても，確率計算の前提に「確率概念の確乎たる基礎」として，一々コレクティフが考えられねばならぬこと，それを忘れたとき計算結果の意味がいかに失われざるをえないかを強調することにミーゼスの主張の要点がある。

　統計的研究への確率論の適用は，統計調査又は実験観測結果たる数列にコレクティフ性があるかないかまたその数列がコレクティフに還元できるか否かの検討からはじまる。いわゆる大数法則にもとづく確率計算もその適用対象にコレクティフ性がないときには，大数法則自身の成立基盤がなくなり，結果は無意味な数値，現実と関係のない数量だけしか与えないものになる。ミーゼスが具体的な事例を数多くかかげて主張しようとしたことの要点はここにある。

　ミーゼスのこうした見地からみて確率論の応用領域のうちとくに重要な問題圏になるのは，誤差論と統計物理学とである。

　まず誤差論についてのミーゼスの見解は，「試行を充分多数回くりかえして記録した観測数値の系列にはコレクティフ性がある」という事実の確認か

らはじまる。この事実にもとづいて「偶然誤差」にかんするガウスの正規曲線が測定結果数値の分布を反映することをみとめながらも、ミーゼスはこの「釣鐘型曲線に唯一でなく無限に多数のものがいろいろ存在しうる」こと，観測値のばらつきをあらわす尺度としては偏差の総和又は平均の他にも様々の種類の統計的函数をつくることができ，ガウスの誤差法則を拡張適用することができることをみとめている。しかしながらミーゼスはこの誤差論の妥当範囲を過大視してすべての変化を正規法則に還元する考え方には正面から反対していう。「ありうる変動のすべてがみな釣鐘型曲線の法則にしたがうわけでは無論ない。平均値からの偶然偏差は分布がこの法則に対応するところにしかないと仮定することほど逆立ちした考はなかろう」と。

最後の実験場面は統計物理学である。ミーゼスによると，些少なちがいを別にすれば，物理学者の間では「確率」とは事象生起の相対的頻度のことだとする点で意見が一致している。熱力学の第二法則の内容を分子運動論的に解釈する上で大きな役割を演じたボルツマンの定理の論理的意義を，ミーゼスは，「瞬間的状況のすべてをあらわす量を知るとき，世界の全事象の経過が予測できる」とするラプラス的「魔人」の決定論に対立して，この定理が確率の支配する世界にあてはまる点にあるとみとめる。気体分子の一団のように非常に多数の個体が集団として存在するときに生ずる状態には，くびびき機械中の無数のくじ玉の運動にみられるような偶然のメカニズムが存在すると考えてよい。すなわち「ここでは普通決してみられないほど尨大な数の要素が扱われるから，無限回の反復にもともと妥当する確率計算の諸規則があてはまる」。個々の分子の運動過程にはくじ玉の偶然性よりもはるかに完全な偶然性が支配している。例えば分子的混乱状態にある理想気体の分子運動において，分子が単位空間（1 mm³）中に平均 30,000×100 万個存在するが，これが $\frac{1}{10000}$ 個の平均個数からへだたることの確率を計算すると 10^{-60} 以下になる。ミーゼスは統計熱力学の対象のこのような非決定論的性格をとくに強調し，最近の量子力学における各種の現象のいわゆる統計的合法則性の発見はますます決定論的因果関係に対する非決定論的確率的関係の支配領域がひろまってきた証拠だと考える。つまり確率計算の適用領域がこうした物理的研究対象の中にますます確乎たる地盤をもつようになったこと

を強調している。だからボルツマン自身が分子の集団には統計的合法則性をみとめた点で画期的成果をあげながら，一方個体としての各分子の運動には古典物理学の決定論の世界の因果関係の支配をみとめたことは，ミーゼスからみればボルツマンの時代の物理現象の統計的理解が不充分だったことを意味する。

ともあれここでもミーゼスは，分子的混乱状態にある分子集団における分子の運動を示すメルクマールが，実は彼のいわゆるコレクティフ系列をなすことに確率論適用の第一の理由を見出している。正確にいえば頻度説基調の確率論の定理にもとづく計算がこれらの物理現象の観測結果とよく一致することが，ミーゼス確率論の客観的な基礎になっている。

同様な基礎現象はブラウン粒子の運動である。ブラウン粒子の観測結果を要素とし，単位体積（又は平面上へのその射影部分）における粒子数をメルクマールとする集団はコレクティフとみなされる。Svedberg の実験によるとこのメルクマール粒子数 3 なるブラウン運動の相対頻度は 518 例中 69 例＝0.133 で，確率計算の結果は平均粒子数 1.54 に対して 0.130 であった。実験結果は計算上の期待値とよく一致している。しかしこの実験では一回一回の観測が「独立」になるように粒子をその都度よく混合させておくことが必要になる。もしこの混合が行われないと各回の瞬間状態は直前の粒子状態によって左右される。例えば粒子数 7 は，粒子数 1 のあとで起るよりも 6 又は 8 の直後の状態である場合の方が多い。そこで粒子数の時系列にはコレクティフの無規則性がみとめられないことになる，この場合には，時系列の各項を例えば三項づつにわけてその和の系列（No 1＋No 2＋No 3, No 2＋No 3＋No 4 等）をつくり，各和を要素とするコレクティフの中での和メルクマールの相対的頻度をもとめる。そうすると，ブラウン時系列のように，「事象全体は偶然的なのに，個々の観測結果はその直前の結果に影響される」場合にも，コレクティフ論があてはまる。

時間的継起現象にみられる無規則性の欠如は，熱力学の場合のエントロピーの時間的変化にも同様にみうけられるが，コレクティフはここで，一状態から他状態への移行又は遷移をその要素とする。だから状態の遷移確率が問題になる，「（完全な無規則性にしたがわないのでそれ自身コレクティフにな

らぬ）状態の本来の連続系列においても，可能な諸部分系列が，組合せ論的に計算された確率であらわされる相対的頻度をもつ確率は非常に大きいと考えられる」。マックスウェル・ボルツマンの分布といわれている理想気体の状態分布は，この相対的頻度の対数をエントロピーの尺度として，「確率の小さい状態〔エントロピー尺度の小なる――是永〕のあとには，ほとんど常に確率の大きい状態がつづく」という形で分子的混乱状態におけるエントロピーの増大を表現している。実験の詳細は省略するが，状態遷移の確率について，ミーゼスは再びブラウン粒子のSvedberg系列，放射性元素の崩壊におけるシンチレーションの時間的間隔の系列を例にとって組合せ論にもとづく確率の計算値が，実験結果といかによく合致するかを詳述している。その結果，「一つの場合について（長い）観測系列が充分に多数回くり返されると，その圧倒的多数の場合に，一定の粒子数があらわれる相対的頻度は，事前の計算値とほぼひとしくなる」ことが確認される。それ故，ここでは粒子集団のコレクティフ性又はそれに適当な方法で加工してつくられた誘導コレクティフの性格が確率論適用の基礎前提として重視されると同時に，「試行を多数回くりかえしたときに大多数の場合に出るだろう」ことが問題の中心におかれることになる。

　存在する気体分子，ブラウン粒子等の集団のコレクティフ性又はこれらの粒子の集団のメルクマールを観測した結果としての観測値系列のコレクティフ性を確率計算適用の基礎前提とする一方，粒子集団又は観測値が直接コレクティフ性をもたないときには，原集団又は原系列を組合せて新系列を構成してそれをコレクティフとみなすことによってこの基礎前提を仮定するというのがミーゼスの考え方である。この考え方は気体分子運動論の最近の展開，量子統計力学の諸実例によってもその有効性が証明される。例えば気体分子縮退（Gasentartung）の状態の特色は，確率計算の前提として仮定される初期コレクティフ内の確率＝初期確率が可変的な点にある。そして初期確率の分布はボルツマン統計では均等，つまり等確率とされていたのが，縮退の場合には，この分布が限定されてくる。しかし必要な限定を行って粒子状態の分布をコレクティフと仮定すれば，一粒子状態の出現確率の計算値は実験結果とよく一致する。単色光線の輻射現象の場合にも，量子数をメルクマール

とする初期コレクティフを想定すると、その「分布はいろいろありうるが、その中に確率最大のものがあり、n〔＝振動子の数——是永〕が充分大ならば、大数法則どおりに、エネルギーが任意にとった一瞬間のこの分布状態又はそれに近い状態にあることが《ほぼ確実に》仮定できる」。

こうして統計物理学の最近の発展によって、「n が大ならば……であることはほぼ確実である」という形の推論は、この $n=$ 原子や分子の数が非常に大きいとき、普通は、ほとんど確実といってもよい大きな確率が与えられるということを意味し、このことがまたミーゼスの確率観を基礎づける。大数法則自身がコレクティフにもとづく確率によって基礎づけられると、今度は、大数法則にもとづく純粋に確率論的な考察結果が検証可能な観測と一致することによってコレクティフの存在を実証する。かくてミーゼスはその基礎論の正当性が実証されたのだと結論する。

確率とは客観的実在のいかなる側面を反映するものか、という問題に視点をおいてわれわれはミーゼス確率論の基礎づけをあとづけて来た。確率計算の基礎前提としてつねに、相対的頻度の極限値をもち、無規則的であるという二要件を満足するコレクティフが存在していなければならないという考え方を、あらゆる場合に貫きとおした点はミーゼスの基礎論が他と区別される最も重要な点であり、また確率を客観的実在との関連において考察するための不可欠の要件だと考えられる。何故なら、この基礎論においては、他のそれ、とくに確率を人間の主観的な信頼の尺度、信念に還元してしまう各種の主観主義的な確率基礎論（かつての Keynes、現在では Savage 等）の困難が一応克服され、確率の客観性を確認するための一歩がふみ出されているからである。とくにミーゼスのいわゆる統計学や統計物理学の研究対象には、それ自身（観測結果に加工する以前に）コレクティフとして存在すると考えられる集団現象、反復事象であるものが客観的に存在していると考えられる。この集団現象はいわば人間の経験以前に、その要素のメルクマール出現の相対的頻度が一定の条件のもとでは一定の安定的な値に収斂する性質をもち、現象そのものとしてはそのメルクマールが無規則的にあらわれるような集団であって、その要素の数も無限大とみなされるほど多数で、しかも要素相互間にメルクマールを変化させるような相互作用のない集団だと考えてもよい

現象として存在すると考えられる。この集団のコレクティフ性が直接の観察によって確認できるか，又は直接は観察できずただそう仮定して確率計算を行った結果が観察結果と一致するかは，決して同じことではないが，大切なのはこの集団が単なる想像上の観念的存在ではなく，また何らかの目的のために構成されたる集団でもなく，客観的な存在だという点である。[11]確率概念の基礎としての「論理的抽象物」たるミーゼスのコレクティフが真に基礎たりうるのは，実はミーゼス自身必ずしも明確には指摘しえなかったこの存在としての純解析的集団ともいうべき集団の本質がほかならぬコレクティフ性であったからではなかろうか。ミーゼスの基礎論のもつ他に比類ない第一の意義は，彼が終始一貫前提してきたコレクティフが実在する点にある。とりわけ統計物理学における気体分子の一団，粒子（量子）の一団はそれを実証するものと考えられる。われわれはコレクティフにもとづく確率論の正しさが，決して，コレクティフ公理からの諸命題の演繹体系の無矛盾性によって保証されるものではなく，まさにこうした集団の存在によってのみ最終的に証明されるのだと考えたい。

　しかしながら存在する集団必ずしもコレクティフではないことはいうまでもない。そのままコレクティフたりうる集団が，社会的集団の場合には勿論，存在たる自然集団のなかでも決して多数はなく，むしろ稀にしか存在しないことは勿論である。しかし存在たるコレクティフに確率概念の基礎をおく限りでは，ミーゼスの理論は決して限定されない。この基礎づけのため確率計算の適用範囲は無論狭められようが，その基礎はいっそう確乎たるものになろう。むしろその反対に確率論の範囲をいくらかでも広めようとすることの方が，かえってその基礎をよわめることになりはしまいか。

　集団現象又は反復事象の原系列がそのままコレクティフたりえないときミーゼスが行った「原系列のコレクティフへの還元」は，すでに問題をはらんでいる。原系列に加工してこれをコレクティフ系列たらしめることは，本来そのままではコレクティフたりえないものから，それこそ一定の目的のためにコレクティフ系列を構成することであるから，改めてこの構成自身の当否が問題になる。原系列の側に，その特定の一標識をとって，それと他の標識との間に交互作用がないと仮定し，えらばれた標識系列でこの原系列が代表

されるという保証がない限り，誘導されたコレクティフにもとづく計算結果は現実的意味を失わないとも限らない。コレクティフへの還元ができる対象が存在することをミーゼスはその基礎論の支えとするが，これはむしろその基礎論の一の限界を示すことになりはしないか。

　ミーゼスがコレクティフとして一般化したものには，なお一定の条件のもとでの自然の諸対象の量的規定の測定結果の一団がはいる。この観測集団をそのまま，存在たるコレクティフとみなすことは困難であろう。測定行為の系列をコレクティフとみなし測定の精度を確率論的に計測する誤差論はまさにこの困難にでくわす。平均値の計算は，対象の側に平均化運動が存在し，かつその運動の型を正しく反映する限りでのみ意味のある値を与えうるのであって，任意の型の平均値計算がいつでも対象の一団を代表しうるものではなかろう。それと同様に観測が対象の諸規定を変容させないと保証できないならば，観測結果を直ちに存在としてのコレクティフと同一視することはできまい。その同一視を犯したことにミーゼス基礎論の限界がある。勿論決してミーゼスのいうように「真の値が存在するということを確信するかどうかは認識論の問題であって，ここで決着をつける必要はない」ということにはならない。確信するか否かが問題なのではなく，存在しなければ誤差論の全体は基礎を失うことになろう。ミーゼスのコレクティフ概念では，存在たるコレクティフと，意識的に構成されたコレクティフとの間に最後まで明確な境界線がひかれていない。いわば「存在たる純解析的集団」[12]と意識的に構成された純解析的集団との間に差別がなく，ひとしくコレクティフとして一括されている。「各項が数字の形で一定の結果を与えるような実験又は観測の無限系列」というコレクティフの一般的定義には，この差別の手がかりすらない。

　コレクティフへの還元と観測値集団のコレクティフ視とによって，コレクティフ概念の外延はひろまる。そして自然及び社会の集団現象の一部が確率論の適用範囲に編入される。しかし基礎論の見地からすれば，これは同時に乱用の危険を伴う。

　対象的集団と方法的集団とのこの混同は，ミーゼス基礎論の特色であって，コレクティフの一般性が強調されればされるほど，存在としてのコレクティ

フに接近したミーゼス基礎論の意義が弱わまる。この点はすでにミーゼスの理論の認識論的背景がマッハ主義にあり，そのため彼の確率論の全命題は経験・試行から出発し，それ以前の対象の性質そのものへ認識が全く及んでいないこと，したがってミーゼスのいう確率の客観性ははなはだ疑わしくなるということ，等の指摘をつうじて，ミーゼスに対する認識論的批判の核心点になっている。「頻度の安定性を，その過程自体の合法則性あるいはその過程自体の何等かの客観的な対称性から出発することによって前以て保証することが出来るかどうかつっこんで考えることが禁ぜられている」[13]というわけである。ミーゼスの基礎論全体がここに指摘されているような認識論的背景から生ずる難点をもつことは確かで，「実際生活や科学以前の思考やに由来し，性急な哲学者たちが思考範疇の永遠不可侵の聖位にまつりあげた素朴な因果性の概念という人々に親しまれて来た立場を放棄することが必要になった」として，ミーゼスがその基礎論の帰結を，因果律の否定，確率法則による代位の中に見出していることからもそれがうかがえる。本章で紹介したミーゼスのこの書の第一版及びその第二版の英語版の序文では「確率計算が或種の現象群の体系的記述以外の何ものでもない」[14]ことが強調され，そしてロシア語版の前付でも「感性によって知覚される実際の状態をできるだけ簡単に体系的に記述すること」[15]が唯一の任務とされている。しかし第三版つまり本章の対象となった版では，「数量的確率は，無限とみてよい観察又は実験の連続に関連して定義されねばならぬ。そうしなければ合理的に根拠ある現実へのその適用ができない」とされているだけである。

なるほどミーゼスの観点には，経験以前の客観的存在の諸合法則性の明確な認識が含まれていない。これはすでにみたコレクティフ概念の一般的定義において存在としてのコレクティフが明白に区別されていないことにも露呈されているが，そしてその限りではミーゼスの基礎論は確率の真の客観的性格を充分にみとめえなかったといってもよかろう。しかしながら，気体分子運動の確率論的説明において最も典型的にみられるミーゼスの「ここでもまた気体の分量がいくら増えても変化しない最終の値つまり相対的頻度の極限値の存在が，すべての思考の基礎となす」という考え方は確率の客観性をみとめようとする方向への，マッハ主義的認識論からあと一歩で脱けだせると

第1章　確率論の基礎概念について　25

ころまでの，基礎論の前進だとはいえないだろうか？　存在としてのコレクティフの確認へも後一歩のひらきがのこされているにすぎないのではなかろうか？　この限度までの経験的事実の整理は何としてもミーゼス基礎論の成果であり，確率の客観性の認識への大きな前進だったといえないであろうか？　そうだとすればただマッハ主義の認識論を背景にしていることだけから，ミーゼスの確率論とくにその基礎論がもはや無価値のものになり去ったときめつけるわけにはゆくまい。

　勿論，確率が客観的存在のいかなる側面を反映しているかの問題がミーゼスによって答えつくされているわけではない。ミーゼスが意識的に提起しえなかった重要な諸問題が確率論の基礎づけの上で解決をせまっている。例えば現代物理学における動力学的合法則性と統計的合法則性との関連について，動力学的合法則性の意義を決定論的立場から強調した Ю. В. サチコフは，「確率を理論的分析・計算のできぬ第一次的概念だとみる」コペンハーゲン学派的確率観にまっこうから反対し，「研究対象としての過程自身の性格と法則性とを手がかりにして，事象頻度の安定性の原因を解明し，頻度を数量的に算定する」ことを確率論の真の課題とみている。しかもこの場合サチコフは，物理現象の確率論的説明の基礎条件として，例えば素粒子集団＝確率論適用可能な集団に構成因子間の相互作用のないこと，又は相互作用がこの集団の諸個体に貫徹する客観的合法則性に対して第二義的であること等を指摘し，さらにすすんで構成因子間の諸相互作用の間に相互連関があるかないかも問題にする。

　こうした諸問題に対してミーゼスの基礎論が決して充分な解決を与えうるものでないことはいうまでもなく，物理学とくに量子論の最近の発展がかれの確率論の基礎づけをより確乎たるものにするとみられる事例を追求するのあまり，ミーゼスはかえって「いたるところでブラウン運動型の事象がおきているのだ。だから（古典物理学的にみて）簡潔なもの〔彼はこれを因果律とみる——是永〕の代りに，決定論的立場にたつとますます複雑で概観の利かない事象にぶつかる」と述べ，結局はこのブラウン運動型の「ゆらぎ」の現象の非決定論的性格を強調し，その不可知性を容認するという誤解の上に，頻度説的確率論の適用範囲の拡大を企てることになる。しかしこうした誤解

は必ずしもマッハ主義の認識論のみにもとづくといえない。むしろその反対者である物理学者の間でもかなり根強いものである[4]。

ともあれ、以上にみたように、確率論が真に確実的な基盤の上にくみたてられるという意味で客観的に基礎づけられるための第一歩をミーゼスはコレクティフ存在の要求によって，すすめ，存在自身のコレクティフ性をもその一要件とした。ミーゼス基礎論の真の意義はここにあろう。

原則として集団の大いさが有限で，その構成因子相互間にたえざる交互作用があり，その標識が多標識であってしかも標識相互間にも相互作用があって，その結果が集団の全体に決定的変化を及ぼすような集団，つまり社会的存在たる集団は，決してそのままミーゼスのいわゆるコレクティフたりえないだろうし，またこの集団を反映する一団の数字に「数理解析」をほどこすことによってそれをコレクティフに還元することができるのもごくまれであろう。比較的簡単な物理的対象についてさえサチコフが指摘したような問題が解決されない限り，確率論の適用は困難になる。社会科学の研究対象の質的・量的規定性の複雑なこと，ここでは歴史過程の合法則性が集団現象をも貫徹していること，等の事情がコレクティフの成立を困難にし，確率論の適用範囲をいっそうせばめる。

むすび

基礎論をつうじて以上にみた限りでのミーゼスの確率論には，これをマッハ主義的認識論にもとづく時代おくれの謬論として一掃しえない，重要な主張が核心にある。確率論成立の第一前提としてのコレクティフの存在の要求，とくに客観的存在自体におけるコレクティフ性の発見がそれであった。数学の一分科としての確率論の基礎，その適用範囲，客観的実在との関連を解明する第一のいとぐちが与えられたと考えられるからである。

確率を純粋主観的な信頼感の尺度，又は，命題の許容可能性の純論理的確証度等とみる現代の確率観に対するミーゼスの理論の優位は，まさにこのコレクティフ概念の堅持によって証明される。そこから真に科学的な確率論適用上の諸問題が正しく提起されてくるからである。

統計物理学における統計的合法則性の「重視」はミーゼス基礎論の否定的側面,すなわちゆらぎ現象の確率論的説明によって因果的決定論的説明をおきかえ,ついには不可知論に転落する立場の現代的表現だと考えられる。

要素間の相互作用が決定的役割を演ずる多標識集団としての社会的集団への確率論の適用はコレクティフ仮定と現実の集団との照応関係を考察することからはじまり適用条件をくわしく検討することによってはじめて可能になる。

(1) 坂元平八「確率論における観念論とのたたかい」『統計学』第1巻第2号,36頁。
(2) 同上,37頁。
(3) 帰納法との関係において確率論の現況を概説,とくに「命題の確証度としての確率」と「統計的頻度としての確率」との関係を R. Carnap にしたがいながら一般化した研究として,
　E. M. Fels: Induktion, (*Allgemeines statistisches Archiv,* Bd. 41, Ht. 3, 1957, SS.210-230.)
　G. Tintner: Foundations of Probability and Statistical Inference, (*Journal of the Royal Statistical Society, Ser. A.,* Vol. 112, Pt. 3, 1949, pp.251-286.) がある。
　　また客観主義的確率論と銘うって,経済的効用概念を実は集合論基調の確率論で基礎づけようとした,
　S. W. Barankin: Toward an Objectivistic Theory of Probability (*Proceedings of the Third Berkeley Symposium on Mathematical Statistics and Probability,* Vol. 5, 1956, pp.21-52.)
　も注目に値する。
　　これらの諸研究及びその他の最近の諸研究を筆者が調べた限りでは,確率論の基礎づけを全く問題にしないものを別として,一応何らかの形で基礎論にふれているものに限っても,真に説得的な結論にはほどとおい。ここに揚げた三つの論文においても統一的な確率基礎論の必要がつよく叫ばれている。
(4) 量子力学における動力学的合法則性と統計的合法則性との関係について,前者を理論の中心におく立場の人々(L. ド・ブロイ,D. ボーム,ヴィジエその他)に対し,例えば,
　Г. Л. Мякишев: Соотношение между динамическими и статистически-

ми закономерностями и квантовая механика, (Вопросы Философии No. 6, 1958.) (邦訳「動力学的合法則性と統計的合法則性との相互関係と量子力学」『現代ソヴェト哲学』第4集, 278-295頁) は,

「動力学的法則は,〔認証の〕より低い段階であり,統計的法則は自然における客観的連関のより完全な表現である」(280頁) ことを確証しようとして,結局「……理論は,微粒子の運動の絶対に正確な知識とこれを一義的に決定する可能性とを,自己の到達できない極限としてもっている」という結論に達する。これに対して,

Ю. В. Сачков: К обоснованию теории вероятностей, (Вопросы философии, No. 11, 1958.)

は,統計的合法則性の位置づけのために,確率論の基礎を,動力学的法則性にもとづいてかためることの必要を強調している。この主張は「素粒子の動力学的運動法則」が認識の彼岸にあるものではなく,不可知なものではないという点で,また確率論が説明する現象の背後に過程の合法則性の存在することをみとめた点で,注目に値しよう。ちなみにこの主張は,ミーゼスの確率基礎論を出発点においている。

(5) 確率論にかんするミーゼスの主要文献の目録としては,

Harald Cramér: Richard von Mieses' Work in Probability and Statistics, (*The Annals of Mathematical Statistics,* Vol. 24, No. 4, December, 1953, pp. 660-662.)

が参考になる。とくにその基礎論にかんしては,ミーゼス自身の要約論文,

R. v. Mieses: On the Foundations of Probability and Statistics, (*The Annals of Mathematical Statistics,* Vol. 12, 1941, pp. 191-205.)

が重要。

なおここで特に指摘しておかねばならないのは,確率論の公理論樹立者として有名な A. コルモゴロフが,その著名な一書で,「実験データとの関係」を論じたとき,「ここでは,確率論の諸公理がどのように生みだされたかを簡単に説明するだけに限り,経験の世界での確率概念についての哲学的な深い考察は省いた。現実の諸事象の世界への確率論の適用が可能になるための諸前提を設定する点では,筆者は R. v. Mieses の研究〔1〕pp. 21-27 をひろく利用した」ととくにことわっていることである。(A. Kolmogorov: *Foundations of the Theory of Probability,* New York, 1950, p. 3, footnote (4).)〔Mieses〔1〕とは, *Wahrscheinlichkeitsrechnung.* Leipzig u. Wien, 1931 を指す。〕

(6) Cf. P. S. Laplace: 〔„Essai philosophique des probabilités"〕 „Theor-

ie analytique des probabilités" (1e. éd, 1812), pp. 402-407 „De l'influence des inegalités inconnues qui peuvent exister entre des chances que l'on suppose parfaitement égales"······ „$\frac{1+d}{2}$ soitla possibilité dámener pile"(「完全に相等しいと仮定できるチャンス相互の間に未知の不等性が存在しうる」というのは「裏の出る可能性が$\frac{1+d}{2}$だ」ということだ。ここで確率といわず可能性（possibilité）といわれているのはラプラスの確率の定義がつかえないからだが，ここでもやはりその定義にもとづく諸規則が妥当すると仮定されているのだ，とミーゼスはいう）。

(7) ポアソンからの引用は，
S. D. Poisson: *Recherches sur la probabilité des jugements en matière criminelle et en matière civile*, 1837.
の7頁，及び236頁。

(8) A. Kolmogorov: *Grundbegriffe der Wahrscheinlichkeitsrechnung*, Berlin, 1933, S. 3.

(9) Vgl. C. G. Hempel, Erkenntnis. Bd. 5, 1935.

(10) Vgl. R. v. Mieses: Ausschaltung der Ergodenhypothese in der physikalischen Statistik, (*Physikalische Zeitschrift*, Bd. 21, 1920. S. 225 f.)

(11) 例えば，蜷川虎三氏によれば，フェヒナー，ブルーンス，ミーゼス等は「集団を問題にし，之を規定しているが，併し，それらの集団は与えられたものではなく，専ら特定の目的を以て，集団を構成することが問題であり，……此の集団を構成する個体のもつ特定性質の一般性を集団に於いて捉へるがために，集団の構造を分析する数理的方法を問題とする」（蜷川虎三『統計利用における基本問題』1932年，63頁）。

(12) 「純解析的集団」（蜷川氏）をそのまま，ミーゼスのいわゆるコレクティフと同一視することはできない。
　第一に，「純解析的集団」とは，「存在たる集団」に対し，「個別的存在を其の因子として意識的に構成したる集団」＝「解析的集団」のうち，集団性の方向が単一特定で，集団の大いさが無限に増大し得るという二要件を満足する集団のことで，その限りでは，あくまでも存在に対し「構成された」集団である。コレクティフの場合，なるほど観測値の集団又は観測行為の反復が集団現象又は反復事象として広く包括されているとはいえ，客観的存在自身が直接にコレクティフとみなされることもありうる。コレクティフのすべてを「構成された集団」とみなすことはできないのではなかろうか？
　第二に，純解析的集団の構成上の前記二要件は，コレクティフ成立の二要件たる，相対的頻度の極限値の存在，無規則性の存在とは必ずしも

同一ではない。純解析的集団の集団性の強度がその集団の大いさのみに依存するのに対し，コレクティフにおける「一定の特徴の現われる強度 (relativ Häutifigkeit)」の極限値は，項位選出に対して不感的でなければならない。少くとも確率が問題になる限り，このコレクティフの第二要件としての無規則性の存在は不可欠の要件になる。そしてこの要件は，人為的に作りだされた偶然的なメカニズム（くぢびき機）においてみたされるだけでなく，運動の方向も大いさも全く不規則な粒子の一団（ブラウン粒子，理想気体の分子の混乱状態）のうちにも客観的に見出される。

(13) 坂元平八，前掲論文，36頁。
(14) R. v. Mieses: *Probability, Statistics and Truth*, 1939. p. VIII.
(15) エム・エム・ローゼンターリ，寺沢恒信ほか訳『カテゴリー論』下，青木書店，302頁。
(16) Ю. В. Сачков: К обоснованию теории вероятностей, (Вопросы философии, No. 11, 1958), стр. 124.

第2章 統計的方法の「有効性」について

はしがき

　統計学の史的発展において，いわゆる数理統計学にあっては，「統計によって一定の数量的結果を導出する方法及びその結果の齎す理論的意義と根拠とが問題とされ」てきた。[1]そして確率論を基礎理論とする数理的方法が，この場合の統計に関する知識の重要な部分と考えられ，統計学は，「個々の事例を個々に観るのでなく」，多数事例を「一団として観察（大数観察）」[2]した結果を数学的に処理する方法の学とみなされてきた。統計的方法または統計的研究方法とはこの大数観察における数理的方法のことである。

　確率論にもとづく数理的な研究としての統計的研究は，今日の統計学においては，統計的推論（statistical inference）あるいは推測統計（stochastics）の名のもとに，「経験によって得られた知識を数量的に整理し，この知識に基づいて判断する」[3]ものとして，統計学の主内容をなすとみなされている。ここから統計学の理論内容についてつぎのような考え方がみちびかれる。「統計的推論では判断の基礎となる知識も不確実，不十分であれば，それから得られる結論もまたしたがっておのずから不確実であって，その内容は大なり小なりの確からしさをもって受けいれることができるにすぎない。したがって統計的推論では，判断の方法もその結論も，すべて確率の概念をもって処理される……統計学の理論で確率の数理がきわめて重要な役割を果している……」。「この統計的判断および予測の正確さはすべて確率の概念を用いて示される。したがって推測統計では確率が分析方法の基本的な用具となっている。[3]」

　このような統計的推論の結果として得られるものは，また，通常「統計的法則」（statistical law）とよばれているが，この推論の正確さが確率をもと

にして判定される以上，結果としての「法則」の正確性もまた，確率的 (stochastic) なものとなり，「法則」は非決定論的な規則性にならざるをえない。

ところで数理統計学（推測統計学）によると統計学の基本概念は，けっして社会科学の研究材料としての統計そのものではなく，その主たる問題は以上のような確率論にもとづく統計的研究法である[4]。しかもその研究結果の有効性もまた，確率的にしか判定できないとされるという特異な論理的性格をもつ。

本章では，このような特異な研究方法としての統計的方法にもとづく判断の有効性の意味をあきらかにし，この方法の社会科学的研究における意義を検討しよう。

確率論基調の統計的方法は，確率論を統計学の基礎理論とする数理統計学者の間で，すでに統計学一般のもっとも先進的な形態として一般にみとめられている。しかしながらこの方法の基礎によこたわる確率，統計的法則などの基礎概念そのものにさえ，その現実との関連では原則的に問題とすべき点がなおのこされているのが現状である。自然現象，社会現象の研究に，統計的方法が応用されるとき，結果がそれぞれの研究分野での科学的認識の前進にとって，いかに寄与しうるかあるいは寄与しえないかをあきらかにすることが，ぼう大な数字データを駆使して電子計算機をうごかす以前に，是非とも必要である。この点にかんして，L. ホグベンが自然科学における実験研究者の立場から，統計的方法の有効性を批判的に評価していることはみのがせない[5]。社会・経済統計の利用の一方法として，統計的方法を位置づけるためにも，ホグベンの指摘したいくつかの論点は傾聴すべきものをふくんでいる。以下その主張の要旨にそいながら，統計的方法の有効性についての基本的問題点をあきらかにし，社会・経済統計の利用における統計的方法の意義を検討することにしよう。

1 「統計理論における現代の危機」[6]
——L. ホグベンによる統計的方法の批判的評価——

　二つの世界大戦の間に，統計的方法は，農学，医学，心理学の研究部面で一つの流行になった。今日では，教師の養成課程ですら，要因分析の概説が講義されているが，「科学研究者のうちで，手段としてもちいる統計的方法の論理的信用保証（logical credentials）を明確につかんでいるものは，わずか1％にもみたないのである」(141)。「ガラスの電極とか分光計ならば，その理論上の原理を知っていてもいなくても，研究者はそれを意識的に利用することができる。なぜなら，すでに知られている標準にてらしてみることによって，新しい物理的方法で測定することができるし，また，現実にそうするのがふつうだからである。ところが，有名なベイズの定理にしたがって，われわれの生きているこの世界についての正確な判断に多少ともたびたび到達するであろうと仮定して行動したとき，その結果がどうなるかを判定するための標準は，いまのところまだあたえられていないのである」(141)。ホグベンはここで，判断の確率計算という統計的方法の有効性の核心にせまる問題の一つを提起しているのであるが，その内容にたちいる以前に，現代の統計学のうちに，ホグベンがいかなる「危機」を見出しているかをまずあとづけてみよう。

　「現在，専門の哲学者や常識人が一致して統計学にたいして懐疑的な態度をとっているが，これは理由のないことではない。生物学者，社会学者，公務員といった人々が，最新のもっとも手のこんだ統計的方法の利用に，熱狂的な関心をしめしていながら，この方法の数学的な信用保証（credentials）や，そのなかにひそんでいる形式的な仮定はほとんど気にもかけていないのをわれわれはいたるところでみかける。もっとも初歩的なところでそれぞれの専門科目の基礎を共通にする三人の統計学者たちを一室にあつめることがかんたんにできたとしたら，このような事態は，現代の権威主義的風潮への科学的精神の屈従を示す以上に，おどろくべきことであろう」(94)[7]。

　さてここで，ホグベンが統計あるいは統計学というものは何を意味するか，

かれ自身の説明でたしかめておこう。「statisticsという言葉は，現在すくなくとも六つのことなった意味につかわれているが，そのうち四つは統計理論だけにかかわるものである」(94-5)。このうちはじめの二つの意味の統計とは，「人口数や輸出高のような数字データ」と，「生物統計学や経済統計学などという場合の，数字データを総計するための算術的手法」(95)のことである。しかし「生命表や生計費指数の作成といった手法は算術と常識だけを基礎にしているのであって，その作成原則は，われわれがふつうに統計の理論とよぶものの範囲にははいらない。われわれが理論統計学という用語で現在包括しているすべての手法は，確率の計算 (calculus of probability) を必要とする」(95)[8]。つまり統計の理論に固有ののこりの四領域における統計的手法とは，すべて確率計算にかかわるものであるから，確率論基調の数理統計学における統計的方法，統計的推論にほかならない。この統計的手法の適用領域としてホグベンはのちにのべるような四つの領域を区別するが，確率論の歴史をみると，論争はまず「人間の日常経験にとって，確率についての形式的な代数理論が重要になるのはどんな事情のもとでか？」という点をめぐっておこなわれている。いいかえると，確率の計算がいろいろな領域に応用されるとしても，その応用を正当化する理由はけっして同一ではない。確率の形式的定義がすべての数学者の間で一つだけ承認されたとしても，この問題はなくならないどころか，ますますむつかしくなってきている。

1 現代統計学の基礎理論としての確率論の不確実性

ホグベンは現代の統計理論＝統計的方法の基礎によこたわる確率という概念がいかにして――いかなる条件のもとで――成立するかを，確率論の発展史――といっても数学的展開の歴史としてではなく，客観的事実の世界との関連における確率概念の変遷史としての――にそって究明する。つまり確率概念の形式的定義ではなく，この概念の現実的成立要件が確率論の歴史的反省とともに問題にされる。

「この〔サイコロ投げの――引用者〕問題をパスカル流にあつかうとき，われわれは，1回の試行によっておこりうる結果のすべてにたいして同等の機会 (equal opportunity) を付与することによって，r 通りの試行系列の第

第 2 章　統計的方法の「有効性」について　35

2 回目，第 3 回目……等々におこりうる結果をすべて結合させる。r 回のことなる系列のなかでゲームの仕方やかけのルールにしたがって成功と記録された回数の，r 回のことなる系列の総数にたいする比率のことを，成功の比例的可能性という。パスカルの弟子たちはこれを成功の確率とよんだが，このような意味での確率という語と，将来の事象について判断をくだすときにふつう確率とよばれることとの間には，実は，明確な関連がないのである。この関連を事実の面でつけるためには，まず第一に，ひとびとが自明のことだとみとめている一つの命題を容認しなければならない。ゲームの道具のつかい方とその製法についての説明が，じゅうぶんに長い試行系列の将来の結果として，機会の等分配の結合を保証するものならば，上記のように定義された確率には，長い目でみた成功の度数がふくまれる」(96)。1 回の試行のあらゆる結果に同等の機会が配分されているということを，ホグベンは成功の確率を合理的に計算するための前提となる原理（「結合機会の等分配の原理」the principle of equipartion of associative opportunity）とよぶ。この原理は，古典的確率の定義において前提されている，事象生起の均等可能性の仮定である。ところが，この仮定は，古典確率論においてはどの事象がとくに起きるという理由がない場合には，いずれの事象をも等可能とみなすという理由にならない原理(10)（ラプラスの「不充分理由の原理」principle of unsufficient reason）以外に論拠のない「直観的仮定」であった。主観的，先験的信念といってもよいこの仮定が，確率概念の基礎にある以上，確率計算と現実世界との関連をあきらかにするには，まずこの仮定の現実性が問題にされなければならない。

　だがこの仮定の現実性が立証されるのは，かけ事のおこなわれる場所でおきたことの事実上の多くの経験によってのみである。サイコロ，富くじ，よくきられたカード，その他のいわゆる運まかせゲームの手段がどう行動するかについての仮定にしたがって計算された確率が，確率論の創始者たちの直観的信念を信用させる程度には正確に，観測された頻度と一致することがわかっているにすぎない。「しかし，代数的確率を形式的にどう定義しようともそれと現実の世界におきることとの間，あるいは，確率の定義と，判断の領域で確率という語を多少とも有意味にもちいるにはどうするかということ

との間のこの関連には，二つの重要な限定条件がつけられている」(96)。その一方は，ゲームの規定に，他方は競技者のかけ方にかかわる限定であるが，われわれはいまのところまだ，運まかせゲームの領域外で，確率的な行動についてのべうるような状態があるとみとめるにたるだけの明白な手がかりをもっていないし，また，過去におきた事象についての判断と，代数的確率の応用とをむすびつける資格もない。つまり，仮定の現実性をかけ事の経験以外の実世界で立証することはまだできていない。

では確率論の古典が保証してくれるのは，どんな種類のかけの規則なのか？　この規則は，硬貨をなげるとき表または裏の出る確率＝1/2，サイコロの一つの目の出る確率＝1/6といった，確率系 (stochastic system) のパラメータについての事前の知識なしにはさだめようがない。しかしこの事前の知識は，限りない試行の系列における硬貨やサイコロの行動の確認からあたえられるのであって，ただ一回の試行の結果には何の関係もない。この知識の正当性を証明するのは，同様の試行の永遠のくりかえしだけである。たとえば，一枚の硬貨を10回なげるたびに，すくなくとも1回は表がでることにかけるとする。事前の確率は1/2であるから，このような結果になる長期間の相対頻度は，1024回中1023回となり，したがってこのかけが失敗する長期間の相対頻度は1000回中1回未満となる。このことから硬貨を10回なげるときには表の出る回数が1回以上になるとかけよというルールの不確実性保証 (uncertainty safeguard) は 10^{-3} よりも小であるということがわかる。ただしこの不確実性保証は，このルールを無限にくりかえしたときにいえることで，これまた1回かぎりの結果の判定には無関係である。ここで問題にされているのは，確率系のパラメータ，すなわち，確率化の手続によってさきにのべた結合機会の等分配を保証する事象系列が与えられるような状況でのパラメータである。したがって確率化の過程が想定できない状況は除外される。

サイコロや硬貨投げのような運まかせゲームの領域をはなれると，不確実性保証や結合機会の等分配を支える現実的基盤がうしなわれてくる。ホグベンは，かけ事とよく似たものとされがちな生命保険業務についてつぎのようにいう。「事象の確率が，毎年一定していると主張することは，……あらゆ

る文明社会の死亡率の経験とひどく矛盾している。……古典的な確率計算法と保険数理の実際を指導した経験的なメノコ算との必然的な論理上の関係は，今日ではいっそう見出し難くなっている(11)」と。古典的確率論が死亡率の経験と関連をもつためには，寿命というカードの組合わせの構造が変化しないということと，生死にかけるもの（保険会社）が事前に主張したルールを一貫して守りとおすという二つの条件が前提になる。死亡率が低下してもそれにおうじて寿命カードの組合せを人々がかえようとしないので，カードの構成は不変とみなせるが，生命保険会社の活動をみると，事前に主張したルール——投資家の利害にかかわりなく強制された——が厳守されたためしはない。こうして，生命保険業務とかけ事との類似は，見かけの上のことにとどまり，確率計算の現実的基礎としての結合機会の等分配の原則を保険業務のうちに見出すことはできなくなった。

　むしろ現段階の統計理論では，「現在または過去の観察結果にもとづいて，それに先行する事象についてわれわれがくだす判断の信頼性（credibility）に，数値を付与することをゆるすような確率の計算が——いわゆるベイズの逆確率（inverse probability）——が問題になる。すなわち，「事象の確率についての主張」(statements about the probability of events) から，「事象について正しくのべることの確率についての主張」(statements about the probability of making correct assertions abont events) へと問題点がうつされる(12)。この「判断の確率」をいかに解するかという点で，現在の統計学者の考え方は三つにわかれ対立している。その第一はすでにふれたラプラスの不充分理由の原理にもとづいて，事前の確率の均等性を仮定する考えで，H. ジェフリースの主観説が全面的にこれをうけいれているが，不充分理由で定義された確率は，外界における観察可能事象の頻度とは無関係のものになる。第二の考え方は，古典確率論の創始者たちが，事象生起の長期的系列の将来にたいしてかけた期待（Forward View）をうけついで，事象の相対的頻度を確率とみるJ. ネイマン，A. ウァルトなどの確率観である。この両者の中間に，第三の折衷的な考え方をとるのが，R. A. フィッシャーであって，かれは，ベイズの定理における事前確率均等の仮定をみとめない——したがって逆確率の概念をしりぞける——が，結果事象から原因事象を回顧する権利は保留

する。このような確率観そのものの対立は，確率が集合論によって現代的に定義しなおされても，解消されはしない。「集合論による始元定義（initial definition）の現代的改訂も，その正しい応用について新しい点はあたえない。不充分理由の原理をあてはめるならば，確率の数学的定義を，外界の事象の頻度にむすびつける義務をきっぱりと否定することになる。ところが，代数的確率を定義するのに，頻度の概念に明白にうったえないですますような定義の仕方はほかのどんなものでも，確率を現実の事実に応用する人にたいして，その定義そのものの事実との関連を立証する責任を放棄させるものである。だからこそ，不充分理由の原理を信用する気になっている数学者たちの多くが，代数的確率概念に，何かもっとはっきりした有用性の表示をつける必要があると感じているのである」(99-100)。確率概念と，その現実的基礎との間の関連は，このように集合の測度としての確率の公理主義的定義によってもすこしもふかめられはしないのである。

こうして問題はけっきょく，ホグベンが「結合機会の等分配」とよぶ原理が，事象の系列そのものにみとめられるかどうかというところにおちつく。いいかえると事象系列に，無秩序（disorder）がみとめられるかどうかである。現実世界への確率計算の適用基盤として，事象発現の規則性をもたない集団現象または反復現象（irregulare Kollektiv）を要求した，R. v. ミーゼスの「確率＝頻度」説が，この無秩序の内容をよく定式化している[13]。「フォン・ミーゼスは，数学者としての見地から，事実上の度数概念と，ふつうには偶発性（randomness）とよばれている事実上の無秩序とを，一つの定義のなかにもりこんで，確率計算の従来みとめられているすべての規則を確認するにたるものをつくるという課題をはたした。この形式的なはなれ業で，未解決の矛盾がすべて解決されたわけではない。フォン・ミーゼスが確率の概念を定義し，純化したように，偶発性が発生する事実的な条件を見出すのは，数学者の本分ではない。その証拠には，新しい頻度説が，逆確率説にうったえるのを禁止すれば話は別であるが，そうでないかぎり，確率計算が実際のどんな活動面で，有利な成果をあげるたすけになるかをきめることは，数学者それ自身の特権ではない」(100)。こうして確率計算にもとづく理論統計学の諸手法の正確性は，代数的確率の数学的理論によっては基礎づける

第2章 統計的方法の「有効性」について　39

ことができず，この手法が実際に応用される統計理論の四つの領域のそれぞれにおいて，実際上の諸問題との関連のもとで慎重に検討しなければならない。

2　統計理論の諸領域における確率計算の実質的意味

ホグベンは確率計算が実際に適用される統計理論の領域として，(1)集団の計算法，(2)誤差の計算法，(3)調査・研究の計算法，(4)判断の計算法の四つを区別する。

集団の計算法（Calculus of Aggregates）　これは，感覚でとらえられない微粒子の確率的（randomwise）行動を想定する模型＝「確率模型」(stochastic model) をもちいて仮説をたてるために，実験科学において，確率計算を利用することである。クラウジウスとマックスウェルの気体運動論から，現代の量子論にいたる統計力学や，メンデルがはじめた実験にもとづく遺伝の理論などがその例である。「およそ，物理学的模型の有用性は，従来予想されなかったが検証できるような結論をもたらすかどうかでさだまるが，確率模型もこの点では同様であって，……その有用性は結果から判断される」(101)。しかしながら，この領域での確率計算法の有用性を，この領域外に拡張して考えうるかどうかは注意を要する問題点である。確率計算が実験科学の領域内で限られた有用性をもつと信頼するのはよいが，この計算の意味を実験的に検証する明白な機会の与えられない状況においても，この計算の有用性を主張してよいというわけではない。

ホグベンがここで集団（aggregates）とみているのは，たとえば気体の分子的混乱状態のような，それ自体が一つの客観的事実として，結合機会の等分配＝無秩序性を保証するような客観的集団のことである。いいかえると，フォン・ミーゼスのいわゆる不規則性をもつコレクティフ[13]あるいは，蜷川虎三のいわゆる「純解析的集団」[14]が，客観的に存在する場合と考えられる。確率模型はこのような客観的自然的集団の運動状態を反映する。したがって模型による分析の結果が，実験的に検証され，模型の有用性が保証されるのであろう。(計量経済学における確率模型が，物理的模型と似ているのは，外面的形式においてのみであって，計量経済模型はここにいわゆる集団のよう

な客観的基礎をもたないことに注意すべきであろう。物理学で成功した仮説の形式だから経済学でも有効だろうと考えるのは，ホグベンの注意したように，素朴な理由のない類推であろう。）

誤差の計算法（Calculus of Error） 観測値の組合せ論（combination of observations）ともいわれるこの領域は，測地測量，天体観測などの面でのガウスやハーゲンの名とむすびついている。「事実の問題として，観測者の偶然的（accidental）な誤差は，運まかせゲームにおける賭博者の得点と完全に一致する現象と仮定してもよい。そのかぎりで，このはじめの仮定は，確率計算の範囲内におさまるであろう。しかし，確率計算を応用するには，いくつかの，もっとうたがわしい仮定にうったえなければならなくなる。観測値系列を無限に延長したときの平均が，測定中の定数または物理常数のもとむる真の値になるという意味で，この賭博者は長い間には，勝たねばならない」(101-102)。ここでホグベンは重要なことを指摘する。「このはじめの仮定を強調しておくのは適切なことである。というのは，今日では，科学の法則は本質的に統計的であって，絶対的真理という観念はもう時代おくれだとの主張をしばしば耳にするからである。……この主張の前半分は法則なるものを，確率模型にうったえる仮説と完全に同一視している点で正しくない。主張の後半分は，物理学者が確率の計算を利用するほかの利用法を排除するだけのことである。観測値の組合せの理論で合理的な目標としてわれわれが追求する真の値の仮定は，われわれが偶然的誤差とよぶものを定義するさいに与えられている唯一の確実な足場なのである」(102)。

観測を偶然誤差のなかから真値をいいあてるゲームにたとえるならば，真値（m）が観測値の平均（m_0）をはさんでまえもって指定された区間（$m_0 - x$）$< m <$（$m_0 + x$）にはいるとかけたとき，このかけがはずれる可能性＝「不確実性保証」（uncertainty safeguard）の値は許容しうるほどの小さな値にできる。ただ，誤差論の本来の主張では，確率的な系の規定的なパラメータが精密に決定されるのは，真値（m）が本当にわかっている場合だけである。「この制限は観測値の範囲内でさだまるいわゆる t 分布の導入によって，とりのぞかれるように思われるが，事前に指定された——かなり小さな——限界内の，所定の不確実性保証がたもたれるようにするには標本の大きさを

第2章　統計的方法の「有効性」について　41

どうすればよいかを，まえもって指定することはこの分布をもってしてもできない。事実，この限界そのものが，有限の大きさのどんな標本にたいしても許容できるほど小さいことは保証できないのである」(102)。かくて観測誤差といえども，確率計算だけで処理しつくされるものではない。

調査・研究の計算法（Calculus of Exploration）　ガウスの誤差論はそれ自身以上のような問題をのこしているのであるが，同年齢の人の身長や，ある地域の10年間の平均雨量のような自然現象は，平均誤差の度数分布に合致する分布をしめすというのも事実である。この合致がケトレーの「社会物理学」（Physique Sociale）を生み，ゴールトン，ピアソン等にうけつがれ，「生物学や社会学のデータに曲線をあてはめるという遊び事（pastime）に，ガウスの誤差計算の形式的代数学の全体が適用された」(103)。——これが調査・研究の計算法なのである。多変量回帰分析や要因分析もその例である。だが「ケトレーの秘法が助長した統計図表作成者の技術は，一世代にわたって遺伝学の研究を停止させた。その後心理学者たちがこの技術をとりあげたが，かれらも疑いをもちはじめている。この技術がいまなお安固な地位をたもっているのは社会科学である」(103)。

この調査・研究の計算法が信用できるかどうかはいろいろな適用面で再検討を要する問題である。というのは，さきの生命保険の場合に確率的推論の条件がみたされなかったのと同様に，あるいはそれ以上にこの計算法が適用される場面では，自然がカードをきる（確率化の手続をおこなう）ものと想定しないかぎり計算の意味はうしなわれるからである。たとえば，特定の所得階層に属する母親が死亡する年齢とか，1回かぎりの歴史的な事象とかに，古典的な確率計算（classical calculus of chance）を関係させるわけにはいかないからである。

ホグベンはここで，(a)ある材質，大きさのバネに，固定した重さを加えたときののびについて，同一の張力のもとで記録された長さの連続的観測値にもとづいて，直線をあてはめることの意味と，(b)家計の所得にたいする母親の死亡年齢の関係をグラフにえがくことの意味（無意味かもしれない）とを比較する。前の場合には，同質同形のバネにはすべてこの直線があてはまり，バネののびの，長期間の真の平均（true-long-run mean）からの偶然的偏差

が生じようとも，何らかの意味で，現実の一面的な，歪曲であるにせよ，とにかく模写反映であるという見地にたってその抽象性の特質を考えてみよう。

抽象的概念を駆使するということだけで，そのまま，対象の本質にせまるものだとすれば，およそ分析などは不必要であろう。「人間であるにせよ，物であるにせよ，およそいわゆる偶有性なるものをすべてこのようにあらゆる主体から捨象して仕舞う結果，最後の抽象においては，論理的諸範疇だけが〔たとえば量〕実体としてのこることになる。……これらの捨象によって実は分析をしているような気になり，対象からますますとおくはなれるにつれて実は対象に透徹するほどまで対象に近づきつつあるような気になる」(15)。これは容易だが，そこには「抽象があって分析がない」。

もちろん抽象的であること自体があやまりだとか，抽象は一切不要だとかいうのではない。経済学において抽象力がいかに重要であるかは再言するまでもない。だがこの抽象は，すくなくとも，対象を分析し，もっとも簡単な要素にまでいたり，再び総合によって，対象を諸規定の総合として意識のうちに再現するまでの全過程にわたって，もちいられるあくまでも経済学固有の抽象なのであって，抽象一般，数学的抽象，物理学的抽象などではあるまい。数学的抽象が科学的抽象であることはもちろんだが，それによってたとえば抽象的人間的労働を分析することはいうまでもなく不可能であろう。ここで数学的方法にそくしていえば，数学の対象を明確に規定しておくことの必要がいっそうあきらかになる。というのは，数学を個有の対象にしばられない，人間精神の自由な創造物であるとみなす考え方がたとえば，次のような形で，現在なお社会科学者の間でも支持されているからである。一例をあげると「論理学および数学の命題の真偽は，ア・プリオリに決定され，したがってそれは普遍的に確実であるかわりに，いかなる経験的事実に関する情報をも与えないものとされる」(16)というのである。このような考え方にたてば，「数学の命題が実証されずに論証されうるのは，それが社会科学でも自然科学でもなく，社会をも自然をも直接に対象としていない純粋思惟の領域にかかわる科学だからである。だからこそ社会科学にも自然科学にも利用することができるのである」(17)ということにもなろう。所説は，数学の定理が現実的であればあるほど普遍妥当性はなく，普遍妥当的であればあるほど現実的で

第2章 統計的方法の「有効性」について　43

ないというアインシュタインの考え方と同一である。しかし私見は数学にこのような特異性をみとめることができない。数学的抽象がかりに、このようにして現実世界と全く無縁の、より正確にいえば、いかなる意味においても現実世界の一面さえ反映していないとすれば、これを他の科学の研究対象へ適用することはかえって不可能になるであろう。

　数学の諸定理を、中立の、純技術的な「道具」とみなす見解がある。この見解の基礎には上記のような数学観がよこたわっている。

　経済学への数学の適用とともに、数学化された経済学の理論体系は一種の道具箱であって、それ自身は事実によって検証も反証もされはしない、というのがロビンソンの経済理論＝tool box 説である。この道具説は数学についてと同様に、経済理論の事実にたいする絶対的独自性を保証するものとされている。ではその正当性はいかにして証明するかといえば、その基準は理論体系全体の形式論理的無矛盾性（一貫性）だけであって、理論が社会的実践によってその正否を検証されるといった契機は全然ふくまれていない。この点においても私見は、これと反対に、あらゆる理論、仮説、テーゼの真理性の基準は窮極的には、人間の実践にあるという見地をとる。数学が適用され、理論構成に数学が寄与する場合も全く同じことがあてはまるのであって、実践による検証を経ない、あるいは、これをゆるさじたとしても、それは確率化の手続（randomizing procedure）の公式に合ったものとみなしうる。ところが「母親の死亡年齢についてはこの公式は何の関係もないのであって、グラフにもっともよくあてはまる直線なるものの傾きを決定する回帰係数は、バネの弾性係数とはちがって、操作的な価値ゼロである。ましてや将来出会うかもしれない社会状況を規定するものとして、確信をもってこの回帰係数を表示することなどできはしない」(104)。「一つの変量を連続的に観測した結果の長期的平均値は、それ以外の変量の値にたいして、人間の誤差を超越する法則が指示する真の値を意味する。ところがこれに反して、回帰線のグラフが記述するのは、かりに観測に欠陥がなかったとしても、依然としてバラついたままであるような点のバラつき状況である。こうした点をいくつかあつめて平均したものは、一つの変量の固定した一つの値には関連があるが、この平均をとおる直線が縦軸を切る点はかならずしも、これにかわる変量の

実在の値を記録しない」(104)。

物理的測定のさいの誤差のとりあつかいと,社会的事実への回帰直線のあてはめとを,計算式が同一だからといって同一視してはならない。物理学で観測値を結合して決定するパラメータが物理常数として有効なのは「物理法則のいわゆる独立変数が研究者の管理下にあるからであるが,こうした管理はけっして,回帰分析の適用対象としての社会的事象において実現可能なことではない。われわれはそこではあくまでも受身の観察者である」(105)。こうしてホグベンは,回帰分析を,経営または行政上の限られた有効性をもつ記述の方法としてはみとめるが,科学的知識の永続的体系にこれをくみいれる資格はないとする。

判断の計算法（Calculus of Judgements） これは,生物学や社会科学において確率計算法が利用される場合に,論争のまとになっている,仮説検定の手続と区間推定の手法によって代表される。このうち検定手続（test procedure）というのは,「一つまたはそれ以上の仮説を,採択したり棄却したりするとき,誤り（error）の生じる確率が,指定されたある上限（upper limit）をこえないようにするルール」(106)のことである。ホグベンはこの誤りの生ずる確率の上限を,「許容される不確実性保証」(acceptable uncertainty safeguard) とよぶが,この確率の解釈をめぐって統計学者の間に対立があるのはすでにふれたとおりである。[18] R. A. フィッシャーとその後継者たちはこれを,「単一標本にもとづく判定の性格」(106) と考え,事前にその標本の大きさをのべる義務はないとしている。J. ネイマン,E. S. ピアソン,A. ウァルトらのこれに反する見解は,この確率を「無限の反復の枠内で一貫して利用されるルールの単なる一性質」(106) と解する。

ホグベンはこの二つの解釈の対立をつぎのような数値例で説明している。はじめに仮定として,(a)一組の完全なトランプと,ハート札だけが除かれている組とのどちらかがあると,したがってこれから黒札をぬき出す確率（P）は 1/2 か 2/3 かのいずれかであることがわかっているとする。そして,(b)この組から連続して札をぬき出してはもどすということをくりかえし,その度毎によく札をきるものとして,n 枚の札からなる標本にあてはまるような決定のルールが定められているとする。

第2章 統計的方法の「有効性」について　　45

　検定される仮説は，$P=\frac{1}{2}$（組が完全）という仮説 H_0 と，$P=\frac{2}{3}$（ハートがない）という仮説 H_1 との二つである。H_0 と H_1 のどちらが正しい仮説であるにせよ，まちがった決定をくだす確率が，許容できるある限界に達しない $P_f \leq e$ のようにするための棄却基準 x〔札の枚数であらわされる〕をえらばなければならない。黒札の枚数を S 枚とすると，さきの決定のルールとは，仮説 H_1 が正しいとき $S \leq x$ になるような標本があらわれる頻度は，e 以下であり，また H_0 が正しいとき，$S>x$ になる標本の頻度が e 以下であるとすることである。ただし，標本の枚数 n が一定限度以下であるとこの二つの条件をともに充たすことはできない。$P_f \leq 0.05$〔100回中5回以下〕とするためには，標本枚数は100枚であればよく，棄却基準は $x=58.5$ となる。枚数が10枚でも $P_f<0.5$ となって，誤った決定をくだすよりは正しく決定することが多いが，枚数が5枚の小標本になると H_0 の正しいときは，$S>x$ の確率が0.5より小さく，また H_1 が正しいときは $S \leq x$ の確率が0.5より小ということになって二つの条件を同時にみたす検定はできない。（つぎの数字例を参照）——これがネイマン流の包括的検定のやり方である。

対立仮説 $P=\frac{1}{2}$，$P=\frac{2}{3}$ にたいする得点〔黒札の数〕

S の分布（標本枚数=5）

S の枚数	0	1	2	3	4	5
仮説 $H_0\left(P=\frac{1}{2}\right)$ のとき S 枚出る確率	$\frac{1}{32}$	$\frac{5}{32}$	$\frac{10}{32}$	$\frac{10}{32}$	$\frac{5}{32}$	$\frac{1}{32}$
仮説 $H_1\left(P=\frac{2}{3}\right)$ のとき S 枚出る確率	$\frac{1}{243}$	$\frac{10}{243}$	$\frac{40}{243}$	$\frac{80}{243}$	$\frac{80}{243}$	$\frac{32}{243}$
x	-0.5	0.5	1.5	2.5	2.5^*	4.5	5.5
仮説 H_0 のもとでの $(S>x)$ の確率	1.000	0.969	0.813	0.500	0.188	0.031	0.000
仮説 H_1 のもとでの $(S<x)$ の確率	0.000	0.004	0.045	0.210	0.539	0.868	1.000

（*原文どおり）

ところで，これにたいして5枚の標本でも，$x>4$のときにはH_0仮説を棄却し，そうでないときには，判断を保留することにすれば，$P_f<0.05$の条件をみたすことはできる。この場合には，仮説H_0が正しくなければ，棄却が誤った決定になるはずはなく，また，仮説が正しいのに棄却して間違う可能性は，全標本32例中1例（5％以下）にすぎない。これがフィッシャーの検定方式なのである。小標本（たとえば5枚）でもやれるのがこの方式のメリットとされている。しかし全標本の何割になったら判断を保留すべきかはきまらない。たまたまH_1が正しければH_0は正しくないことになり，$S>4$のときこれを棄却するのが正しいことになる。しかし，そうすると枚数5の243標本中211標本については判断を保留しなければならなくなる。仮説H_0がたまたま，正しくないとき，おおよそ10回に1回以上H_1を棄却するという検定方式は保証されなくなる。

およそ確率的推論（stochastic reasoning）のルールは，事前にその将来にもむかった全体をふまえて記述すべきであり，したがって標本の大きさもそうやって決定すべきである。この点はしばらくおくとしても，標本の大きさを事前に限定しておかないかぎり，R. A. フィッシャー式の検定は，それがおこなわれる場合のうち指定されたある割合の場合に，正しくない仮説が棄却されるという保証をあたえない。工業製品の品質管理の場合のようなものをのぞけば，対立仮説を二つかかげて，どちらかをとるという截然とした検定がおこなわれるのはまれである。たしかにたった一つの（いわゆる帰無）仮説を立てて，フィッシャー式の有意性検定をやることが多い。しかし，棄却と判断保留とにわれわれの主張を限定するのは，推定操作の意図には関係がないことである。実際上，帰無仮説の選定を指示するのは，一義的な標本分布によって，それが定義されるかどうかであるが，このこと自身も，科学の研究者の予想する目的ではない。

以上の設例では，黒札の割合が1/2か2/3かという事前の知識を仮定しているが，現実の研究においてこんなことがおきるのはまれである。この仮定をはずすと問題は，黒札の割合がはいるあるせまい区間についての確率計算ということになる。これが区間推定の問題である。区間推定のルールを完全にのべるには，事前に指定された不確実性保証にもとづいて判断するために，

標本の大きさの決定が必要になる。また目標も，たとえば黒札の割合は0.45から0.55の間にあるという形で定めなければならない。事前の知識がないときに対立仮説のどちらかを勝手にとるという矛盾にはおちいらないですむが，そのかわり，仮説の内容をなすパラメータが一義的にあいことなる標本分布を規定することについての事前の知識が与えられなくなる。1950年頃まではいわゆる t -分布の特性で，この点が解決されたかに思われていたが，確率的ルールを全体として事前にのべるにはこれも役に立たない。要するに，結果がどうなるかについて有限の限界をつけられない確率的手法は，その知的正当性を具体化できないのである。

3 総 括

以上の四つの領域にわたって，統計理論は共通の事実的基盤をもたない。その共通点は確率計算法への依存と，それが指示する形式的に同一の操作の利用だけである。ではこの計算法の有効性はどうか，「実験物理学や遺伝学の領域で模型を作るための強力な手段となったこと」(111) はたしかであるが，これにたいする信用保証はこの領域内のことでしかない。ただ寛大な見方をすれば，測定器具の誤差を扱うときの合理的根拠とみてもよいかもしれない。

この二つの領域での確率計算の応用効果は一応信用してよいとしても，それを生物学や社会科学での研究目的に確率的手法を役立たせようとして，そのための根拠にしようとしても事実上は無関係なことなのである。

統計理論の現在の内容についてのホグベンの評価は以上のように——そしてかれも自認しているように——，ニヒリスティックなものである。かれは，専門統計学者にたいして，資料の集約方法そのものの確実性を探究し，この集約方法の有用性を，大規模の管理と製造の面だけにみとめるようにうったえる。「確率がかった (quasi-stochastic) 技術の利用についての伝統的説明は，われわれの一世代の間に，かっこうができたが，その結果は当代の多くのひとびとにとってはなげかわしいことである。高等教育の場で生物学，社会学，心理学の学生たちにたいして今日の統計理論の講義でおこなわれていることにくらべれば，現在の大学での自由主義的神学の課程の方が，むし

ろ好奇心のおもむくままに，信仰のうえにドグマをおこうとする気分にひたる傾向はよわいくらいである」(111)。

2 いわゆる統計的方法の仮象的有効性
——社会・経済現象における決定論的法則性と確率計算法との対立——

ホグベンは以上のように，確率計算法を基調とする現代の統計理論の危機が，この計算法が，現実的適用基盤をもつことが証明された領域（集団の計算法の領域）以外にまで拡張適用されたことにねざしているという考え方をつらぬいている。フォン・ミーゼスが不規則的コレクティーフを確率計算適用の唯一の場としたのと軌を一にするホグベンの考え方は，統計学の危機を確率論主義としてするどくとらえた点で正当であったといえよう。なぜなら，確率計算法そのものが，たとえば集合論にもとづいて公理主義的にいかに整然とした無矛盾な体系として展開されようとも，これを科学の特殊領域で有効に応用しうるかいなか，というよりは，応用が一体可能かどうかは，数学的方法自身が決定すべき，あるいは決定しうる問題ではないからである。諸科学の研究領域に外面的類似を見出して，たとえば気体分子の一団をあたかも自由意志をもった個人の一団であるかのように擬制するといったことは単なるたとえ話にすぎない。分子運動の研究方法がそのまま個人の社会集団の分析に，あるいはその逆に，適用されるということ，あるいは一たん数学の世界にひきもどして両者に共通の統計的方法としての確率計算法が適用できるということが，このたとえ話によって証明されるわけではない。

研究方法の共通性を保証するのは研究対象の共通性以外にはありえない。ホグベンには，方法の利用効果から逆に方法の価値をおしはかるような議論がみとめられるが，利用効果（やってみてうまく行くかどうか）を窮極的に規定するのは研究対象の性格であろう。

ホグベンのとりあげた統計学の三領域，すなわち誤差，研究，判断への確率計算法の適用は，さきにみたその一領域＝集団の計算法とことなり，古典的にせよ現代的にせよ，確率概念の成立基盤（結合機会の等分配＝無秩序）が事実として存在することを立証されていない場面への代数的確率論の適用

であったことに，とくに注意しなければならない。

したがって，社会・経済現象へのいわゆる統計的方法の適用についても，まず第一に問題になるのは，社会・経済統計の世界に，ホグベンのいわゆる無秩序な集団，あるいはフォン・ミーゼスのコレクティフが客観的事実として存在しているかどうかである。社会・経済的な集団現象がその大きさの与えられている特定の時と場所によって規定されている歴史的事実であること，そしてこの集団現象の構成要素たる単位相互間に，確率の基盤としてのコレクティフの要素の相互外在的独立性（確率の加法性の根拠）がみとめられないこと，この集団現象の集団性はその方向が多岐にわたることなどは，すでにあきらかにされている。このため社会・集団現象そのもののうちに確率計算の適用できる場を見出すことはまず不可能である。要するに社会・経済統計によって反映される社会的事実には，確率が成立する客観的基礎がないのである。

では，このようにその本質からみて，ホグベンが物理的世界にみとめた「集団」とはことなる社会集団現象を反映する統計数字の一団として構成された統計値集団（蜷川氏のいわゆる解析的集団の一つ）ではどうか。確率計算法適用の足場があたえられるであろうか？　外見上この集団は，ホグベンが誤差の計算法の適用域とした，観測値またはその誤差の集団（測定値集団）と共通の性質をもっている。すなわち，どちらも同じく観察の結果たる数字である。しかし，同じ観察の結果であっても，「不動の大きさと性質をもつ集団として客観的に存在しているものを測量」した結果としての統計値[19]と同一の個体についての多数回の反復測定結果としての測定値とは，はっきり区別すべきである。

すでにみたようにホグベンはそのいわゆる「集団」（＝自然的集団）における確率計算法の適用と，自然測定のくりかえしにおけるその適用とを区別している。確率模型が対象を科学的に反映できるのはこの前者の「集団」についてのみである。反復測定という集団的観察結果としての測定値集団になると，確率計算法の適用は，同種測定行為の無限反復系列における結合機会の等分配が仮定できるかぎりでは有効であるが，そうでない場合には，確率模型がこの系列に擬制されるにすぎない。しかし同種の測定行為の無限反復

系列にこのような「無秩序性」がみとめられるためには，前提として同一の測定行為が，同一不変の測定対象たる個体にたいしてくりかえされねばならない。実験室内で測定条件を固定し管理しうる自然現象についてはこの前提を人為的に作出できる。ところが原則としてこうした管理の不可能な社会現象について，そのたえざる変化発展のもとで，時と場所を固定して，したがって原則として一回限りの調査しかおこなえない場合には，確率計算の前提となる本来の反復測定はありえない。社会・経済現象そのものがすべて一回生起的な，反復しえない歴史現象だとは必ずしもいえないし，同種事象のくりかえしはたしかに社会・経済現象にもみられるが，静止した状態で同一の現象を多数回調査する条件を人為的につくり出すことはできない。

　社会・経済現象の統計調査による把握においては，個体測定の場合のように測定のくりかえしによって安定的結果（＝平均）を導出することよりも，客観的に与えられている同種多数個体の集団の大きさと性質を，一個の事実として確認することの方が，はるかに重要で社会認識のうえで決定的な役割をはたす。この社会・経済的集団の構成要素に均等化の傾向（たとえば利潤率の平均化）がある場合でさえ，統計値から誘導された平均や比率は，安定的結果の指標であるというよりは，元来一個の経験的事実を物語る数字なのである。[20]

　安定的結果が得られるための条件——集団の大きさが任意に増減でき，特定の一方向の集団性の強度が，集団の大きさだけに依存する——をそれ自体にそなえていない社会・経済的集団に，確率模型を擬制して確率計算を強行したからといって，安定的結果があたえられるわけではない。ケトレーの「社会物理学」をうけついだゴールトンやピアソンの研究を，ホグベンが「生物学や社会科学のデータに曲線をあてはめるという遊び事」(103) と評したのは，まことに当を得ているといわざるをえない。多変量回帰分析，要因分析，分散分析などが，経済学の主要な研究方法として計量経済学などで過大に評価されている現状にみるにつけても，すべての平均を安定的結果とみるケトレー的な思考様式にたいする J. L. F. ベルトランのつぎのような批評や C. ベルナールの平均観にたちかえって，統計的研究方法としての確率計算法の意義を再検討すべきであろう。

ベルトランはいう，「このベルギーの著者は平均人の肉体に平均的精神を与えている。道徳的性質を要約するためには2万の属性を一つに集約せねばならない。この見本的人間は，感激もなく，非行もなく，馬鹿でなく，賢くはなく，無知ではなく，知識もなく，大体居眠りをしている。なぜなら目覚めているのと，ねているのとの平均であるから。彼はイエスともノーとも返事しない。……かれは健康な兵士の平均的糧食で38年間生存したのち，老齢のためではなく，統計がかれのために見出す平均的病気で死ぬであろう[21]」と。実験生物学者C. ベルナールの見解はもっと断言的である。かれはいくつかの生理学的事実をあげながら宣言する。「現象の生物学的特性は，すべて平均をとれば消滅する」……「現象の真の関係は平均においては姿を消すのである。……なぜなら平均は統一を目指しながら混同し，純粋化を目指しながらゆがめられるからである。……私は統計からとった結果がなぜ法則とよばれるか，その理由を理解する能力が自分にないことを認める。というのは，私見によれば，科学の法則は，確実性，絶対的決定論にのみ基礎をおきうるのであって，確率にもとづくものではないからである。……すでに原因が確定されている現象にたいしては統計学は何らなすところはなく，不合理でさえあろう。実験の諸条件がよく知られてしまえば統計をあつめるのをわれわれはやめるであろう[22]」と。一個の社会的事実としての平均や比率が，統計的研究の結果として与えられたとしても，それはやはり偶然的誤差ないしは偶然的特殊的諸原因の相殺された結果として安定性をもつのではなく，「かえって基礎になっているデータの範囲内での特定の前提（型，模型）による要約結果にすぎない[15]」。このように考えると，測定誤差の確率計算法が，平均概念を媒介にして自然測定以外の研究領域に拡張されることを，社会科学的認識の発展形態とみるわけにはいかない。だから統計的方法は社会認識にとって，事実の要約表示以上のものを与えることができない。社会科学の法則を正確に定立または検証する能力は，確率的計算法としての統計的方法にはないのである。

　ここでわれわれは，統計的方法による仮説の検定という特殊な確率計算法（ホグベンのいわゆる判断の計算法）と統計数字による社会・経済法則と事実の歴史的経過との対決という意味での，社会科学における法則の検証（証

明）とが，まったく異質のものであることを確認すべきである。判断の計算法における数理統計学者の間の，仮説の真なることの確率についての見解の対立は，確率論基調の現代の統計理論の基礎の脆弱性をしめす確実な証拠である。しかし，確率についての見解がかりに一致したとしても，社会・経済的法則の統計による検証・定式化の問題が解決されるわけではない。この点にかんれんして，ホグベンは「記述されたデータの分析にとくに関連する手法〔生計費指数，物価指数などが例示されている——是永〕を要約する」ものとしての生物統計学や経済統計学について，「ここでいう分析の意味は，常識に訴える簡易な算術的方法により，われわれがひき出そうとする結論に多少とも関連のある事実や，状況の実情を歪曲する事情を取捨することである(16)」としている。しかしながらこの主張は，すくなくとも経済統計学にかんするかぎりでは，不充分であろう。というのは，なるほど統計による社会・経済法則の検証は，「法則をその具体的な発現の現象的諸形態にまで具体化する(17)」ことをもって本旨とするのであるから，統計をもちいた計算が初歩的な算術的方法によるかいなかは，この検証の価値に影響しないであろう。しかしここでの検証は「常識に訴え」ておこなわれるのではなく，「本質の発現として基本的に重要な指標を諸々の現象の中から分離する(17)」という社会科学の理論にもとづく作業なのである。ここではもはや統計的方法はなんら主役を演じえない。統計的方法適用結果の確からしさを確率で表現したところで，統計的方法の正確性・有効性がたかまるわけではない。

むすび

　確率論を基調にする統計的方法は，現代の統計理論の中核をなしている。計量経済学をはじめとして最近の社会諸科学においてはいわゆる「計量分析」がさかんであり，また，統計による研究といえばただちに統計的方法＝確率計算法を連想させるほどである。しかしこのような統計理論の現状を，確率論の乱用ないしは現代における統計学の危機としてとらえたホグベンの見識は，尊重すべきである。社会・経済統計についていうならば，社会認識の手段としてのこれらの統計の科学的な利用は，この危機から統計学を脱出

させないかぎり，望むべくもないであろう。

（1）　蜷川虎三『統計利用に於ける基本問題』8頁。
（2）　蜷川虎三『統計学概論』（岩波全書）17頁。
（3）　森田優三『統計概論〈新版〉』221頁。
（4）　前掲注（2）のほか，内海庫一郎・木村太郎・三潴信邦編『統計学』（有斐閣双書）34頁参照。
（5）　L. Hogben, [1] *Statistical Theory*, 1957. [2] *Science in Authority*, 1963.
（6）　L. Hogben, [2] pp. 94-112 (The present Crisis in Statistical Theory). 以下本文中（　）内はこの本のページ数。
（7）　cf. L. Hogben, [1] p. 13.
（8）　cf. ibid., p. 15.
（9）　cf. ibid., p. 65.
（10）　伊藤陽一「確率に関する諸見解について」（経済統計研究会『統計学』第14号，38頁参照）。
（11）　L. Hogben, [1] p. 95.
（12）　ibid., p. 119.
（13）　拙稿「確率論の基礎概念について」（経済統計研究会『統計学』第8号，15-23頁参照）。
（14）　蜷川『統計概論』48頁。なお前注拙稿32頁参照。
（15）　内海ほか編，前掲書，41頁。
（16）　L. Hogben, [1], p. 14.
（17）　内海ほか編，前掲書，43頁。
（18）　この対立の説明として，渋谷・竹内共訳『フィッシャー統計的方法と科学的推論』（訳者解説）202頁以下を参照。
（19）　内海ほか編，前掲書，36頁。
（20）　蜷川『統計利用に於ける基本問題』75, 266頁参照。
（21）　L. Hogben, [1] p. 174より引用。
（22）　cf. L. Hogben, [1] p. 228, [2] p. 83.

第3章　経済研究における統計利用の基本問題
――経済研究と社会情報としての統計の利用をめぐって――

はじめに

　この章の目的は現在，社会統計学派の学問的系統を支持する立場にもとづいて行われている統計利用，特に経済学の研究と不可分に結びついている経済統計の利用の特質と基本的な問題点を再検討し，今後の研究に展望をひらくことにある。
　統計利用を数理的統計処理の一般原則のみに限定していわゆる統計解析法の展開として進めてきた数理統計学の現状についてはいうまでもないが，これに対して社会科学の理論にもとづく統計利用の問題の独自性を強調して，数理統計学的統計解析の批判を進めてきた社会統計学においても，統計利用の領域にあっては度数分布，平均，比率（指数），トレンド，季節調整，回帰（重回帰），相関（重相関），統計的推論（推定と検定）の数理的一般方式の展開以外の研究と教育には依然としてみるべきものがなく，これら諸手法の祖述に終始しているものが，特に経済統計の教科書に多くみられるのが現状であるといわざるをえない。統計とは何かについて，その作成過程にそくして大量（存在たる社会的集団）を物語る数字とする蜷川統計学に従ってこれをみても，統計利用の領域においては，純解析的集団（確率論と大数法則基調）の数理解析を範型とする研究が統計利用の主流とみなされ，いわゆるたんなる解析的集団の研究については指数論以外にみるべき発展は認められないのが現状である。
　統計対象を社会的集団現象過程とする，ドイツ社会統計学の学問的伝統の上に立って，統計は社会的集団を物語る数字であるとみる社会統計学の伝統的見解を狭く固守しようとする一部の論者によると，経済統計研究会（現在

第３章　経済研究における統計利用の基本問題　55

の経済統計学会）のこれまでの社会科学に基礎を置く研究のうち，とりわけ数理統計学的研究の方法的欠陥の批判的解明は著しく軽視され，この学会の現状においてはもはや批判ではなく「数理統計学的研究の体系的受容」という現状がむしろ肯定的に認められている。[1]

　統計という統計学の基本概念についてすでにこの学会の内部においても，鋭い批判的検討が加えられている。とりわけ注目すべきは同学会の木村太郎の「統計＝社会経済過程を総量的か代表的に反映する数字的資料」とみる立場からの統計本質論と統計学体系の構想であろう。統計の本質，統計学の学問的性格についての，この学会における数理統計学批判はもはや現代的意義を全く喪失し，数理統計学の体系的受容を是認し，方法論の平和的共存を指向することのみがはたして統計学の，特に統計利用のあるべき姿なのであろうか。筆者はこの点に依然として重大な疑義を抱かざるをえず，批判の継続と発展を強く要望したい。たとえそのような方法論研究が一見アナクロにみえようとも，これからの統計学の発展，特に経済統計の利用による経済研究の推進という領域においては，依然として不可避の研究課題と考えられるからである。[2]

　以下本章においては，統計を社会情報として含むいわゆる社会情報処理論の展開に注目しつつ，従来の数理経済学基調の要素還元主義的な経済研究への深刻な反省＝「複雑系としての経済」の主張という重要な経済学方法論上の画期にそくした展望を試みたい。

　このようにして社会統計学が現に陥っている一種の閉塞状態を打開・克服することは，統計利用の領域のみならず広く統計学全体の当面する最も重要な研究課題の一つである。この場合，筆者はデータの数理解析に終始する現在の統計利用論の独断的容認，ないしは妥協的風潮には正面から逆らってこの問題に迫るが，たんに批判のための批判に終始するのではなく，むしろ統計を用いる経済研究における数学的方法（数理的統計解析を含む）の有効な利用を目指しつつ，真に社会科学に基礎を置く統計利用論の追及を本旨としたい。

1 社会統計学の研究対象としての統計とその利用方法

 いわゆる情報化の急速な進展の中で、社会情報としての統計の処理は、社会統計学の主要な研究課題となっている。この場合、社会統計学の課題とは、社会・経済的過程の数量的側面を反映する統計そのものの特質と、経済研究における統計利用方法を体系的に研究することにある。
 「統計学の現代化と情報ネットワーク」に注目する一論者はいう。社会統計学の「必要条件は、統計方法（調査・作成、利用・分析）を研究し、適用する場合に、統計、または統計データの社会特性、社会的特質を重視することである。ここで、統計というのは、社会の数量的側面を反映、または表示する、集団的な数値を指している[3]」と。
 いうところの社会統計学の研究対象は統計方法であり、その適用においては統計データの社会特性、社会的特質が重視されている。また、この論者の統計とは「社会の数量的側面を反映、または表示する、集団的な数値を指」す。ここではいわゆる社会統計学の研究内容を規定することが必要である。この論者の説明では、統計＝統計データなのか、その社会特性＝社会的特質なのかが明らかではないし、「社会の数量的側面を反映、または表示する、集団的な数値」という統計の定義についても、反映＝表示なのか、また集団的な数値という場合、集団とは客観的存在としての社会的集団なのか、あるいは意識的に集められた統計値の集団なのかが、明確に説明されておらず曖昧である。
 統計の特質や統計学の学問的性格についての従来の議論をここで逐一再現する必要はないであろうが、統計利用を問題にするならば、基本概念たる統計の定義だけは、仮説的にせよ、明確にしておかねばならないであろう。われわれがここで基本概念として設定するのは、木村太郎によってつとに与えられている次の定義である。すなわち、統計とは、「社会経済過程を総量的か代表的に反映する数字的資料[4]」である。
 本章でこの定義を仮説として設定するのは、統計学の現状認識とその歴史的発展の追跡にもとづき、次の二点が確認されるからである。

第３章　経済研究における統計利用の基本問題　57

　すなわち，第一に，消極的理由であるが，「統計学の一つの潮流をなすいわゆる『英・米学派』の統計学においては，統計学の基本的概念であるべき統計は，いわゆる統計方法の素材たる単なるデータとして，つまり統計学の内容を規定する概念としてではなく，その外部の所与の概念としてしかあつかわれない(5)」からである。

　木村によれば，「蜷川虎三氏は『英米派の統計学では，統計それ自体は，その基本的概念をなすものではないから，これを厳密に規定する必要はなく，また現に重要視していない。統計学の書物でも，何が統計であるかについて全然規定を与えていないものすらある。けだし，それらの統計学の問題は，統計的方法であり，統計的方法は大数観察における数理的方法を意味し，そのこと自体は何も統計なる数字材料を前提とするものではないからである』と述べているが，このような『統計』の無視，単なる数字への解消こそはこの派の特徴であるといわなければならない(6)」。

　また，第二に，積極的理由として，「社会科学的認識目標が統計に要請する一定の資格は，社会経済の総体的反映性にほかならない……社会経済の全体的あるいは総体的認識こそ，社会科学的認識の基本だからである(7)」。

　この章は，この定義を統計生産と統計利用の現実と展望にそくして詳しく展開しようとするものではない。ただ，この定義により社会統計学を統計＝社会的集団という定義の狭隘な範域に緊縛し，研究すべき重要な対象から引き離してきた，形骸化された「社会的集団概念」基調の統計観が克服されることだけは，指摘せざるをえない。すなわち，主要な例に限ってみても，統計生産の過程では，統計集団の単位の標識和が正しく把握され，動態統計が位置づけられるといった形で，従来の統計学がその対象として十分に分析の射程に入れてこなかった，非集団的存在としての日銀券発行高，国家財政支出，などの重要なカテゴリーと並んで，社会地域的総体としての自然的存在（国土面積，森林資源，鉱物埋蔵量等）までもが主要な研究の課題として陽表的（explicit）に取り上げられている。この定義では，統計生産過程のこれらの対象規定の拡張に対応して，単純なる加工計算利用としての国民所得の計算，非計算的利用としての総合的経済指標の作成，そして，単独的利用としての記述における論理的利用の重要性が，統計利用の主導的課題として，

格段に強調されている点に十分注目しなければならない。利用論上の問題については後述する。

さて，さきの論者は，さらに，社会統計学のアイデンティティを次のように主張する。

現在，社会統計学に必要なこと——アイデンティティの確立は，特定の方法論を科学的であると前提することではない。唯物論であってもプラグマティズムであっても，決定論的世界観であっても確率論的世界観であっても，さしあたりかまわない。方法論の相違をアプリオリーの基準にするのでなく，方法論の多様性を前提としつつ，統計の社会特性を重視するか否かを基礎においた統計学を，社会統計学として展開することが重要である。方法論の良し悪しは，その後の，統計学や分析結果の内容の論証・実証の良し悪しに関わる，評価のレベルの問題である。[8]

ところで，社会統計学の方法論批判の目的は方法論の科学性を抽象的・一般的に議論することではなく，社会経済過程の分析に役立つ統計方法とその利用を具体的・多面的に検討することにある。そのための「導きの糸」として役立つのが特定の認識論，経済理論なのであって，他のそれらをア・プリオリに排除することや，たんなる否定のための否定に終始するだけで，方法論批判の課題が尽くされるわけでは決してない。方法論の基礎にどのような認識論，世界観を置くか，あるいはそうした基礎そのものを全く度外視するかは，さしあたり論者の自由であるかに思われるかもしれない。しかし，これは方法論についての，多くの前例のある，初歩的な誤解であろう。というのは，この論者のいわゆる「統計の社会特性を重視するか否かを基礎においた統計学を，社会統計学として展開すること」がすでに特定の方法論的姿勢の表明であるし，これを基礎としていることは事実として認めざるをえないからである。統計の社会特性を重視し，統計学を社会統計学として展開することそれ自体が，その内容の正否は事後的に検討・評価すべきであるにせよ，意識すると否とにかかわらず特定の方法論に立脚していることは否定しがたいからである。

例えば，計量経済学の学問的性格を考察することによって，統計学＝社会科学方法論説がこれまでの方法論的批判検討の蓄積にもとづいて論証してき

第3章 経済研究における統計利用の基本問題

たのは，経済理論と数学と統計学の三位一体を標榜する計量経済学が，実は，それ自体，いかなる意味の理論でもなく計量モデルを用いた統計データ計算の数理的方法という一種の数理的統計利用技術にすぎないということであった。従って，この方法は，形式的にはどのような世界観や経済理論とも結びつきうる自由度を持っている。しかし，この方法は科学に不可欠な要件である体系的な理論展開を欠くという意味において，非科学的であると考えざるをえない。確率的な攪乱項を誤差項として含む計量経済モデルの基礎に確率論があり，非決定論があっても，それはむしろ当然といえるのであって，その反対に決定論にもとづいていると宣言してみても，計量経済学自体のこの非科学的な性格は毫も変わるものではない。[9]

こうした方法論評価の背景には統計データを素材とする計量モデル分析技術の中立性ないし汎用性に対する過信と過大な期待があるのではなかろうか。情報処理技術の急激な発展に伴って，統計計算の多様なソフトも相次いで大量に開発されている。こうした計算技術それ自体はもちろん，理論や統計に対して中立的であり，一定の汎用性を持っている。しかしながら，経済分析の目的と，計算素材たる経済統計の特質によって，こうした中立性や汎用性には一定の限度――それはその時々の研究目的を規定する社会的・歴史的な条件に依存する――が画される。例えば応用範囲の広い表計算ソフトを一つ取り上げてみても，経済理論の展開にとっての有効性は限られたものである。

それどころか純粋に技術的にみても，さらに深刻な限界があることを見逃すわけにはゆかない。例えば，経済主体の合理性の限界を研究する中で，予算制約つき効用最大化問題は，有名な最適問題の一つであるが，ここでは，現在最高の演算速度を誇るスーパーコンピュータをもってしても，2財や3財といった toy problem の場合はともかく，財の種類が100になると計算所用時間は優に100億年を越すといわれている。しかし，現実には，小規模のコンヴィニが扱う財の種類でも，その10倍を越えるという。現在の情報処理のハード技術にも一定の限界があり，その限界内では，このように理論的には可能な解が実際的には不可能である。そもそも，方法論としては，まず，このような最適問題を解くことの経済学的意義が何よりもまず問題であろうが，それは措くとしても，一見中立で汎用的，しかも高性能の情報処理技術

をもってしても，統計利用の現実の諸困難を容易には克服できないことに注目すべきであろう。[10]

経済諸量の相互依存関係を単一の方程式で，あるいは，いくつかの方程式の連立体系で表現しようとする時，いわゆるモデル分析は経済的連関の極めて大胆・果敢な単純化と定式化，あるいは，重要な諸側面の捨象を敢行する。簡単な単一方程式を例にとってみよう。研究の目的は経済理論の指し示すある経済関係の推定か，または検定である。理論の示す関係が線形ならそのまま，線形化できるものなら線形化し，できないものは局所近似ということで，次の式のパラメータ β_k を最小二乗法などを使用して推定する。

$$y_t = \Sigma \beta_k x_{kt} + u_t$$

ここで y_t が t 期の被説明変数，x_{kt} が t 期の第 k 説明変数，u_t が t 期の攪乱項を表わすものとされる。

変数 y_t，x_{kt} は共に特定されていないので，この式は一般式として変数 y と変数 x の関係を広い範囲で表示するものとみなされ，その妥当性は広大であるように思われるかもしれない。しかし，最小二乗法などによってパラメータ β_k が推定される時には，これらの変数には具体的な統計値が代入されるので，β_k とこの式全体の経済理論的意味は当然特定されなければならない。この場合重要なことは，いくつかの変数相互の関係がいわゆる統計データの形式数理的な関係づけではなく，統計値相互の実質的な関係の経済理論的意味づけである。複雑系としての経済はもとより，従来の立場からみた現実の経済にあっても，この関係式は実質的にはほとんど無意味であって，決定係数（R^2），各変数のパラメータの推定値の t 値，ダービン＝ワトソン比（DW），攪乱項の分散の推定値などが次々と算定されても，事態は全く変わらない。こうして，変数の経済的相互関係の方程式表示は，その数理形式的に精密な外見に反して，統計データに仮想された非現実的な計算結果をもたらす前提にすぎない。

決定係数の基礎には次のような相関係数の陥穽があることにも注意すべきである。今純粋に仮設的な計算例として x の系列 $\{1, 2, 3\}$ と y の系列 $\{2, 3, 7\}$ との間に，例えば一方が増加すれば他方が増加（または減少）するといった何らかのゆるい対応関係があると想定する時，この関係の強さを表わ

すのが相関係数 r である。計算過程は省略して結果のみをみると，上の二つの系列の相関係数 r は 0.945 という大きな値になる。r の範囲は $-1 \leq r \leq 1$ であるから両系列の間には形式的には強い相関があるかのようにみえる。しかし，この相関は実質的に全く意味のない仮設的な数値の系列に形式的に計算公式を当てはめた結果にすぎない。実質的意味のない相関（無意味な相関）は，この仮設例だけでなく，例えば売上高と経営者の身長，鉄の生産量と大学生の人数といった，実質的にはほとんど意味のない二つ以上の系列間の関係にも，高度の相関が認められる例もある。計量モデルの場合にも，説明変数と被説明変数との間に強い相関があれば，何らかの実質的な，例えば，因果の関係があるかのように思われてくる。しかし，これは全くの仮象であり，悪い意味での仮想的現実（virtual reality）のイメージであろう。従って，こうした統計の計算加工は統計利用の悪例である。

「近代の経済学者たちが，自分たちの学問をたんなる蓋然的言説ではなく「科学的」体裁をもったものにしようとして涙ぐましい努力をしてきた事実を私たちはよく知っている。それは数学的衣装を着せることによってであったが，そのことによって当初の思惑とは反対に，経済学の学問的内容が至極貧しくなる結果を招いてしまったことは学問史上興味深いエピソードとしてよく語りぐさになる」[11]。

古典物理学，特に古典的静力学体系構築の方法を科学的に最も進んだ形態とみてきた従来の経済学（一般均衡論）の要素還元主義的研究方法の本質がはっきりと露呈している。その根底にあったし，また現にそうであるのは，「自然学の数学的記述についてのアリストテレス主義的な制限[12]を突破するのに，原子論ないし粒子哲学的物質観を心に宿し，事物を構成する根源的物質は数学的に記述可能な性質を有しているという観念」[13]を持っていたガリレオとデカルトの思想である。そして経済主体の合理性の限界を看過したワルラスは，デカルトの忠実な弟子であった。

数理統計学的統計解析における統計データの解析技術，例えば推定や検定の手法は，いうまでもなく統計利用の特殊なデータ処理技術に他ならない。しかし，われわれはこの「技術の受益者になりうるだけではなく，その反対に被害者にもなる可能性がある」[14]。

現代にあっては、まことに社会に関する大局的パースペクティヴを欠落させた科学技術の担い手の「発明」をそのまま「必要」であると鵜呑みにしたのでは、私たちの生活の自立性は奪われかねない。「必要は発明の母である」という格言が今や転倒されて「発明は必要の母である」（クランツ・バーグの第二法則）に転化している。一般均衡論のシステムという方法的構想（発明）が、経済の現実的分析の、他の手法をもって代えることのできない唯一の手段（必要）として、モデル分析の基底に据えられるのでなければ、幸いであるが。

「このことはニューメディア社会の今日私たちが経験している現実でもある。人々は読み書きする内容のことにはそれほど心せず、パーソナル・コンピューター（パソコン）やそれを利用しての通信手段（インターネットなど）にだけ心を奪われている。私たちは技術を利用するのではなく、むしろ技術に利用されているのである」[15]。情報処理機器の発達によって、情報の獲得、伝達、利用の速度は速まり、処理される情報の量は飛躍的に大量化している。しかし、問題にすべきはこの情報の内容と利用方法の内実、そして利用結果の社会的意味である。情報処理の方法はその外見上の抽象的普遍妥当性が広まれば広まるほど、具体的実質的な内容が希薄になり、その適用効果が減殺されるというのは、現在の情報処理技術に内在する皮肉な現実であろう。

2 社会情報としての統計とその利用の対象反映性

社会の急激な情報化に伴い、多様かつ大量の情報が産出され利用されている。極言すれば、われわれの知識のほとんどすべてが自然あるいは社会についての何らかの情報として与えられ、利用されている。情報処理技術の飛躍的発展により、現在、ますます、知識の源泉としての情報の外延は広がり、その内包は深まり、すでに、量的には過剰な情報の氾濫状態にあるといっても過言でないほど多量の情報が生み出され、ますます広範な人々によって利用され、時には誤用ないしは、乱用されている。こうした実態とは裏腹に、基本概念たる情報や社会情報について、まだ明確な定義が与えられていない

第3章 経済研究における統計利用の基本問題 63

のもまた奇妙な事実である。従って，情報とは何か，その本質は何か，その処理と利用の原則と問題点は何かについての検討と解明は，統計利用の領域においても，今後再検討を要する緊急な課題の一つであろう。論点は多岐にわたるが，とりわけ重要な課題は情報内容がはたして現実を真に正確に反映しているかどうかの吟味である。

　この問題は根底において，認識過程一般（意識の能動的な働き）における情報の役割の解明，換言すれば情報，特に社会情報の内容が事実を正しく反映しているか（情報内容の対象反映性）という問題に連なっている。この問題を社会情報の特殊な一形態である統計に焦点を絞って考察してみたい。

　いわゆるメディア・システムを媒介にして獲得される社会情報としての統計が，はたしてその利用者（受信者）の求める対象についての正しい知識を与えるという意味で，信頼できるものなのか，統計作成の過程での技術的諸困難を克服したという意味で正確であるかという中核的な問題の考察を回避することはできない。いわゆる統計の真実性の検討である。統計学者の中には，この統計の真実性という問題は無意味で，特にその信頼性は，統計にとって外的なもので，われわれにとって大切なのは，与えられた数量データとしての統計から出発してこれを計算処理する方法の研究のみであると言い切る論者が後を絶たない。いうまでもなく統計は数量的社会情報の一形態であるが，それが外界の事物とその変化の客観的過程を正しく伝えてくれることは，統計を用いる社会認識の必要条件である。従って，何よりもまず，外的世界の認識可能性を容認することから出発しなければならない。

　また，統計の対象反映性はわれわれが統計を利用することによって，外的な事実を一挙に知り尽くしたいとする要請だと速断する誤解，つまり本来，それは実現不可能な要請（「できないことねだり」）であるとみる誤解も珍しくない。このことから一転して，事物の正しい認識はおろか，外的世界の認識そのものが不可能であると断定する不可知論に転落することもある。

　統計の獲得それ自体は，認識の感性的段階であって，その結果である統計が次の段階の理論的認識の手がかりとして利用されるのは事実であるが，統計という情報の作成過程がすべて，感性的認識や感覚的経験に還元されるわけではない。情報の利用による知識の獲得には仮説や理論が経験に先行し

（ポパー），観察結果や実験データの処理は理論的枠組みやパラダイムに依存する（ハンソン，クーン）こともまた事実である。いわゆる事実の理論負荷性は外的事実の認識の前提である。この意味で，認識のタブラ・ラサ（ロック）を認めることはできない。情報（統計）の獲得と利用による知識の増大は，蓄積されている知識の整序された体系としての理論，経験の結果などのすべてが整理されて利用される研究過程の一段階である。既存理論の結論は，当面の研究を誘導する「導きの糸」となる。

今一つ，新たな方法論的問題が統計利用の適用対象である社会経済現象の捉え方そのものをめぐって，鋭く提起され始めていることにも触れざるをえない。この問題はまだ指摘され始めた段階であって，結論的なことを断言できるものではないが，経済学の対象と方法についての従来の観念を根底から覆す内容を持つ問題提起になっていることに謙虚に注目すべきであろう。

すなわち，先にも述べたように，従来の経済学がその研究方法の基盤に据えていた，古典物理学における要素還元主義的な分析方法の呪縛を克服して，複雑系としての経済システムそのものをその部分や要素に分解するのでなく（部分に分解したものを寄せ集めても全体を復元することはできない），複雑な全体をそのものとして捉えるべきだとする見地（wholism）である。この見地に立てば，経済学はその非現実性（toy problem 処理の限界）を克服して，われわれの経済生活に密着した分析が可能になるであろうと展望されている。

この展望にそった理論的変革の詳細をここで再現する余地はないが，このことが経済研究における統計方法の利用にも，新たな分析視角の確立を厳しく要求するであろうことだけは確言してもよかろう。予想される問題の展望は，先に述べた木村太郎の統計の定義にもとづいた統計学体系の素描によってみても，ある程度まで推測できるであろう。その基本は，経済現象の要素への分解による抽象化の研究方向から脱皮して，つまり，従来の統計解析の狭い領域に固執するのでなく，統計を多面的重層的に利用するシステムを確立することにある。従来の経済学における数学利用が要素還元主義的な経済分析に局限されていたために経済学の理論自身が著しく非現実的になったことに対する批判の必要性は，数学利用においてさえ，カオス，フラクタルな

どの数学的理論や散逸構造系（プリゴジン）などが注目されていることによってもすでに傍証されている。

　しかし，より積極的には，多面的・体系的（＝総体的）な統計利用の必要に留意しなければならない。このような統計利用の中心問題は，むしろ，木村太郎が素描した統計学の体系において，統計の非計算的・論理的・単独利用の方向への研究を志向するものである。この多面的・体系的な統計利用には，その結果の対象反映性をいかにして評価ないし保証するかという難問がひかえている。任意抽出標本調査法における「精度」の概念（目標精度あるいは実績精度），有意性水準，信頼限界等々のカテゴリーは，この場合，総体的統計利用の結果の真実性を評価するのに適した尺度にはなりえない。品質管理における統計的管理状態のような，統計的規則性が発現するための客観的な条件を現実的に保証できないからである。とはいえ，「統計＝社会経済過程を総量的か代表的に反映する数字資料」とする定義の射程が，このような統計の総体的利用結果の真実性の論議にまで及ぶべきことはいうまでもない。他方で，情報化の進展は統計利用の環境を著しく変容するものと予想される。現在驀進中の情報化は情報内容の体系的検討を目指すものではなく，むしろ，情報処理技術の跛行的独走を強制的に加速・推進している。ここにも，情報処理技術の中立性と汎用性への過信という幻想が生み出される陥穽がある。情報の量的側面，処理技術の研究が支配的になる。従って，総体的統計利用の真の発展のためには，再び原点に立ち戻り，利用される認識素材としての統計（非集団的対象の反映，業務統計などを含む）そのものの信頼性と正確性の吟味を進め，これとの有機的な関連のもとで，実質科学の理論的基礎に導かれた統計加工——計算的利用，非計算的利用の両者を含み，むしろ，後者に重点を置く——という利用方法体系を開発することが強く望まれる。かくて，具体的な研究の羅針盤としての方法論の役割は軽視されるどころか，ますます，重要視されるべきであろう。もちろん個別具体的な対象の研究なしで，認識論の抽象的な一般規定を無媒介的に演繹適用しても成果はほとんど期待できないであろうが。

　統計が社会経済現象の特定局面を，非集団的局面をも含めて，総体的に反映する数字資料であるとみる時，これを利用する面でも，従来の狭隘な統計

解析法とは本質的に異なる統計の利用方法に注目せざるをえないであろう。ここで必要なことは，しかし，統計を社会現象の数量的側面の反映一般とみなしたり，社会情報あるいは，さらに広く情報一般に解消したりすることでは決してなく，また，統計学を情報処理論の一部として位置づけることでもない。あくまでも実質科学たる経済学の研究のためにではあるが，多種多様な統計の体系的利用と，統計以外の量的ないしは質的な諸情報との有機的連関のもとで，統計利用の固有の体系を確立することが今後の社会統計学の担うべき主要課題の一つとなろう。

（1） 吉田忠編『現代統計学を学ぶ人のために』世界思想社，1995年，91-93頁。
（2） 「重要なことは数理的技術がただ単に抽象的な数理的技術として問題にされるだけでは不充分だということである。少なくともそれは統計利用のための技術として，すなわち社会経済現象の数量的研究――この数量的と言うのは対象の数量性にあるのであって，適用するための数学的手法にあるのではない――のための分析技術であることによってのみ統計方法たる位置を占めるものだからである。したがって数理的技術についての解説も，単なる数学的説明では無意味であり，たとえ抽象的であれ，分析の目的論的な視角から，対象への適用についての問題が論ぜられなければならないと考えられる。このような統計方法としての数理的技術に対する視点は，統計学の成立期である今世紀初頭の統計学においては数理統計学派たると社会統計学派たるとを問わずなお強く意識されており［ここで木村太郎は，Žižek, *Die Statistischen Mittelwerte,* 1908；Bowley, *Elements of Statistics,* 1926 を参照している］，それは統計解析法の展開の仕方にも反映されているのであるが，近時の統計学においてはいちじるしく後退し，むしろ欠如してしまったといってもよい。統計学の後退以外の何者でもないであろう」。木村太郎『統計学あれこれ』産業統計研究社，1998年，139頁。
（3） 野澤正徳「統計学の現代化と情報ネットワーク」泉弘志ほか編『経済統計学の現代化』晃洋書房，1995年，8頁。
（4） 木村太郎，前掲書，142頁。
（5） 同上書，92頁。
（6） 同上書，92頁。蜷川虎三『統計学概論』岩波書店，1934年，17頁参照。

(7) 木村太郎，前掲書。
(8) 野澤正徳，前掲書，9頁。
(9) 藤井輝明「計量経済学と偶然性」泉弘志ほか編，前掲書，145頁以下参照。
(10) 塩沢由典『複雑さの帰結―複雑系経済学試論―』NTT出版，1997年，35頁，259頁。
(11) 佐々木力『科学論入門』岩波書店，1996年，7頁。
(12) 自然学の数学的叙述についてのアリストテレス主義的な制限というのは，アリストテレスが数学を一般的に軽侮したのではなく，「自然を数学的に記述できる，数学的手段は自然を描きつくせる，とするような考えを誤りとした」ことを指す。佐々木力，前掲書，63頁。
(13) 同上書，64頁。
(14) 同上書，64頁。
(15) 同上書，209頁。

II 経済学における数学利用

第4章　経済学研究における数学利用の基礎的諸条件

序　説

　数学は言語である，という考え方が最近の常識の一つになっている。社会科学者，とくに経済学者の間にも，この考え方は広くゆきわたっている。「われわれが日常の会話や文章につかっている言語もシンボルなら，数学的記号もシンボルである。……言語がつかえるところには，同じシンボルである（数学的）記号が当然つかえるはずである。……社会科学においても，対象を数量のシステムにおいて把えることが，問題によってはしばしば重要である。しかも，機械時代の進展はこの傾向を——実に強力かつ急激に——促進する。かようにして，数学的記号が導入されるが，この記号をうごかして推論を進めようとする場合，数学は，いわば敷設ずみの，安全かつ便宜な軌道を提供する」。この言葉は「数学＝言語」の常識を巧みに表現している。これをそのまま信ずれば，数学（的記号）の利用が「当然」で，しかも「安全かつ便宜な」ことには，疑問の余地がないかのように見える。

　しかしながらよく考えてみると，この常識をそのまま，学問的にも正しい，もはや証明するまでもない定説として，うけいれることはむずかしい。というのは，経済学の範囲にかぎってみても，次のような疑問がいろいろ出てくるからである。なるほどわれわれは経済学の研究とその成果の叙述とに，思考の手段あるいは思想の表現手段として言語をもちいる。しかしこの言語はすべて数学的記号と同じシムボルなのか，そもそもシムボルとは何のことか，また経済学上の思考は，その内容がすべて，そのまま数学的記号で表現されるものなのか，といったことが一つ一つ疑問になる。そう簡単に，常識どおりに，経済学においても，数学の利用は「当然」で，「安全かつ便宜」だといいきることはできない。

もちろん，こうした疑問には一切耳をかさないで，早速，計算にとりかかり，「記号をうごかして推論を進め」ることも可能であろう。現に，数学的な経済理論を支持する人々の多くは，こうした常識あるいは通念をそのままうけいれ，さらにその上に，自然科学では数学が縦横に駆使され，しかも目ざましい成果をあげているという理由をつけ加えて，だから，経済学でもそれを利用するのは当然かつ必要なことだ，と考えているようである。それで，これらの人々の多くは，ほとんどの場合，どんな形の数学的方法を利用すべきか，を議論の中心におく。そして，経済学の研究において数学的方法が利用されるためには，どのような条件がみたされなければならないか，という問題はほとんどかえりみられないのが常である。

　こうした現状をみながら，経済学者のなかには，「高等な」数学的方法に習熟していないためその意味がわからず，この方法が本当に科学的認識に役立つものなのかどうかの検討をしないで，これに絶対の信頼と期待をかけたり，あるいは疑問をいだいていても，無関心をよそおう人がすくなくない。しかしながら，一方において，数学的な経済理論が支配的な通説として主張されている現在，数学的方法の適用の基礎的諸条件の解明を等閑に附すことはゆるされない。けだし，同じ経済現象の説明を目的とする経済理論に，全く基礎と方法をことにする二つの説が共存しうるはずはないからである。数学的方法はその抽象的性格の故に，それが高級な数学であればあるほど，一見科学的な外見を，無内容な所説にさえ与える。しかし適用結果の科学性を保証するのは，分析形式の精緻さ——人はよく数式をみて内容をみず精密性を速断するが——ではなく，適用結果の実質的意味，すなわち経済的意味である。適用条件の解明は，この意味の判定にとっても大切な前提となる。

　以上の理由から，本論文は，経済学の研究における数学的方法適用の基礎的条件の解明を課題にする。

　この課題にこたえるために，われわれは次の四つの問題をかかげ，それぞれを四節にわたって検討しよう。

(1)　数学の学問的性質（第1節）。

(2)　経済量・関係の特徴（第2節）。

(3)　経済学における数学的方法の地位（第3節）。

(4) 数学利用論の最近の形態―論　評―（第4節）。

これらの諸問題はその性格上，きわめて多岐にわたる論点をふくむが，ここでは一応の結論をうるための基本的諸点の検討だけにとどめたい。誤解をさけるため，われわれがこれらの問題の検討において基準にした観点をのべると次のとおりである。

すなわち，数学適用の面で，数学的方法の諸形式を対象の中に無理に押しこむことをせずに，対象の中でこの形式の規定性をもつような部分（側面）を直接に指摘し，そこに数学適用の真の基礎を見出すというのがそれである。

この観点を簡単に説明しておこう。これは第一に，数学が哲学（科学方法論一般）ではなく，質的なものは数学の領域外にある，という点と，第二に，数学の諸形式は，正しく適用される限り，かならず一定の対象的意味，実在的意味をもつ，という点と，の二点に立脚している。

最後に，われわれの研究課題の重要性を裏づける最近の経済学界の実情にふれておかなければならない。

計量経済学的研究といわれて海外でも，わが国でも，流行している諸研究については，改めてことわるまでもないが，それらに共通の傾向である数学の無批判的，実用主義的（というのは，適用条件の充分な検討なしに，既成の諸方法を安直に利用し，その成果を卑近な経験にもとづいて評価する）利用形態が，いわゆるマルクス主義の経済学にも，あらわれてきた事実がそれである。たとえば，1961年9月に公刊された『マルクス主義計量経済学』の著者は，マルクスの書簡の一断片や，その伝記的エピソードを別とすれば，「主観的な，心理的な，したがって計測の困難な限界効用説を土台にして数理経済学の建設が試みられている以上，客観的な，物象的な，したがってまた計測性のある労働価値説を基盤として数学理論が展開されないはずがない」ということを唯一の理由にして，価値論，価格論，剰余価値論，再生産論，生産価格論，市場価格論への行列及び行列式理論の適用を敢行している（その一部は本論文でも批判した）。

マルクス経済学への数学理論の進出は，最近の社会主義国の経済学界の流行現象でもある（ソ連・東独・ポーランド）。とりわけソ連においてこの傾向がいちじるしい。ソ連ではすでに，1959年と1960年の2回に及ぶ学術会

議(「経済研究における数学利用と計量経済学」[3]と,「経済研究および計画化における数学的諸方法の利用」[4]とがそれぞれのテーマであった)がひらかれ,現在では,「経済研究および計画化において数学的方法の利用がすでにひろく定着化し」,「その積極的意義が結果的＝実践的に確認」されたといわれている[5]。しかし,筆者がこれまでに入手しうる資料について検討したかぎりでは,数学的方法適用条件の理論的分析はきわめて不充分であり,また,「ブルジョア的計量経済学」に対する批判も不徹底のまま,さしせまった現実的諸問題の解決にせまられ単なる実用主義的意義づけのもとに,投入・産出分析,線型計画法といった数学的方法がどんどん利用されはじめているのが実情である。同時に厖大な分量の計画計算の処理のために,次々と新型の高速度電子計算機が利用され,そのためのプログラミングがまた新たな数学上の問題を提起しはじめている。そしてこの傾向は当分つづいてつよまる見込みである。

1 数学の学問的性質

はしがき

数学的方法が個別科学(自然科学,社会科学)の研究に適用できるか,また適用の範囲,効果はどれだけかといった諸問題,要するに数学適用の基礎的諸条件の問題を解くには,まず数学自身の学問的性質,すなわち数学の対象と方法の特質をあきらかにしなければならない。というのは,およそ科学の研究方法が人間の認識に役立ち,研究結果が実践指導力をもつためには,それが研究対象の特質を適確にとらえ,この特質によって規定されている限りにおいてである。したがって,特定の方法――例えば数学的方法――の適用可否,適用効果を決定する基準は,この方法自身の性格にまず在ると考えられるからである。

この節の目的は,数学の研究対象が客観的な物質界のどの側面であるかをあきらかにし,この対象が数学の研究方法をいかに特徴づけるかを考察し,最後に数学的方法適用の一般的(数学の側からみた)基礎条件を確認するに

ある。

　これらの諸問題は数学それ自身の発展と現状についての，専門の数学者の研究をまって解明されなければならない。われわれはここで一応の手がかりとして，この問題に造詣の深い数学者，エ・コールマンの『現代数学の対象と方法』における見解を採る。数学の対象が何であり，またその方法にどのような特徴があるのかといった基礎的な問題については，もちろん様々の立場からの解答が与えられるが，われわれの課題，すなわち数学の経済学への適用条件の解明にとって，もっとも示唆に富むと考えられるのは筆者のみた限りでは，コールマンのこの見解である（コールマンは最近「現代の『数学的』観念論の批判によせて」および，「記号論理の意義」において，数学の対象を「現実世界の空間的諸形態と量的諸関係，そしてこの両者のどちらかに類似の物質的現実の諸関係」と定義している。この定義は，われわれが採りあげた「対象と方法」における定義の修正〈傍点の部分〉であり，数学の対象の拡張である。この拡張には疑問があるが，ここでは立ち入らない）。

1　数学の対象と方法

　数学もまた他の個別科学と同じく，現実世界の一側面を対象にする。しかしこの対象は，現実世界の現象をその豊富な具体的内容，具体的規定性において，直接，感覚的にとらえることによって与えられるものではない。数学はこの現実世界のなかから，その量的関係と空間的形式の面だけをきりはなしてとり出す。そのためには現実世界の具体的，質的な諸内容を捨象し，これらの面だけを抽象しなければならない。これには大きな抽象力が必要である。数学の対象は，したがって，この抽象力のはたらきによって，現実の世界から抽出されたものである。この抽象（抽出）は，現実世界の数学的認識が深まってゆくにつれて，また数学的知識が豊富になってゆくにつれて，ますます高度なものになる。

　数学は数千年に及ぶその発展過程でたえずこの抽象（「数学的抽象」）の程度を高めてきた。数学的抽象の高度化は次の三段階を経過してきた。

　第一段階＝算術，幾何学の成立まで　　この段階は数学発生期にあたり，最初の基本概念として「数」の概念が生まれた。いくつかの物の数をかぞえる

ためには，それらが相互にひとしいものとみなされ，それぞれのもつ個々の質の，無限に多くの，差別が捨象されなければならない。たとえば「3頭の牛」を見て，これを1，2，3，とかぞえるためには，それぞれの牛の個別的性質はすべて捨象されなければならない。いいかえると計数（かぞえること）にさきだって，「牛」という類の概念がつくられなければならない。この「牛」類の1頭1頭が計数の「単位」（＝1）になる。

こうして第一段階では，数学的抽象によって，1，2，3，……などの数，つまり正の整数の全体＝「自然数」が生まれる。この場合，個々の対象（物）の質的特性は捨象され，それらは相互に同一物＝同質のものとみなされ，単位があたえられ，順序づけて数えられ，大きさ（量）にしたがって数えられる。質の捨象＝同質化がさらにすすみ「数」をあらわす記号が用いられる。自然数の系列に限りのないことが，つまりこの系列には最後の数がありえないことがわかると，「数」概念の拡張が必要になる。ゼロ，負数，などが生まれる。

一方，この第一段階では，空間的形式の方でも，「図形」の概念が生まれ，ついで具体的な物体からの抽象によって平面，線，点などの諸概念が生まれる。この第一段階は算術的な計算が，具体的な数値（たとえば1，2，3，等々）についておこなわれる段階でおわる。

第二段階，代数式の成立　この段階にはいると，数学の具体的な値（数値）が捨象され，記号が変数をあらわすようになる。

たとえば，
$$1+2=2+1$$
$$3+7=7+3$$
$$\cdots\cdots\cdots\cdots$$

は，和法の交換則（たし算はその項の順序をいれかえても結果に差がない）とよばれる。この規則が発見され，さらに，ここでの具体的数値（1，2，7，3，など）が捨象されてしまうと，この規則の一般性がたかまる。

もちろんこの交換規則の内容，つまり「和法はその順序によらない」という事実は，何十億回とない人間の経験によって確かめられてきたものである。しかしこの規則をすべての数について経験的に証明することはできない。数

は限りなく存在するからである。しかしこの経験的証明の不可能は，和法の交換規則が一般的規則になるのを妨げない。この不可能は数学的抽象の深化によって克服される。すなわち具体的数値（2，7，など）のかわりに，a，b，c，などの文字をもちい，これらの記号に任意の数値を表現させるようにすれば，和法の交換則は，たとえば，

$$a+b=b+a$$

であらわされる。数学的抽象のこの第二段階は，だから，算術から代数学への進歩を意味する。文字が記号として使用されることにより，数式の展開の可能性がひらける。すなわち，それは任意の数値について可能になる。そして計算の労は大いに節約される。これは事実である。しかしながらこの事実は，代数学が単に，思考の労を節約するということのためにのみ（といってもここでの思考は計算という限られた範囲のものである），作りだされたのだ，ということの証拠ではない。たとえばaが任意の数値をあらわす記号（文字）だということは，実は，aが任意の数値をとることができる，つまり，可変的だということである。代数学は，算術とちがって，このような可変的要素を含んでいる。デカルトの解析幾何学の出現により，代数学は幾何学を支配するようになった。連続的可変量が処理されるようになった。たとえば解析幾何学は，直交座標によって，連続的な直線をあらわすが，これは一次方程式に対応する。こうして代数学でこれまで不連続的な量についてあきらかにされていたことが連続的な量にまで拡張され，一般化されて，ここに解析学が生まれた。

　数学的抽象の第二段階の特徴は，

$$a+b=b+a$$

において，具体的数値の捨象された記号a，bがもちいられている点にある。

　第三段階，抽象数学（現代数学）　　記号a，b，などの具体的数値が捨象されるばかりでなく，a，b，などがもはや数えたりはかったりできる量であることまでも捨象される段階，これが第三段階である。この段階にはいると，さきの和法の交換規則の意味がかわってくる。すなわち，

$$a+b=b+a$$

において，a，b，はもはや単なる算術的計算，たとえば，和や積の可能な

量であることを要しない。たとえば色を混合させる場合がそうである。赤色に黄色をまぜるとオレンジ色になる。ところが順序を逆にして，黄色に赤色をまぜても結果は同じくオレンジ色になる。色の混合という操作を，＋（プラス）の記号であらわし，色の同等性を，＝（イコール）記号であらわすならば，和法の交換規則は，

$$赤色＋黄色＝黄色＋赤色$$

という形であらわされる。しかしこの場合，色そのものは，数えたり，測ったりできる量ではないし，配色とか混色は単なる算術の加算ではない。こうして，交換規則は「二つの任意のものがあって，これにたいして，ある操作が加えられるとき，両者の順序がおきかえられても結果は同一である」という風に一般化される。

　他の一例をあげよう。たとえば，一般に，偶数と奇数の和は奇数である。そこでいま，すべての偶数の群を A で，また，すべての奇数の群を B で，夫々あらわすとすれば，

$$A+B=B \qquad B+A=B$$

という二式が得られる。

　その結果，

$$A+B=B+A$$

が成り立つ。これは，さきの

$$a+b=b+a$$

の a, b の代りに，A, B, を夫々代入したものとみてよい。しかしながら，さきの a, b は，それぞれ任意の数をあらわす記号であったが，今度の A, B, は特定の偶数，あるいは奇数をあらわすものではない。というのは，A, B, がもし特定の偶数又は奇数を，たとえば A が 2 を，B が 1 をあらわすものだとすると，

$$2+1=1 \quad (A+B=B)$$
$$1+2=1 \quad (B+A=B)$$

という不合理が生ずる。しかるに，

$$A+B=B+A$$

は必ず成り立つ。したがって，この場合，われわれは，A と B とが，何か

図 4-1　　　　　　　　図 4-2

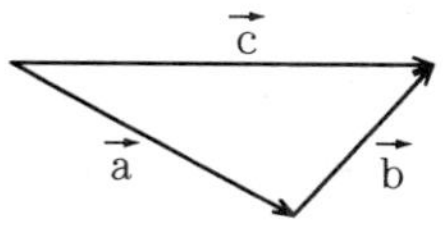

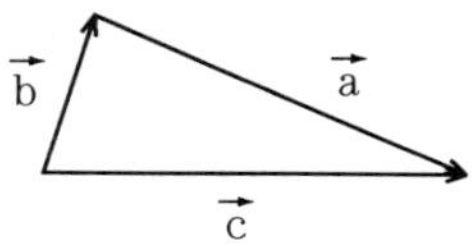

特定の数をあらわすということを，つまり，代数学の段階（第二段階）で a や b にふくまれていた規定性，すなわち，これらの文字が何か任意の数をあらわすということを，捨象しなければならない。a, b, に比べると A, B, は，その抽象度が一段とたかい。しかし，結果としての

$$A+B=B+A$$

は成り立つのであるから，交換の規則は，ここでもやはり証明されているわけである。

　物理学における力や速度の合成もまたその一例である。力や速度はヴェクトルで，つまり大きさと方向をもつ量としてあらわされる。たとえば，$\vec{a}$, $\vec{b}$, がそれぞれ一定方向への大きさ a, b, なる力又は速度をあらわすとすれば，この二つを合成した力，つまり方向をも考えて加え合わせた力，$\vec{c}$ は，次のような，図形上の計算によってもとめられる（いわゆる力の平行四辺形）（図4-1）。

　この場合，$\vec{a}$, $\vec{b}$, $\vec{c}$ の大きさだけをあらわすのに，夫々，a, b, c を用いるとすれば，その間には算術和の関係が成立たない。すなわち，

$$a+b=c$$

にはならない。ところが，今，力又は速度をあらわす $\vec{a}$ と $\vec{b}$ の合成の順序を，図4-1の場合と反対に，図4-2のようにしたとしても，つまり，$\vec{a}$ に $\vec{b}$ ではなく，$\vec{b}$ に $\vec{a}$ を加えてみても，えられる結果 $\vec{c}$ は全く同一である。こうして速度や力の合成にも，和法の交換則が拡張適用される。

　すなわち，

$$\vec{a}+\vec{b}=\vec{b}+\vec{a}$$

が成り立つ。

　以上の三例をとおして，数学的抽象の第三段階（現段階）の特徴をあきらかにしてみると，次のとおりになる。すなわち，個々の対象の質が捨象され

ている（第一段階の算術的数値）のは勿論のこと，それらの具体的数値も捨象されている（第二段階の数学的記号）という点でとどまらず，さらにすすんで量的な諸関係の内容（たとえば上の例では，プラスの関係）そのものまでもが捨象され，数学的操作自身が可変的なものと考えられている。現代の数学の到達した抽象の程度は，このように非常に高い。

　このように数学の発展は，数学的抽象の高度化である。ではこのような高度化は，数学と現実世界との無関係性を，すなわち，数学の対象は現実の世界のいかなる側面とも関係がないということを，意味するのか？　また，数学の発展が現実世界から全くきりはなされることを，たとえばわれわれの思考の純粋な自己運動であることを，意味するのか？　いや決して意味しない。なぜなら，現代数学が取扱う抽象的な諸概念，たとえば，群・集合・抽象空間といったものが，現実世界と無関係のもの，たとえば純粋な思考の所産だとしたら，それらが物理的諸過程の説明に適用され，複雑な技術的諸問題に応用され，しかも実験的にその正しさが検証されているという事実は不可解なものになるからである。力学においても，空間の概念が一般化され，位相空間や抽象空間（n次元空間）の諸概念が生れた。しかし，この一般化の過程は，数学が現実世界の空間的諸形式（われわれの感覚に直接与えられているのは三次元の空間であるが）からますます遠ざかる過程ではなく，反対に，この空間的諸形式を内容的にますます豊かなものにしてゆく過程であろう。抽象的諸概念を駆使する数学が，自然科学において，自然の諸対象の研究に適用されて，次々と新しい法則性の発見に役立っているのは，何人も否定しがたい事実である。しかし，というよりは，むしろ，この事実こそは，数学と現実世界のかたい結びつきを，いいかえると，数学上の抽象的諸概念が現実の世界の一つの反映であることの，動かしがたい証拠である。

　数学の現実世界との結びつき，すなわち，その現実反映性は，数学の発展史にてらしてみてもあきらかになる。数学はこれまで，決して，他の諸科学と無関係に，絶対に独自のものとして発展して来たのではない。反対に，数学の発展は，たえず自然科学と技術の発展にかたくむすびついてきた。自然科学と技術は，たえず数学に個別的な問題を投げかけ，数学がそれを一般化し，これを解くための新しい算法を発見するというのが，数学発展の常道で

第4章　経済学研究における数学利用の基礎的諸条件　　81

あった。とくに物理学は数学に問題を提起し，時には数学の発展を全体として方向づけるほどの影響力をもっている。もちろん，数学の固有の研究対象が物理学から支えられるのではない。数学は物理学の一分科ではないから，物理学に応用される限りでのみ，数学が発展する，とはいえない。数学の発展史をかえりみるとき，数学に画期的な新しい研究方向を与えたものが，たとえば物理学であり，またその物理学の成果の産業技術への応用であったという事実の重要性を強調したまでである。

　それゆえ，数学上の諸発見がただちに，同時代の自然科学や産業技術に応用され，一定の成果をあげると，いうことは過言であろう。たとえば，フーリエは蒸気機関の発見とその産業的利用に関連して熱伝導の問題をとりあげ，三角級数の問題に到達した。そして彼は級数による函数の解法を任意の函数に適用できるように一般化した。この一般化によって積分の概念が発展し（リーマン積分），さらに級数の一般理論が科学的に基礎づけられた。このように「あらゆる数学的理論（発見）は，一度起ると，何らかの程度において数学の一尽の発展に影響する」[9]。すなわち，数学の自己発展である。

　数学の発展史は，一方で，自然科学と産業技術から数学への影響を，そして他方では，数学自身の自己発展を，ともに証明する。したがって，われわれは，数学の発展を一方的な作用としてではなく，数学と他の科学あるいは技術との交互作用として理解しなければならないと考える。そしてこの考え方は，数学の自己発展のみを絶対化する見地を承認しない。数学的観念論（数学基礎づけの場合に，論理を基準とする論理主義，直観に基準をおく直観主義，数学の諸概念はすべて協定にすぎないとみる協定主義など）は，数学の自己発展を絶対化し，数学を社会的実践としての産業，諸科学から切り離す。これは一面的であろう。

　以上を総括して，われわれは，「数学とは現実世界の量的諸関係及び空間的諸形式を対象にする科学である」[10]という主張が，唯一の正しい数学の定義であろうと考える。すなわち，数学の対象は現実世界の具体的な現象そのものではなく，その抽象的な量又は空間的側面である。これがわれわれの確認したい第一点である。

　次に，第二の点として，われわれは，数学的方法の特徴が次のことにある

と考える。すなわち，数学の方法は，現実世界からの量的関係と空間形式を一面的に抽象することに，その特徴をもっている。数学の発生以来現在にいたるまでの，発展の全過程は数学的抽象の高度化の過程であった。

2 数学的方法の利用

数学の対象が以上のように現実世界の一側面の抽象結果であることは，数学的抽象が，原理的には物質の運動のあらゆる形態に適用できることを，すなわち，自然科学の対象にも，社会科学の対象にも，適用可能であることを意味する。したがって，数学の利用形態は非常に多種多様である。

しかしながら，数学的抽象が事物の一側面のみの抽象であることは，数学的方法の利用範囲とその有効性を限定する。以下その利用，とくに自然科学への適用を中心にして，この方法の利用の一般的諸条件をあきらかにしよう。

第一に，数学的方法の利用は，自然科学の固有の研究対象によって規定され，またその固有の研究目的によって規定される。たとえば，物理学の研究対象は物質運動の諸形態であり，またその研究目的がこれらの形態における合法則の発見にあるとすれば，物理学における数学的方法の利用可能性は，物理学の研究対象の量的規定性の特徴，それを数学的な諸量として扱いうるか否かで決定される。そして，数学的方法の利用は，物理学の研究目的に反することができない。というのは，物理学に応用される数学は，対象の数学的性質，数学的合法則性（たとえば確率論の諸定理）を解明するのが目的でなく，その物理的性質と物理法則との解明を目的とする。いいかえれば物理学に数学の応用領域をひろげ，数学上の諸定理の例証を見出すために数学を利用するのではない。

たとえば，天体力学は自然科学の中でもとくに数学的方法の利用のしやすい領域とされている。とりわけ惑星の運動論があげられる。ここで研究される現象のほとんどはいわゆる万有引力の法則によって規定されている。そしてこの法則の全内容は簡単な数学的表現をもって，あらわされる。惑星の形と大いさを無視し，これを「質点」として取扱うことは，全く惑星の運動の法則性にかなっている。この運動の数学的図式は，この運動そのものによって，実証的に真理性が保証されている。しかしながら，ここでの「質点」は

第4章 経済学研究における数学利用の基礎的諸条件　83

それ自体,数学の本来の対象としての点,すなわち,幾何学上の点と全く同一のものではない。なるほどそれは平面上又は空間内の一点として,位置をあらわすかぎりでは幾何学における点とすこしもことならない。しかし,幾何学が扱う点にはそれ以上の規定性が与えられないのにたいして,「質点」は位置と共にその質量又は運動量をもあらわす。後者（質点）の規定性は幾何学上のそれよりも,豊富である。質量,運動量などもたしかに一つの量的規定性ではあるが,それはそのまま数学的な量ではなく,一つの物理量である。物理学が扱う諸量,たとえば速度,加速度,密度,比重,温度,照度,波長,等々や,物理学において発見された自然の諸常数（光速度,プランクの常数）などは,いずれも夫々に固有の質的規定性をもつ量であって,数学的な量一般ではない。それは数学が扱う量よりも,もっと具体的な,質的差別をもつ量である。もっともそれらの質的規定性はきわめて単純ではあるが。たとえば温度は熱現象の量的規定性の一つであるが,物理学の一分科としての熱理論は,これを比熱,熱容量,熱量などの他の量的規定性とともにとりあげるばかりでなく,物質のもつ熱伝導性,対流,輻射,といった熱現象の質的側面との関連において研究する。これは温度が物質の熱現象の一側面しかあらわさない量的規定性であることを意味する。そして,温度が数学上の諸量とことなることを,これは物語っている。

　物理量と数学的諸量との差別をみとめる限り,前者を後者に,たとえば代数的,幾何的諸量や諸形式にすべて還元してしまうことは許されない。化学,生物学,等についてもこの点にかわりはない。

　このように考えると,要するに,諸科学における数学的方法の利用の第一条件は,それぞれの科学の対象の質的規定性の保存——それが豊富ならば豊富のままでの——ということになる。いいかえると固有の質をもつ諸対象が,その量的規定性の面で,数学の扱う量的諸関係と共通性を示すかぎりで,数学は適用可能になる。この条件を無視すると数学は適用ではなく乱用されることになる。対象の研究であることをわすれ,その手段を使うことの興味に心をうばわれ,それを使うために手当り次第に対象をつかみあげる,という誤りにおちいる。

　数学的方法の適用条件として一般に考慮しなければならない大きな問題点

はもう一つある。これが次の第二点である。

すなわち,第二に,諸科学の対象は,すべて,運動・変化・発展する。科学の研究目的——おそらくはその最終の目的——は,この運動変化発展の過程を貫く,客観的・必然的な合法則性をあきらかにするにある。では数学的方法の適用はこの科学の一般的研究目標に対していかに役立つか。

対象の運動・変化・発展は,かならず,その対象の質および量の,両側面の変化としてあらわれる。たとえば力学における質点の運動,物質の状態変化（氷→水→水蒸気）,化合による新物質の出現,生物体の進化,等,自然科学の諸対象の変化を考えてみるがよかろう。そこでは対象の量的変化が質的変化をよびおこし,新しい質はまたそれに独自の量的変化を経るという無限の過程が継続される。

数学的方法がこの量的変化の記述と分析にとって一定の役割をはたすのは事実である。たとえば,微分学は物体の運動（等速度運動・等加速度運動のような位置の変化）の記述と,速度,加速度,などの諸量の計算に有力な武器を提供した。また,化学元素の原子量についての周期律という量的規定性の発見もまた,原子量の変化に異質の元素が対応することを解明した有名な例である。有機化合物における分子の量的構成比率の変化が,異質の物質の存在に対応することの認識もまた同様である。しかしながら,これらの量的認識の成果は,すべて,ひとり数学的方法のみの功績であろうか？　数学が指導的な方法として用いられたことによるのであろうか？　そうはいえないと思われる。

なぜならば,一般に,量的変化が質的変化を惹起するという,物質の変化の一般原則は,各々の物質に固有の法則性にもとづくのであって,その量的変化にこれを還元してしまうことはできない。しかも数学は量的変化を,その質的変化との関連においてではなく,純然たる量の変化として,いいかえれば質的無関心性における量の変化としてしか,とりあつかうことができない。したがって,数学の行う量的分析＝量的変化の数学的分析は,変化の全過程の分析にとっての必要条件ではあっても,決してその十分条件ではない。量的変化の純粋に数学的な分析が,現におこりつつある質的変化をあるいは,将来必然的に生ずるはずの質的変化（飛躍）,を完全に説明ないしは予測さ

第4章　経済学研究における数学利用の基礎的諸条件　85

せることはあるまい。たとえば，一気圧のもとでの水の容積とその温度との間には，水温が零度から100度（摂氏）までの間ならば，一定の数量的関係のあることがわかっており，これにもとづいて，たとえば水温を与えてそのときの容積を計算することは可能である。しかし，水温が零度以下に，または100度以上に変化すると，もはやこの量的関係は成立せず，その後は水の状態そのものに変化が生じ，固体としての氷または気体としての水蒸気に変化し（質的変化），温度と容積との間には全く別の新しい量的関係が生ずる。この水の状態の変化，すなわち，ヘーゲルのいう「量的変化の結節点」における飛躍は，しかし，質的変化の認識なしには全く理解しえない現象である。全体としての水の状態の変化の過程のなかで，ここでは，いわば三つの質的にことなる状態に，それぞれ，相ことなる量的変化が対応する。したがって，一般に，対象の量的変化は，夫々が対応する質におうじて，別の意味をもつ。これはまた，旧い質の消滅，新しい質の生成を意味する。

　そこでわれわれは，量的変化の分析にあたって，すべての量的変化が一様に等質のものの変化であるときめてかかることはできない。沸点又は凝固点の前後における水温は一様の変化をなし得ても，容積の変化形態は全くことなる。旧い質に固有の，したがって，旧い質の消滅とともに消失する量的変化と，旧い質にも，新しい質にも共通の量的変化との両者を，われわれは区別しなければならない。そしてこの区別はまた，数学的な量の分析の範囲外の問題であろう。なぜなら数学における量的諸関係は，質の捨象のうえに，はじめて成立したものであるから。

　以上を要約すると，諸科学における対象の量的変化を扱う場合にも，数学的方法に絶対的，排他的な地位を与えることは不可能だという点があきらかになる。すなわち，この場合の量的変化は，対象の質的変化との関連において，質の生成・死滅の全過程において，この過程の一側面を表現するのであるから，同質のものの一様な量的変化，異質なものの相ことなる量的変化，異質なものに共通な一様な量的変化，の三種類の量的変化が区別される。そして，この区別は，質的変化の認識を前提する。これらのすべてを単一の，一様な数量の変化に，たとえば代数的な量の変化に還元し，変化の全過程を一つの函数関係として表現することは誤りであろう。そういうことをあえて

やれば，質的変化の原因の解明という，あらゆる過程の認識にとって不可欠の科学的な課題がなおざりにされるおそれがある。というのは，質的変化を度外視した，あるいは同じことだが，量的変化のみの単なる函数的表現は，量的変化の結節点における質の飛躍的変化をいんぺいしてしまうからである。そうなると，過程の因果関係の解明はもちろん，その正確な全面的な把握もまた不可能になろう。

　量から質への転化，あるいはその逆の転化，すなわち，量的変化が質的変化を惹起し，新しい質はまた新たな量的変化を生ずる，という，量と質との相互転換の法則は，従来，客観弁証法の基本法則の一つとされてきた。（ここで客観弁証法というのは，現実世界の客観的実在のすべて，したがって自然及び社会の諸過程の全体をつらぬく一般的な合法則性のことである。）この法則を証明する例証的事実は，自然にも社会にも充分ある。しかしこの法則にかんして，最近，一つの新解釈が提出されている。数学者遠山啓が，雑誌『思想の科学』によせた一論文と，科学史研究家本多修郎がその近著『自然科学思想史』[11]において展開した議論がそれである。ここでは後者をとりあげて，われわれの見解との異同をあきらかにして，この新解釈を論評してみよう。

　本多はまず従来のこの法則の理解には，「一方において量的漸進が質的飛躍をもたらすという革命的な論理の面がある」という評価をくだす。「しかし——と本多はつけくわえる——問題なのは，その際量的漸進過程が何を意味しうるか，ということである。どれだけの量的進展に到達したときに質的飛躍が起るかは，すでに自然法則によって決定されているとすれば，量そのものは全く無力な偶然的な規定であって，質に転化する力を持つものとはいわれないのではあるまいか，……その結果としては，この法則の他の半面「質から量への転化」も，新しい質的領域において新しい量的過程が展開することを意味するにすぎないことになる」。これが，本多の，この法則のこれまでの理解にたいする，疑問の提出と批評の要点である。彼はさらにつけ加えて「これでは自然過程を積極的に数量化する実験的操作が，自然認識の能動面であることを表わしえないと思われる」という。ここから本多の独自の，次のような新しい解釈がでてくる。

第4章 経済学研究における数学利用の基礎的諸条件　87

「量規定を単なる自然の外面的規定性とみるに止まるか，或はそれを人間が自然を数量化してゆく能動的動きとしてみるかは，弁証法の性格を決定する重大な論点である。後の観方をとってはじめて，質から量への転化は，自然の質的結節点を尺度として，逆に自然を測定し，数量化してゆく自然認識の能動面を表わすことができる。水が100度に熱したとき質的に水蒸気になるというよりも，先ず水蒸気に転化する結節点が100度として尺度化され，そこから逆に水の温度が測定され，数量化されていく。このような自然認識の実践面にあっては，数量化のロゴスは却って自然によって導かれることを通して，主体的な構想力の働きとなるのである」。

以上が本多の，量と質の転換の法則についての，新解釈である。ここにはあきらかに，客観的実在の一般的運動法則としての客観弁証法と，思考の認識過程の法則性としての認識の弁証法との混同がある。なぜなら，本多の場合，量規定は，自然の客観的規定性ではなく，むしろ「人間が自然を数量化してゆく能動的動き」，「自然を測定し，数量化してゆく自然認識の能動面」あるいは「自然認識の実践面」とみなされ，結局は「主体的な構想力の働き」に帰着するものであるから。しかし，この混同は誤りである。というのは，量から質への転換の過程は，自然又は社会の客観的な過程の合法則性の一面であって，人間の自然に対する能動的な働きかけ以前に，それとは独立におこなわれている過程である。したがってそれを思惟に正しく反映するかぎりで，数量化は科学的意味をもつ。したがって，数量化という認識操作に質的認識以上の意義を与えるためには，なによりもまず，対象たる自然又は社会の事物のうちに，「質から量へ」の転換が指導的であることの理由，対象的な基礎を見出さなければならない。本多は，水の変化の例をひいて，100度という結節点の尺度化を必要とされる。しかしながらこれは，100度という量規定にたいして，質的規定の側から，それを結節点とする根拠が与えられているから，はじめて可能なのではなかろうか。「水の温度が……数量化される」ということの意味はアイマイである。温度という量規定を数量化したら，一体どのような規定が与えられることになるのであろうか。

のみならず，対象の変化の過程における，質的変化の主導性をみとめたからといって，新しい質に対応する量的変化の認識が妨げられるわけではない。

むしろ反対に、そうすることによってこそ、量的変化の正しい位置づけと、その実質的意味の解明が可能になる。

本多の新解釈は、「主体的な構想力」の働きを強調する点において、いちじるしく、主観主義的な傾向（認識過程と客観的過程との切りはなし）を示す。その点、本多の弁証法理解に疑問があるが、ここでは、ただ、量から質への転換の法則についての、新解釈が、以上のような誤解又は混同の産物であることを指摘しておけば充分であろう。要するにこのような解釈はこの法則の歪曲であろう。

むすび

以上、本節でわれわれは、数学の学問的性質と、数学的方法利用の一般的諸条件を検討した。その結果一応確認できたのは、
(1) 数学は現実世界の量的諸関係と空間的諸形式を研究対象とする学問である。その研究方法の特徴は、対象のあらゆる質的規定性の捨象（＝数学的抽象）にあるという点
(2) 他の諸科学への数学の適用は、諸科学の研究対象の質的規定性の保存と、この研究対象の変化における質的変化の主導性の確認とを基本条件とする点
(3) 数学の利用は原則として、すべての科学の研究領域において、上の条件を満すかぎりで可能である、の三点である。

2　経済学における諸量とその関係

はしがき

経済学における諸量とその関係の特徴をあきらかにするのが、この章の目的である。

第1節においてわれわれは、諸科学への数学の適用の基本条件として、それぞれの科学の研究対象の質的規定性の保存、その変化における質的側面の重視、という二点をあげた。この基本条件を経済学の研究対象について具体

的に考察することは，経済学への数学適用の可否，効果を判断するための，不可欠の前提であるとわれわれは考える。

「経済学の対象たる経済事象とは何れも価格と関聯せる現象に外ならぬ」……「斯く或る事象を特に経済学の対象たらしむるものは価格に外ならぬとすれば，その量的表現の容易な事は明らかである。蓋し価格はそれ自体が量的なものだからである」。こうした理由づけによって，直ちに，数学や統計的方法（数理統計学）が利用される例は枚挙にいとまがない。価格という量規定の特徴の解明が全然なされないのが，これらの「理由づけ」の最大の特徴である。われわれがこの節でとりあげるのは，ほかならぬ，この価格のような，経済的範疇の量的規定性の特徴はどこにあるか，というのが問題である。これがあきらかになれば，したがって，上のような「理由づけ」の正体もはっきりするであろう。

1 経済的諸量の特徴

自然の諸対象と同様に，経済学の研究対象もまた，かならず質的側面と量的側面との統一である。たとえば経済学における基本範疇の一つである価値をとってみよう。資本主義的商品生産社会における生産物たる商品の特徴，それが他の社会における生産物と区別される本質的な特徴は，商品が使用価値と価値との統一物であることにある。この場合，商品の第一の特質，それなしには商品が商品たりえなくなる特質（ヘーゲルは事物のこのような規定性を事物の質又は質的規定性とよぶ）は，商品が価値をもつという性格，すなわち，商品の価値性格である。労働生産物を商品たらしめる本質的事情は，生産物の，非歴史的（永遠）な自然的物質的範疇（財貨）としての側面に，つまりその使用価値側面にあるのではない。社会的分業と生産手段の私的所有が存立する特殊な社会関係のもとで，人間労働はこの社会関係を表現する社会物としての価値をもつ。この社会的属性としての価値は，商品の質であり，本質的規定性である。

したがって，われわれは商品に固有の量的規定性たる商品価格，または，その総合的形態としての物価の背後に，それらが商品の規定性であることを保証するところの，商品に固有な性格，すなわち，商品の歴史的社会的性格

を見出す。この性格が商品の価値性格なのである。

では、この価値という範疇そのものは、一体どのような質と量をもつのか。

商品は人間労働の生産物である限り、あらゆる人間労働に共通な等一な側面をもつ。それは、人間の頭脳や筋肉や神経や手足などの生理的な人間労働力の支出、支出の形式に無頓着な人間労働＝「抽象的人間労働」の生産物である。価値の質とは、諸商品に共通の社会的実体としてのこの抽象的人間労働の物的結晶が価値であるという点にあらわれている。このかぎりで、そしてこのことによって、価値は、したがって商品の価値性格は、商品体そのものの自然的物質的属性としての使用価値から区別される。

では、この価値の量とは何か、それは、「現在における社会的に標準的な生産条件と、労働の熟練および能率の社会的平均的程度とをもって、何らかの使用価値を生産するに必要な労働（抽象的人間労働）の分量（労働時間）である（したがって、たとえば、「商品は、そのうちに質としての使用価値と、量としての価値との相対立する二因子をふくむ一個の財貨である」という規定は全くあやまりである。越村信三郎，前掲書，6頁）。

価値という基本範疇は、こうして、労働生産物を商品たらしめる、商品の本質的属性であるとともに、それ自身は、抽象的人間労働の支出の結果であり、また、そういうものとして一定の大いさをもつ。

商品の価値に固有のこの大きさ、つまり価値の（使用価値のではない）量的規定性は、社会の一定の発展段階を、その存立のための歴史的な前提とする。商品生産のおこなわれていない社会において、労働生産物の価値性格を、そしてその価値の量的規定性を云々することはできない。

したがって、価値の量的規定性を問題にする場合、われわれは、これを商品以外の生産物の属性とみたり、あるいは、量一般に還元して考えたりすることができない。なぜならば、そうすることは同時に商品の価値性格＝商品の歴史的社会的性格の否定であり、また、価値の質の捨象であるから。

とはいえ、商品の価値の量的規定性といえども、現実世界の量的側面であることはいうまでもない。それは測量され、比較される。二つの商品の価値量における均等関係の成立は日常の商品交換、商品の売買が、立証している。商品の価値の量、すなわち、その生産に投下される抽象的人間労働の分量は、

また，一の可変的な量である。この量の変化は，商品価格の変動としてあらわれる。たとえば，物価指数は，商品の価格という量的規定性の変化を表現する。そしてこの価格という量の変化の一つの原因は，商品の価値そのものの量的変化である。

　ところで，商品の価値性格は，したがってまた価値の分量は，直接にわれわれが感性的にとらえうるような対象ではない。たとえば，その写真をとることも，顕微鏡でそれをとらえることもできない。商品価値の量は，研究者が自然科学的実験測定によって測定するような自然的諸量と全くことなる。したがって，こうした測定によってとらえられるものだけを，「実証的な量」というのであるとすれば，価値量は，非実証的な量である（H. ドニが，その『価値と資本主義』において，こうした「実証主義」からの，価値は形而上学的な存在であるから経済学から放棄すべきだ，とした見解（ロビンソン女史など）に対して，価値という範疇の「抽象的実在性」（une réalité abstraite）を強調したのは正しい）。あるいはまた，「概念とは，それに対応する一種の操作と同意語である」とする見地（いわゆる操作主義）を，価値量にあてはめることはできない。価値量は，たとえば長さを測るといった，物理的操作に対応する概念ではない。しかしこのこともまた，価値量の実在性を否定するものではない。

　価値の量的規定性の実在性は，何十億回となくくりかえされている商品交換，商品の売買という社会的実践によって証明されている。価値量が客観的に存在することと，それが認識されるということは全く別のことである。上にのべたような意味での「実証」とか「操作」がそのままできない——こうしたことは認識の特殊な形態にすぎない——からといって，価値量の存在を否定することはできない。

　ではこの価値量，あるいはその変化を認識することは不可能か，これらのものは不可知なものか，というと，全くそうではない。われわれはそれを，より現象的な量とその変化，すなわち価格と価格変動としてとらえる。商品価値の量的規定性がいわば本質的な量であるとすれば，価格はその現象形態である。商品の価値量の変化もまた商品価格の変動としてあらわれる。ところが現象的な量としての価格は必ずしも，その商品のもつ価値量をそのまま

表現するものではない。好景気の段階で商品がその価値以上の価格で，また，不況の段階ではその逆に価値以下の価格で，それぞれ販売されること，労働力という特殊な商品の価格がたえずその価値以下にひきさげられようとすること，などを考えれば充分である。しかし価格という現象的な量をそのあるがままに経験的にとらえて，記述しても，価値量はまだあきらかにならない。したがって，価値量とその変化をとらえるためには，現実の価格とその変動を規定する諸要因のなかから，その本質的な要因たる価値量とその変化を，抽象によってとり出してこなければならない。価値論にもとずく価格論が，これを独自の課題とする所以である。

経済学は価格に対する価値の規定関係を次のように説明する。この説明はまた，価格という現象的な量の特質を同時に解明する。すなわち，価格は一定量の商品と一定量の貨幣との間になりたつ関係をあらわす量である。そして，貨幣それ自身は，貴金属のある分量，あるいはそれを含有する鋳貨，あるいはまたそれらを代表する紙券（銀行券，小切手など）である。だから，価格は，結局，商品一単位と一定重量の金又は銀との等価の関係，または価値量における均等関係を示す量である。いま一商品をとり，その価格をP，金一単位の価格をP_0，商品の価値量をV，金の価値量をV_0とあらわすならば，両者（この商品と貨幣と）の，価格と価値との間には，次のような関係が，近似的に成り立つであろう。

$$\frac{P}{P_0}=\frac{V}{V_0}$$

たとえば金１オンスの価格が，12,600円（１オンス35ドル，１ドル＝360円として）で，上衣一着の価格が6,300円だとすれば，右の関係から，金１オンスの価値は，上衣一着の価値の，ほぼ２倍だということになる。

金の価格（買上げ価格）がたとえば，１オンス12,600円と定められていて変化しないと仮定すれば，商品の価格（P）は，金の価値（V_0）と商品の価値（V）とのいずれか一方，又は，双方の変化にともなって，つまり，($\frac{V}{V_0}$)の変化にしたがって変化する。そして，この場合，物価（P）を規定する二つの量である金の価値（V_0）と商品の価値（V）は，どちらも，すでにのべたような，平均的生産諸条件のもとで支出された抽象的な人間労働

の何時間かをあらわす大きさである。したがって，商品価格 (P) は，商品の価値量 (V) と貨幣の価値量 (V_0) という二つの，本質的な量の関係をあらわす。つまりこの二つの比率としてあらわれる一の現象的な量である。価格がこのように二つの本質的な量の関係，または，比率であるということは，価格という量の社会性，歴史性をも意味する。この点で価格は，価値と全く同様の，一つの歴史的な存在であることがあきらかになる。そしてまた，価格がこのように二つの価値量の間の関係としての量であるという事情，この関係自身もやはり，単なる仮定，又は，人間の勝手な協定，あるいは，国家的強制力による統制だけから与えられるものではない（いわゆる統制経済のもとでの，闇価格の成立はその証明である）。この関係（$\frac{V}{V_0}$ によって P があらわされるという関係）自身，したがって，商品価格は，この意味で，客観的社会関係の一側面，量的側面を示す。したがって，価格はたしかに客観的な量的規定性であるとはいえ，それは，量一般でもなければ，自然の諸量でもない。価格を価格たらしめる第一の，質的規定性は，それが社会関係の一側面であるという点にある。価値が価格を規定するということの内容はここにある。

ところで，価格はこのように価値によって規定されるとはいえ，この規定関係は価格の単なる現象的把握によって，つねにとらえられるのではない。この規定関係をそのまま発現させない諸要因が，価格を規定する。このことは，価格の変動の現実の姿を考察してみればわかる。

ふたたび，さきの関係

$$\frac{P}{P_0}=\frac{V}{V_0}$$

にかえって考えてみよう。金の価値量に変化がなく（V_0 が一定不変で），商品「上衣」の価値量（V）だけが増大又は減少するとすれば，その価格（P）はその価値（V）の増減と同程度に，騰貴又は下落するであろう。逆に，商品価値量（V）に増減なく，金の価値量（V_0）だけが増大又は減少すれば，価格（P）は夫々，この順に下落又は騰貴するであろう。ところで，資本主義の社会においては，たえざる技術進歩によって労働の生産性が向上する。その結果は多数の商品の価値量の減少となってあらわれる。そのため，

金の価格がほぼ一定で，また金生産部門の労働の生産性にいちじるしい向上がみとめられないかぎり，多数の商品の価格は下落する傾向をもつ。ところが，現実には金生産部門の労働の生産性もまた向上する。たとえば1851年以降，オーストラリアとカリフォルニアで優良金鉱が開発され，金の生産費がひどく低下したために，金の価値は激減した。この時期には，商品価格の急騰が起きた。次いで1857年以降の，金の価値の急激な変化が終息した時期にはいると，商品価格の急騰もまたみられなくなった。しかし1896年に南アフリカで金鉱があらたに開発されるに及んで，金価値はふたたび急落し，その結果金以外の商品の価格は暴騰した。この事実は，商品価格の変化が，金の価値変動と密接な関係にあることを証明している。

　価格変動の二大要因が，商品価値の変動と金価値の変動であることは，これで一応理解できるが，この両者がそのまま価格変動の上に反映されるのではない。さらにこの他に，価格変動を惹起する諸要因が作用している。現実の経済的諸関係の変化・発展は，これらの価値変動が価格に及ぼす影響を歪曲する。たとえば，第一次世界大戦後，金価値の変動にともなう商品価格の変動は，多くの場合，インフレーションによって，完全にうち消されている。そのうえ，ほとんどの資本主義国では，1920年代ごろから，自国通貨の金兌換を停止したため，通貨の増発が，商品及び金の価値の変化とは独立の，商品価格の騰貴をもたらした。これは，この段階に，金自体の市場価格が騰貴したことによるものと考えられるであろう。この段階になると，商品価格と金価格との比（$\frac{P}{P_0}$）はもはや，商品価値量と金価値量との比（$\frac{V}{V_0}$）を充分に反映しなくなる。

　しかしながら，こうした諸要因による価格の変化にもかかわらず，なお，価格変動が全く価値の変動と無関係ではないこと，それが結局は価値変動によって規定されているということは，次の事実からあきらかになろう。H.ドニは前掲の『価値と資本主義』で次のようにのべている[15]。1913年から1954年までの約40年間に，フランスにおける石炭の価格は，指数であらわして100から286に上昇したが，同じ期間に，小麦価格は100から129に高まったにすぎない。石炭価格と小麦価格とのこのような上昇テンポのひらきは何によるのか，ドニはこれを次のように解明する。それによると，石炭1

トンを採掘するに必要な労務費は，1913年以降，ほとんど減少していないのに反して，小麦の生産費は，栽培法の改良進歩によって，いちじるしく減少している。もちろん，この両者の生産部門での剰余価値率の変化を考慮しなければならないから，労務費又は生産費の変化すなわち労働生産性の変化とはいえまい。しかし，J. フラスチェが，1910年から1938年までの間について算定したリンネル，電球，兵器，機械などの価格指標（フラスチェは $\left(\frac{商品価格}{労働時間当り賃銀}\right)$ を計算しこれを「現実価格」（prix réel）とよぶ）の規則的な低下は，これらの諸商品の，この期間の，価値低下を反映していると考えられる。この価値低下の原因は，それぞれの生産部門での労働生産性の向上であろう。フラスチェの価格指標をみると，小麦は，1800年の250から1950年の33に，また馬鈴薯は，これと同じ期間に25から16に，それぞれ低下している。フラスチェはこれらの事実を，まず第一に，農業労働における生産性向上の差によって，したがって，農産物の価値低下の差によって説明する。ドニによれば，この説明は，労働価値説による価格変動説明の成功例である。

　しかし価格という量の変化は，まだこれ以外の要因によっても招来される。たとえば独占体による諸商品価格の人為的吊上げ（独占高価格），価格の低落をおさえる価格協定，生産制限（操短）による価格維持，国家の経済政策の一環としての政策インフレ，価格統制，価格差補給金政策，農産物価格維持政策，等々の最近の諸現象，諸政策はすべて，価格の規定要因である。価格が社会的，歴史的な被規定性をもつことは，これによってもまた証明されている。

　商品に特有のその価値の量，その現象的なあらわれである価格という量的規定性，これらのものの特徴とその相互関係の特徴は，以上の説明で一応理解できる。しかし，こうした特徴に関連し，とくに，価格をその一例とするような現象的な諸量との関係において，今一つ指摘しておかなければならない事柄がある。それは経済的諸範疇の量的規定性が，ほとんどの場合，統計数字として与えられるという事である。いいかえると経済学の研究材料として，われわれが直接にとりあつかう量，経済学的認識が依拠する材料が，ほとんど，統計数字だという事実である。経済的諸範疇自身が，そしてまたそ

の量的規定性が，一つの社会的，歴史的な存在であることは，当然に，統計数字が一つの歴史的材料であることを要求する。しかしながら統計数字は，統計調査という社会的な認識実践，歴史的な実践としての調査，によって獲得された材料である。このことによってもまた統計数字は，歴史的材料なのである。統計調査が統計数字を生産する過程，あるいは，同じことだが，統計数字の生成してくる過程，であるとすれば，統計調査の結果＝統計結果たる統計数字が，この過程におけるわれわれの認識実践によって大きく規定されることはいうまでもない。この認識実践の目的は，経済学の研究材料の提供にある。したがって，それはわれわれが上来，のべてきた経済的な量の把握，反映を目的とするといってもよいだろう。統計学がこの認識実践の過程そのものを研究対象とする研究方法論であるとすれば，この認識過程の本質，その特徴などを解明するのは，まさに統計学の研究課題である。この課題に深く立入ることは，本論文の範囲を越える。ここではただ，統計結果として与えられる数字が，社会的存在の量的側面の反映であり，調査という実践の所産である，という二重の意味において，特殊社会的な数量であることを確認するにとどめる。以下，この意味をあきらかにしてみよう。

　第一に，統計数字は，自然科学的な測定，実測といった，たとえば物理学における長さ，重さ，などの測定のような，認識の結果ではない。認識主体（調査者，たとえば国家とその機関）が社会の数量的側面の認識を行う場合，そこに一定の社会的条件（調査者と被調査者——申告義務者——との間の社会関係，たとえば階級関係，利害関係の対立）があるために，認識すべき当の対象と，認識結果との間にずれが生ずる。こうしたずれは，自然科学的測定や，観測には絶対ありえない。このずれを「誤差」というならば，それは，社会的な誤差である。だからこの誤差の性質は，いわば「社会的性格」（統計数字の）であり，社会科学的にしかその性質もその大いさも，あきらかにできない。

　第二に，統計調査は，経済学的諸範疇の量的側面の認識過程であるとはいえ，調査の過程で，経済学的に規定された量そのものが，そのまま認識されるのではない。統計調査自体はもちろん，経済学的概念の規定を与える理論的認識の過程ではなく，逆に経済学的概念を前提し，これを調査の実際的諸

第4章 経済学研究における数学利用の基礎的諸条件　97

条件にかなった，いわば統計的概念に変形し，その量的規定性をしらべあげる過程である。したがってわれわれがこれまでにみてきた経済学的諸量のなかでも，価値量の如き，あるいは剰余価値量の如き，本質的な諸量はもちろんのこと，価格の如き現象的な諸量もまた，そのままでは統計数字に照応するものではない。実はこの「統計的概念」の規定をいかに行うか，という点に，統計調査論の重大な問題の一つがあるが，ここでは立ち入らない。とにかく，統計数字はこの意味でも，経済的な諸量の，一面的な模写，反映であるといいうる。たとえば，統計調査における失業者の概念規定は，経済学上の相対的過剰人口あるいは産業予備軍の一形態としての「失業者」と一致しない。とくに，わが国の労働力調査のいわゆる「完全失業者」の定義は極端な一例である（完全失業者＝調査週間中収入をともなう仕事に一時間以上従事することなく，就業が可能でこれを希望しかつ求職活動をした者。——「完全か不完全かはしらないが，常識からいえば，たとえ仕事はあっても，それによって生活を支えてゆく事ができなければ，当然失業者にかぞえられなければならない。完全という字をくっつけたにしろそういう人たちを失業者からのぞき，就業者のなかに含ませたのは，納得がいかない」(16)とされるのはけだし当然であろう）。

　経済学における研究材料としての統計数字の主な特徴は以上のとおりである。

　最後に，われわれは，経済的諸範疇の変化，発展が，その量的規定性にあらわれる面，すなわち，経済現象の量的変化の特徴，とくにそれがこれらの範疇自身の質的変化を惹起する面での特徴をあきらかにしなければならない。

　まず経済現象又は経済の諸過程には，量的変化の質的変化への転換を立証する事実が，非常に多いことを注意しなければならない。たとえば，諸企業の生産過程における資本の集積の結果は，一つの巨大な生産設備，資本額，生産高，高利潤率などの諸量であらわされる。しかしこれは単なる量的変化の漸進の限りない過程ではなく，この過程で実は企業そのものの変質，すなわち，この企業の独占体化が生ずる。独占体におけるこれらの諸量の変化は，以前のそれとことなる。たとえば，資本金10億円の独占体の生産高は，資本金1000万円の非独占体のそれの100倍ではない。この両者における資本

金額に対する従業員数の比率も当然ことなる。労働の生産性という量的規定をとってみよう。これは，分業又は協業によって，飛躍的に増進する。1000人の労働者の協業による生産の能率は，10人の労働者のそれの単なる100倍ではない。

　これらの諸例からわかるように，量的変化の質的変化への転化は，経済諸過程の大きな特徴をなす。そしてここでとくに注意しなければならないのは，新しい質の生成が，量的変化に及ぼす決定的な影響である。たとえば貨幣の蓄積が一定額をこえると，それは貨幣の資本への転化をよびおこす。そして資本に転化した貨幣の，すなわち，資本としての貨幣の運動は，貨幣としての貨幣の運動と全くことなる。資本はもちろん一定額の貨幣の形態＝貨幣資本の形態をとる。しかしこの一定額はもはや，単なる貨幣としての貨幣の量ではない。貨幣という形態をとる資本の量的変化もまた，量の変化としては，たとえば増加である。しかしこの増加は資本の運動の一側面としてのみ現実的意味をもつ。旧い質と新しい質との間に，一様な連続的な量の変化を見出すことはできない。

　以上，われわれは，経済学の若干の基本範疇をとりあげて，その量的規定性の特徴と，量的変化の特質をあきらかにしてきた。しかし，すでに価格がこれらの諸範疇の間の関係としてあらわれていることからもわかるように，諸々の量は，決して単独に，互に他とは無関係に存在するのではない。それらは相互に規定し合い，作用し合い，互に他を制約する。これがまた量的規定性とその変化に一定の影響を及ぼす。この影響がまた経済的な諸量の全体としての特徴をなす。以下この点をあきらかにするため，次に経済諸量の相互関係の特徴を考察しよう。

2　経済的量的諸関係の特徴

　経済的諸量の関係は，諸量の均等関係，比率，比例的関係として現われる。以下，この均等関係を諸商品の等価の関係によって，また比率を剰余価値率と利潤率によって，そして最後に比例的関係を再生産の諸条件によって，それぞれ考察してみよう。

　すでに前項において言及したように，商品価格は，本質的には，商品の価

値と貨幣の価値との関係を表示する。

　貨幣を流通の媒介とする一切の商品交換，すなわち，一切の売買において，商品が価格という量的規定性をうけとるのは，実は，相対的価値形態にある商品の価値量が，等価形態にある商品の使用価値量によって表現されるという社会関係が一般に成立しているからである。いいかえると商品価値の大いさは，現実の商品交換において，一般的等価形態にある特殊な一商品＝貨幣の分量（その価値量ではなく，その使用価値量，したがってたとえば金の重量）で測られるからである。一般に，

　　　　x 量の A 商品＝y 量の B 商品

という関係が，あらゆる商品の間に成り立ちうるためには，他の商品の価値量をみずからの使用価値の分量で表現する特殊な一商品の存在が必要になる。しかしながら，上の等式であらわされる均等関係は，この式の両辺にある，すなわち，互に交換され合う A, B, 両商品の，価値量における均等関係をただちに表現するものではない。A, B, 両商品の量規定――x と y と――は，相異る使用価値の量である。しかし等式は使用価値の均等関係を表現するものではない。この等式の経済的意味は，一商品の価値量が他の商品の使用価値量であらわされるという商品交換の事実である。一商品の価値が一定量の物財（他の商品体）の形で量的に表現されるというこの事情は，商品の価値形態に特有の重要な性格である。A, B, 両商品は使用価値としては互に相異なる。しかし A は価値としては B と同等なものであり，したがって，A は B のようにみえる。したがって，右の等式は両商品の価値の均等関係を前提とするとはいえ，それを直接に表現するものではない。

　ところがこの等式をもっぱらその外面における量の均等性として理解するならば，いいかえるとこれを単なる数学的等量関係の一表現とみるならば，ここで問題になる経済的な量としての価値量の特質は見失われてしまう。「価値の数学的形式だけしか扱わない経済学者は必然的に価値的範疇と物象的範疇との混同，すなわち商品の物神性にとらわれざるをえない」というのは正にこのことを意味する。ジェヴォンズ，ワルラス，パレート等の数理派の経済学者たちの最大の欠陥は，価格を価値の貨幣表現と，つまり二つの価値量の関係とはみないで，二つの財＝自然物の関係とみる点にある。経済的

諸範疇の質的規定性，その独自性の無視によって，数理派の経済学者は経済諸量を単なる物量におきかえ，さらに，量一般におきかえる。価格は価値関係ではなく，物量の関係に，そして単なる分数に転化する。『マルクス主義計量経済学』の著者，越村信三郎もまた，価値的範疇の物象的範疇へのおきかえによって，価値形態の数学的表現を敢行される。すなわち，越村は，「いま第一種の財の単位価値を v_1 とし，第一，第二主体によって需要される第一種の財の数量をそれぞれ q_{11}, q_{12} で表示し，同様に第二種の財の単位価値を v_2 とし，第一，第二主体によって需要される第二種の財の数量をそれぞれ q_{21}, q_{22} で表示すれば」という記号表示法を仮定した上で「単純な，個別的な，あるいは偶発的な価値形態」(「二種の商品の交換価値」)を，

$$v_1 q_{12} = v_2 q_{21}$$

という等式で表現し，「マルクスにあっては，この形態は x 商品 A＝y 商品 B という等式で示される」という。[18]

この等式が価値形態の独自性を無視したものであることは，あきらかである。けだし，マルクスにおいては，A, B, は何ら価値をあらわすものではないから，これを越村氏のいわゆる「単位価値」とみなすことはできないからである，その証拠に，越村は上の等式をただちに変形して，

$$\frac{v_1}{q_{21}} = \frac{v_2}{q_{12}}$$

をつくり出す。しかし，われわれの等式

$$x 商品 A = y 商品 B$$

からは決して

$$\frac{x}{B} = \frac{y}{A}$$

といった関係は出てこない。こういう等式表現は全く無意味である。したがって，越村の等式は，価値形態を単なる分数にかえる試み以外の何物でもない。

さて，次に，剰余価値率と利潤率とについて，経済諸量の比率の関係をあきらかにしよう。

資本主義的生産の目的は，生産過程における価値の増殖にある。すなわち，

第4章 経済学研究における数学利用の基礎的諸条件

生産の最初に投下された資本を一定額増加させて、はじめの価値額プラスそれを超過する価値額にすること、いいかえると、所与の貨幣量プラス附加された貨幣量、あるいは、所与の価値量プラス剰余価値量に、転化するのがその目的である。最初の資本の価値額を x とすれば、これにその超過額 Δx を加えて、$x+\Delta x$ に転化することによって、はじめて、x は資本になる。

ところでこの x が x プラス Δx に転化されるためには、x は可変量を含んでいなければならない。最初に与えられた貨幣量をあらわす x は、そのままでは一つの不変量である。だからそれ自体の増分はゼロである。ところがこれが x プラス Δx に転化される過程においては、この x が可変的要素を含む他の量に転化されなければならない。現実の生産過程を考察してみると、資本の最初の量 x のある部分は、ふたたび、不変量である労働手段に転化され、x の価値のこの一部分は貨幣形態においてではなく、使用価値の特定の形態においてのみ存在する。したがって、x の変化のうち価値量の不変的性質をすこしもかえないこの部分の転化は、この部分が交換価値であるかぎり x の量にすこしも変化をおこさせない。

こうして x は、この過程において、

$$c(不変量)+v(可変量)$$

であらわされる。c はいわゆる不変資本、v は可変資本を指す。したがって、差 Δx は、

$$差\Delta(c+v)=c+(v+\Delta v)$$

であり、しかも c は不変であるから、その差 Δc はゼロであり、はじめの Δx は結局 Δv である。

以上のことから、はじめに与えられた資本量 x の増分 Δx と、x のうち実際に増加する部分 v との比、すなわち、$\frac{\Delta x}{v}$ は、実は、$\frac{\Delta v}{v}$ にひとしいことがわかる。この $\frac{\Delta v}{v}$ こそは、剰余価値率である。

以上を要約すると、剰余価値率は、次の四つの関係式からみちびかれることがわかる。

すなわち総資本 (x) は $(c$ プラス $v)$ であり、そのうち (c) は不変、(v) は可変であるから、(x) は (v) の函数であり、v が (Δv) だけ増加すると、(x) は $(x'$ すなわち、x プラス $\Delta x)$ になる。

(1) $x = c + v$

(2) $x' = c + (v + \Delta v)$

∴(3) $x' - x = c + v + \Delta v - c - v = \Delta v$

∴(4) $\Delta x = \Delta v$

(1)—(4)の全体は，総資本の増分 Δx が資本の可変部分の増分 Δv にひとしいことを，したがって，Δc 又は資本の不変部分の増分はゼロにひとしいことを意味する。こうして，剰余価値率 ($\frac{\Delta v}{v}$) は，資本の可変部分の増大率をあらわす。

ところでこの剰余価値率 ($\frac{\Delta v}{v}$) は，経済量の二重の関係をあらわす比率である。というのは，一方でこの比率は，剰余価値量 (Δv) と，可変資本量 (v) との比率であるが，他方で，それは，この比率の分子 (Δv) において，以上にみたように，最初の価値量 (x) と，増大した価値量 (x') との差をあらわしているからである。いいかえると，この比率は，その分子において，生産過程における資本の運動の結果を，したがって資本の価値増殖過程とその結果を，二つの量の関係（つまり両者の比較という関係）において表現するとともに，他方において，この比率の全体としては，資本の運動におけるこの結果 (Δv) の原因 (v) との関係を，比率で表現している。いいかえると ($\frac{\Delta v}{v}$) は，剰余価値の発生的因果関係を表示するところの，量的関係である。剰余価値率は剰余価値生産の最も基本的な過程を，このような二重の量的関係として表示することによって，資本制的生産に固有の搾取関係（階級対立の関係＝社会関係）の量的尺度，すなわち，搾取率となる。これは剰余価値率のもつ社会的な，経済的な，意味である。

かくして，剰余価値率は一つの社会関係を表示する社会的比率となる。この点で，剰余価値率は，単なる分数（数学上の）からも，自然における諸比率からも，截然と区別される。なるほど，自然における諸比率，たとえば，密度，比重，比熱などの物理的諸比率も自然の諸事物の性質を反映する量的な規定性である。たとえば，密度は，物質の空間充塡の程度をあらわす比率で，相ことなる諸物質のそれぞれに固有な量的規定性である。この比率もまた，（質量／体積）という分数であらわされる。剰余価値率もまた現実の社会関係の客観的な量的側面にほかならない。この点では密度と同じく一つの

第 4 章 経済学研究における数学利用の基礎的諸条件

客観的な量規定である。しかしながら両者の間にそれ以上の類似は存在しない。密度は決して，質量と体積との間の「因果関係」などを表現しえない。ましてや，密度には，搾取関係の表示などという社会経済的な意味内容のあろうはずがない。

　ところで，剰余価値率は本質的な経済関係の尺度である。剰余価値の利潤への転化によって，この比率は，現象的な比率に転化する。すなわち，利潤率である。利潤率は，最初に投下された価値額 (x) にたいする，その増分 (Δx) の比，すなわち，$(\frac{\Delta x}{x})$ である。それは剰余価値率 $(\frac{\Delta v}{v})$ が示したあの因果関係を，つまり (Δv) の発生原因を明示しない。(Δx) が (x) から生みだされたかのようにみえるという「仮象」に，それは照応する。しかし比率 $(\frac{\Delta x}{x})$ は決して空虚な表象ではない。相異なる生産部門間での資本の移動の基準は，この比率である。

　利潤率が現象的な比率であることは，この比率自体の変化が，剰余価値率の変化によって規定されていることからあきらかである。しかも利潤率はこれ以外の経済範疇とその相互関係によってもまた規定される。利潤率を形成する諸関係は，経済諸範疇の相互作用，したがってまた，経済的な諸量の相互関係の総体である。われわれはこの相互関係の複雑なメカニズムの理論的分析なしには，利潤率の量的変化を正確にとらえることができない。したがって，利潤率が現象的な比率であるということは，決して，この比率が単なる量と量との数学的関係であるということではない。たとえば，相異なる生産諸部門間での資本の移動の過程において成立する平均利潤率を，個々の生産部門の個別的利潤率の単なる算術平均と考えるのは，不当な単純化である。利潤率の正確な把握は，利潤範疇およびそれと関係する諸範疇の質的規定と量的規定性の全面的認識を前提する。利潤の量及び率に対する科学的認識は，利潤範疇の起源の解明なしにはもちろん不可能である。

　最後に経済的諸量の相互間に成り立つ比例的関係を，いわゆる再生産表式について考察しよう。

　周知のように，この表式は，社会的資本の不変部分と可変部分および剰余価値が，生産手段生産部門と消費財生産部門との間で一定の均等関係を保つことを，価値量の関係として表現する。その基本的部分は次のとおりである。

(a)単純再生産

　消費財部門の不変資本＝生産手段部門の可変資本＋生産手段部門の剰余
　　　　　　価値

(b)拡張再生産

　生産手段部門の可変資本＋同部門の追加可変資本＋同部門の剰余価値の
　資本家消費＝消費財部門の不変資本＋消費財部門の追加不変資本

　ところで，これらの関係が成り立つには，概略的にみても，①原料資源の存在，②資本の一定量の蓄積，③技術の一定の発展水準，④社会的生産の組織性あるいは諸生産部門の計画性といった諸条件が存在しなければならない。しかし現実の資本主義のもとでは，第一部門すなわち生産手段生産部門（とりわけ第一部門用生産手段生産部門）の不均等的な拡張再生産がおこなわれることによって，④の条件は破壊される。すなわち，拡張再生産を主導するこの第一部門（とくに第一部門用生産手段生産部門）の生産が，個人的消費のための需要・消費財需要からある程度まで独立に発展することの可能性が，部門間の比例的関係を破壊する。したがって，この比例関係をもって，社会的生産における「均衡」関係の別名，たとえば経済諸量間に存する相互依存関係の表現，とみなすことはできない。

　しかしながら，表式における諸量の関係は，本質的な諸量の関係であって，たとえばケインズ的な「総計量」の関係の如く現象的な諸量の外面的な関係ではない。

　経済的諸量の諸関係，とくに，比率と比例的関係については，なお，次の点が考慮されなければならない。すなわち，統計数字の相互関係としての統計的比率あるいは統計的構成比率の実質的意味の問題である。

　すでにみた（第一項）ように，統計数字は現象的な経済諸量の一つの反映形式であった。統計的比率ないしは統計的構成比率は，経済の現象的関係を統計数字の関係として表現する。ここではこの問題を全般的にとりあげて研究しようというのではない。それは統計利用の問題として別箇の研究によって追究されるべき課題に属する。ただ若干の問題点を指摘するにとどめる。

　総理府統計局（現在の総務庁統計局）の「労働力調査」の結果にもとづい

第 4 章　経済学研究における数学利用の基礎的諸条件　　105

わが国の失業率

1953 年	1.1 %	(10.0 %)
1954 年	1.5 %	(10.0 %)
1955 年	1.6 %	(9.8 %)
1956 年	1.5 %	(9.9 %)
1957 年	1.2 %	(9.0 %)
1958 年	1.3 %	(9.0 %)
1959 年	1.3 %	(8.7 %)

国連『統計月報』1961 年 1 月

て算出された「失業率」という統計比率を例にとってみよう。これは，労働力人口に対する失業者数の割合を示す。試みに 1953 年から 1959 年までの，わが国の失業率をみると，次のとおりである。

　（　）内の失業率は，同じ時期のイタリヤのそれである。この比率でみるかぎり，日本の雇用状況は非常に好ましいと判断せざるをえない。その上，この七年間にわたる失業率の変動は，非常に小幅である。これはまた，雇用状況が，好況と不況にかかわりなく，安定しているかのようにみせる。

　しかしながらこれは，みかけの上の状況であり，安定性であるといわなければならない。というのは，この調査にいう失業者とは，すでにみたように，およそ現実の観念とかけはなれた，そしてまた，経済学上の失業者の概念からもずれた，「完全失業者」のことであり，その定義にはずれるものはすべて，就業者のなかにふくまれているからである。たとえば，一時間働けば就業者にかぞえられるのであれば，就業者数は当然多く，不況になっても，ほとんど変動しないのは当然であろう。労働力調査には，この失業者概念の規定以外にも，たとえば，この調査が悉皆調査でなく抽出調査であること，調査期間が月末の一週間であるということ，など，からくる結果数字のゆがみの問題がある。これらの検討なしに，失業率が現実の雇用状況をそのまま反映する数字であると考えられると非常に危険なことはいうまでもない。それはせいぜい最低限数値（これ以下には決してなりえないという意味で）であるにすぎない。こうした例は他にも多い。税務統計における所得を基礎にして，たとえば，分配率を計算する，などもその一例であろう。

統計的比率の顕著な今一つの例は，人口密度という比率である。この比率は，物資の密度概念を，人口現象の上に擬制した比率であって，それ自身に，たとえば剰余価値率のように因果的，発生的な関係をあらわすといった実質的意味があるわけではない。このような擬制的な比率は，容易に，虚構に転化する。すなわち，これを経済的諸関係から切り離して不当に独自化すると，その実質的意味にかかわりのない，歪曲された表象が与えられるための数字的基礎にすらなる。ア・ソーヴィーが，その「資本主義国における人口学と社会科学との関係」(『哲学の諸問題』1957年，第6号)で，「適度人口」という考え方に反対して次のようにのべたのは正しい。「かりに，ある国の適度人口を確定し，その国の人口は現水準よりも低くなければならぬと判断したとしよう。だからといって，これからどのような結論をひきだし，どのような政策を実施すべきなのだろうか？ 余分の人間は殺す必要があるというのだろうか？」。同じことは人口密度についてもいえよう。この比率が相対的過剰人口についての俗説（マルサス主義，新マルサス主義）の「裏付け」に利用されうることはいうまでもない。しかしそれは決して社会制度を解明しない。相対的過剰人口の原因を解明してくれもしない。

国民総生産（1年間に生産された付加価値の総額）の対前年増加率である成長率はどうであろうか，それは果して経済の量的規模の拡大を意味するものか？

生産された付加価値の一部分の再分配までも含む（たとえば国家公務員の給与）国民総生産の推計額が経済の規模を表わすとするならば，租税を10倍にして，国家公務員の数を10倍にすれば，国民経済はそれだけ「拡大成長」したことになろう。

次に統計的構成比率をもちいて，経済における比例的関係をあらわす例は，人口の産業別構成，職業別構成などであろう。しかし現行の産業分類ないし職業分類は，その基準に統一性がない。社会の階級構成をこれらの構成比率であらわすことは，そのままでは，不可能である。

統計的比率，統計的比例関係のこのような現実からのずれは，経済の量的関係の正確な理解を妨げる最大の要因の一つである。

むすび

　以上二項にわたって，経済学における諸々の量規定と量的関係の特徴を検討した。これによって一応次の諸点が確認される。

　第一に，経済的量規定と経済的量的関係は，社会的存在たる経済諸範疇の一側面およびそれらの間の関係にほかならない。経済諸範疇の歴史的性格――一時的，経過的な存在であること――は，当然，その量的側面，量的関係をも規定する。経済諸量とその関係の，この社会性，歴史性は，これらを数学における諸量（数，集合，群，など）一般及び，数学的関係（函数関係）一般から区別する。またこれは，物理的諸量（質量，波長，熱量など）その他の自然的諸量にない特徴である。

　第二に，経済的諸範疇は相互に作用し合い規定し合う。経済諸範疇のこの相互作用は，その量規定と量的関係の全体に影響する。単一の量又は関係が他の諸量又は諸関係から切りはなされて独自に存在することはない。この相互作用自身は社会的諸関係の性質に依存する。この点でも経済量とその関係は，数学又は自然科学におけるそれらと全くことなる。

　第三に，経済諸量とその関係には，本質的なもの（たとえば価値）と，現象的なもの（たとえば価格諸形態）とがある。現象的諸量，諸関係は，本質的なそれらのあらわれであり，本質的なものによって規定されている。

　第四に，認識材料としての経済諸量，諸関係は，統計数字，統計的関係の形で与えられる。これらのものは，自然的測定と全く異る認識実践たる統計調査によって与えられる。統計調査の過程はまたその生産物たる統計数字の性格を規定する。この点も，数学又は自然科学の諸量，諸量的関係にはない特徴である。

3　経済学における数学的方法

はしがき

　この節の目的は，以上二節の結果にもとづいて，経済学における数学的表

現(記述)手段の意義と,経済学の研究における数学的方法(研究手段)の意義とをあきらかにし,最後に,経済学の研究方法体系における数学的方法の地位をあきらかにすることにある。

1 経済的諸量とその関係の数学的表現

前章であきらかにしたように,経済学における諸範疇は,相互に作用し合う一つの統一的全体として存在する。したがって,経済的諸量とその関係は,つねに,この統一的全体のなかに位置づけられる限りでの,特定の質の表現であり,その関係の表現である。数学的表現手段たる数字,記号,空間などの数学的諸概念では,諸範疇に固有の実質的意味を保存するかぎりで利用される。以下特に,代数的記号と云う数学的表現手段について考えてみよう。

たとえば,経済的基礎範疇たる商品の価値形態は,

$$x 量の商品 A = y 量の商品 B$$

という等式で表現された。この等式をさらに記号のみであらわし,

$$x \cdot A = y \cdot B$$

と表現しても,A,B は何らの量も示さないし,またすでにのべたように,この等式自身は,このままでは直接に何らの量の均等関係をも示すものではないから,等号(=)も代数式における等号と同一のものではない。したがってこれを,代数式としてとりあつかって,

$$\frac{x}{B} = \frac{y}{A}, \quad x \cdot A - y \cdot B = 0$$

などの計算をおこなっても,結果は何らの経済的意味ももちえない。

『マルクス主義計量経済学』の著者は,この等式をたとえば,米3キロと,砂糖2キロの交換比をあらわすために,次のように変形してあらわす。

$$\frac{V_1}{2} = \frac{V_2}{3}$$

(V_1)は米1キロの価値(交換価値ではない),(V_2)は砂糖1キロの価値(同上)をそれぞれあらわす。この関係から容易に,代数的に,

$$3 V_1 - 2 V_2 = 0$$

がみちびかれる。「この交換関係は V_1 および V_2 に関する一次方程式 $3 V_1 - 2$

第4章　経済学研究における数学利用の基礎的諸条件　109

$V_2=0$ であらわされる」。そしてこれは「価値平面」（直交座標の横軸に V_1，縦軸に V_2，をとる平面）において，原点を通る直線であらわされる。[20]

　こうした式の変形が経済学的に何を意味するかは，全く不明である。商品の価値形態に特有の実質的意味がすべて見失われている。

　経済諸範疇の記号的表現は，各範疇の実質的意味をはなれるとき，無意味な記号のあつまりに転化する。

　われわれは次に，いくつかの記号的範式について，記号の正しい利用の実例を考察してみよう。

　たとえば，単純な商品流通をあらわす範式 $W-G-W$（商品―貨幣―商品），資本流通をあらわす範式 $G-W-G$（貨幣―商品―貨幣）や，貨幣資本の循環をあらわす次の範式，

$$G-W-P-W'-G'$$

（貨幣資本―商品資本―生産資本―商品資本―貨幣資本）

などにおける，G，W，P，などの記号の利用がその例である。これらの範式はいずれも，商品，貨幣，資本の諸形態を，それぞれの運動において表現する。G，W'，P，などの記号は単なる量の表現手段ではない。それらはまず，貨幣又は貨幣資本，商品又は商品資本といった諸範疇を質的に表現する。と同時にこれらの範式は，いずれも，価値量の運動を表現する。諸記号はそのかぎりで，というのは，範式全体の中でのその位置と，それぞれの質的規定性に対応して，一定の量的規定を表現する。たとえば，貨幣資本の循環の範式における，始点の G と終点の G' とは，ともに交換価値としての資本，貨幣形態にある資本として，同質のものであり，量的にのみことなる範疇を表現する。したがって，この範式から，G' と G との量的な差をみちびくことは，つまり，

$$G'-G=\varDelta G$$

は，現実的な意味をもつ。差額 $\varDelta G$ は資本の生産過程の結果を量的に表現する。そして，この場合，諸記号は，それに対応する現実の過程をもたないかぎり無意味な，内容のない，代数的記号に転化する。範式そのものもまた同様で，それは現実の過程の反映にほかならない。

　経済学は仮設的な数字を用いて，いいかえると，特定の時と場所に制約さ

れない仮定された数字を用いて，抽象的な理論を展開することがある。その場合には数学的な展開と，純数学的な問題の処理が可能になる。たとえば，剰余価値率の利潤率に対する関係の分析がそれである。

しかしながら，そういう場合でも，仮設的な数字が，歴史的現実とまったく無関係であって良いとはいえまい。たとえば，労働の生産性が減少して，それが不変資本の同時的減少を伴うといった仮定は，数学的には可能で，この仮定に基づく利潤率の算定も数学的展開としては可能かも知れないが，この仮定自身の経済的可能性を問題にしないわけにはゆかない。したがって，仮設的数字とそれにもとづく数式の展開も，結局は，歴史的材料としての統計数字によって，検証されるということが，研究の不可欠の一段階になる。

記号といえば直ちに代数的諸記号を考え，記号による表現は代数的表現であるから，つまり量の表現であるから，と云うそれだけの理由で，この表現手段を精密な記述手段とみなしてしまうのは誤りであろう。記号は，単なる記述の手段としても，言語に完全に代替できるものではない。対象の性質を正確に反映することが，真の意味での「精密性」であるとすれば，記号はむしろ，対象の簡略化された一面的な表現の手段にすぎず，したがって，ただちに「精密」な手段になるのではない。以上にみた諸範式においても，記号の経済的意味が明確にされていなければ，範式で表現することの意味もまた不明であろう。

記号的表現が「便利」だというのも，記号がさししめす対象の特質にてらして，つまり，その特質の反映形式として簡単な，適切な手段になりうるかどうかで定まることであろう。

記号の利用目的が経済的な諸範疇（量的側面だけではない）の表現にあることを忘れ，記号表示が自己目的になると，経済的諸範疇は単なる物理的ないしは純量的なものに転化する。W. S. ジェヴォンズの『次元の理論』(Theory of Dimensions) はその一例である。彼は次のようにいう。「物理学の最近の進歩をみると，それが扱う各種の量の性質と関係をあらわすのに記号 (Notation) の利用が必要なことが分る。勿論，どんな種類の量も，それ自身に適した単位で，つまり，長さはヤード又はメートルで，表面積又は地面は平方ヤード又はメートルで，時間は秒，日，年でそれぞれあらわされる。

第4章　経済学研究における数学利用の基礎的諸条件

しかし，もっと複雑な量も，これらの簡単なものに関係づけられる。面積は平方ヤードで測られる。つまり，長さの単位が2回くりかえしふくまれているのであり，Lが長さの次元をあらわすとすれば，面積の次元はLL又はL^2である。……時間をTであらわすと速度の次元は$\left(\frac{L}{T}\right)$又はLT^{-1}であらわされる。……ところで物理量の如き正確なものを扱うのにこうした次元の理論が必要だとすれば，経済学においてわれわれが扱う諸量にとっても，それがもっとも望ましいと思われるのは当然である」[21]。ジェヴォンズは，経済学の扱う量を次のように説明する。「Mは生産物の絶対量，MT^{-1}は単位時間に消費される生産物量，Uは生産物1単位の効用を，夫々あらわす。そうすると，MUT^{-1}は単位時間に生産物1単位から得られる効用をあらわし，$MUT^{-1}T$又はMUはある時間内に生産物から得られる効用の絶対量をあらわす。」[22] こうした記号法によって，ジェヴォンズは交換価値（ratio in exchange）を次のようにあらわす。「このように考へれば価値も又全く同様に，ある一つの生産物がそれと交換される他の生産物に対する比である。諸生産物を単に物量として比較すれば，M又はMM^{-1}又はM^0で割ったMの次元を得る」。

ジェヴォンズはここで何を説明したのであろうか，この記号法では生産物量Mと効用Uとの差別すら消えさる。両者はかけ合わされたり，割り算されたりする物的な量に転化させられている。経済学の基礎的範疇の一つである交換価値も又，物的な諸量の中に呑み込まれ，貧弱な記号形式M^0で表わされる。社会的諸関係は消滅し，記号だけが残る。

経済的諸関係の記号的表現にも，同様の誤解がつきまとう。経済的関係を函数関係として表現するのは一体どういう事を意味するのか？　函数関係的表現とは一般に次の様なものである。即ち，一方に量x, yがあり，他方に量u, vがあり，両方が共に同一の規則性に従って変化するならば，換言すればxとyとの変化にuとvの変化が対応するならば，即ち，

$$y = f(x), \quad v = f(u)$$

という同一の函数形 f(x) が両方に見出されるならば，x, y, u, v, などが相互に全く異質なものであっても，函数関係としては全く同一とみなされる。これが函数関係的表現の特徴である。経済的に異質な範疇も，その量的変化

形式の同一性のみによって，同一物とみなされる。シュムペーターは，価格が供給量に依存するという関係を，財貨の効用はその貯蔵量に依存するという関係（ゴッセンの第一法則）と同一視する。どちらも，曲線で表わすと同じ形になり，負の微係数をもつ，という理由によって。シュムペーターはここで，前者が経済的関係であるのに対し，ゴッセンの第一法則は心理的な関係であるという，両者の差別を無視する。ワルラスの有名な等式，即ち a, b 二財の稀少性の比は，それらの価格の比に等しいという関係の記号的表現，

$$\frac{r_a}{r_b} = \frac{p_a}{p_b} \left(\frac{a 財の稀少性}{b 財の稀少性} = \frac{a 財の価格}{b 財の価格} \right)$$

もまた，同様に，心理的（主観的）事実と，経済的（客観的）事実との混同を意味する。この式は経済理論の主観的内容を，客観的事実関係におきかえるための記号利用の「模範」である。形式的同等性のかげに内容的な差別がかくれる。内容が形式に合わされる。

要するに，記号的表現は，その内容の質的規定性の無視がおこなわれるやいなや，何らかの経済量又は関係の表現手段たることをやめて，自己目的に，無意味な形式の遊戯に転化する。

2 経済的量的諸関係の数学的分析

経済的諸量とその関係の数学的表現が実質的意味をもつ為には，以上のように，これら諸量とその関係の質的規定性をも表現する手段が利用されなければならない。経済的関係の数学的分析においても，この質的規定性の重要性は否定できない。そのため，質的規定性の分析，すなわち，質的分析が，たえず，数学的分析の全過程を指導する。たとえば，商品価値の量的関係の分析は，商品価値についての質的分析を前提する。質的分析が量的分析に先行し，量的分析の範囲を指示し，量的分析を方向づけるのであって，決してその逆ではない。したがって，経済学に対して，数学的方法が問題を提起し，経済学の研究材料を数学上の問題処理の一材料にするといった事態，要するに量的分析の独走と，それに対する過重評価は全くの誤りに導く。

いわゆる数理経済学が個々の経済諸範疇の間の函数的依存関係の形式を数学的に研究するのは，経済学における質的分析の放棄または，不当な過小評

第4章　経済学研究における数学利用の基礎的諸条件　113

価であろう。なるほど，古典派経済学は，このような函数形式の分析にのみ専念したのではなく，むしろ，諸範疇の量的変化の諸原因を追求し，たとえば価値量と投下労働量との法則的関係をあきらかにしている。しかし，古典派経済学もまた，質的分析の過小評価という誤りに陥っていた。古典派経済学においては，価値は独自の質をもつものとしてではなく，平均価格として扱われた。価値は価格の平均水準にすぎず，価格は独立の現象であり，価格の特性は研究されなかった。

　ここでとくに強調しておかなければならないのは，量的分析の範囲（有効な範囲）を規定するものが，質的分析そのものだ，という点である。たとえば，古典派経済学は価値を価格の平均又は市場価格の変動の中心として特徴づける程度の質的分析の水準にとどまっていた為，量的分析の面でも，わずかに，価値量と投下労働量の依存関係を明らかにしえたにすぎない。価値のより高次の質的分析にもとづいて，剰余価値率，利潤率といった諸関係の正確な，深い分析（進んだ量的分析）を展開するだけの理論的基礎が，古典派には欠けていた。たとえばリカードは，平均利潤率の法則を解明できなかったし，また，価値と生産価格とを混同していた為に，資本の流通時間と賃銀が価値に影響を及ぼすものと誤解した（『経済学及び課税の原理』第一章，第五，六節）。諸範疇の性質そのものの研究が進めば進むほど，諸範疇間の量的関係と相互の依存関係もまたあきらかになる。

　数学的分析は，質的分析の一般的進化によって，この様に，適用範囲がひろまるとはいえ，それが，質的分析を方向づけ，質的分析に問題を提起するという，逆立ちした関係は承認しえない。たとえば「極大原則」の解明に，経済理論の全内容を帰着させることは許されない。エッジウォースは，「経済学上の全理論は，経済学が研究する人間の目的が最少限の労力の支出によって，最大限の成果をあげるにある限り，極大・極小の問題の解法とみなされる」と断言し，極値計算は「抽象的経済学の最高の問題を表わす」という。[23]ここに「極大原則」というのは「効用極大化」原則の事である。しかし，この原則を，個人の経済生活から，社会経済の全域におし及ぼすと，経済学の対象は，商品生産社会から自然経済の世界に移行する。

　以上要するに，われわれは，数式の定立からはじまり，その数学的展開を

経て，数学的な諸結果を得るまでの，数学的分析の全過程が，経済学の固有の質的分析によって導かれるものと考える。数学式の選択，問題の数学的定式化，解法の決定，解の経済的意味の確定，これらは一つとして数学の自由な決定に委ねられるものではない。のみならずこれらの数学的諸操作の全体が，経済理論の質的分析を前提し，また，数学適用のあらゆる結果は，丁度，仮設的数字が歴史的な材料によって確かめられたように，たとえば，統計数学によって一々検証されなければならない。数学はその限りではじめて，経済学の量的分析の効果的手段となる。

3　経済学の研究方法体系における数学的方法の地位

以上第一，第二の両項にのべたことからもわかるように，経済学における量的諸関係の表現手段としても，分析手段としても，数学的方法は決して主要な，或は，唯一の，研究方法として利用されるものではない。では，数学的方法は，経済学の固有の研究方法体系の中でいかなる地位を占めるか。

この問題にかんして，われわれは戸坂潤の次のような見解に一応の解決の方向を見出す。すなわち，戸坂は一般に諸科学の研究方法体系の構造を論じ，たとえば計算，実験などの科学的操作，研究手段（研究操作）は，「研究方法」（又は「研究様式」）から区別されなければならないという。ここで「研究方法」というのは「個々の経験資料乃至認識材料から何等かの一般的な関係を導き出す」方法のことである。

研究操作のなかで「科学にとって実際に役立っている」もの（実質的研究操作）がたとえば形式論理学に於る演繹，帰納などから区別される。戸坂においては，数学的方法は，たとえば統計的操作（統計材料の蒐集・加工）などと並んで，この実質的研究操作の一つである「解析的操作」にあたる。

この「解析的操作」とは，「一般の文字と一般の分析操作との代りに，記号と数学的操作（計算，演算，其の他一切）とを用いる処の，数学解析の手段」である。たとえば代数的記号であらわされた範式 $W-G-W$（商品―貨幣―商品）の処理法は，経済学に於る数学解析の例であり，「代数的記号とその操作の模範的なもの」とされている。

ここで注意すべきは，戸坂の次の指摘である。「解析的手段は分析的手段

第4章 経済学研究における数学利用の基礎的諸条件 115

の特別な形態だったが、それが特別な形態であるだけに、云うまでもなくその適用範囲は広くない。之を研究様式とすると云うことは、数理経済学などの誇称を論外とすれば、だから初めから殆んど絶望で、こうした企ては多く極めて無内容に終っているから問題ではない。叙述様式としてさえ、この手段は著しく制限されている。だが強いてこの手段を叙述様式の下に用いようとすれば大抵の場合それが不可能ではないのである。従って叙述様式にこの手段を用いることが出来たと云う事は、少しもその科学の科学性を高めるものでもなければ科学性を証拠だてるものでもない。まして之だけによって（数学以外の）科学の叙述を与え得たと称する様な場合がもしあるとすれば、それは恐らくその科学の非科学性（抽象性、テーマの人工的局限、認識目的の喪失、等々として現われる）をさえ証明するだろう」。ここで戸坂が摘出した数学的方法の消極面は、経済学に於る数学の排他的利用、量的分析の過剰評価、記号の乱用、などにもそのままあてはまろう。

ところで戸坂は、この解析的操作や統計的操作が「研究様式と云う統一体の具体的な一内容として定着される」ことが必要であるという。こうして、数学的方法と云う研究操作は、研究様式と云う統一体＝研究方法体系の中で、従属的、補助的な地位がふりあてられなければならないことになる。

この位置づけは、経済学の研究体系における数学的方法についての以上の分析からも承認しうるものと、われわれは考える。けだし、数学的方法の特徴は第一節でもみたように、対象の質的側面の捨象にある。それは、個別科学の研究様式にとってかわって「材料を単に些末に到るまで習得し蒐集するだけではなく、更にその色々の発展形態を分析し、そして更にこの諸形態の内部に横たわる連絡を嗅ぎ出す」といった能力をもつものではないからである。

かくて経済学の研究方法体系の中での数学的方法の地位はあくまでも従属的・補助的な地位である。

戸坂の提起した課題、即ち、数学的方法を研究様式（経済学の）という統一体の具体的な一内容として定着する、という課題にこたえるためには、なお今後の経済学の具体的な研究（たとえば日本資本主義の分析）において、解決すべき多くの問題の研究が必要であろう。とりわけ、方法体系の中での、

戸坂のいわゆる統計的操作と数学的方法の相互関係，具体的な研究過程に於る両者の関連が，詳しく検討されなければなるまい。しかもその場合，たえず考慮すべきことは，これらの諸操作が研究方法の全体系とともに，客観的実在の一般的法則性によって規定されると云う点である。われわれが第1節の末尾で検討した，量質相互転換の法則とこれらの諸操作との関連の具体的解明などは，決定的な重要性をもつと云えよう。

むすび

この節の要点は次のとおりになる。

第一に，数学的諸概念又は諸手段（数，代数的記号，空間，集合）による経済量とその関係の表現は諸範疇の経済的内容を保存する限りでのみ可能である。表現又は記述の精密性の基準は，表現内容の実質的意味にある。

第二に，分析手段としての数学の利用は，経済諸範疇の質的側面の分析＝質的分析をつねに前提する。質的分析が数学的分析の可能か否かを先ず定め，数学的分析に材料を与え，数学的分析の一段一段の実質的意味を検出し，この分析の結果を経済的に意味づける。

第三に，数学的方法は経済学の研究方法体系において，従属的・補助的な地位しか与えられない。この方法体系において数学的方法は，他の方法，たとえば統計操作・概念分析などと共に，一般的な方法原則＝客観的存在の一般法則＝客観弁証法によって規定される。数学的方法の独走は許されない。統計操作がこれに材料を与え，また，数学的分析の結果はふたたび統計数字によって検証される。この過程の全体が，経済理論（質的分析）によって指導される。

4 数学利用論の最近の諸形態

はしがき

前節までの研究により，われわれは数学利用（表現及分析手段としての）の基礎的諸条件とその意義を一応確認できた。われわれは，その結果，数学

的方法が結局は，補助的な研究手段の一つにすぎないということをみとめざるをえない。しかしこれは，数学が純粋な（質を捨象した）量の科学であり，経済学が扱う量はつねに質的に規定された量であるという二つの，否定しがたい，基本的な事実からの必然的な帰結である。われわれは，この場合，何らかの先験的な仮定，観念的な想定にもとづいて，上のような結論をひき出したのではない。

ところが経済学とくに数理派的な経済学の歴史をみると，数学そのもの，経済量そのもの，についての理解からして，われわれに対立する見解から出発しているものがほとんどであった。そして数学的方法の決定的な優位性，すなわち，経済学の研究において，この方法が主要な研究方法になる，ということがこれらの見解に共通する結論であった。この結論は最近の数学利用論によっても支持される。

この節ではその主要な形態と考えられるものを二つとりあげて，特徴をあきらかにし，論評したい。

1　論理学的数学主義の経済学への進入

最近における数学利用論の一形態は，数学的方法そのものの経済分析への適用を基礎づけるのではなく，数学化された論理学によって経済理論の厳密な構成をはかろうとするものである。

ここで数学化された論理学というのは，記号論理学又は計算論理学とよばれる論理学上の一傾向であって，その本質は，数学を論理学と同一視し，それによって，論理学を純粋に記号的な計算に変えようという試みにある（この試みは19世紀の末にドイツの数学者G. フレーゲがはじめて提唱し，イギリスの哲学者バートランド・ラッセルが現在，これを支持している）。論理学を数学的な記号の演算に解消しようとするこの見地は，言語の論理的分析に哲学の課題を限定しようとする思想（論理実証主義又は論理経験主義とよばれる）とむすびついた。

経済学者の側から，この思想とともに数学化された論理学つまり記号論理学を積極的にとり入れようとしたのは，筆者のみた限りでは，ゲームの理論の提唱者オスカー・モルゲンシュテルンが最初であった。この他にもたとえ

ばエドワルト・シャムズ，リッヒャルト・ストリグル，ローゼンシュタイン・ローダン，フェリックス・カウフマンなどが記号論理学の導入を支持している。ここでは，モルゲンシュテルンの所説を中心にして，この導入の試みの内容をあきらかにしてみよう。

モルゲンシュテルンは，ウィーン学派の機関誌に，1937年，「記号論理学と社会諸科学[25]」という一論文をよせ，「新論理学」を経済理論に適用すべしと主張した。「新論理学」とは，上記の数学化された論理学のことである（このモルゲンシュテルンの主張は，我が国にも輸入され，山田雄三，水谷一雄などによって支持された。山田はこの論理学の思想的背景にあたる，上記の論理実証主義が近代経済学の哲学的基礎であって，マルクス経済学の基礎たる弁証法的唯物論に対立するものという。そして彼はさらに，論理実証主義は，旧来の「実証主義」——レーニンが『唯物論と経験批判論』で徹底的に批判したマッハ主義——とはことなる所以を力説する[26]。しかし筆者のみたかぎりでは，この両者の差別は「論理」という名称が「実証主義」の上に冠せられたという，単なる呼称の差のように思われる。この点はここでの説明であきらかになろう。一方，水谷一雄は，その近著において，「記号論理学においては，一切の命題は記号を以て表わされる。……一切の科学は命題の組織的体系である。故に科学にして記号化し得ないものはない。……記号化せられたる経済学即ち公理経済学と名づけられるものが，数理経済学に外ならないのであるから，一切の経済学は数理経済学化し得るのである」と主張して，「公理経済学」なるものを展開している[27]）。

さて，モルゲンシュテルンは，前記の論文において，まずそのいわゆる「新論理学」の特徴（又は効用）が次の二点にあるという。

第一はこの論理学が精密な思考方法と同義語だという点である。

すなわち彼はいう，「数学と論理学とはその構造において，全く同一であり，それらが主として科学研究の特殊領域にも適用されているという事実は，それら自身の論理的構造には少しも影響していないし，また影響しえない。……数学の全命題は例外なく論理学から，そして論理学だけから導き出される」と。このことから彼は，「社会諸科学における数学の利用は，ただ命題を正確に把握し，処理するということにすぎない」と帰結する。ここで「正

第4章　経済学研究における数学利用の基礎的諸条件　119

確」というのは，彼によれば，「諸科学が『精密』(exakt) であるのは，それが精密な思考方法を，したがって，とりわけ数学を利用する限りにおいてである。」という場合の「精密」を指す。こうして，論理学＝数学＝精密な思考方法という等置がなされる（この主張はほとんど，バートランド・ラッセルのひきうつしである。ラッセルによると，「実際今の数学的研究の大部分は論理学との境界線近くにあり，論理学的研究の大部分は形式的であり記号的である」。また，ラッセルによると，「数学は演繹の科学である。すなわち数学ではある若干の前提から出発し，厳密な (rigour) 演繹によるいろいろな定理——これが数学の内容を形づくるものである——を導くには，命題の真偽を次のようにしてきめる。いわゆる〈真理表〉の考え方にもとづく。その一例をあげると，次の四つの命題，
　(1)〈もし2かける2が4ならば，雪は白い〉
　(2)〈もし2かける2が5ならば，雪は白い〉
　(3)〈もし2かける2が5ならば，雪は黒い〉
　(4)〈もし2かける2が4ならば，雪は黒い〉
において，前提（〈……ならば〉までの部分）と帰結（〈ならば〉から後の部分）とを内容的に関係づけないで，命題全体の真偽をきめるやり方である。すなわち，この例でゆくと，
　(1)は，前提が真，帰結が真，
　(2)は，前提が偽，帰結が真，
　(3)は，前提が偽，帰結が偽，
　(4)は，前提が真，帰結が偽，
となる。この中，(1)から(3)までは全体として真でただ命題(4)だけが偽であるということが，形式的に決められる。そこで，(3)の命題，〈もし2かける2が5ならば，雪は黒い〉という命題は，真理であるということになる。……数学では一度前提が定められたならば，厳密な演繹的論理以外には，常識や直観等何物の助けをも藉りるべきではない」）。
　第二は，論理学の命題が分析的に真理性をもつという点である。
　まず，「論理学の命題は無条件に真である」とモルゲンシュテルンはいう。これは，「ある主張が，ただその形式だけによって真であること（たとえば，

〈A又は非A〉という矛盾律の真であることは，Aの内容にかかわりがない)」である（この点でもまた，ラッセルに全面的に依拠している。ラッセルはいう。「論理学の命題は現実世界に関する知識がなくとも，先天的に知られるものである。ソクラテスが人間であるということは経験的事実に照らして始めて知ることができるが，三段論法の抽象的形式〈即ち変数でのべられた〉が真であることは，何ら経験の力を藉りなくとも知られる」)。[28]

分析的真理性，形式的真理性，などの概念分析的，ないしは形式的に真というのは，こういうことである。論理学者市井三郎などは，こういう「たわ言」に類する命題(3)が真理であることを意味づけようとして，〈2かける2が5である〉というようなありそうもないことがもしあったとすれば，〈雪は黒〉といったことも起きるかもしれない，というのがその意味であるというが，筆者には納得がゆかない。

モルゲンシュテルンは，このような分析性を論理学の特徴と考えて，さらにつぎのようにいう。「したがって，論理学は世界について語らない」と。この点では数学も同様である。第一点で「論理学＝数学」とされているからである。そして，論理学は「いくつかの公理にもとづいて公式を作る規則を手段として，記号のもつ意味を全く度外視して計算操作（たとえば，推論，否定など）をおこなうことができる……そうすれば計算操作のおかげで，絶対的確実性をもって，真の命題がえられる」ということになる。

モルゲンシュテルンは，新しい論理学のこの二つの特徴，すなわち，精密性と分析性を，伝統的な形式論理学（アリストテレス以来の）に比べての，新論理学の長所とみる。

ではこの新論理学の「長所」を経済学の中で生かすにはどうするのか，モルゲンシュテルンは，それには，経済理論を組立てるのに，公理的方法を用い，また経済学の用語をすべて人工的な科学語にすればよいという。公理的方法による理論構成，科学語による用語の統一，この二つが経済学にいかに役立つか，これが次の問題である。そのためには，まず公理的方法と，科学語の意味を，つまりそれらがどういう方法，用語なのかをはっきりさせなければならない。

まず第一に，公理的方法とは何か。

第4章　経済学研究における数学利用の基礎的諸条件　121

　モルゲンシュテルンによると「一つの科学のすべての概念と命題とが，定義によって演繹的に導かれるような基本概念，基本事実を，完全にまとめあげる方法」のことである。いいかえると，これは，「出発点に一定の命題が若干おかれて，他のすべての命題は，最初におかれた命題の論理的変形によって，定理として与えられる」ということである。数学者ヒルベルトは，点，直線，「……が……ノ上ニアル」，などの諸概念を始点において，平面幾何学（ユークリッド幾何学）を，「この方法で全部，書きあげることに成功したといわれている。すなわち，これらの諸概念を出発点において，これを組合せてゆくと，幾何学上の諸定理が次々と与えられて，たとえば，初等幾何学の全体が体系づけられるというのである。たとえば「点Aが直線L上にある」という命題は，上記の三つの概念の結合で，与えられる。経済学ではどうなるのか，モルゲンシュテルンはこれにくわしく答えないで，ただ，価値論の諸命題を（といっても彼のいう価値とは，効用のことであり，価値論とは限界効用理論のことであるが），公理に，つまり，出発点の命題におけば，価格論の全体がそれから展開されることになろうというだけに止まっている。そして彼は，実際の応用例をあげないで，心理的な方法の有用性を一般的に主張することに専念している。

　「最初に立てた命題，つまり公理に含まれていないような新しい要素が，公理以外の命題をみちびきだす過程＝論理的変形の過程で，外から入りこむことはない」というのがその第一の利点である。これは，論理学の命題が分析的であるという，さきにのべた性質が，すくなくとも，公理──→命題の導出過程の中では，いかなる科学の命題の導出であろうとも，したがって経済理論のそれであっても，推論の性質として保証され，与えられるということである。いいかえれば，内容的には経済の事実を説明する命題でも，それが一たん公理の地位におかれ，他の命題がそれから導かれる過程に入れば，われわれがやるのは，もはや命題の内容についての経済学的思考ではなく，この過程の分析的な進行であるということになる。図式化すると次のようになる。

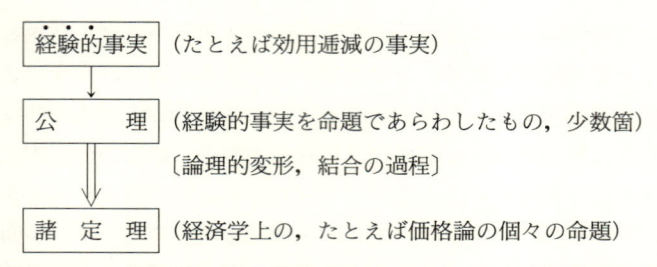

```
┌─────────┐
│経験的事実│ （たとえば効用逓減の事実）
└────┬────┘
     │
     ▼
┌─────────┐
│公　　理 │ （経験的事実を命題であらわしたもの，少数箇）
└────┬────┘
     │   〔論理的変形，結合の過程〕
     ▼
┌─────────┐
│諸　定　理│ （経済学上の，たとえば価格論の個々の命題）
└─────────┘
```

⇒の部分では，論理学＝数学的手続がおこなわれ，経済学の内容的考察には関係なしの形式的推理がおこなわれる。

ところがこの図式からもわかるように，公理そのものは，経験的な事実を内容とする命題である「公理は現実についての主張である」。ただし，この主張は，あくまでも，経験された限りでの事実についての主張でなければならず，その意味で，「公理は『明証性』，『内的直観』，『本質認識』などとは全く無関係である（だからたとえば，目で見たり，手でさわったり，等々できない商品の価値のようなものを含む公理＝価値論は成立しないということになる）。

次に，のこされた問題点は，「科学語」とは何かである。まわりくどい説明をぬきにすると，これは要するに，記号のことである。われわれが日常用いている普通の言語ではなく，たとえば代数的記号のような人工的言語のことである。たとえば資本を K，貨幣を G，効用を U，といった文字であらわすのも，科学語使用の一例である。しかしそれだけのことではなく，モルゲンシュテルンは，この記号語の使用を「形式的話法」とよび，日常的な普通の言語の使用＝「内容的話法」から区別する。すなわち，「内容的話法のアイマイさや矛盾」は，記号語の使用＝「形式的話法」によって，とりのぞかれるというのである。経済理論にこの「形式的話法」を導入するということは，何を意味するか，それは，いわば「言語の純化」である。モルゲンシュテルンはいう，「社会科学におけるほとんどの困難の源は，言語（日常言語）による表現様式に厳密性が欠けていることにある。資本の理論はその好い例である。測定，動態，静態，強度といった物理学的な用語が好んで用いられているが，物理学においてこれらの用語に与えられていた意味が，全然

第4章 経済学研究における数学利用の基礎的諸条件

放棄されたり，意識されないでいたりする」と。この点は，上にのべた公理的方法が，公理⇒定理の論理的過程で，公理の内容にはかかわりのない変形にのみたずさわることに関係がある。公理的方法とは，いわば思考を計算におきかえることであるから，この計算のためには記号語の方が有効であるのは当然であろう。

〔論評〕　モルゲンシュテルンの以上の主張は果して当を得たものであろうか。以下若干の論評を加えよう。

第一に，彼は「論理学＝数学＝精密な思考法」という新論理学の特徴づけによって，およそ人間が思考するということ，とくに精密に思考するということは，数学あるいは数学化された論理学を使用することになるから，これに対する反対論などは原理的に不可能であるという。この主張は二重の誤りをおかしていると筆者は考える。すなわち，一つには，数学が精密な思考法の代名詞とされる点で，また，二つには，論理学が数学に解消される点で。第一点についていえば，すでに第1節であきらかにしたように，われわれは数学を現実世界の一側面（量的関係と空間的形式）についての学問であると考える。数学が扱うのは非常に抽象的な対象であるとはいえ，現実の世界と無関係のものが扱われているのではない。数学は思考過程の合法則性をあきらかにするための学問ではないから，思考＝数学と考えることはできない。人間の思考は決して数量的な対象についてのみおこなわれるものではない。数量的思考はあくまでも人間の思考の一部分であるにすぎない。これは否定し難い事実である。数学＝精密な思考法という主張は，また数学＝数量的思考以外の思考はすべて不精密で，アイマイで，誤りをふくむという意味で主張されている。しかしながら一体，ここにいう精密とは何のことか，それは，数学が何か現実的な対象を相手にしない限りでの，論理の形式的・記号的な処理の面での，厳密さにほかならない。人はよく，数学上の推論には一点の非のうちどころもない厳密さがあるという。数学は厳密性の代名詞のように扱われることが多い。だがこの考え方は，実は，数学においてはなんらの矛盾もなく，なんらの矛盾も考えられないという主張，要するに，無矛盾性の主張にほかならない。「数学的諸学の基礎は矛盾律，あるいは同一律である。すなわち一つの言表は同時に真であり，かつ偽であることはできない。そし

てこのようにして，AはAであり，かつ非Aであることはできない。そしてこの唯一の基礎命題が全算術と全幾何学との証明にとって十分なのである」というライプニッツの考え方に，数学＝精密思考法の主張の原型がある。もちろん思考に矛盾が生ずることは許されない。しかしこのことは，数学が全体として，無矛盾性の要求だけで構成しつくされるということを意味しない。数学を矛盾のない諸命題に帰着させようというこころみは，たとえば，ヒルベルトの公理主義的幾何学において成功したとはいえ，数学全体にこの試みをおしひろげることは出来ないことが，すでに，ゲーデルらによって証明されている。数学は自分自身の中にあらわれてくる諸矛盾を自分だけの力で消去し解消することができないという事実が，数学的に証明されている。それゆえ，モルゲンシュテルンの主張は，彼が精密性の代名詞とした数学においてさえ，成り立たない。この点にはこれ以上立ち入らない。

　われわれは数学に依らないでも，厳密な思考をいくらでも行うことができる。たとえば経済学における商品の価値の分析，価値形態の分析などは，すべて普通の言語を用いた普通の思考法（形式論理だけではないが）によって厳密におこなわれる。そしてこの場合，われわれが厳密というのは，この分析の結果が現実の商品の運動を正確にとらえているという意味で，モルゲンシュテルンのいうような現実世界に関わりない数学（数学そのものとしてもこれは誤解である）の「精密性」に関わりのないことである。

　数学＝論理学という主張もまた承認できない。論理学は人間の思考過程を全体としてとり扱う学問であるのに対して，数学はその一部分，数量的思考にしか関係がないからである。しかもこの数量的思考にしても，それを思考として数学が扱えるかどうかは疑問である。

　新しい論理学の第二の特徴は，命題の真理性を，形式的なもの，分析的なものとみる点にあった。「もし2かける2が5ならば，雪は黒い」という命題が真であるというのが，この形式的真理性の見本である。ヒルバート・アッカーマンの「理論的論理学の基礎」にも，同様な論理の計算例がある。これらの命題はそこでは，記号と式とで表わされている，しかし，記号はこのような例の無意味さをすこしも修正しない。われわれの正常な論理的思考は，したがって，経済学における思考も，こういった無意味な真理性をすこしも

必要としない。われわれは，命題の真偽を問題にするとき，その内容が現実の事態を，実在の過程に，そして実在の諸対象の間の諸関係を，反映しているかどうかをのみ問題にする。内容なしの，内容に関わりのない命題は，真でも偽でもなく，ただ無意味であるにすぎない。

このことから，第三の公理的方法の効果もまた，はっきりする。公理⇒定理という過程においても，われわれが論理的に変形する命題（たとえば価値論の諸命題）は，すべて一定の現実的な事態を内容としている命題である。われわれは，それ故，この過程においても思考の絶対的な独自性をみとめることはできない。ましてや数学的＝記号的思考だけでこの過程がすまされるわけではあるまい。

公理は現実についての主張であると，モルゲンシュテルンは云う。しかしここにいう現実とは，経験された限りでの現実でしかない。経験以前の，経験に関わりない，客観的な事態はすべて，「本質認識」，「内的直観」などの言葉で，公理の中から追放されてしまう。しかしこれは，すでに第2節でもみたように，価格の背後に価値が，利潤の背後に剰余価値が，それぞれ客観的に実在していることの，否認——人間の実践で何十億回となく証明されていることの否認に他ならない。価格論の公理は価値論にあるというが，その価値論の内容たる効用も，モルゲンシュテルンによれば心理的な経験の結果としての事実でしかない。だから，彼のいう公理の内容＝事実は，現象にすぎない。その公理論は現象を説明原理とする体系にすぎない。本質認識の放棄はしかし，科学の否定である。現象と本質が一致すれば科学は不要であるから。

最後に科学語＝記号語という第四点について。なるほど，モルゲンシュテルンのいうように，経済学とくに数理派の近代経済学において，測定，静態，動態などの用語が愛用されながら，その故郷である物理学でのこれらの用語の本来の意味が充分あきらかにされていないのは事実である。われわれはさらに，この他にも，巨視的・微視的・均衡・弾力性・攪乱・波動・振幅，等々の物理用語が，その本来の意味をはなれて，乱用されているのを知っている。これらの用語が物理的対象のいかなる側面をとらえるのかをあきらかにし，この内容からみて，それを経済学の対象の性格規定につかいうるかど

うかを判定せよというのならば，用語の純化はもちろん必要なことであろう。しかし，モルゲンシュテルンのねらいは別のところにある。彼はこれらの用語を記号化して，記号的な計算＝思考のプロセスで使用できるものにせよというのである。公理⇒定理の過程がそのことを要求する。いいかえると，これは，思考の速記術につかう符号にせよということである。彼のいう科学語は，物質的な普通の言語に対置された形式的言語である。しかしこの対置は一つの手品である。この手品によって，人間の生きた言語と生きた思想とはきりはなされてしまう。普通の言語が思考の手段として完全無欠であるかどうかは問題になるかもしれないが，もし欠陥があるとしても，それは記号化によって克服されるものではない。用語の混乱を科学語の採用で克服しようとしても，その代りに，言語によって表現されていた思想の内容がきりおとされるのでは何にもなるまい。ところが，記号語は，本来量の世界の言語であるから，量以外の思考を含めて，たとえば，経済学の全内容を，記号で表現しようとすれば，思想の一面化が起らざるを得ない。

以上要するに，モルゲンシュテルンの記号論理学の導入という試みは，数学が論理学の世界を征服し，数学化された論理学が今度は経済理論の領域に進入してくるという筋書にしたがっておこなわれるところの，数学の経済学支配，あるいは，論理学分野での数学の絶対化＝論理学的数学主義の経済学への遠征にほかならない。そして以上の理由により，われわれは，経済学における正常な数学利用を進めるためにも，こういう形の数学至上主義には到底賛成することができない（本章の序説冒頭にかかげた「数学＝言語」の常識，「言語＝シムボル＝記号（数学的）」の俗説を，難解な哲学用語で武装したのが，この形の数学利用論だといってもよかろう）。

2　確率論的非決定論の経済への進入

最近の数学利用論の第二の形態は，計量経済学的研究といわれるものである。1933年にアメリカで計量経済学会が創立されて以来，主要な資本主義諸国の経済学者の経済学研究——近代経済学の側の——の様相は，次第にかわって来た。それは，この学会の創立当初に主張された「経済理論と数学と統計学との三位一体＝計量経済学」というスローガンが実行にうつされ，い

わゆる「実証的」な研究が重視されはじめたからである。この傾向は，今日の世界の経済学界をおしなべて，ますますつよまりつつある（序説にふれたように，これは近代経済学だけの傾向ではない。「マルクス主義計量経済学」,「ソヴェト計量経済学」がすでに誕生している）。

　こうした傾向の登場にはもちろん，歴史的背景がある。（その点で近代経済学側の計量経済学とマルクス経済学側の「ソヴェト計量経済学」とでは，かなりの差があろうが，使われている理論的要具は同じものである。）この歴史的背景を，われわれは次のように考える。すなわち，資本主義諸国の場合，経済が自動調節の能力を失い，強大な国家権力の経済への干渉を必要として来たこと（いわゆる「自由放任政策の終焉」），国家と独占資本との経済的・政治的な協力体制の確立，独占体にたいする国家の積極的援助，などの事実がそれである。これは資本主義自身の経済的・政治的弱体化と動揺が招来した諸事実であろうが，このことがまた，資本主義を擁護する立場の経済学に多くの現実的な問題を投げかけ，そのため経済学の研究内容が大幅にかわったものと考えられる。

　「実証的」という言葉のもつ錯覚的魅力に，人はよくだまされる。哲学の世界でも，われわれは，たびたびこの言葉の流行が人をあやまらせたことを経験している。たとえば，論理実証主義，マッハ主義，経験批判論などのいわゆる「実証」とは，経験又は体験されたかぎりでしか外的世界は存在しないという主張の別名であった（したがって，たとえば，人類の発生以前には，地球も，宇宙も存在しなかったことになる）。

　計量経済学で「実証的」研究がおこなわれるというのは，統計数字が利用されるということである。ではそれは，経済学の研究方法体系のなかで，われわれが前節でみたような，材料蒐集機能をはたす統計操作が正しく用いられて，理論が歴史的材料たる統計数字で基礎づけられるということなのか，もしそうならば，これに反対する理由はすこしもない。近代経済学の側でそれが行われるからといって，そのこと自身——もし正しい統計の利用ならば——全く正当で——に反対する理由はなかろう。マルクス主義経済学だからといって——逆に——マルクスの言葉の解釈に終始する経済学者がいるとすれば，その方がよほど言葉の正当な意味において「非実証的」であり，非科

学的であろう。

　ところが，計量経済学的研究の「実証性」を疑わしく思わせるような傾向がさいきん，とみに目立って来た。たとえば，アメリカの計量経済学者 A. スミッシーズは「模型」を構成するのに統計を利用する必要は全くない，とのべているし，P. サムエルソンが計量経済学的研究と銘うっているものでも統計の利用はほとんどない。T. クープマンスや，J. マルシャクなどの，いわゆるコールズ委員会に属する人々の研究や，計量経済学界の機関誌「エコノメトリカ」上の諸論文をみても，現実に統計を用いた研究がすくなくなっていることは事実である。

　では計量経済学者は一体いかなる「実証」をやろうとしているのか，それは本当に「実証」の名に値するものなのか，といった問題を，ここでとりあげてみたい。

　そのために，われわれは，計量経済学者のなかでも，実際に統計数字をよく用いている，L. クラインや H. ウォルトの諸研究の骨組をあきらかにしたい。「需要分析」で有名なウォルトの説明は，簡単明瞭であるが，筆者のみた限りでは，計量経済学で「模型分析」といわれているものの性格をよく示し，同時にその問題点もすべてあきらかにしてくれる。そしてそれは複雑な数式で人を眩惑させるという欠陥のもっとも少い説明であるから，われわれは以下大体これにしたがって，いわゆる「模型分析」の意味をあきらかにしよう。例はウォルトの著書『需要分析』に依る。

　まず，商品の価格はそれに対する需要量を規定するという関係を次の一次方程式であらわす。

　　　　$D = a \cdot P + b$　（需要量＝常数×価格＋常数）

　次に，商品の供給量は，その価格によって規定されるという関係が，ふたたび，一次方程式で次のようにあらわされる。

　　　　$S = a' \cdot P + b'$　（供給量＝常数×価格＋常数）

　最後に，需要量と供給量とは一致（均衡）するという関係が次の恒等式で示される。

　　　　$S \equiv D$　（供給量＝需要量）

　この三つの式をまとめて並べてみると，

第4章　経済学研究における数学利用の基礎的諸条件

$$\begin{cases} D = a \cdot P + b \\ S = a' \cdot P + b' \\ S = D \end{cases}$$

非常に簡単であるが，この連立一次（三元）方程式が，商品の価格が需要と供給との均衡点で定まる，という経済のメカニズムを表わす「模型」である。だから「模型」というのは，『経済模型』の著者ビーチもいうように，方程式の体系のことである。

上の例では，需要量(D)，供給量(S)，価格(P)，の三つが変数としてあつかわれ，a, b, a', b'は常数とされている。D, S, P, の三変数が未知数で，a, b, 等の常数が既知数ならば，この方程式体系は未知数の個数と，方程式の個数がどちらも三個であるから，数学的に解が与えられるわけである。

「模型分析」とは，この変数に実際の統計数字を代入して，常数の値を逆に定めたり，常数を与えておいて，変数の関係を調べたりすることである。

価格(P)と需要(d)との関係をあらわす次式，

$$D = a \cdot P + b$$

において，常数 a, b, は何を意味するか，まず a の方は，価格がかりに10％上昇したら，需要量(D)には，その a 倍の影響があるという関係を，つまりこの場合には需要量は，$10 \times a$％変化するという関係を意味する。そして通常，価格と需要は反対方向に変化するから，この(a)は負数である（これは「需要量の価格弾力性」といわれるものに当る）。次に(b)は，価格の変化に関係のない需要量を示す。たとえば必要最低限の分量の食料品がそれである。

「模型分析」の道具，方程式の変数と常数はこれで揃ったことになる。

そこで今後は統計数字を代入する問題である。今かりに既存の調査によって，需要の価格弾力性(a)と，最低限需要量(b)とが既知だとする。そして，物価調査によって価格(P)が与えられたとする。そうすると，

$$D = a \cdot P + b$$

にそれぞれ，これらの値を代入すれば，(D)の値は容易に求められる。

ところが，一方，需要量(D)も，たとえば家計調査によって統計的にしらべることが出来る。右に計算して求めた(D)と，実際の統計数字とが一致す

ればよいが，これは一致しないのが普通である。必ず両者はくいちがう。そこで先の式は，
$$D = a \cdot P + b$$
ではなくて，この「くいちがい」を含めた式，すなわち，
$$D' = a \cdot P + b + \underline{v}$$
と書き改められる。(d')は統計で与えられた値，家計調査の結果としての需要量，であり，($a \cdot P + b$)は計算上の需要量であり，最後の(v)は，両者の差をあらわす。これを，方程式の「誤差項」という（「攪乱」「シフト」「ショック」「random part」などともいう）。

この誤差項(v)は何故生ずるのか，それには普通，次の二つの部分があるという。

(1) 統計上の需要量(D')の「誤差」
(2) 価格以外の原因による需要量の変化部分

(1)は，たとえば家計調査が，標本（抽出）調査であることからくる「抽出誤差」（これは後述する）であり，(2)は，消費慣習の変化，代用品の出現，所得の変化，その他一切の，未知又は不可知の原因——価格以外の——からくる需要量の変化部分である。（これをとくに，「式の誤差」という。）

この二つの部分の合計が，「誤差項」(v)である。したがって，調査による誤差＝「抽出誤差」がゼロでも，(2)の誤差があれば，「誤差項」(v)はゼロにならない。

しかし，実際には，この両者を区別することは不可能である。そこで，「誤差項」(v)を全体として，(1)の「抽出誤差」とみなす。「抽出誤差」とみなすというのはどういうことか。

それはたとえば家計調査が，すべての家計をしらべないで，その一部分を「標本」としてしらべ，その結果を平均して，これを全家計の平均値とみることから来る誤差として扱うということである。簡単な数字例で説明しよう。今，五つの家計があって，それぞれのバターの消費額が，ポンドであらわして，

1, 2, 3, 4, 5

だとする。家計調査はこの全部をしらべて，平均し，

第4章　経済学研究における数学利用の基礎的諸条件

$$(1+2+3+4+5)/5 = 3$$

を計算しないで，この中から「任意に」（くじびき式に）たとえば三つの家計をとってその平均値を出す。たとえば，はじめの三つが調べられたとすれば，

$$(1+2+3)/3 = 2$$

で，平均2ポンドになるが，これは，全体の平均3ポンドよりも1ポンド少い。この1ポンドの差を「抽出誤差」という。全体で5家計の中から任意に3家計抽出する仕方は，組合せ計算により10通りある。（${}_5C_3 = 10$）つまり標本は10組とれる。そしてこの10組がすべて，全体の平均値とはことなる値の平均をとりうるから「抽出誤差」も10箇ある。これをまとめて表にすると次のようになる。

全家計	1	2	3	4	5
その平均			3	（総平均）	

	個々の値			標本平均	標本平均−総平均＝「抽出誤差」
標本 No. 1	1	2	3	$\frac{6}{3}$	$-\frac{3}{3}$
〃 No. 2	1	2	4	$\frac{7}{3}$	$-\frac{2}{3}$
〃 No. 3	1	2	5	$\frac{8}{3}$	$-\frac{1}{3}$
〃 No. 4	1	3	4	$\frac{8}{3}$	$-\frac{1}{3}$
〃 No. 5	1	3	5	$\frac{9}{3}$	0
〃 No. 6	2	3	4	$\frac{9}{3}$	0
〃 No. 7	2	3	5	$\frac{10}{3}$	$\frac{1}{3}$
〃 No. 8	1	4	5	$\frac{10}{3}$	$\frac{1}{3}$
〃 No. 9	2	4	5	$\frac{11}{3}$	$\frac{2}{3}$
〃 No.10	3	4	5	$\frac{12}{3}$	$\frac{3}{3}$

このように,「抽出誤差」も 10 通りのものがありうる。この「抽出誤差」という概念は,それ故,全部の家計を調べて平均すれば 3 ポンドになった筈なのに,実際には,たとえばNo.9 の標本をしらべたため,その平均が 3 ポンドよりも $(\frac{11}{3}-\frac{9}{3}=\frac{2}{3})$ ポンド多くなったということである。標本の抽出は「任意」（くじびき式）なので,どれに当るかわからない。可能な場合のすべてが上の表のようになる。

ところで,この「抽出誤差」の大きさと,その度数を表にすると,

大きさ	$-\frac{3}{3}$	$-\frac{2}{3}$	$-\frac{1}{3}$	0	$\frac{1}{3}$	$\frac{2}{3}$	$\frac{3}{3}$
度 数	1	1	2	2	2	1	1

となるから,プラスの誤差とマイナスの誤差は,大きさと度数の両方で,対称的になっている。したがって,これを合計するとゼロになる。このことは,可能な「抽出誤差」の合計がゼロになることを意味する。したがって,「抽出誤差」の平均もまたゼロになる。さらに,上の抽出誤差の表をグラフであらわすと,図 4-3 のようになる。これは,プラスの誤差とマイナスの誤差とが互に相殺し合い,しかも,大きい誤差は小さい誤差よりも起りやすい（度数が大）ということを意味する。誤差は合計 10 通り,そのうち,ゼロを含めて $\pm\frac{1}{3}$ の範囲に入るものは,6 通りであるから,全体の 60％が,この範囲の誤差であり,さらに $\pm\frac{2}{3}$ までひろげると,その中には全体の 80％が（つまり 8 通り）入ることになる。「抽出誤差」はこのように,平均値がゼロ

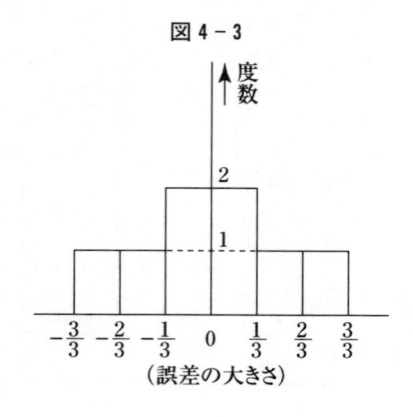

図 4-3

(誤差の大きさ)

第4章　経済学研究における数学利用の基礎的諸条件　133

で，その両側に左右対称に分布する。これを「誤差分布」という。
　ふたたび，もとにもどって，
$$D' = a \cdot P + b + v$$
式の「誤差項」(v)が抽出誤差とみなされる，というのは，それ故，(v)が，平均値ゼロの，上のような「誤差分布」をする量だということである。
　「誤差項」には，さきにみたように，価格以外の諸原因による需要量の変化もふくまれていたが，これも一括して，右の抽出誤差として扱われる。そこで，価格(P)と，常数 (a, b) とを与えて算出した需要量と，実際の統計数字とのひらき（「誤差項」）は，可能なすべての場合について，もし調べて，これを平均すれば，ゼロになるような「誤差」，現実にあらわれるのはどの大きさのものであるかはわからないが，とに角，余り大きいものは起りにくい（起る確率が小さい）ような，そういう性質をもった誤差であるということが仮定される。
　計量経済学者はこのことを次のような数学語で表現する。「誤差項（又は攪乱—v—）は，すべての(D')（統計上の消費量）について，期待値（可能な場合の誤差の総平均）ゼロなる確率変数（どの誤差が出るかは全く偶然）である。最も簡単な場合（たとえばわれわれの例）には，(v) は，すべての (D') について正規分布（平均ゼロの両側に左右対称の分布——前図に似ている）をすると仮定する」と。
　（　）内はわれわれの，普通の言葉に翻訳したものである。
　これと全く同じことが，供給量と価格の式
$$S = a' \cdot P + b'$$
についても仮定される。すなわち，
$$S' = a' \cdot P + b' + v'$$
と書き直される。(v') が「誤差項」である。
　以上が，計量経済学的研究における統計利用の特徴を，通常の言語でもっとも簡単に説明したものである。記号と変数のかずを増して作られた方程式体系＝「模型」の例は，数多い。しかしそのすべてに通ずる基本思想は，ウォルトの上のような「模型」の説明の中にすべてふくまれている。たとえば，L. R. クラインが『1921年—1941年のアメリカの経済変動』という書物で実[33]

際に変動分析につかった模型はやや複雑である。これは次の三式で与えられる。（　）内は筆者の翻訳。

$$\begin{cases} (1) & C = \alpha_0 + \alpha_1 W + \alpha_2 \Pi + u_1 \\ (2) & I = \beta_0 + \beta_1 \Pi + \beta_2 \Pi_{-1} + \beta_3 K_{-1} + u_2 \\ (3) & W = \gamma_0 + \gamma_1 Y + \gamma_2 Y_{-1} + \gamma_3 t + u_3 \end{cases}$$

$$\begin{cases} (1) & (消費) = \alpha_0 + \alpha_1(賃金所得) + \alpha_2(利潤所得) + (誤差項)_1 \\ (2) & (投資需要) = \beta_0 + \beta_1(利潤所得) + \beta_2(前期利潤所得) + \beta_3(前期資本量) + (誤差項)_2 \\ (3) & (賃金所得) = \gamma_0 + \gamma_1(生産量) + \gamma_2(前期生産量) + \gamma_3(時の要因) + (誤差項)_3 \end{cases}$$

α_0, β_0, γ_0, ……などは、常数項である。このうち、α_1, α_2は「消費性向」、β_1, β_2は「投資性向」をあらわす。β_3は資本蓄積高に応ずる投資の反応度をあらわす。Π_{-1}, Y_{-1}, K_{-1}, などの前期の諸量はすべて既知としてあたえられる。未知数は C, I, W, Π, Y, K, の六つ（tも既知とされる）だが、方程式は三つなのでこれに次の三式（定義式という）

(4) $C + I = Y$(消費+投資=生産高)
(5) $\Pi + W = Y$(利潤+賃銀=生産高)
(6) $K - K_{-1} = I$(今期資本量－前期資本量=投資)

を加えて、六つにすると、数学的には、未知数六つの、六元一次連立方程式を解くことになるから、夫々の未知数の値がきまる。これと統計による、C（消費）、I（投資）、W（賃銀所得又は労働需要）とのちがいを、すべて誤差項（u_1, u_2, u_3）のなかにおしこむ。誤差項の処理は、前と同様である。「このような確率変数（誤差項のこと）を把えるために、統計理論が（抽出誤差の前述のような解釈が）援用される」ということになる。

〔論評〕　計量経済学における経済理論と統計との結合又は「実証的」研究とは、以上のように、記号であらわされた経済量を変数とし、それらの間の依存関係を若干箇の方程式であらわした「模型」（ほとんどは連立一次方程式）に、統計数字（もちろん官庁統計の公表数字）を代入し、計算結果をひき出すという数学的な操作のことである。「模型分析」の全内容は、それ故、方程式の解と、統計数字との差たる「誤差項」の数理統計的評価の手続に帰

第4章　経済学研究における数学利用の基礎的諸条件　　135

着する。

　この全過程を指導するものは，すべて数学的な計算である。その上，「誤差項」の上に仮定されるのは，誤差の分布の数学的説明であり，それはまた，確率論にもとづく。しかし，「抽出誤差」として一括されたものの中には，未知のあるいは不可知の原因によるものまでもが含まれている。したがって，ここでは，「模型」の中に出てこない変量が，「模型」の中の変量に与える影響も，量化できない要因（たとえばホーベルモは，戦争，地震，イデオロギーの変革などまで入れている）の影響も，統計調査の過程で「抽出誤差」以外の（たとえば完全失業者の規定などの概念の不一致からくる），いわば社会的な誤差も，すべて一括して，確率論（誤差論）で扱われるものと仮定されている。たとえば，商品価格が需要量に与える影響をそれだけとり出して，前述のような方程式であらわし，その他の要因をすべて，「誤差項」におしこむということは，現実の価格変動機構の極端な歪曲を意味する。のみならず，需要量に対する生産力の水準や分配関係の変化などの要因の，決定的作用も考慮されないことを意味する。これらはすくなくとも，「抽出誤差分布」の法則性などにはしたがわない諸要因である。

　もちろん，統計数字として一定の値をとってあらわれる，たとえば，消費量に，変化を起させるすべての要因を，ことごとくあげつくすことなど出来るはずがない。未知の要因も，量化されない要因も，数多い。しかしこのことは，これらの要因の作用の総結果が「誤差分布」の法則にしたがうと仮定してよい理由にはなりえない。この仮定は，未知なものを不可知なものとみなし，不可知な要因の作用は不規則であるとして，さらにこの不規則性は数学で確率論的に処理できると考える思想にほかならない。それは，経済現象における因果的規定関係を無視したり，あるいは，みとめても，方程式であらわされる限りでしか問題にしないという，いわば，一種の非決定論（すべての変化を偶然的な要因に帰着させる）のあらわれであろう。

　以上の如きものが，計量経済学的研究の「実証性」であり，統計利用の特徴である。

　さて，以上の分析で，計量経済学者がその「模型分析」の中にもちこんでくる「誤差項」の処理の性格が，いかに経済の現実とかけはなれた，数量分

析であるかはほぼ理解できるが，この「誤差項」処理以外の点では，「模型分析」は一体われわれに何を提供してくれるであろうか。

まず最初に問題になるのは，経済的な諸量を変数であらわし，経済学の一定の関係（比率的）を常数であらわし，最後に，これら全体を数式の体系すなわち（通常一次の）多元連立方程式として関係づけるという考え方そのものである。

たとえば，前記の，L. クラインの『アメリカ経済の模型』では，消費額，賃銀所得額，利潤所得額，投資額，生産額などの経済諸量が，変数あるいは方程式の未知数とされている。これに対し，消費性向，投資性向，資本蓄積高に応ずる投資額の反応度などの経済比率（もっとも，前二者は心理的比率というべきであろうが）は，右の諸変数の係数として一定の常数であるとされる。そして，最後は，前述のように，(1)—(6)までの方程式を並べて連立方程式体系をつくり，これでアメリカ経済の変動（たとえば，景気変動）の分析をやろうというわけである。

経済諸量の相互関係（量的な相互依存関係＝函数関係）を，方程式体系で表現し，その解をもとめるのが分析の内容をなす，という手法は，別に計量経済学者の独創にかかるものではなく，この手法の歴史は古く，ワルラス，クールノーにまでさかのぼり，古くは，エッジウォース，I. フィッシャー，パレート，J. B. クラークに，また近くは，チャムバーリン，ロビンソン女史，そして，フリッシュ，ハロッド，カレッキーなどに，その例を見出すことができる。そして，方程式分析のこの伝統が，わが計量経済学者のいわゆる「経済理論・数学・統計」の合成体の骨組をなしていることは，H. L. ムーア，H. シュルツ，フリッシュ，ティンベルヘン，ホーベルモ，マルシャク，クープマンス，クラインなどの諸研究が証明している。

だが，一体，経済諸量を変数として，量的関係（比率）を係数とし，そして経済構造を方程式体系であらわすというのは，一体いかなる現実的な意味（経済的内容）をもつ分析方法なのであろうか。

以下，この問題を計量経済学者が模型分析で用いる諸変数——彼らはこれを総称して経済変量又は経済変数という——について，またそれらの係数——彼らはこれを構造パラメータあるいは方程式パラメータという——につ

第4章 経済学研究における数学利用の基礎的諸条件

いて、そしてそれらの関係づけを与える方程式とその体系＝「模型」について、それぞれ検討してみよう。

まず変数＝経済変数について。

変数にはいろいろの種類のものがある。まず「内生変数」(endgenous variables) と「外生変数」(exogenous variables) に二大別される。これを形式的に定義すると「内生変数とはその値が模型によって（というのは方程式を解くことによって）定まるような変数であり、外生変数とは、模型以外のところで（というのは方程式に対する与件として与えられて）定まる変数である」(( ) 内引用者)[35]。たとえばわれわれがさきにみた、もっとも簡単な模型＝「需給関係による価格の決定機構を示す三つの式」には、需要量 (d)、供給量 (S)、価格 (P) の三つの変数があるが、その値はいずれも、この方程式の内部で互に他を規定し合っていて、外から与えられたり、きめられたりするものではなく、連立方程式の解として与えられるものである。そこでこの三変数は、この模型の中では、いずれも「内生変数」である。これに対して、たとえば、(S) が、農産物（麦など）の供給量をあらわすとして、それと価格 (P) との関係をあらわす次式

$$S(収穫高) = a'P(価格) + b'$$

に、収穫高に影響を及ぼす要因としての気象条件（たとえばある年の降雨量）などをあらわす変数 (q) を追加して、

$$S = a' \cdot P + b' + c' \cdot q (降雨量)$$

という式を作った場合には、この (q) は、外的条件の変化を示すものとして「外生変数」であるとされる。

「内生」・「外生」のこの区別は、あまり厳密なものではない。というのは、たとえばある一つの模型では内生変数とされたものが、他の模型では外生変数として扱われることが起るし、また、価格、所得などが時系列で2年以上にわたってわかっている場合、たとえば今年の価格は今年の「模型」の中では「内生変数」として扱われるが、その同じ価格が、翌年の「模型」には「外生変数」的に扱われる。だから両者の区別は、「模型」作成者の意図、主観などによってかなりアイマイにされるものであって、たとえば価格の客観的な性質によって、模型作成者の意図や主観にかかわりなく、価格が資格

づけられるものでない。しかし一般的にいえば，内生変数が純経済的な変量（たとえば，消費，投資，資本蓄積，貯蓄などのケインズ的総計量がこれである）であるのに対して，外生変数は，政治的要因，国家の租税，財政政策，人口，技術，気象などの自然的要因，等々，経済外的な，与件ともいえるものを数量化した変数である。

　しかしこれらのものをすべて「経済外的」な諸条件とみるのは暴論であろう。政治的要因と経済との規定関係もさることながら，国家の経済政策までも外的というのでは，「模型」の経済的意味が疑わしくなろう。気象と公定歩合の引下げをどちらも同じ資格で一変数にしてしまうのが，はたして経済学の研究といえようか。

　このように，いかなる経済量を，いかなる変数として扱うかは，経済量のそれ自身の性格にはよらないで，研究者の判断できめられることが多い。これは，経済諸変数の相互依存関係を，すべての――一つのこらず――変数の関係と考えた「一般均衡」の修正であって，たとえば，利潤・所得という経済変数に影響を与え，またこの変数から影響をうける，諸変数を若干箇に限定して，模型の中にとり入れるが，この場合，とり入れられる変数を，「戦略変数」(strategic variables) という。しかし何を「戦略変数」とするかは，ふたたび，模型作成者の主観的判断や，計算技術上の便宜などによって定められることになる。

　要するに，このような変数決定ないしは区分の仕方は，経済諸量の質的側面の無視，その量的関係の単純化にほかならない。計算技術と研究者の主観が，経済諸量の実質的意味を掩いかくす。われわれは，これに反して，変数の区分・決定は，数学的な考察以前の問題で，そのすべては経済学の理論内容によって解答されるものと考える。数学の任務は，理論（経済学）の与え，規定した関係を，その範囲で量的に表現するだけである。この場合の理論の内容に欠カンがあれば，第一次的，決定的な要因が，研究の中にふくまれず，見逃されてしまう。たとえば，クラインのさきの「経済循環模型」においても，彼は，1920年―30年代のアメリカにおける銀行の機能，連邦準備制度の公定歩合決定その他や，国家の租税政策，財政資金の運用，立法面での活動，などの要因はすべて，経済外的なものと考えられている。「立法者の行

第4章 経済学研究における数学利用の基礎的諸条件　139

動を解明するに足る理論は存在しない」[36]と彼はいう。これらの諸要因を，模型の「内生的」諸要因からきりはなすのは，経済と国家及びその諸機関，経済と政治などの現実の連関をたち切ることである。

　次に問題なのは，模型におけるパラメータ，すなわち，諸変数の係数である。パラメータの代表的な例は，かのW. レオンチェフの投入・産出表にもとづいて算定される，技術的な投入係数であろう。相異る生産諸部門間の物的連関の量的表現として，たとえばある年次の連関の瞬間的表示としては，この係数はたしかに経済的な関係の一表現となりえよう。しかし算定された投入係数とその逆行列が固定化され，たとえば将来の経済の予測のための産業連関分析に利用されはじめると，この係数の経済的意味をこえた，経済的に裏づけのない数値計算が進行しはじめる。産業部門相互の関係の変化は，投入係数の固定化によって，全く無視されるからである。

　これと同様のことは，すべての「計量経済学的模型分析」においても，容易に起りうる。ここではその二例を紹介するに止める。たとえば，クラインの「模型」の一つにおいては，固定資産の在庫高が投資に及ぼす影響をあらわすパラメータが推定されて一定の値を与えられているが，これと実際の値とのひらき——彼はこれを「標準誤差」（「抽出誤差」のこと）という——は，この推定による値の半分以上に及ぶ。『経済模型』の著者ビーチは，この点にかんして，クラインは，投資に対する固定資産，在庫高のような規定要因をも「標準誤差」として扱うが，この要因の作用は，あきらかに「系統的」(systematic) である，とのべている。[37]今一つの例は，ティンベルヘンが，オランダの経済の模型を6つ作って，その各々によって，労働の生産性の増大が，労働力の需要弾力性に及ぼす影響（労働の生産性の上昇が雇用量に与える影響）を計算したところが，（−0.31）と（+0.54）という二つの，正負相反するパラメータが算定されたことである。[38]

　この例はまた，模型分析全体の意義を考える場合にも注目すべき一事実である。すなわち，——そしてこれは最後の問題点であったが——経済の構造を方程式で表現すること自体の現実的な「成果」がこの例に示されている。すでにみたように，「模型」の内容となる経済変数及びパラメータの選定には，主観的，人為的な判断の下される余地が大きい。したがって，かかる変

数・パラメータを素材とする方程式とその体系が，経済における諸量とその関係の全体を，それらの客観的な性質にしたがって反映することは，非常に困難になる。

のみならず，かりにこれらの諸量の把握が理論的にみて正当であったにしても，これをたとえば一次方程式であらわされる量的関係の一項にすぎないものとみてよいか，そもそも経済的諸量の関係を一次方程式で余すところなく表現しうるか，そしてまた，これらの関係の総体としての経済構造が，はたして，方程式の羅列によって表現しつくされるか，といった諸問題に対して，計量経済学者はすくなくとも経済学的には必須の分析をほとんどおこなわない。われわれは，模型の現実反映性を第一に重視しなければならない。だが，これらの諸問題の検討がおこなわれなければ，模型分析は経済学的に無意味の数学的遊戯に転化する。

もちろん，計量経済学者といえども，全くの理論的分析を前提しないで変数とパラメータのよせ集めをおこなうわけではない。模型の作成は一定の理論的立場を前提する。その立場が経済の現実をただ現象的にしかとらええない理論ならば，模型分析の失敗は，すでにそのときに運命づけられよう。かくて，のこされた問題は，模型分析が仮説として前提する理論そのものの検討である。

他方において，模型分析はその研究の材料の多くを，統計数字の中からとり出す。しかし，この数字はすでにくりかえしのべたように，歴史的材料であり，社会的な認識としての統計調査によってのみ与えられるところの，特殊な数字である。それは直ちにそのまま，変数・パラメータなのではない。この数字に特有の誤差はまた，誤差項の中におしこまれて，抽出誤差として処理される誤差でもない。その処理の方法は，社会科学の研究方法論たる統計学（数理統計学ではない）によってのみ与えられる。しかるに，計量経済学は，自らの模型分析の素材でありまたその分析結果の試金石であるこの統計数字の特殊な性格（それが社会的存在の，あるいは，社会集団現象の，一面的な反映であるという性格）に何らの考慮もはらわない。これは真の意味での「実証」を放棄する態度であろう。

第 4 章　経済学研究における数学利用の基礎的諸条件　141

むすび

　以上二項にわたって，われわれは，最近の数学利用論の二つの型態の主要な特徴を指摘・論評した。その結果，数学化された論理学の導入という第一の形態は，論理学分野での数学の絶対視という思想を，そして模型分析による計量経済学的研究という第二の形態は，経済学と統計との正しい関連を数学的単純化と数学的方法の偏重とによって切断するという，これまた数学の絶対化を企てる思想を，それぞれ経済学におしつけるものであることがあきらかになった。

結　語

　われわれの研究すべき問題は，数学の学問的性質，経済的諸量と関係の特徴，経済学の研究方法としての数学の意義，の三点であった。これに対してわれわれが第1～第3節でおこなった分析結果を要約すると次のようになる。
(1)　数学は現実世界の量的諸関係と空間的諸形式を研究対象とする学問である。数学の研究方法，したがって数学的方法の特徴は，現実の諸対象からそのあらゆる質的規定性を捨象し，そこから数学の研究対象となる側面のみを抽象する点にある。（数学的抽象）
(2)　したがって，一般に数学の利用は，たとえば自然科学における対象のように質的規定性の比較的単純なものにおいても，それを保存する限りにおいてのみ可能である。また対象の質的変化それ自体の研究は数学の範囲を超える。（以上第1節）
(3)　経済学の研究対象たる経済的諸範疇の特徴は，その特殊社会的・歴史的な性格にある。したがってそれらの量的規定性とその相互関係もまたつねにそれが社会的・歴史的存在の諸量であるという特徴をもつ。
(4)　経済的諸量とその関係には本質的なものと現象的なものがあって，両者は互いに対応し合い規定し合っているが，現象的な諸量と諸関係はつねに本質的なものの一面的な歪曲されたあらわれである。
(5)　現象的な経済的諸量といえども，そのまま我々の認識材料として与えら

れるのではなく、ほとんどの場合，それらは統計調査という認識実践の過程を経てその結果たる統計数字としてわれわれに与えられる。したがってこれらの統計数字は，現象的諸量の，一定の認識手続を媒介とする，反映である。これは自然科学上の諸数値にない特徴の一つである。（以上第2節）

(6) 経済諸量とその諸関係の数学的表現と，これらの数学的分析は，これらのものになっている特殊社会的歴史的な規定性を保存し，その変化発展の質的特性をかくさないかぎりで可能であり，またその限りで経済認識の深化に寄与する。この場合，数学的表現又は分析手段の適用基準が，経済現象とその過程の側にあることはいうまでもない。

(7) 経済学の研究方法体系において数学的方法は，この科学の研究様式に従属する消極的な研究操作の一つにすぎない。数学的方法は従属的補助的な一研究操作である。これが経済学研究の全過程を指導し，解くべき問題を与え，その解法を提示するといったことは決してありえない。

(8) 経済学における数学利用の結果の正否（真理性）を判定するものは，経済学の全研究成果の実践による検証であって，数学それ自体にその判定能力はない。数学利用の有効性の基礎は，この検証された真理性にある。
（以上第3節）

以上の8点により，われわれは，経済学の数学適用の基礎的諸条件は一応原則的に解決されたものと考える。そして(2)，(6)，(7)，(8)，の4点をわれわれは数学利用の基準と考えたい。

もちろんこれらの諸点は，なお細部にわたって検討しなければならない諸問題を多くはらんでいる。経済学の認識が全体として深化すればするほど，検討すべき問題の数もまた増すであろう。しかしながら，われわれは以上の諸点の一応の確認により，これらの残された諸問題についての分析の基礎が与えられ，方向が示されたと考える。残された主要な問題は次のとおりである。

1 経済学の諸範疇の体系に照応した統計指標体系の作成。
2 統計数字の加工，利用にかんする具体的，内容的な指針の決定。
3 数学にかんする誤った先入見，常識的通念，にもとづく数学乱用の批

第4章　経済学研究における数学利用の基礎的諸条件　143

判。
4　経済学説史上における数学利用論の諸形態の研究とその現代的意義の確定。
　　とくに一般的均衡理論の系譜と，その現段階における諸形態の検討。
5　経済学において利用される数学的諸概念の対象的意味の解明。
　これらの問題の解明にあたって，われわれは，ヘーゲルがその『大論理学』において指摘している次の二点を基準におくことが必要であると考える。すなわち，
　第一に，「数学は哲学ではなく，概念から出発するものではないし，したがって質的なものが経験に基いて補題的に取り上げられるものでないかぎり，質的なものは数学の領域の外にある」（だから，たとえば「物理学の大きさの諸規定が各契機の質的性質を根底とする法則であるかぎり，数学は一般に物理学の大きさの諸規定を証明することはできない」）。[39]
　この第一点は，同時に，万物の原理，本性，本体が量又は数であるとする見方（ピタゴラス主義），すべてを量的なものに還元できるという見方（還元論），科学は定性分析（質的分析）から定量分析（量的分析）への移行によって発展するという見方，科学は数学の使用によってはじめて真の科学になるという見方（カント，フッサール），数学は科学の科学，科学の女王であるという見方，といった数学偏重，数学の絶対視，数学至上主義の見解（これらを一括して「数学主義」と名づけることにする）と正反対の立場を意味する。
　第二に，「解析的処理は，例えば運動量のような対象の大きさを数学的公式の諸分肢に分解したが，この数学的公式の諸分肢は従って速度，加速度などの対象的意味に基いて正しい諸命題とか，物理学的諸法則を与えることができた……近世の機械論の解析的形態の中では，これらの命題は全く微分計算の結果として挙げられて，これらの命題が果して現実の存在と一致するような実在的意味をそれ自身においてもつものかどうかということや，またそのような実在的意味の証明などということは顧みられない。…………のみならず，単なる計算によって経験以上に出て諸法則を発見するということ，即ち，それ自身は何らの実在をもたずに，実在の命題であり得るような諸命題

を発見するということこそ，学問の勝利だと云われる。けれども微分計算の最初の，まだ素朴な時代においては，幾何学的記号に表わされたこれらの規定や命題に実在的意味が附与され，実在的意味があることを鼓吹しなければならなかった。また，これらの規定や命題は，このような実在的意味からして，問題とする根本原則の証明に応用されねばならなかったのである」という点。ここでヘーゲルの云う「対象的意味」，「実在的意味」の有無が経済学における数学利用の場合にもまたそのまま，もっとも大きな問題点になると考えたい。この第二点は，また，数学的推理に先験的な「精密性」又は「真理性」(無矛盾性)をみとめる見地（分析的哲学，論理主義，論理実証主義，マッハ主義，等々の最近の哲学的諸流派の真理観)，数学的記号の無意味性（特定の意味内容をもたない協定とみる）にその形式的普遍性をみとめる見地（意味論哲学，記号論理学，論理計算，確率論理学などにおける形式主義的記号観）等の見解（これを一括して「数理形式主義」とよぶ）の正反対を意味する。

(1) 青山秀夫「社会科学における数学的方法」『現代思想』第6巻，岩波書店，301頁。
(2) 越村信三郎『マルクス主義計量経済学』東洋経済新報社，iii頁。
(3) Вестнцк Гатистики, No. 9, 1959 にその議事録がある（邦訳，経済統計研究会『統計学』第8号）。
(4) Вопросы Экономики, No. 8, 1960 にその議事録がある（邦訳，山田耕之介「経済における数学的方法」『立教経済学研究』15巻2号，217頁以下）。
(5) 同上，邦訳，218頁。
(6) Э. Кольман, Предмет и метод современной математики, Москва, 1936.
(7) Э. Кольман, «К критике современного "математическго" идеализма» (Диалектический материализм и современное естествознание, Москва, 1957) стр. 208
(8) Э. Кольман, «Значение симолической логики» (Логические Исследования, Москва, 1959) стр. 14～15.
(9) 今野武雄『数学論』三笠書房，1935，188-89頁。
(10) Э. Кольман ,Предмет и метод современной математики, стр. 10.

(11) 本多修郎『自然科学思想史』創文社, 1955年, 340-41, 345頁, 397頁.
(12) 寺尾琢磨『統計学要論』慶応出版社, 1947年, 21頁.
(13) Henri Denis, *Valeur et capitalisme*, edition Sociales, 1951, p. 121.
(14) ブリッヂマン『現代物理学の論理』創元社, 1941年, 18頁.
(15) H. Denis, *Valeur etc.*, pp. 68-69.
(16) 美濃部亮吉『統計における しんじつ と ぎまん』日本生産性本部, 1961年, 105-6頁.
(17) Ч. Г. Ългоиин, СуЗ'ектиьнашкода ь подической Экономин, Москьа 1928, стр. 46.
(18) 越村信三郎『マルクス主義計量経済学』東洋経済新報社, 1961年, 12頁と註(1).
(19) A. Сови (A. $аииу), ≪Отношение между демотрафией и соуиальными науками в каииталмстичееких странах, "Вопросы Философий" No. 6. 1957.
(20) 越村信三郎前掲書, 14-15頁.
(21) W. S. Jevons, *Theory of Political Economy*, p. 61.
(22) W. S. Jevons, ibid, p. 69.
(23) Palgrare (ed.), *Dictionary of Political Economy*, vol 2. p. 160.
(24) 戸坂潤『科学論』三笠書房, 177-205頁.
(25) Oskar Morgenstern, *Logistik und Sozialwissenschaften Zeitschrift für Nationalökonomie*, Bd. 7, Ht. 1, 1936.
(26) 山田雄三「スターリン論文と近代理論の反省」『経済研究』4巻3号, 1953年, 234-36頁.
同「経験科学としての経済学」『戦後経済学の課題〔2〕』有斐閣, 1-89頁, とくに, (1. 問題の所在, 2. 理論の問題).
(27) 水谷一雄『数学的思惟と経済理論』新元社, 5頁, および第2章.
(28) B. ラッセル『数理哲学序説』岩波文庫, 254, 188-89, 267頁.
(29) ベーラ・フォガラシ『論理学』上, 青木書店, 97頁.
(30) Hilbert-Ackermann, *Grundzüge der theoretischen Logik*, 3 Aufl., 1949, s. 3.
(31) A. Smithies, Economic Fluctuations and Growth, *Econometrica*, 1957, No. 1, pp. 1-9.
(32) H. Wold, *Demand Analysis*, 1953 (with L. Tureen) p. 17.
なお, ウォルトは, 1960年, 国際統計学会 (ISI——於東京) で次の報告を行い, 計量経済学的模型分析の四つの型をまとめ, その原理をあき

らかにした。

H. Wold, *Construction Principles of Simultaneous Equations Models in Econometrics* (ISI paper 46).

(33) L. R. Klein, *Economic Fluctuations in the United States*, 1921〜1941, 1950, Ch. II.
(34) T. Haavelmo, *Study in the Theory of Economic Evoluation*, 1956, p. 66.
(35) E. F. Beach, *Economic Models*, 1957, p. 29.
(36) L. R. Klein, *op. cit*., pp. 2-3.
(37) E. F. Beach, *op. cit*., p. 197.
(38) J. Tinbergen, Econometrics, 1951, p. 187.
(39) ヘーゲル『大論理学』（上巻の2），岩波書店，132頁。
(40) 同上書，131頁。

第5章　数学的方法の意義と限界

はしがき

　この章の目的は自然と社会の諸現象の数量的分析が，科学の研究においていかなる地位を占めるか，その意義と限界はどこにあるのかを，主として社会科学，特に経済学の研究対象について考察するにある。

　この場合，諸科学の，固有の研究方法の全体系についてはすでに他の諸章で総括的に論じてあるので，この章でのわれわれの課題は，社会科学の，固有の研究方法の全体系の一部に，数量的分析の方法をいかに位置づけるかという問題を，いわば補論的に考察することである。しかしながら，数学自身の発展はむろん，その一部分の利用による自然諸科学の発展，自然科学における従来の学問分類の境界領域に登場して来たあたらしい諸分科への数学の適用が生み出した諸成果——こうした社会科学以外の科学の発展が社会科学への数学的方法の利用を，正当にもまた不当にもつよく促進している現在，社会科学の研究方法体系の中に数量的分析法を正しく位置づけるということの意義はけっして小さいものではなかろう。

　経済学，とくに近代経済学やその最近の実証的な一傾向としての計量経済学におけるいわゆる「計量モデル分析」，経営学における決定理論としてのいわゆる「ゲームの理論」や「線型計画法」，「統計的判定関数論」などの応用，政治学や社会学における「行動科学的計量分析」，心理学における計量分析としての「サイコメトリックス」，あるいはこれらすべての具体的研究領域への「情報理論」，「サイバネティクス」の利用等々にみられるように，社会諸科学の諸分野を横断する「有力な」研究方法として，いわゆる「計量分析法」がもてはやされている例は枚挙にいとまがない。

　この章では，むろんこうした具体的な「計量分析」のすべて，あるいはそ

の一つをとりあげて具体的に詳論しようというのではなく，その全体をつらぬく基本思想の特徴をあきらかにし，検討するにとどめる。そのために必要なかぎりで，われわれは，まず数学的方法の学問的性格をあきらかにし，自然諸科学におけるその利用の問題点にも言及しなければならないが，もとより本章は，数学論とくに数学基礎論や，自然科学の研究方法論の展開を主題とするものではない。また，哲学，論理学における数学的推論の位置づけについても，別個の体系的な検討にまたなければならない。それらの諸点については，他の巻やこの巻の他の諸章で論述されている，それぞれの科学の，固有の研究方法の問題点の検討を参照されたい。

　ただここで本論に立入るにさきだって，まず確認しておきたいのは，この章をつうじてわれわれが立脚する基本的見地が，計量分析をあくまでも社会科学の研究方法体系の一環として評価するにあるということである。したがって数量といい計量といっても，本章で社会科学の問題としてとくに注目するのは，社会的，歴史的な規定性をもつかぎりにおいての量，量的諸関係，その観測あるいは調査と，それらの結果の計算加工結果などの実質的な意味である。

1　数学的方法の学問的性格と諸科学におけるその利用

　はしがきでもふれたように，現在，社会諸科学において数学的方法が利用されている範囲は，その利用の当否はともかくとして，かなりひろく，また今後ますますひろまってゆくものと考えられ，同時にまたこうした計量分析の普及傾向を支持する見解が，次第につよまっていることも否定しがたい事実である。

　社会諸科学における数学の利用は，もちろん，さいきんの新現象ではなく，たとえば経済学においては，すでに19世紀の70年代から，この傾向がいわゆる近代経済学におけるいくつかの学派に継承されてきて今日にいたっており，またこの傾向を促進した主要な動機が，数学的推論の厳密性を社会科学においても達成しようとしたことや，自然諸科学とくに物理的諸科学における数学利用のかがやかしい成果を社会科学においても実現しようとしたこと

第5章　数学的方法の意義と限界

にあったことも今日の現状と別にかわってはいない。

　しかしながら，かつては社会現象の複雑さ，人間の意思の自由，社会の変化，発展のはげしさなどを理由にして，これを単純な数理に還元したり，その研究方法を低次な運動形態である自然諸科学の方法に解消したりすることは，唯物論と弁証法の見地に立つものからはもちろん，それとは方法原則のことなるもの，たとえば経済学上の歴史学派，制度学派などの立場からも（たとえば W. ゾムバルト）正しくないとされていた。[1]

　ところが今日では，経済現象はいうに及ばず，それ以外の政治学，社会学，心理学，はては法律学や歴史学にいたるまでの諸分野において，「計量分析」は先進的な分析方法とみなされ，この方法の利用によって社会諸科学ははじめて「精密科学」として進歩し，自然科学からの立遅れをとりもどすことができるという考え方が一般的な通念になりつつある。こうした傾向にたいして，マルクス主義の見地から従来かなり批判的であったソ連その他の社会主義国においても，この通念がかなりひろくゆきわたりつつあることは否定できない。資本主義諸国においてはいうまでもない。

　「計量分析」にたいする評価が，このように一般的にたかまって来たのは，一つには数学という学問の性格をどう考えるかという点と，また一つには自然科学における数学利用の進展をいかに評価するかという点とについての，今日の支配的な見解とけっして無関係ではない。そこでわれわれの検討もまた，まずこの二点を基本的にあきらかにすることからはじめなければならない。

　この二点の検討からはじめるのは，もとより，利用される計量分析の方法の本質をあきらかにする（数学的方法とは何か）こと，これは数学以外の研究分野にいかに利用されるか，あるいは利用されてはならないかをあきらかにすることによって，社会現象への正しいその利用を達成しようという意図によるものである。しかし，それにもまして重要なことは，ここでの議論の全体をつうじて，ただ単に，数学，自然諸科学，社会諸科学の差別にだけ注目するのではなく，自然および社会における客観的実在としての物質の階層性を深く認識するという唯物論哲学の現代的課題の一環として，この数学利用の問題を解明し，それを科学の研究方法論の体系にくみこむということで

ある。いいかえると，利用される数学的方法の特質を数学自身の，固有の研究対象に即してあきらかにし，これを，研究対象の異質な他の諸科学に応用する場合の問題点をあきらかにするには，この方法の評価の基準を，つねにそれぞれの科学の研究対象のうちにもとめ，それらの同一と差別の認識にもとづいて，その利用を可能にする根拠とその意義および限界をあきらかにしなければならないのである。したがって，この章での数学利用論は，数学が何らかの人間活動にとって有用（役に立つ）かどうかということだけを唯一の基準にして，その利用価値を論ずるプラグマティズムの立場とは原則的にことなり，これに対立するものである。と同時に他方では，数学を固有の研究対象をもたない特異な，普遍的な純形式的方法科学として，これを利用する他の個別的実質科学と数学はいかなる意味においても全く異質な学問であると考え，しかもそのことを理由に，かえってその利用を無条件，無制限に可能でありまた必要であるとする極端な論理主義的数学観にもとづく利用論とも相容れないのである。

以上のことを前提にしながらつぎに，数学的方法の性格規定を与えておこう。

1　数学の対象と数学的方法の抽象性

数学の，固有の研究対象は，現実の事物・過程の量的側面である。ここで量的という場合の「量」とは，ヘーゲルのいわゆる「存在と直接に同一な規定性ではなく，存在にたいして無関与な，それにとって外的な規定性[2]」のこと，すなわち「或るもの」を「現にあるところのもの」にし，他の或るものと区別させるそのものの「質」の捨象であり，「質」の止揚であり，「質」について無関心なものとなった規定性である[3]。「量」はこの意味での哲学的なカテゴリーであって，そのまま具体的な特定の事物の大きさ（ヘーゲルのいわゆる「定量」）でもなければ，測定の結果という意味における大きさ（自然科学的観測値や，社会科学における調査結果としての統計値その他の数値）でもない。それは質的無関与性，対象間の外的関連としての量ということで，数学の一分科としての幾何学における「空間的諸形式」（エンゲルス[4]），現代数学における「順序」，「位相」，「群」，「環」，「束」，「体」などを

第5章　数学的方法の意義と限界　151

その一種としてふくむ規定性なのである。

　数学の，固有の研究対象をこのように「量」としての量であるとするならば，数学は具体的諸対象の質的差異の捨象＝量的規定性の抽象のうえに成り立つ独自な科学となる。

　これはいいかえると，数学の研究対象が，物質＝客観的実在の量的規定性という一面の抽象されたもの＝抽象的存在であることを意味し，また数学の研究方法の抽象性を意味する。しかしながらこの抽象性はけっして数学の研究対象が，客観的実在といかなる意味においても無縁の，たとえば純粋思惟の所産のような，神秘的なものであることを意味するのではない。数学はあくまでも客観的実在の一定の側面を反映するという点では，自然および社会の諸科学と同一であること——このことをまず第一に確認しておかなければならない。

　数学の研究対象の抽象性が，数学の反映する諸連関の客観的実在性をいささかも否定するものではないことを，われわれは，ほかならぬ数学自身の発展の歴史において証明することができる。E. コーリマンその他も指摘しているように，数学はその現代の発展段階にいたるまでに，それ自身の研究対象の抽象性を，つぎの三つの段階にわたってたかめて来たのである。[5] すなわち第一の段階は数学が客観的実在の質的側面を捨象し，具体的な量と空間的諸形式として，算術における自然数と幾何学的図形の概念を抽象してきた段階，いわば，不変量をあつかう初等数学の段階であり，第二の段階は，この具体的な量をも捨象して抽象的な量とし，代数学や解析学があつかう可変量を記号的に研究した段階であり，さいごに第三の段階は，この抽象的な量そのものの内容をもはなれ，もっぱらそれらの間に可能な抽象的な関係，一般的な意味からいって変動する量的諸関係のみをあつかう，集合論，抽象数学のような現代数学の段階である。

　数学がこの三つの発展段階を経て現在にいたっていることは，数学における客観的実在の反映が，理性の抽象を媒介する複雑な能動的な過程であり，直接的，受動的な，いわゆる鏡的な素朴な反映ではないことを証明しているが，反映であること自身がこの発展のどこかの段階で中断されたことを意味するものではない。とりわけ現代数学の高度の抽象性ゆえに，すなわち数学

の研究対象がそれに照応する現実の量的諸関係と空間的諸形式の直接的な模像でないこと（たとえば，虚数，n次元抽象空間，順序など）を理由に，数学の実在反映性を否定するのは正しくない。数学のこの高度の抽象性は，しばしば他の科学における数学の利用可能性を無条件に基礎づける論拠とされている。たとえば社会現象へのその利用にあたって，「数学は計量できるもののみを対象とするという，かなり広く信じられている考え方は，現代数学を不当に狭く解釈していることになる」と主張することによって，「量＝計量可能なもの」という通説にたいしては，のちにみるように一応正しい批判を下しながら，「いわゆる形式論理学も数学も思考の枠を定める形式科学であって，しかもこの両者を区別する基準は本質的にはほとんどない」という論理主義的数学観におちいり，「記号論理としての数学の利用」を「直接的に量と関係づけられたもの」に限定しないで，数学の利用範囲をきわめてひろく考えようとする主張がある。[6]この主張は，数学の無批判的利用にたいする批判が，数学の研究対象を，質的無関与性としての「量」であることを明確にすることからはじまるという正しい主張を，数学の対象は「計量できるもの」，「量的に測定可能なもの」だけだとする誤った通説と混同し，後者にたいして「数学＝記号論理」説を対置することによって，前者をも反駁したと錯覚している点でまず第一に誤解をおかしているのである。しかもこの誤解が，「数学＝記号論理」という論理主義の主張によって全面的に支えられている点に，第二の誤りがある。数学が量をあつかう科学だということは，この量がさきにのべたような，いかに高度に抽象的なものであっても，量にかんする学としての数学と思考の形式にかんする学としての形式論理学との本質的同等性を証明するものではないからである。

2 諸科学における数学の利用

　数学の実在反映性を承認することは，これを物質の他の科学的認識——自然および社会の諸科学——に利用できる範囲がきわめてひろいことと同時に，どの領域に利用する場合にもつねに一定の限界のあることをも意味している。すなわち，その利用範囲がひろいのは，物質＝客観的実在とその変化の過程は，すべて量的側面をもっているのであるから，この量的側面だけを抽象す

第 5 章　数学的方法の意義と限界　153

ることによって諸現象に共通な一般的合法則性を数学によってとらえるということが，つねに客観的に可能だからである。しかしながら，他面，この量的側面だけの認識は，それがいかに高度な抽象にもとづく現代数学による研究だとしても，当の具体的な現象（自然現象や社会現象）の全面的認識になることはとうていできないのである。コーリマンが「運動のいっそう複雑な種類が研究されるほど，数学的方法の応用は困難になり，その役割はいっそう副次的になる。社会科学においてばかりでなく，物理学においても，数学的方法は当該科学の固有な諸方法にとってかわることはできない(7)」とのべているのは，数学による，事物・過程の量的側面の認識の限界性を正しく指摘したものといわなければならない。

　数学の研究対象のこのような抽象性は，数学の利用を論ずるさいに数学についてのつぎのような観念をも生み出す。すなわち，「数学は思惟可能なものをその対象とする。そして思惟可能とは，既知の集合から集合論的操作で構成されうることをいう(8)」とする新公理主義から出発して，数学者の関心が，「対象自身から，その対象のもつ『構造』（＝集合論的『構造』）にうつった」ことを強調する数学観である。「数学的存在とは，構造をもった体系である。そしてそれらは，人間の頭脳の中にしかないものであるという意味で，数学はもはや自然科学ではない。いわば，数学は『砂上の楼閣』である(9)」という。この見地は，他の科学分野での数学の利用をつぎのように根拠づける。すなわち，「数学はその対象を外界に何ら持っていない。したがって，微分積分学が力学に役立つのは，力学法則が，微分積分学が対象としている『構造』をもっているからに他ならない。近時，微分積分学は経済学にも用いられるようになったが，それも経済法則が，微分積分学が対象とする『構造』をもっているからである。

　ある構造がみとめられるところ，数学はただちに活動を開始する。全く同じ構造が，自然現象と社会現象の両方に認められても，何ら不思議ではないから，その応用の様相はきわめて奔放である。

　……今や数学は，地上から浮揚して，理想的世界に突入した。そしてそれは，それが対象とする『構造』がみとめられるところ，どこへでもその影をおとし，即座に応用作業を開始する。最近，物理学を介さない応用，とくに

生物学や文化科学・社会科学，経営，管理，企画，作戦などの面への応用がはなばなしいのは，まさに数学の本質のなせるわざである。

　数学は，かく変貌することによって，文字通り『科学の言葉』そのものとなったということができるであろう」。[10]

　みられるように，この公理主義的数学観とそれにもとづく数学の奔放な応用可能性の主張を支えているのは，現代数学の対象とされている集合論的「構造」と，他の科学分野での「構造」の同等性（「同型性」[11]）である。この構造の同等性はしかし，ここで主張されているように，数学が，「砂上の楼閣」になったり，「地上から浮揚して，理想的世界に突入し」たり，「科学の言葉」になったりする理由とは考えられない。現実の諸過程の「構造」上の同等性は，その量的側面の抽象によって与えられるものであり，またその限りで，すでにみたように，数学の利用可能性のひろさを意味しはするが，一方，これを可能にしている質的側面の捨象という点での数学的認識の限界性，特殊性を解消するものではないからである。

　数学の対象とその研究方法の抽象性にたいするこうした誤解からくる，数学そのものの本質の誤認，他の科学分野における数学の地位の誤解（過大評価）をさけるため，われわれはここで，数学的抽象の特殊性についてさらに立入って考えておく必要がある。

　およそ客観的な実在についてのすべての科学は，その固有の研究過程の一段階としてそれぞれの対象の抽象化をおこなうが，この抽象化の過程においては分析される事物の独自性＝質的規定性がつねに念頭におかれていなければならない。この過程は諸科学に固有な概念の形成過程にほかならない。そして，この抽象化，固有な概念の形成においては，われわれの認識実践だけではなく，この概念の定式化における人間の社会的実践の役割をも重視しなければならない。

　この点は，数学がその固有の対象として，客観的実在の量的側面を抽象する場合にもまた例外ではない。数学はそれゆえ，その固有の概念の形成を，人間の社会的実践の要求にしたがって開始するだけでなく，その発展の各段階において，客観的に存在する量的諸関係を一段一段と，より深く認識するのである。すでにあきらかにされている数学の各分科の諸定理にしてからが，

こうした数学全体の発展の流れのうちにあらわれる抽象的な諸実体であって，それらはこの発展の各段階において，相互に他の数学的抽象と関連し合っているのである。ここから，数学の対象そのもののうちに，われわれは数学的諸概念の重層性を見出すのであるが，数学的抽象のこのような発展と重層性は，他の諸科学の諸概念の形成過程にみられる発展，相互連関と同じ性格をもっている。

　しかしながら，数学的抽象は，すでにのべたように，質的に無関与な抽象であること，つまり現象の具体的内容にたいして無差別であることにおいて，他の諸科学における抽象とは本質的にことなっている。いいかえると，数学的抽象は，客観的実在のきわめて広い一般的な特徴の反映であるために，数学的認識の深化・発展において，またすでにみたように，具体的な事物→具体的な不変量→抽象的な変量→抽象的な量的関係という形で，この質的無関与性はますます高まってゆくのである。

　自然科学や社会科学における抽象とそれらの発展の場合は，全く事情がことなる。そこでは，抽象は，数学的抽象とちがって，実在の特定の諸連関を反映し，その量的側面とともに，つねにその質的特徴をも表現する。ここでの科学的認識は，かくて，この実在の質的および量的側面の統一的把握なしには深化しえないのである。

　数学においては，こうして質的無関与性のより高い，つまりより一般的な概念がつぎつぎと形成されていく純形式的な過程が，それのみが数学の発展の唯一のあり方にみえる（そこからさきのような公理主義的な数学観も生まれる）のであるが，これは外見にすぎず，実は，この特異な一般化の進展もまた，窮極においては人間の社会的実践，自然科学と技術の発展にもとづいているのである。この意味で数学の，他の科学分野への応用，日常実践への応用は，数学自身の発展の原動力であり，また，数学的抽象の真理性の基準もここにある。

　数学的抽象とその発展の特質を，以上のように人間の歴史的実践とむすびつけて理解することは，けっして，数学の全体系の論理的無矛盾性の要求に反するものではない。公理主義的数学観が数学的抽象の真理性の唯一の基準とするこの「体系の論理的無矛盾性」なるものにたいしては，むしろそれは

「現実の数学創造の場における有効な指針となり得ない。……論理的に無矛盾な体系は限り無く存在するであろうから……その中の……内容の豊かなもの」と「物理学その他の科学や直接実生活」そして数学内部の他の部分に応用して有用なものをえらぶという見解の方が,以上の意味において正しいといえよう。ただし,最後の有用性ということは,有用であるから真理性があると解すべきではない。客観的実在の量的側面という数学的実体のより深い,本質的な認識の結果だからこそ有用なのであって,その逆ではない。

数学的抽象の本質をこのように,その発展,すなわち数学の創造的発展に即して考えるということは,われわれが数学の展開とその利用をつうじて,さきにのべた物質の階層性を深く認識するという現代の諸科学の唯物論的課題にこたえる道でもあろう。こうしてはじめて数学的方法は科学の研究方法の全体系の中に正しく位置づけられ,数学的方法の利用の,数学自身にとっての意義と,他の科学分野の研究にとってのその意義と限界が明確になるからである。いいかえると,数学をこのようにわれわれの科学的認識の全体系の中で,その特殊な一形態として評価することによって,われわれはその真の一般性を理解し,他の科学分野でのその濫用による混乱を克服することができるからである。

以上,われわれは,数学の,固有の研究対象に即して数学的抽象の特質をあきらかにし,数学の側から,他の諸科学への数学の利用の可能性と必然性をあきらかにして来たのであるが,つぎに社会科学の研究へのその利用をめぐる特殊な問題点に立入る前に,自然科学における数学の利用について概観しておきたい。

3 自然科学における数学の利用

まず第一に,さきのコーリマンの主張にもみられるように,数学は,物質の低次の(複雑でない)運動形態を研究する物理学においてすら,その固有の研究方法に代位しうるものではないことを確認しておきたい。

無機的自然の運動と変化の量的側面を取扱う自然科学とされていた物理学においても,近時,原子物理学を経て素粒子論への発展,また物性物理学の発展にともない,化学との結びつきはつよまり,運動の量的側面とならんで

第5章　数学的方法の意義と限界　　157

質的側面が重要な意味をもつようになってきたといわれている。(13)物理学のこのような発展が，物質の特殊性を質的および量的に明らかにする物理学の，固有の研究方法にたいして，そこで利用される数学的方法が補助的，従属的な役割しか演じないことの歴史的な証明であることはいうまでもない。

　なるほど物理学があいことなる多様な運動形態を縦断してあらわれる一般的法則を，数学の力をかりて精密に表現してきたことは事実であるが，このことが一方では，物理学の本質をその数学的表現の中にもとめるという幾何学的自然観，代数学的自然観などの「数学主義」的自然観を生み出すにいたった事実もまたみのがせない。こうした自然観は物理学それ自身の発展にとっても障害になるといわれているが，より高次の運動形態をとりあつかう生物学や社会科学の研究にとっても，この誤った自然観にもとづく数学の誤用または濫用が，あたかも科学の発展の本道であるかのように誤解され，これを範とする生物観や社会観がうち立てられようとしていることに注意しなければならない。(13)とりわけ社会科学においては，すでにのべたような数学の抽象性についての誤解にもとづく数学のいわば直接的な濫用とならんで，物理学や生物学における数学の濫用にほかならない「数学主義」を，社会科学へもひろめるという形での数学のいわば間接的な濫用がいちじるしい。いわゆる「精密科学」——その完全な姿は数学と論理学であり，数学の利用度の高い，たとえば「数理物理学」はその模範であるとされる——としての社会科学の確立，数学の利用度の低さが示す，自然科学にたいする社会科学の「立遅れ」の，数学の利用による「克服」，自然科学とくに物理学における諸概念の，社会科学とくに経済学への類推適用といった思想が，社会科学の現代的発展を標榜するものとされている。たとえば経済学における一般均衡理論の基礎は，静力学的均衡体系の経済現象への類推であり，近代経済学者がこのんで用いる「弾力性」，「巨視的・微視的」，「静態・動態」あるいは「成長」などの諸概念は，いずれも物理学や生物学にその原型をもつものの単なる模倣であったり，誤解にもとづく模倣（巨視的・微視的はそれ）であったりする。

　こうした自然科学的諸概念の社会科学への輸入は，ほとんど例外なく，自然現象と社会現象の両方に共通する本質的特徴を，物質の階層性の認識にも

とづいて，真に一般化することではなく，両者の外面的類似性を理由にした機械的な類推適用にほかならないのである。そしてこの機械的類推を支え，促進してきたのが，ほかならぬ自然科学における前記のような「数学主義」だったのであり，また，現在では，数学の一分科としての数理統計学（応用確率論としての推測統計学），情報の量的側面の処理と制御の数学的科学としてのサイバネティクス，命題計算の理論としての記号論理学などの，もろもろのいわゆる「数理科学」と，高度の計算・制御の技術としての電子計算・制御装置なのである。

　社会科学の理想や発展目標を，「精密」な――というのは「数理的」ということ――自然科学におくという思想は，経済学をはじめとする社会科学の諸分野において，かの生物測定学（バイオメトリックス）にならった，計量経済学（エコノメトリックス），計量社会学（ソシオメトリックス），計量心理学（サイコメトリックス）などの諸「メトリックス」のほかに政治学における行動科学，はては歴史学，文学などにおける計量分析，社会科学におけるシミュレーション分析といった，最新流行の多種多様な「数理的」社会諸科学となってあらわれている。

　こうした自然科学の素朴な，機械的な模倣から生まれる「新鋭の」（？）「計量分析法」の一つ一つについては，それぞれの分析法が扱う具体的な分析対象の独自性に即して，それぞれに固有な研究方法との関連において，その意義と限界をあきらかにしなければならないが，ここでさしあたり，こうした数学主義のすべてに共通の重大な欠陥と考えられるのは，社会をも含めた広義の自然における，質的に異なる無限の階層のそれぞれに固有の法則性が支配し，各個別科学は，このような法則性の認識を目標にしているが，すべての法則には適用限界があるという現代科学の特徴にたいする無理解である[14]。自然界と社会現象の両方とも，本質的にはニュートン力学に支配されていると考えたフランス唯物論の機械論的自然観や形而上学的唯物論の見地が，数学の利用をつうじて，その利用の新しい諸形態によって偽装されてはいるが，本質的にはそのまま現在の社会科学の諸分野を支配しているといっても過言ではあるまい。サイバネティクスで有名な，N. ウィーナーが，1964 年に，つぎのようにいっているのはけっしてまとはずれではないのである。

「数理物理学の成功は社会科学者に，この威力を，それを生みだすのに寄与した知的態度をなんら理解することなしに羨望させることになった。数学的公式の利用は自然科学の発展をもたらすと同時に社会科学における流行になった。未開民族が，西洋の非民族的衣服や議会制度を，そういう魔術的な儀式や衣装の採用が直ちに自分たちを西洋の文化と技術に追いつかせてくれるという漠然とした感情から採用するのとよく似て，経済学者たちは，自分たちの扱うかなり不精密な概念に微積分学の衣装をまとわせる風習を発達させたのである。

……社会科学者たちが使っている数学と，彼らが自分たちの手本として使っている数理物理学は，1850年の数学と数理物理学である。計量経済学者というものは，需要と供給とか在庫と失業とか等々についてこみいった巧妙な理論を展開するが，そのさいこういう捕えどころのない量を観測ないし測定する方法にはあまり関心をもたないか全く無関心でいる。彼らの定量的理論は，もっと素朴な時代にニュートン物理学の諸概念が受けたと同様の絶対的な尊敬をもって遇される。計量経済学者のうちで，もし自分たちが近代物理学の手法を単なる外見だけでなく本当にまねようとするなら，計量経済学はこれらの定量的概念とそれらのデータを収集し測定する方法の批判的検討から出発せねばならない，ということに気付いている人はごく少ない」[15]。

ウィーナーのこの痛烈な指摘は，社会科学における計量分析の支持者たちの，数学的方法の学問的性質にたいする無理解にもとづくあいまいな「定量的概念」の濫用にたいする，まことに適切な証言だといわなければならない。ウィーナーはここでひとつの面として，社会科学における量の観測ないし測定の方法（データの蒐集と測定の方法）の批判的検討の必要を力説しているが，この点についてはつぎに節をあらためて，われわれじしんの考え方を展開しよう。

いずれにしても，社会科学における数学の利用は，単に「定性的分析から定量的分析」といったスローガンや，自然科学の無批判的な模倣によって，正当化されるものではないのである。

2 社会現象の特質と数学的方法の利用

　社会現象をすでにのべたような数学の，固有の研究対象と区別させる特質は，社会現象が，一定の時と場所においてあたえられる具体的，歴史的な事物とその発展過程との質的側面および量的側面の統一だということにある。事物とその発展過程のこの歴史性は，自然における諸階層が，たんに同時的な存在ではなく相互に転化し，新しい階層をつくりだしつつ自然の歴史を形成していることにあるとみるならば，社会現象だけに特有のものとはいえないであろう。自然もまたこの意味で歴史的具体的な存在であるという点で，その量的側面はその質的側面と不可分にむすびついており，数学の，固有の研究対象としての抽象的な（質的に無関与な）量的側面とは区別されなければならない。また数学の対象にはみられない量的変化の質的変化への移行とその逆の移行は，自然および社会の諸現象の根本的特質である。のみならず，社会もまた自然のなかの無限の階層の一つであるという意味で，社会科学と自然科学とは一定の関連をもっているが，数学はすでにみたその抽象の特殊性において，この意味でも自然科学や社会科学と区別される。数学の対象の抽象性は，数学的抽象の特殊性を否定するものではなく，この抽象が高度化すればするほど，ますますその特殊性はきわだってくるのである。

1　社会現象の特質

　ところで社会現象は，一方において，数学の対象となるような量的側面をもつのみならず，他方において，つねに自然現象との不可分の関係において存在する。そしてまた社会科学の法則の基礎には，低次の運動形態としての自然の運動法則がよこたわっていることも否定できない。たとえば物質的生産にとって，それがおこなわれる場としての土地，地形，地質，海洋，地下資源などは，改造された自然としての河川，運河，耕地などとともに，生産の対象的諸条件をなしている。広い意味での生産諸力の構成要素をなすこれらの自然的諸条件にもまた，数学的分析の対象としての量的側面をみとめることができる。しかしながら，社会現象の，固有の特質としてのその質的側

第5章　数学的方法の意義と限界

面はむろんのこと，これと不可分の関連にある量的側面は，自然現象や数学における量的側面に還元することのできない特質をもっている。それはいうまでもなく，社会現象が，物と物との関係あるいは物と人との関係ではなく，人と人との関係すなわち社会関係として社会科学の研究対象になるということによる。この社会関係が，特定の条件のもとで物と物との関係という物象化された形態をとるということ，たとえば生産における人と人との関係である生産関係が，商品と商品との関係という物的関係としてあらわれるということは，それ自体がすでに社会現象を自然現象と区別するその重大な特質であるが，社会科学があきらかにしなければならないのは，この物的関係に媒介され，その背後にあってこれを規定している人間関係なのである。たとえば商品の価値は，交換される二商品の関係として，交換比率あるいは交換価値として，一の物的関係においてあらわれるが，それ自体としては，その生産に投下された抽象的人間労働の体化としての価値なのである。この人間労働の抽象はもちろん，数学的抽象のような質的無関与性としての量の抽象でもなければ，たとえば物体の共通な一属性としての重さの抽象でもない，特殊な質的規定性をもつ実体の抽象である。商品の交換比率あるいはその発展した形態としての貨幣形態は，つねに商品と商品の物的関係に媒介されながらこの本質的な関係を表示しているのである。

2　社会的定量の特質

　商品の価値はこれと交換される他の一商品の使用価値によって，またその価値の大きさは，この使用価値の一定分量によって表現される。このことがまた，価値の大いさという定量（数学の扱う量そのものではない）が，物と物の交換比率という姿をとってあらわされることを必然ならしめている。

　この価値の大きさという商品の定量的側面に，われわれは経済学における定量の本質を見出す。しかしながらここで注意しなければならないのは，この価値の大きさという定量は，なるほど人間の商品交換という歴史的実践によって計量され，価格はその独特の形態をなすとはいえ，この計量はけっして，自然科学における定量の観測や測定と同じことではないという点である。価値の大きさそのものは，いわゆる自然科学の実験がおこなわれる諸条件の

もとでの測定と同様の測定によってとらえられるという意味で測定可能なものではないのである。またそれは社会現象の諸定量をとらえる統計調査その他の調査活動によって直接にとらえられる大きさでもないのである。とはいえ、このように測定や調査が直接に不可能だということは、けっして、価値の大きさが何か形而上学的な神秘的なものであることを意味するわけではない。直接的な調査（測定）によってとらえられるものが、この価値という抽象的な実体の現象形態としての価格の一側面としての価格統計という指標にほかならないということは、経済学が科学であることを証明することであって、けっして形而上学であることを意味するものではない。「価値というものは本来、本質であって、数量的に測定されるような現象に属するものではない……とするならばマルクス経済学は一種の形而上学と堕するであろう」[17]というマルクス批判は、J. ロビンソンをはじめとする近代経済学者たちの好む俗流的な通念であるが[18]、逆にもし、価値の大きさという定量が「数量的に測定され」ないかぎり存在しないということを単純に一般化するならば、われわれは、測定可能なもののみを科学の対象としなければならないという操作主義的な実証主義の立場に立たなければならなくなろう。すでにみたように、質的無関与性という意味の数学的な量でさえ、そのすべてが測定可能でないことは、これらのマルクス批判者たちが数学的方法の適用範囲をひろげるために好んで用いる論拠である。にもかかわらず経済学においてのみ、すべての定量的規定性に測定の可能性を要求するのはなぜか。ここにわれわれは、むしろ、価格の背後に価値を、利潤の背後に剰余価値を、利潤率の背後に剰余価値率を考えるという科学的な態度を、それぞれの後者がすくなくとも直接的にそのものとして測定できないという理由で許しがたい考え方だときめつける実証主義の独断を見出すのである。[19]

このように、社会科学が扱う社会的な本質の量的規定性すなわち社会的定量は、そのすべてがそのまま「測定」可能なものとはいえないのである。それどころか、ここでの「測定」の結果はつねに例外なく、現象的な量的規定性の限られた一側面をあらわすものとしての指標なのである。社会的定量の「測定」の典型的な場合としての統計調査を例にとって考えてみても、これはうたがいの余地のない事実である。すなわち以下に説明するように、調査

結果としての統計数字は，つねに，測るべき社会的な現象の規模，水準，内部構成などの一面についての現象的な量的規定性としての徴候性指標（たとえていえば，人体の生理的ないしは病理的状況の指標としての体温，脈搏数，血圧などの症候指標に相当する）にすぎないのである。[20]

　直接の測定が不可能ということは，しかし，本質的な定量や現象的な定量についての数学的方法の適用を排除する理由にはならない。剰余価値率や，とくに利潤率の研究が数学的な展開をその一部に含みうることはもちろんである。しかしながら，ここでの展開においても，数学はけっして主要な研究方法として，経済学の固有の研究方法にとってかわりうるものではない。たとえば利潤率公式 $P'=\frac{m}{c+v}$ の右辺の分子，分母を v で割って $\frac{m}{c+v}=\frac{m}{v}\Big/\frac{c}{v}+1$ とすることは $v \neq c$ である以上，数学的には全く合理的な計算であるが，そうすることによって生じた分母の 1 は，そして分母全体は，経済学的に何を意味するのか。またこうして展開した $\frac{m}{v}$ や $\frac{c}{v}$ に，現実の搾取関係や，投下資本の有機的構成とかかわりのない任意の数値を代入することも，代数的演算としてはまったく自由にやれることであろうが，そしてその結果，P. スウィージーのように，利潤率の低下傾向の不確定なことを数学的に「論証」することもまた全く自由であるが，こうした演算や数学的「論証」が経済学的に意味があるかどうかは，それが，c，v，m などの定量の現実のうごきをどこまで忠実に反映するかにかかっているのである。この意味でマルクスが分析にかけた数値は，たとえそれが統計値でなく仮説的な数値である場合でも，けっして恣意的に仮定された数値ではなく，現実の傾向をものがたる数値だったことに注意しなければならない。[21]

3　社会的定量の指標性

　ところでさきに引用した一文でのウィーナーのいわゆる計量経済学者が，ほとんど関心をはらわない経済学の「捕えどころのない量を観測ないし測定する方法」について考えることによって，経済学的な現象的定量規定の特質をあきらかにするのがつぎの問題である。一般に，経済学における数学的方法の利用にとっては，かりに経済学の定量概念が一定の限界においてその利用を可能にするとしても，価値の大きさ，剰余価値の分量といった本質的な

諸定量とそれらの間の関係が，たとえば統計調査といった社会測定の結果として直接に与えられるのではなく，与えられるのはこれらの本質的諸定量の現象形態としての価格，利潤などの，さらにまたかぎられた一面をあらわす指標にすぎないような数値なのである。

経済学における分析対象の一つとしての，こうした指標的諸数値は，統計調査や会計記録の作成といった特殊な認識実践の結果として与えられるものであるが，調査や記録作成という認識実践の，つぎにのべるような特質によって，これらの数値は，経済理論において措定される諸現象の量的規定性そのものではなく，さらにその一面を抽象した指標という意味での抽象的な数値にほかならないのである。

ではこのように一面的であるという意味で抽象的な指標を与える認識実践としての社会測定の特質はどこにあるのか。なにゆえにそれは，経済現象のすべての量的側面をとらえることができないのか。この点を社会測定の主要な一形態としての統計調査について考えてみよう[22]。その場合，この調査とその結果として与えられる数値の特質は，自然科学における実験の一環としての観測と，その結果としての観測値との対比において考えてみるときわだって明らかになる。自然観測が直接の対象とするのはいうまでもなく，自然における物質の量的側面とその変化そのものであり，しかもこの観測は原則として，観測対象に直接働きかけそれを人為的に管理できる条件のもとで（たとえば実験室内，試験管内で），固定ないしは変化させることによっておこなわれる。さらにまた多くの場合，同一条件のもとで同一の観測をくりかえすことも可能である。ところが，社会測定としての調査は，調査の対象たる社会現象を，原則として被調査者を媒介にしてこれに質問するという形で間接的にしかとらえることができない。しかもこの質問にたいする回答，つまり調査がおこなわれる場は，ほかならぬ調査の対象たる社会現象が存在する社会そのものであって，調査にさいして調査者の側から調査のおこなわれる場を人為的に管理することは不可能で，一定の時，所において与えられた条件のもとで，いわば受動的に認識することしかゆるされない。しかも同一の対象について同一の条件のもとで調査をくりかえすことも原理的に不可能である。社会現象の変化のはげしさが反復調査を許さないからである。

第5章　数学的方法の意義と限界

　こうした諸事情が同一のものについての一回かぎりの調査結果たる数値の正確性を大きく左右することはいうまでもない。しかしそれだけではない。調査結果の正確性をよりつよく左右するのは，実は調査者が現実には原則として政治的支配機構としての国家であり，これにたいする被調査者がこれと一定の社会関係（被支配，階級対立，利害対立といった要素をつねにふくむ）にある国民ないしは企業などであるという，調査そのものにおいて成立する具体的な社会関係なのである。この関係ははなはだしい場合には調査そのものの実施を不可能にしたり，実施できたとしても意識的ないしは無意識的な虚偽の申告によって，結果はつねに事実を歪める危険をはらんでいるのである。とりわけ調査結果を分析材料として科学的に利用しようとする場合，とくに支障になるのは，こうした事情による結果の歪曲性とならんで，調査者（国家）自身の思想的，理論的立場が——これもまたけっして公平中立なものでなくつねに特定の偏りをもつのであるが——そもそも調査の対象としての社会現象を理論的に規定するという調査に不可欠な理論的段階において，偏った概念規定をあたえるという必然性，そしてまた与えられた概念規定どおりのものが調査の実施段階でかならずしも正しく把握されるという保証がないということの必然性，この二つの対象歪曲の必然性によって，研究対象についての真に科学的な概念規定の内容からはいちじるしくかけはなれた調査結果が与えられることはさけがたい。調査という特異な「測定」の結果が，理論的に規定された現象そのものの表示ではなく，そのまた一面的な指標にとどまらざるをえない理由はまさにここにある。

　このように，経済学，一般に社会科学における分析材料は，調査や会計実務によって与えられたりするものである限り，素材として与えられたときにすでに，真の社会的現実の歪曲された一面的な反映形式なのである。調査結果が統計という数値として与えられる場合もまた，この事実の歪曲的一面化は必然的である。

　にもかかわらず，われわれが社会現象の数量的側面に数学的方法を利用しようとする場合，計算の材料となるのはこの歪曲的な数値以外の何物でもないのである。この数値は比喩的にいえば，ときによるとそれ自身の値の数倍にも及ぶほどの「誤差」を含んだ「測定値」なのであり，しかもこの「誤

差」の発生原因は，上記のような調査という「測定」そのものの特異な諸事情のうちにあるのであるから，この「観測誤差」は，けっして，反復される物理測定の場合のような「偶然誤差」ではなく，すべてがいわば「系統的な誤差」なのである。[23]

　こうして，われわれは社会科学における数学的方法の利用の発端において，いわゆる精密な計算公式のきめの細かさにはとうていそぐわないほど歪曲された指標的数値しか与えられないという重大な困難にぶつからざるをえないのである。しかも具合の悪いことに，この歪曲性はその後にこれに利用される数学的方法の「精密さ」によってはどうにも克服しがたい，指標的数値のいわば本来的性格なのである（それらについていかなる形式の平均値をもとめても，「偶然誤差」ではないこの誤差はけっして相殺されはしない）。この歪曲された指標を補正して，いくらかでも理論上の現象の定量の規定に近づけるには，調査過程におけるこの指標の概念規定にまでさかのぼって，いわゆる資料批判をおこない，統計そのものを改造（正しい概念規定にもとづく再調査あるいは，既存結果の組み替え）しなければならない。しかしそのために役立つのは，この定量の質的規定性にかんする理論，すなわち社会科学の既存の理論であって，ここには数学的方法が機能する余地はないのである。[24]

　奇怪なことであるが，社会諸科学における「計量分析」の科学性を大いに唱導するひとびとが，自然観測の場合ならばそのままではとうてい使いものにならないような，こうした「誤差」の大きい研究材料にたいして，それ自体の批判や改良には数学が全く無力なせいか，この材料の社会科学的批判検討は一切おこなわないという，「精密」なる数学的方法の使用者としてはおよそ似つかわしくない態度でのぞまれるのである。たとえば計量経済学者は，ぼう大な分量のこの種の数字材料を超高速電子計算機にインプットする場合，簡単に「観測誤差はゼロ」と仮定して，直ちに計算にとりかかるという大胆な態度でしばしばわれわれをおどろかすのである。[25]しかしながら，ここで何よりもまず必要なのは数字材料としての統計の計算加工の理論，すなわち統計数理という既成の数学的方法の一形態の利用ではなく，歴史学者がその研究の始点において重大な一つの段階とする史料批判と同等の，統計資料の批判検討と，既存の社会科学の理論によるその批判的改造である。

統計指標という社会認識の材料の，このような一面的歪曲的な現実反映性は，社会科学における数学的方法の利用にさきだって，この資料によって反映される現象のどの側面を本質的なものとし，またどの側面を非本質的なものとすべきかを，当の研究対象の質的規定性にかんするわれわれの理論的認識，つまり社会科学の既存の理論にもとづいて判別し，選択するという研究段階を不可欠にするのである。資料批判および指標の反映する現象の概念分析の段階を経て，はじめてわれわれは特定の統計指標を，他の統計指標，統計以外の質的なものをもふくむ資料などと関連させ，結びつけ，統計指標をふくめた資料の全体系のなかに位置づけることができる。この指標にたいする計算加工，これを他の指標と結合するさいの計算加工といった面での数学的方法の利用は，社会科学の既成の理論に指導されながら事実資料の全体を蒐集，整理，総括して研究対象の全面的分析をおこなうという過程と，この事実資料の全体系を利用して具体的な事実の諸側面を抽象的理論的な諸規定の総合として意識のうちに再現していく過程との一部分として，この分析と総合にとって必要なかぎりで，社会科学の研究にとって真に意義のあるものとなるのである。それはけっして数学的方法の独走，計算のための計算の過程であってはならないのである。

4　社会科学における抽象の特質と数学の誤用

事実資料の蒐集，整理，総括によって研究対象の相異なる発展諸形態を分析し，それらの形態の内的連関をあきらかにする研究の過程と，それをもとにして具体的な事実を理論的諸規定の総合として意識的に再現する（現実の合理的説明を与える）という叙述の過程の全体をつうじて，主導的な役割を演ずるのは，いうまでもなく，コーリマンのいわゆる社会科学の，固有の研究方法であり，数学的方法にはこれを部分的に補助するという従属的な役割しかみとめられない。この場合の主役である固有の研究方法は，「顕微鏡も試薬も役にはたちえない，抽象力が両者にとって代らねばならない」[26]（マルクス）という場合の抽象的・理論的方法である。しかしこの方法の抽象性は，数学的方法がそれに固有の研究対象のすでにみたような特異な抽象性のゆえに，高度に抽象的なものとは本質的に異なる。ここでわれわれは，質的無関

与性としての数学的抽象と，研究対象の特定の質的規定性の抽象を重視し，それが保たれているかぎりでの量的規定性（大きさ，水準といった定量）の抽象をおこなう社会科学的抽象との本質的な差別に注意すべきである。この差別を無視ないしは軽視するとき，社会科学の理論は一定の抽象的命題の形式的な体系（その全部又は一部は記号化され，数式で表現されることがある）とみなされ，記号論理学を媒介にした諸命題の形式的体系についての命題計算（論理演算）があたかも理論の展開ないしは発展であるかのようにみなされ，数学的方法は数学的論理学として，社会科学の理論体系の構成において主役にされることになる。1930年代に論理実証主義の「数学＝論理」観にもとづいて，K. メンガーやO. モルゲンシュテルンが唱導し，わが国においては水谷一雄，山田雄三などがこれに追随していわゆる公理主義的経済学の構成とか，経験科学としての経済学の論理実証主義による精密化といった形で，数学的方法＝記号論理学の適用をはかったのはその一例である。[27] 数学利用のこの形態の唯一の論理的帰結は，数学じしんにおいても，K. ゲーデルによってすでにその理論的破産を宣告されているヒルベルト流の公理主義的数学観（前節における数学の対象＝構造説を参照）に立つところの，理論体系の真理性をその内的論理的無矛盾性にのみもとめるという見地である。しかしながら，社会科学の定立する理論的命題は，その定立の基礎を「実証」する基盤としての事実資料を不可欠とするのであり，また理論が現実把握の基準を与えるためには，抽象的な諸規定が思惟の道を経て具体的な現実の再生産に到達しなければならないのであるから，論理的無矛盾性のみを追求する見地にもとづいて，体系構成法として数学的方法を利用することに積極的な意義を見出すことはできない。それはむしろ数学的方法の誤用にほかなるまい。

こうして，社会科学における数学的方法の利用の意義は，この方法にもとづく分析の素材たる資料の指標的性格と，その体系的な総合的利用を基礎づける抽象的・理論的方法の主導性とによって基礎づけられ，同時にまた，この方法の利用の限界が規定されるのである。このことを，ソ連の経済学において通説とされている，社会科学の研究においては量的分析の段階にさき立って質的分析の段階がなければならないという要請と混同してはならない。

質的分析は研究の具体的な各段階においてつねに量的分析に先行しこれを位置づけるべきであって，基礎的諸範疇（たとえば価値）の固有の質にもとづく定量規定が与えられてしまえば，そのあとはたとえば変量についての代数学的処理（記号と数式の展開）が経済理論を主導する，あるいはそれが研究の全部だということにはならない。こうした量的分析の独走という数学誤用の実例を，われわれは「マルクス経済学における数学的方法の利用」[28]の名の下に数多く見出すのである。マルクスの資本論の全体系をわずか16本の方程式の体系で表現しうると信じているM.ブロンヘンブレンナー[29]は極端な例としておくとしても，戦前から，資本論を数学的に展開したものを『マルクス主義計量経済学』（1961年）としてまとめた越村信三郎の研究や，ソビエトのバランス論その他における再生産表式の代数的展開（正確にいえばレーニンのいわゆる「表式の濫用」）とか，マルクス価格論を定差方程式体系で叙述せんとする各種の計画価格論など，数学的方法の誤用の例はすくなくない。これに関連して付言しておきたいのは，生産手段の私有を廃止し，生産を予定の計画によって規制している社会主義社会においては，数学利用のための条件が，経済過程が生産の無政府性のゆえに飛躍と中断を媒介として盲目的に展開される資本主義の場合とは比較できないほどいちじるしくかたまっているという見解を拡張解釈して[30]，国民経済全体の社会主義的計画化の基本原理は，計画の数理としての線型代数学であるなどと考えてはならないということである。[31]これらの場合の数学の利用は一定の経済学的分析によってとらえられた諸関係の量的側面を明確に表現するというかぎりで，叙述手段の一つとしての利用という意味において研究の目的にかなったものとなるが，分析そのものが数学の理論だけによって展開されはじめると数学の利用はその誤用に転化し，数学的には矛盾のない展開でありながら，社会科学的には無意味な分析＝計算結果を生みだすという危険がつよまる。そこまですすんだ数量分析の段階では，扱われる量的関係が，社会科学の与える質的規定性を捨象した量的関係となり，数学としての数学的分析だけがすすめられることになるからである。

5　数学的諸手段の利用

　ところで研究材料としての統計その他の数量的諸指標を結合して利用する場合にも，理論的諸命題をこれらの数量的諸指標の関係として叙述する場合にも，特定の具体的対象の研究とは別個に数学的方法としてすでに用意されている既存の諸手段，たとえば統計値の数理的解析手段としての平均，分散，比率，指数，傾向線（トレンド），回帰・相関などの各種誘導統計値の計算方法や，微積分計算法，代数方程式論，位相幾何学，集合論，群論，確率論，線型代数学などの諸定理のうち，どれをえらび，またいかに利用するかを決定するための導きの糸になるのは，第一に当該社会現象にかんする社会科学の理論であり，第二に当該社会現象の研究においてこうした数学的分析を利用してもとめた既存の結果の実質的意味である。数学的方法の抽象性をあらゆる具体的分析領域におけるその形式的な普遍妥当性ととりちがえると，これらの諸手段は容易に濫用されることになる。とりわけ数学的に抽象度が高く客観的な事物との直接の連関がとらえにくい現代の抽象数学の諸方法が利用されるとき，濫用の危険は倍増する。この場合，大きな働きをするのは，いわゆる数学の内部での二つ以上の構造の同型性を，一つの領域での数学的証明の他の領域への適用根拠とする考え方の数学以外の分野への拡張である。数学の内部の諸領域の構造の同型性を保障しているのは，実は，くりかえしのべてきた数学の対象一般の質的無関与性である。特定の質的規定性に限定された範囲内での量的分析しかゆるされない，それぞれ固有の具体的な研究対象をもつ領域に，この数学的構造の同型性を見出すことは，形式的には──というのはその領域の質的規定性を捨象してしまえば──可能であるかもしれないが，そうすることによって実はその領域に固有の具体物の実質的分析は停止されてしまい，表現の手段としてはそれぞれの領域の表象を駆使しながらも，その実，そこでおこなわれているのは，数学の利用ではなく数学そのものの展開にほかならないということになる。同型性は数学の内部では，それぞれの対象の質的無関与性のゆえに，それらの本質的同等性を意味しうるが，ひとたび数学の外部にこれが拡張されはじめると，ひとは固有の具体的事物の構造を数学的構造におきかえ（両者の外面的類似性のみに注目

第5章　数学的方法の意義と限界　　171

して），この事物の本質を見失ってしまう。つまり構造の同等性はかならずしもつねに本質同時性ではないのである。かくしてこの見解には，プルードンにたいするマルクスのつぎのような批判がそのままあてはまるであろう。すなわち，家のあらゆる特殊性を捨象してしまえば，空間だけが残り，更にその空間そのものを捨象してしまえば，量が残るばかりで，その結果，実は対象そのものが抽象されてしまうのであって，それは対象の本質（固有の特殊性）に近づいたつもりで，実は対象からますますはなれてゆくにすぎないという批判が[32]。経済学でいえば，価値や価格の数学的展開，資本や独占の数学理論，資源配分の位相数学的展開など，経営学では，不確定条件のもとでの企業の意思決定の確率論的説明，その行動科学的一般化など，この批判のあてはまる数学誤用の例はまことに多い。しかし個別的な具体物——たとえば日本の国家独占資本主義——の現段階とその発展の展望に帰ってくることのない抽象をいかにすすめたところで，事実について一体何をあきらかにしたことになるであろうか。

　同型性を唯一の適用根拠にすれば，どのような数学的方法を利用するのも，利用者のお好み次第になるから，「寛容」の論理によって，思考の節約のためにすこしでも簡単なものをえらぶというマッハ主義の立場に立ってもよいし，数学的にエレガントなものをえらぶこともよかろうし，電子計算機の性能に合わせて，そのソフト・ウェアの一環として問題を解析し，機械語に翻訳し，数学的に表現しやすいものをとるのもまた自由である。しかしもはやそこでは具体物としての社会現象の分析は姿を消し，数学の仮設的な応用問題が，社会現象のタームで追究されているにすぎない。これはもはや数学の利用ではなく，誤用というべきであろう。

　同型性を本質同等性と誤認することがゆるされないのは，社会現象が高次の複雑な運動形態であるため数学的構造と同等のものをみいだしがたいからではない。数学における抽象と，自然科学および社会科学における抽象のすでにのべた本質的な差異がこれをゆるさないのである。運動形態が複雑で，高次なことは，数学的方法の利用を制限するが，もちろんその利用を全く不可能にする論拠ではない。とはいえ，たとえば経済量の無限分割不可能性，したがって微分方程式の利用の不可能性に直面すると，定差方程式ならばあ

てはまるはずだと主張したり、あるいは、線型性の仮定が単純すぎるならば非線型体系にきりかえればよいとみたりするのは、数学的同型性の内部をうごきまわっているにすぎず、こうした範囲でどこまで数学的な代案をさがしつづけてみたところで、困難の解決にはならない。

　同型性を根拠とする数学的方法の利用は、自然科学の場合にも数学の濫用におちいりやすいが、社会科学の場合、特定の自然現象には正当に利用されている数学的方法を、この自然現象との外面的類似性だけを理由に特定の社会現象にも利用しようとする場合にもまた、この類似性を両者の数学的次元での同型性に通約してこの利用を正当化するという迂回的な論法がとられる。たとえば、ある材質の、ある長さのバネに錘をつけたとき、バネの弾性の限界内では、錘の重さとバネの伸びの長さとの間に一定の線型の関係（バネの弾力係数）がなりたつことは実験によってたしかめられ、同質同型のバネについてはつねにこの関係を「偶然誤差」を最小にしながらあてはめることができる。計量経済学者は、この線型の関係を平均的家計の所得あるいは国民所得と特定の消費財への家計又は国民の支出金額との間にも類推適用して、両金額間の平均的対応関係の強度として、回帰直線の方程式の係数をもとめる。そしてこれに消費量の所得弾力性係数という名前をつける。バネの場合は実験がこの弾性係数の実質的意味をあきらかにしてくれるし、またそのメカニズムの物性論的な説明が可能であろうが、これと「同型」の所得弾力性係数となるとその意味は実にあいまいになる。消費と所得の間に線型の関係が成立するということや、両者の関係はこれ以外にあらわしようがないということの経済学的証明はどこにもないのである。現にこの関係を指数曲線、二次放物線、その他の曲線であらわすことも全く同等に可能だし、またときにはそうされることもあるのである。しかしどうあらわしたところで、それぞれの曲線のパラメータの経済学的意味が経済理論的にあきらかにされはしないのである。にもかかわらず、こうした利用をあえてしたときの結果はどうか。バネの弾性係数という物理的な意味のあきらかな実質的な数値と、所得弾力性という単なる計算的抽象との間には、それぞれの具体的事実をつらぬく、客観的な事物の側にみられる本質の同等性、共通性はすこしもないのである。この両者にみられる線型性という「同型」の関係は、この本質同等

性をすこしも証明しない。かくして所得弾力性，価格弾力性といった経済量の弾力性は空虚な表象になるのである。ここでは一々あげる余裕がないが，物理現象をはじめとする自然現象にみられるこの種の関係の数学的表現が，経済現象に形式のうえではそのまま，しかし実質的にはその本来の意味をうしなった空虚な表象として利用されている例は実に多い。消費関数，生産関数，資本係数，投入係数，といった，計量分析の主役を演じている「理論」的諸要素はすべてこうした空虚な表象の典型的な例である。しかもこれらの表象は理論を「精密化」するための分析要具としていたるところで駆使されているのであり，数学の利用によって達成される近代理論の「精密化」とはこのようなものなのである。

　社会科学の研究に，既成の，部分的には自然科学においてすでに使用済みの，数学的諸方法を利用する場合，利用の根拠を以上のように数学的構造の同型性という，いわば数学の側で用意された研究対象のとらえ方にもとめることは正しくない。そういうとらえ方は，数学を利用する社会科学の研究過程を，社会科学的にみて没概念的なものに，すなわち理論的分析の名に値しないものに転化させる原因になるからである。ただ誤解をさけるためにつけくわえておくが，このことは，数学自身が，ヘーゲルのとなえたように没概念的なものであるとか，かつてヤノフスカヤが誤解したように，数学の対象が質的無関与的であるばかりでなく本質無関与的なものでもあるというわけではない。数学は現実世界の量的側面をとらえるという点で，ただしそのかぎりで，物質の豊かさ深さを反映するのであり，また数学的認識の発展は，このかぎりで実在の高次な本質にせまってゆくのである。社会科学への利用の場合には，具体的な研究対象の質との統一において，質から出発し質にたちもどることがつねに第一義的に要求されるのだということを忘れるところに，数学誤用にともなう没概念化が進行するのである。

6 　数学誤用の所産としての「数学主義」とその諸形態

　数学の誤用は以上のように実質個別科学における没概念化を促すばかりでなく，具体的な事物の深い認識をさまたげるようなさまざまの自然観や社会観を生み出す。これを総称すれば「数学主義」的世界観ということができる

であろうが，この世界観は，利用される数学の分科のちがいによって，以下にのべるようなさまざまの形態をとる。しかしそのすべてを一貫している特質は，数学の対象そのものの誤解や，すでにのべた公理主義的な数学観のほかに，数学を諸科学の女王にまつりあげ，かつてカントがおかしたように，諸科学の進歩のバロメーターをその数学利用の程度にもとめるという形で，数学の能力を過大評価するという誤解である。この誤解は，1870年代以降の経済学において，またさいきんでは政治学，社会学，心理学，法律学，はては歴史学にいたるまでに浸透している「現代の神話」である。以下，数学主義の社会科学における具体的なあらわれを，その主要な二つの形態にかぎって検討しておこう。[35] いずれも社会科学の進歩にとっては，有害な役割を演じているものである。

相関・関数と因果 まず第一に諸現象の相互連関（ヘーゲルのいわゆる相関の意味での，因果関係よりもより高次な連関）および因果連関を，低次な現象記述の形式にすぎない相関関係や関数関係に還元するという考え方である。数学的には相関関係は二つ以上の数列の相互外在的な平均的対応関係であって，たとえば二つの変量のうち一方の変化にたいする他方の平均的変化を示すもので，変量の内在的な規定性を問わないから，一般にどのような数列間にも成り立つ関係で，その対応の強度は相関係数で測られる。たとえば，夫の年齢にたいする妻の年齢，賃金と労働の生産性，あるいは小麦の生産高と婚姻率，馬の頭数と大学生の数，といった深いかかわりのない二つの変量の間にもこの関係は成り立ち，しかもその強度は-1と$+1$の間の任意の値をとる。しかし，これはせいぜい二つの数列の併存と継起の関係であって，両者の間の因果関係そのものはおろか，その存在を示唆するものとも考えられない。相関の程度が高いこと，いいかえると相関係数の値が-1又は$+1$に近づくということは，けっして二つの数列の内在的本質的な連関の安定性や強度を示すものではない（たとえば，全く仮設的な二つの数列，〔1, 4, 4, 4, 7〕と〔1, 1, 1, 4, 8〕との間にも$+0.803$というかなり高い相関がある）。

一方，関数関係は，数学的には，この相関関数が$+1$又は-1になった場合，つまり相関関係の特殊な場合であるが，そこに成立する二つ以上の変量

の間の一義的対応関係は，因果の区別を反映しない。「関数関係における原因結果の無差別は……因果関係の相対性〔因果の連鎖の逆転のこと——引用者〕の認識からは，はるかに手前にあるものである」。そして「因果関係は特殊の場合においてのみ関数関係として量的に表現しうる……因果関係は統計的相関関係として現われる場合もあり，全く量的表現が不可能なるものもありうる」。

この無規定的な変量間の関係である相関関係や関数関係が，社会科学における「計量分析」にあっては，社会現象の量的関係の記述のほとんど唯一の数理的手段とされ，ある場合には，あやまって因果的序列の説明手段とさえ解されているのである。ヘーゲルのいわゆる「post hoc（このあとに）を propter hoc（このゆえに）ととりちがえる誤謬」が計量モデル分析によってくりかえされているのである。さきの所得と消費量の関係づけはその一例である。いわゆる計量経済学その他の「計量モデル」の骨組は，こうした相関関係を表示する数式（方程式）のよせあつめである。それはしばしば一国の経済構造を近似的に表現する模型であるといわれているが，模型という語の語義に惑わされてはならない。素粒子論などにおける素粒子の実存様式としての模型などとはちがって，ここでの模型はおよそ認識内容の次元の低いものなのである。

確率概念の基礎 相関関係や関数関係について，さいきんのいわゆる実証的（統計指標を用いた）計量分析の基本手法の一つとして駆使されているのが，いわゆる確率論的・統計的な方法であるが，これは，「いくつかの量の間の関係がつねに確定的でない場合にも，もしそこに大量の現象の中の規則性が想定できるならば，数学的方法を適用することを可能にした」と評価されているものである。しかしながら，この方法はその基礎概念である確率の客観的な意味が明確にされたうえで社会現象に利用されているのではない。この場合にも物理学におけるこの概念の客観的意味の明確化という方向での議論に学ぶことなく，現実世界における決定論的な合法則性の否定＝現実を不確定状況にある混沌とみる，したがって人間の社会活動をもふくめてすべての現象を不確実なものとみるという方向に，ハイゼンベルクのいわゆる不確定性原理を不当に拡張解釈し，不当に一般化して，確率主義的自然観を一

つの世界観にまでたかめてしまっているのが，社会科学における確率論利用の現在の姿である。ところが基本概念たる確率をめぐっては，ラプラス，ベルヌイなどの名とともに有名な古典確率論，J. ヴェンやR. v. ミーゼスの頻度説的確率論，J. M. ケインズ，H. ジェフリース，H. カイバークらの合理的信頼度説，A. コルモゴロフ，A. ヒンチンらの測度論的確率論，F. ラムゼイ，L. サヴェージの主観説などの諸解釈が対立している。[40]確率を客観的な事物の運動形態の一側面にみられる規則性の発現形態とし，これが発現する諸条件をあきらかにするという角度で，古典確率論と頻度説の中にこの概念の唯物論的な合理的核心を見出すという努力は軽視され，確率論の集合論的体系化をはたした測度論的確率論が，その公理主義的性格のゆえに，確率論の利用範囲をひろげたと誤解され，確率概念の基礎を個人主観的確信の程度におく主観説の解釈の方が基準にされている。しかしながら，ここでふたたび社会科学での利用を問題にするかぎり，無矛盾な確率論体系の構築はその利用の根拠をつよめるものではなく，その主観説的解釈にいたっては科学の体系をその確率さえ客観的にきまらぬ不確実なものとみることによって，対象的真理の存在とその認識可能性を全面的に否定するもので，とうてい社会科学の研究における確率論利用の意義を明確にするものとはいえない。[41]ところが，経済学，経営学などにおけるゲームの理論や，とくに行動科学の重要な一分科をなしている意思決定理論においては，主観説的な確率の解釈がもっぱら尊重されているのである（いわゆるベイジアンの立場）。頻度説の代表者ミーゼスは，確率を物質のいかなる運動形態の反映とみるかについてはたしかに不十分な説明しか与えていないが，自然現象における豊富な実例（量子統計現象，ブラウン運動など）にもとづきながら，事象発現の確率が規定される条件は，集団現象またはくりかえし現象において，事象の発現に規則性がなく（項位選出に不感的で），しかも全体としてはその発現の相対的頻度に安定した極限値があることであると，明確に規定しているのである。[42]この確率を規定する条件を，社会現象のうちに見出しもしないで，安易に確率計算の公式を利用するところに，現代の社会科学的「計量分析」の一つの特質がある。しかしそこから出てくるのは，社会現象についてのより深い認識ではなく，むしろ客観的法則の不可知性を主張する確率主義的な社会観にほかな

第5章　数学的方法の意義と限界　177

らない。ここにも社会科学の発展を阻止する数学誤用の重要な一例がある。

7 計算技術の発達とサイバネティクスの意義

　以上，社会科学における数学主義的な数学誤用の二つの主要な形態をとくにとりあげて検討したが，こうした誤用を支えているのは，最近における電子計算装置の急速な発達と，いわゆる情報科学やサイバネティクスの展開である。前者は，「計算機械の発達が多数の数量的データを高度の手法で処理することを可能にし，いろいろな問題を具体的に解くことができるようになった。それによってこれまで原理的には数学的に解き得るものとわかっていても，現実に計算を行うことが不可能であったために放棄されていた問題が解かれるようになり，一つの問題の解決はまた次の問題を生んで，数学的手法の利用範囲が急速に拡がりつつある」[38]と評価されている。いうところの「高度の手法」の高度とは何を指すのか，またつぎつぎと解決される問題がはたして，社会科学の研究目的に即した理論的・抽象的方法に主導された計算の問題なのかはこれだけでは不明であるが，電子計算装置の，研究目的のための利用の現状をみると，すくなくとも，さきにのべたような数学利用による社会科学的研究の没概念化や，上記の二形態に代表されるような数学主義的偏向は修正され克服されるどころか，むしろ逆に助長され拡大再生産されているとしか考えられない。筆者の杞憂であれば幸いだが，いわゆる行動科学，未来学といった社会科学の最新版が，電子計算装置を駆使することによって，こうした数学の誤用や濫用をさらに促進する危険はけっして小さくないのである。

　いま一つ，数学誤用の促進要因と考えられる情報科学やサイバネティクスは，現在の科学技術の急速な発展の所産であり，それらは，機械系，生物系，人間集団などの質的に異なる各種の運動形態に横断的に適用される，情報の制御にかんする科学である。しかし重要なのは，この場合の制御は，その対象である情報に反映されている質的に相異なる運動形態から質的に無関与的という意味で，量的な形態のみを抽象し，これを処理するという面で研究されるという点である。つまりサイバネティクスは，制御の一般的過程についての量的な研究であるから，この普遍科学においては数学的方法が主役を演

ずる。しかし、それ故に他の科学分野におけるその利用は、数学的方法と同様に広い範囲にわたるが、同時にその限界をもっている。社会科学に応用されたサイバネティクスが、社会科学の固有の研究方法にとってかわることはやはりできない。E. コーリマンはサイバネティクスが自然科学や社会科学の研究に利用されるのは、自然と社会における客観的な運動諸形態の間に類似性（Ähnlichkeit）があるからで、その利用を、高次な運動形態の低次なそれへの還元と考えてはならないとしている。しかしここにいう類似性は、質的無関与性における制御という意味に解すべきであり、高次な運動形態へのその理論の利用はつねに条件つきで制限されていることをくりかえし指摘しておきたい。

むすび

　以上、われわれは数学が「質的無関与性における量＝量としての量」の科学であるということに、数学的方法の学問的特質を見出し、これにもとづいて、他の科学分野の研究、とくに社会科学の研究へのその利用の可能性と、その限界をあきらかにして来た。歴史的存在としての人間の社会関係の研究を主題とする社会科学においては、研究対象としての具体的な社会の現実が要求する固有の研究方法があくまでも主役であって、数学的方法はこれに主導され、これを補助し、社会的な諸現象の量的側面をその質的側面との統一として研究するかぎりにおいて、社会科学においても有効（卑俗な日常実践に役立つという意味ではない）であるが、この限度を逸脱した数学的方法の独走は、数学の真の利用ではなく、その誤用ないしは濫用である。

　数学における物質の本質認識もまた産業の発展や自然および社会の認識の進展とともに深化し発展する。その成果の他の領域での活用と、数学的方法の誤用による数学主義への転落とは、全く別個のものである。個々の数学的分析手法が、社会科学の具体的な個々の研究分野において、社会科学の固有の研究方法体系の中にいかに定着され、いかに利用されるべきかの詳細な検討が、これからもますます重要な問題になってゆくであろう。

第 5 章　数学的方法の意義と限界　179

(1)　たとえば, W. Sombart, Die Drei National Ökonomien, München 1930.
(2)　ヘーゲル, 松村一人訳『小論理学』岩波文庫, 1951 年, 280 頁。
(3)　「哲学の概念と方法」『岩波講座哲学』Ⅶ, 1968 年, 103 頁。
(4)　エンゲルス『反デューリング論』全集, 第 20 巻, 139-40 頁。
(5)　Э. Кольман : Предмет и метод современнои математики, Москва 1936, стр. 10～18. Г. И. Рузавин : О характере математической абстракции "Вопросы Философии" 1960, 9, стр. 144～145. なお С. А. Яновская : Современные течения в буржуазной философии математики (интуиционизмы формализм) "Сборник статей по философии математики," Москва 1936, стр. 84～136. を参照。
(6)　以上の引用は, 松田和久「マルクス経済学と数学利用」(神戸商科大学経済研究所『商大論集』第 17 巻第 4 号, 1965 年 10 月) 21 頁。
(7)　Э. Кольман : Критика современного «математического» идеализма. Диалектический материализм и современное естествознание, Москва 1957 стр. 208.
(8)　赤摂也「現代数学の思想と数学教育の現代化」『思想』第 513 号, 1967 年 3 月, 8 頁。
(9)　同上, 9 頁。
(10)　同上, 9-10 頁。
(11)　「同型」概念については, ヘルマン・ワイル, 菅原・下村・森共訳『数学と自然科学の哲学』岩波書店, 1959 年, 28-30 頁参照。
(12)　杉浦光夫「現代数学の思想について」『数理科学』1968 年 5 月号, 42 頁以下。
(13)　「自然の哲学」『岩波講座哲学』Ⅵ, 1968 年, 242-43 頁。
(14)　同上, 363-65 頁参照。
(15)　鎮目恭夫編訳『機械と人間との共生』平凡社 (『現代人の思想』22), 1968 年, 165 頁。
(16)　前出, 注(13)の 364-65 頁。
(17)　前出, 注(6)の松田論文, 27 頁。
(18)　J. Robinson, *Economic Philosophy*, (Pelican Books A 653, 1964) pp. 25-28, pp. 29ff. (邦訳, 宮崎義一『経済学の考え方』岩波書店, 1966 年, 34-41 頁, 43 頁以下)。なお, 玉野井芳郎『マルクス経済学と近代経済学』日本経済新聞社, 1966 年, 59 ページ以下でも, 「統計操作の可能な, 理論の実証」が必要とされている。
(19)　この種の「実証」, 「測定」, 「計量」, 「統計操作」の必要を強調しなが

ら，のちにのべるような統計指標の歪曲的現実反映性についてはほとんど語らないというのが，現代における実証主義的＝マッハ主義的社会科学者に共通の特質である。「実証」という語の字面に眩惑されてはならない。しかも，この偽「実証」は，社会科学の理論に「操作性」を要求することによって，その没概念化をはかるのである。理論は実証材料の集積結果としてのたんなる記述ではないことに注意されたい。

(20) 統計資料の指標的性格については，内海庫一郎「統計利用の独立な一研究段階としての統計の指標性の解明」（経済統計研究会『統計学』第19号，1968年9月，52-59頁）参照。

(21) 上杉正一郎『経済学と統計』青木書店，1959年，100-4頁。

(22) 統計調査の特質，いわゆる統計の「信頼性」と「正確性」については，蜷川虎三『統計利用に於ける基本問題』岩波書店，1934年，第2，3章参照。

(23) 同上蜷川の所説のほか，O. Morgenstern, *On the Accuracy of Economic Observations*, 2nd ed., Princeton 1963.（邦訳，浜崎・山下・是永共訳『経済観測の科学』法政大学出版局，1968年）と，*Umrisse Einer Wirtschaftsstatistik-Festgabe für Paul Flaskämper zur 80. Wiederkehr seines Geburtstagesherausg*. v. A. Blind, Hamburg 1966, SS. 1-24,を参照。

(24) 統計指標のこうした批判的加工利用のすぐれた実例として В. И. レーニンの『ロシアにおける資本主義の発達』，『帝国主義論』などがある。また統計の批判的加工利用のさいきんの一例として，山田喜志夫『再生産と国民所得の理論』評論社，1968年は一読に値する。

(25) 正確にいうと経済量の数式的表現が現実とくいちがう方程式規定上の誤差（specification error）とこの観測誤差（ふつうはゼロとする）を一括合計して，いわゆる「計量確率モデル」の誤差とし，これを偶然誤差とみなし，その分布としては，平均値ゼロ，標準偏差1なる正規分布が妥当すると，理由なく想定するのである。拙稿「計量経済学的模型分析の基本性格」（『経済評論』1965年1月号）145-47頁参照。

(26) マルクス『資本論』Ⅰ，青木文庫，70頁。

(27) とくにO. Morgenstern, Logistik und Sozialwissenschaften, *Zeitschrift für Nationalökonomie*, 1936, Bd. VII. 水谷一雄『数学的思惟と経済理論』1956年を参照。

(28) Применение математики в экономических исследованиях, (1)-1959, (2)-1961, (3)-1965. ((1)のみ邦訳，岡稔訳『マルクス経済学の数学的方法』上・下，青木書店，1961年）をはじめとし，この種の研究はひじょ

第 5 章　数学的方法の意義と限界

(29)　M. Bronfenbrenner, Marxian Influences in "Bourgeois" Economics, *American Economic Review*, May 1967, pp. 624-35.
(30)　山田耕之介「経済学における数学利用について」(『経済研究』第14巻第1号，1963年1月) 74-75頁。
(31)　この点にかんれんして，関恒義が興味ある近代経済学批判の書『現代資本主義と経済理論』(新評論，1968年) において，「再生産論と産業連関論のあいだに存在する……論理的親近性をみとめた」ソ連や東欧のマルクス主義経済学者の主張を支持しておられる点には疑問の余地なしとしない。
(32)　K. マルクス『哲学の貧困』第3版，パリ，1922年 (全集，第4巻，130-31頁)。
(33)　いわゆる「中期経済計画」の「計量経済モデル」は，
$$個人消費支出〔C〕=567.1+0.75\left(\frac{個人可処分所得〔Y_d〕}{消費者物価指数〔P_c〕}\right)$$
といった消費関数式のほか，生産，輸出，投資などにかんする43本の方程式から成り立っている。この式の 0.75 が弾力性係数なのである。
(34)　前出注(5)のヤノフスカヤ論文参照。
(35)　以下の検討にかんして，とくに重要なのはつぎの三つの著書における岩崎允胤の「数学主義」批判である。
　　　『現代社会科学方法論の批判』未来社，1965年，第2章 (54-78頁)，第3章 (118頁以下)，第6章 (247頁以下)。
　　　『弁証法と現代社会科学』未来社，1967年，前編第2章 (38頁以下)，第4-6章 (97頁以下)，後篇第4章 (317頁以下)。
　　　『中国の哲学とソヴェトの哲学』啓隆閣，1957年，第4章 (153-86頁)，第6章 (212-28頁)。
(36)　今野武雄『数学論』1925年，87-89頁。
(37)　ヘーゲル，松村一人訳『小論理学』上，岩波文庫，163頁。なお，エンゲルス『自然弁証法』全集，第20巻，537頁参照。
(38)　「哲学の方法」『岩波講座哲学』XII (竹内啓「社会科学における数量的方法」) 1968年，259頁。
(39)　「自然の哲学」『岩波講座哲学』VI，1968年，246-48頁参照。
(40)　確率基礎論の諸形態については，伊藤陽一「確率に関する諸見解について——確率主義批判のために——」(経済統計研究会『統計学』第14号，1965年3月，13-55頁) 参照。
(41)　確率の主観化にたいする批判としては，岩崎允胤「『決定理論』とその

基本性格」(前注の『統計学』第14号,13-35頁)のほか,吉田忠「確率の形式化と主観化 (I) および (II)」(中央大学『商学論纂』第9巻第2号,1967年7月,111-30頁と,同第9巻第6号,1968年3月,121-62頁),とくに後者 (II) にくわしい。

(42) 拙稿「確率論の基礎概念について——R. v. ミーゼスの確率観——」(経済統計研究会『統計学』第8号,1960年4月)14-38頁参照。

(43) E. Kolman, Über philosophische und soziale Probleme der Kybernetik (*Kybernetik und Praxis*, —Taschenbuchreihe unser Wertbild. Bd. 36—Berlin, 1963) SS. 126-30.

第6章　計量経済学的模型分析の基本性格

はしがき

　この論文の目的は，計量経済学における模型分析の基本性格とその経済的意味をあきらかにすることである。

　ここで計量経済学というのは，大量の統計数字を材料としてもちい，これに数学的な経済理論をあてはめて経済現象の記述あるいはその将来の予測をおこなう研究方法のことである。その「模型」というのは，所得，雇用量，価格などの経済的諸変量の関係を表現する連立方程式体系のことである。この方程式体系をかたちづくるいくつかの方程式のなかでは，多くの経済変量が未知数としてくみこまれ，一方これらをむすびつけるために変量が相互に関数関係にあるものとみなされる。この方程式の連立体系を解いて根をもとめるのが，ほかならぬ「模型分析」なのである。

　ひろく計量経済学的模型といえば，かならずしもつねに多数の方程式の連立体系だけをさすのではなく，方程式一個だけをとって二つ以上の経済変量の関係を問題にするもの（たとえば需要分析模型の場合など）もある。しかしここではさしあたり二つ以上の方程式の連立体系をおもにとりあげてみる。というのは連立方程式体系を解くという形の模型分析は，国民所得，雇用量，投資，貯蓄，消費といった，いわゆる集計量を変量としてふくむ方程式体系によって，いわば国民経済全体の構造を記述したり，その動向を予測するという，近代経済学における「実証分析」の主要な分析方法だからである。この方法は第二次大戦の前後から，おもにアメリカをはじめとする主要な資本主義国において，国民経済の現状分析，その発展動向の予測などの重要な諸問題の主要な研究方法としてさかんに利用されている。わが国においても，たとえば「日本経済の計量経済学的模型」の作成によっておこなわれる諸研

究や，経済諸官庁の経済計画（ごく最近発表された「中期経済計画」はその一例）の理論的基礎としての模型作成，といったかたちで各方面にひろく利用されている。とくに有名なのは国民経済における諸産業部門間の物財の取引関係を統計数字でとらえて表示した，いわゆる産業連関表にもとづいて，諸産業の相互連関をその間で取引される物財の数量または価額を変量とする方程式の体系であらわし，この連立方程式体系の根を計算する産業連関分析である。これはまさにこれから問題にする計量経済学における連立方程式模型分析の一つであるが，その利用範囲はひろく，国民経済全体についてはもちろん，国民経済内部での一地域（たとえば府県，地方）についても，このかたの模型分析がさかんにおこなわれている。

ところで模型分析，とくに産業連関分析の手法は，いわゆるマルクス経済学にも影響をおよぼし，一方では資本主義国のマルクス経済学の理論・実証的研究，とくに短期の経済予測に有効な方法として信奉するものが多くなってきている。他方，最近めだって数学的な研究方法の経済研究への導入をすすめているソ連はじめ東ヨーロッパの社会主義圏においても，この方法は，経済学の法則を具体化する道具として，いわゆる社会主義計画経済の基礎理論の地位があたえられるにいたっている。

こうした現状にたいして，近代経済学の数量分析偏重の傾向の本質，その均衡理論としての一面性を原則的に批判するということはすでにわが国でも開始されている[2]。しかし，上記のように近代経済学において理論と実際の両面で，有力な分析方法とされ，またこれとは原則的に対立するマルクス経済学の一部からも，分析の手段（技術としては有効という評価がよくなされるが）としての有効性がみとめられつつある。この模型分析の基本的性格を，その経済的意味とともにあきらかにして，検討しなおしてみることは当面の重要な課題の一つであろう。

第6章　計量経済学的模型分析の基本性格　185

1　「模型分析」の関数関係的現象認識の一面性

1　「模型分析」の構造とその基本的特質

　計量経済学的模型の骨組は，経済諸変量相互の関数的依存関係を表示する複数個の方程式のあつまりである。そのもっとも簡単な一例は，G. アクリーの『マクロ経済学の理論』にみられる，「一つの商品についての供給関係と需要関係を組合わせ，価格と販売量を決定するモデル」[3]であるが，これはつぎのような三つの方程式で定式化される（次頁の表参照）。
　この簡単な模型は，需要量（D），販売量（S）と価格（P）の三つの変量を未知数とし，これを三つの方程式で関係づけたものである。この場合，需要量や販売量が価格のどのような関数であるか，その関数はどんな型のものかがわからなければ，実際に方程式を解くことはできない。そこでたとえばこの関数はいずれも価格（独立変数）の一次関数であると仮定して，

$$\begin{cases} D = a + b \cdot P \\ S = a' + b' \cdot P \\ D = S \end{cases}$$

という形であらわされるものとすれば，定数項 a, a', b, b', の値がきまれば，この三元一次方程式を解いて D, S, P の値をもとめることは容易にできる。a, a'……などの定数項のことをパラメータ（媒介変数）というが，その値のきめ方については後で具体例についてふれる。一般に数学的な条件として，連立方程式が一定の根をもつためには，その中の方程式の個数が未知数の個数に一致しなければならない。模型を連立方程式としてくみたてるときも同様で，模型分析つまり方程式を解いて一定の解（根）をうるには，この条件をみたさねばならない。
　ところでこの簡単な模型の例をみてすぐ気付くのは次のようなこの方法の特質である。第一に経済現象はすべて方程式中の未知数としての変量としてしか把えられていない。つまりすべての経済現象が数量化されるかぎりでしか，あるいは同じことだが，すべての経済現象の数量的な側面だけが一面的

需給関係のモデル

方程式	その経済的意味
(1) $D=D(P)$	需要量(D)は価格(P)の関数である。
(2) $S=S(P)$	販売量(S)は価格(P)の関数である。
(3) $D=S$	需要量(D)と販売量(S)とは均衡する。

にとらえられるかぎりでしか，模型のなかでは問題にされないということである。したがって経済現象——正確には政治経済的諸現象——を自然現象とか他の社会現象と本質的に区別する，この現象の質的な側面，たとえばかならずしも数量化しつくせない経済諸機関・機構，経済制度の構造といった側面は模型作成の当初から意識的に考察の圏外におかれてしまう。なるほど経済変量とはいうが，よく例にあげられる価格，所得，投資などでさえ，これらをただ金額で表示するというのでは，これらの現象の一面を記述したことにはなりえても，それがなぜある一定の値をとり，またそれらが何故に増減変化するのかはまったくわからない。ましてやこれらの経済変量の変量であるという面だけを一面的にとらえて数学上の変量一般としてしまうことが経済学的にいかに無意味なことになるかは，価格の二乗をとるというような計算はできても意味のない例を考えればすぐわかる。ところが，模型分析では経済現象のこのような変量化＝数量化がまず要求されるのである。

模型分析法の第二の特質は，多数の経済変量を一つの方程式のなかにくみこむとき，それぞれの変量が平等に——というのはどれが本質的でどれが非本質的かといった区別なしに——列挙されるという点である。具体例として，「日本経済の計量経済学的模型」にくみこまれている一つの方程式をとってみよう。この方程式では，輸入額は，個人消費支出，個人住宅建設，政府の財貨・用役の購入，輸出額，民間設備投資，民間在庫投資，過去の（半年前の）外貨保有高，という七つの変量の関数とみなされ，つぎのような方程式であらわされている。

（輸入額）＝－165.286＋0.117｛（個人消費支出）＋（個人住宅建設）＋（政府の財貨・用役の購入）＋（輸出額）｝＋0.179（民間設備投資＋民間在庫投資）＋0.124（過去の外貨保有高）

{ }内の数字はふつう「国民総支出」の統計であたえられる変量であるから一括すると，結局これと民間投資と過去の外貨保有高の3変量が輸入額に影響するということを，この式はものがたる。定数項（－165.286）を別として各変量の係数はそれぞれこの影響の程度をあらわす数値である。この式を前提にしてたとえば国民総支出の一部が1000億円増加すれば，輸入が117億円増大するし，また民間投資がかりに1000億円増加すればその効果が179億円の輸入増となってあらわれるといった関係を物語っているのがこの方程式である。一方ここで輸入にたいして独立変量として考察されたこの国民総支出の各要素（{ }内の四つの変量）と二種類の民間投資は，別の式ではそれぞれ左辺におかれて自分自身以外の諸変量の関数として，輸入額と同じ形式で表現される。この模型にはこのように方程式ごとに，あるときは独立変数として，またあるときは従属変数（他の変量の関数）としてあらわれるという形で相互に依存し合う変量が10個，そして方程式も10個あるので，全体としては十元一次連立方程式の体系をなしている。ただ輸入にたいする半年前の外貨保有高のように，過去の状態としてすでに決定された一つの値をもつもの（既決変量あるいは先決変量）はすでにのべた10個の変量と相互に依存し合うのではなく，この模型体系の，いわば外部からあたえられた，既知の数値（という意味で「外生変量」という）として，輸入に一定の影響をおよぼす（そこで相互に依存し合う10個の変量の方をこれにたいして「内生変量」というが，これは，その値が，ある時期に，十元一次連立方程式の未知数として，10個とも同時に一義的に，いわば模型内部の変量の相互依存関係だけでその根がきまってしまうような変量という意味である）。

　このように，いまの例では10個の方程式のどれをみても，左辺の説明されるべき変量（被説明変量ともいう）にたいして右辺の説明する要因としての諸変量（説明変量という）がむかい合っていて，それぞれが一次式であらわされるような関係でむすびつけられている。ところで，この右辺に列挙される説明変量は，左辺の被説明変量の値を規定するいくつかの要因とみなされるものなのである。ところがこれらの要因のうちどの要因が，左辺の輸入額にとって決定的な規定要因でどれがそうでないかを，各要因の性質によっ

て判別することはできない。方程式ではすべてが質的には同等で、ただ輸入にたいする影響の程度の差だけが、各係数の差でしめされているにすぎないからである。国民総支出の方が0.117、民間投資の方が0.179という影響度のちがいは数字でしめされるが、このちがいの経済的な意味はあきらかではない。0.179は本質的で0.117では非本質的ともいえなければ、両方とも非本質的なのかもしれない。そもそも左辺の輸入と右辺の各変量との間には原因と結果の関係もなければ、質的な規定関係もない。ただ右辺の一要因が増加（減少）すれば、その何分の一かの割で左辺が増加（減少）するという、純粋に量的な関係が、並列された諸要因の間に成立するということだけしかこの式はものがたらないからである。要するに模型においてえらばれる諸変量はいわば個々の断片的なつまり相互に外在的な諸要因の数量的な表現としての変量である。そしてこの質的に無差別な量と量との関係を表現したのが各方程式であるから、模型はけっきょく相互外在的な要因の並存形式にほかならない。

　以上の二点、つまり経済現象の数量化と並列的要因がおこなわれてはじめて、方程式を解いて未知数の値を、すなわち上記の内生変量の値をもとめるという模型分析の実施が可能になる。だから模型分析においては二つ以上の経済変量の相互関係が、前例の一次方程式のような関数関係としてのみ問題にされるのである。ということは経済現象がいくつかの要因のたんなる並列関係としてしかも数量的に把握されるにすぎず、要因間の因果関係や、数量的相互依存とはことなる交互作用＝内在的な規定関係はすべて捨象されてしまうということを意味する。したがって、こうした捨象のうえで方程式を解くという模型分析にやれることは、せいぜい、古典力学的な均衡関係の記述ぐらいのもので、経済現象にくらべて交互作用の比較的単純な生物体の相互関係でさえ、このような方法では到底分析できないであろう。経済諸量の関数的相互依存関係の記述だけが「精密」な経済理論の課題であるとしたワルラス、パレート、シュムペーター等のローザンヌ学派の一般均衡理論は、かくして、現代の計量経済学の模型分析のうちに、文字どおりそのまま、その骨組みをなす連立方程式模型の構成原理として、再現されているのである。一般均衡論とともに模型分析もまた、経済過程の内在的な因果関係を分析す

るという経済学の学問的課題を放棄して，現象の量的関係の記述に専念することになる。

　経済現象の並列的要因化という模型分析の第二の特質について上述したことのうちには，この分析の均衡論的本質を証明する証拠がなお他にもある。それは先の例の，過去の外貨保有高という変量についてである。すなわちこの変量はその過去の（半年前の）時期についての模型が作成されるとすれば，その時期の輸入量などと同じ内生変量としてあつかわれる変量であるが，今からみて時期的に遅れている（タイム・ラグがある）というので，当面の模型では10個の内生変量と区別して，「外からあたえられる，既知の値をとる変量＝外生変量」とされるのである（この意味で遅れた内生変量ともいう）。このようなことは現に内生変量としてあつかった輸入量についてもいえるので，模型に過去の輸入実績が変量としてとりいれられるときにはやはり外生変量とみなされる。ところがこの外生変量の他に，一般に経済の外部にあって経済変量に作用する諸要因，具体的には，近代経済学において伝統的に「与件」とみなされてきた人口数，資源の存在量，技術水準などの諸要因も，模型分析ではやはり外生変量として方程式中に導入される。そこである一時期の模型においてはこれらの外生変量は遅れた内生変量もふくめてすべて，模型の内生諸変量を模型外から規定する要因とみなされる。これは内生諸変量のとりむすぶ均衡関係がそれ自身ではけっして変化することなく，この関係を変化させるもの，すなわち現に成立している均衡状態を破壊する要因はすべて外部にあるということを意味する。一般均衡理論がそうであったように模型分析も経済関係の発展を均衡→均衡の攪乱→均衡の回復というプロセスとしてのみとらえる。そしてこのプロセスを進行させる要因は，模型の外部，つまり連立方程式体系の外部にある要因としての外生変量の変化である。ところが模型自身はこの外生変量をすでにのべたように与件としてうけとめるだけであるから，与件の変化原因そのものの解明は模型分析の関知しない，いやしえないことで，結局，過程の発展の原動力としての原因は一切問われることなく，ただその結果の記述だけがおこなわれるにとどまる。ここであきらかになるのは，経済関係の変化発展（運動）の原因を，過程の外部にもとめるという外因説が模型分析の立場だということである。そして，この外

因説こそは一般均衡理論のとる立場だったのである。すなわち,事物の運動の原因をその内在的な矛盾のうちにみとめるディアレクティークの立場と反対なのである。

2 模型分析の欠陥

まず変量の選定についてつぎのような欠陥が指摘できよう。模型分析においては,諸要因が並列的にとりあげられるが,その場合とりあげるべき要因の選定がいかにしておこなわれるかという点,何をとり何をすてるかはもちろん数学的に決定できる問題ではない。このことの決定基準を通常,模型分析は既存の理論,常識,経験などのさまざまの情報にもとめる。そこには理論的な分析によって本質的な要素をとらえて,抽象するという経済学の一貫した研究方法は貫徹されていない。たとえばさきの例の個人消費という変量はつぎのような相ことなる諸要因の関数とみなされる[5]。すなわち,

(1) （個人消費）$= \alpha_1 + \beta_1$（個人可処分所得＋法人所得）

(2) （個人消費）$= \alpha_2 + \beta_2$（個人可処分所得）

(3) $\log$（個人消費）$= \alpha_3 + \beta_3 \log$（個人可処分所得）：〔（個人消費）$= \alpha_3 \cdot$（個人可処分所得）$^{\beta_3}$〕

(4) （個人消費）$= \alpha_4 + \beta_4$（個人可処分所得）$+ \gamma$（過去における個人最高消費水準）

いずれも個人可処分所得が増加（減少）すれば個人消費もそれにともなって増加（減少）するという,それだけではおよそ理論とはいいがたい常識的な関係をあらわす仮説を基準にした関係式である。この四つの型の「消費函数」のどれかがそのまま模型の構成要素＝方程式として採用される。ただ(1)式では法人所得がそして(4)式では過去の最高の消費水準（この式のもとになったデューセンベリーの消費関数では過去の最高所得）が追加されている。前者は,一つの要因を新しくやはり常識的に追加したものにすぎない。(4)式は消費慣習における惰性の効果をとらえるため新しい要因を一つ追加したものとされる。(3)式は〔 〕内の関係を対数変換したもので,消費の所得弾力性が安定的であるという仮説によっている。どの式の基礎にある仮説も経済理論的に根拠があるというよりはむしろ,たんなる経験的な事実の単純化し

た常識的表現であるにすぎない。したがってこの四式のいずれをとるか，いかなる変量をふくむ式をとるかを，つまりこの範囲内で四式の優劣を決定することは不可能である。のみならずこの段階でいったい何故に，このように単純化された少数の変量だけで消費を説明しなければならぬかはすこしもあきらかでない。四式ともさしたる理論的根拠がない以上，これ以外に考えうる，というよりは思いつくままに，消費と関係ありと思われる要因をいくら並べたててもいけないという理由はあるまい。さらにその組合せの数まで考えれば，消費のような，複雑な，多くの要因によって規定されている量を可能的に説明する式はほとんど無数に作成できるであろう。それらが統計的にとらえられるかどうかは別の問題である。ここではさしあたり，たんなる要因の選定についての仮説の設定が問題だからである。このようにどの要因を説明変数として選定するかは，かなり恣意的にさだめられ，極言すれば思いつきでさだめられるのである。選定に窮した模型作成者はここで各式の変量に対応する時系列をとって，いわゆる回帰直線のあてはめをやり，まずα，β，γなどのパラメータを統計的に決定する。結果として，次の方程式があたえられる[6]。

(1) $C = -12.53 + 0.717(Y+M)$

(2) $C = -69.44 + 0.847\,Y$

(3) $\log C = -0.470 + 1.111 \log Y$

(4) $C = 12.14 + 0.234\,Y + 0.703\,C_0$

　　　　ただし　C：個人消費
　　　　　　　　Y：個人所得（税込）
　　　　　　　　M：法人所得
　　　　　　　　C_0：過去の最高消費水準

このうち個人消費と，所得および消費水準との重相関係数が最大のものは(4)式である。しかるにYの係数（限界消費性向）は(4)式の場合，C_0の係数の1/8程度で，「理論的に考えて個人消費支出の主要決定因は所得であって過去の消費水準ではないから」という理由で(4)式は妥当性がないと判定される。それでは何故，統計でたしかめる以前にこの(4)式を選定の候補としたのか，「理論的」には理解しがたいことである。しかし結局，(4)式の型の消費

函数方程式をとる。この選定は，要するに最初に思いつき的に式をならべて，ある期間の統計をこれに投入して，相関度が比較的高く，常識的な経験内容とあまりちがいのないものをとるということである。

つぎに変量の関係は上例のようにほとんどの場合一次式または $a \cdot x^b$ 型のものの対数をとった型であらわされる。しかし現実に一つの内生変量と他のいくつかの変量との間に成立つ関係をこれ以外の形で表現することができないとか，そうする必要がないとか，を証明したうえでのことではない。一次（線型）の関係をただ仮定したにすぎない。複雑な関係式——といっても数学が提供する範囲のものだが——を立てることは数理的にはもちろん可能である。ただパラメータの決定や模型分析をおこなうのに厖大な計算を要するという意味で模型の実用性がそこなわれるので，もっとも簡単な一次式が採用されるにすぎない（電子計算機が計算の分量の問題は解決してくれるとしても，計算機のプログラミングの困難化はまぬがれないであろう）。注意すべきことは，方程式を非線型化しても，すでにのべたようなこの分析方法の構造と基本特質はいささかも変化しないし，上記の変量選定上の欠陥もすこしも解消されないということである。

つぎに上例の消費関数（線型）の場合にふれたように，方程式中の内生変量（未知数）の係数（パラメータ）は統計の時系列データをもとにして回帰直線を決定するという方法（最小自乗法，最尤法など）でもとめられる。その計算技術は別として，ここで問題にしなければならないのは，こうして一旦もとめられた係数（パラメータ）の値は，一定不変のものと仮定されて，模型分析の対象がつぎの時期の内生変量の状態にうつってもパラメータの方は依然不変とされることである。たとえば産業連関分析用の模型では，特定の一産業の生産物一単位を生産するのに他産業の生産物をいくら必要とするかの生産技術的関係をあらわす係数——投入係数とよばれる——が模型のパラメータであって，内生変量は各産業と他産業との間での中間生産物の取引高，そして外生変量はいわゆる最終需要（政府，家計，資本形成，輸出などの各産業の生産物の最終的消費部分）である。産業連関分析はまず各部門の生産物の生産に要する他部門の中間生産物と企業所得，賃銀と，各部門の生産物の他部門での消費と最終消費にかんする統計数値をあつめて表示し（産

業連関表），産業部門の数だけの連立一次方程式体系のパラメータ＝投入係数を算定する。そして投入係数を一定にしておいて，今度は逆に外生変量である最終需要量が変化した場合の各部門の生産量（内生変量）の値を，この連立体系の解としてもとめる。この投入係数はいうまでもなく，生産技術の変動にともなって，各部門で不均等に変化してゆくものであるから，これを一定不変とすることは，よくいわれるように，とくに長期間については，非現実的な仮定となる。しかし実際上はさきの方程式の一次性の仮定同様，もっぱら実用性の観点からこの仮定を採用する。このパラメータ一定の仮定は，連立方程式体系模型一般に共通の，模型分析の常套手段である。しかし現実の過程ではこのパラメータが表示する関係が変化しないことはむしろ例外である。この点は模型を利用しての将来の予測のさい，とくに重要になる。そこでつぎに予測のための模型分析の問題点を考えてみよう。

　まず産業連関分析の手法を比較的近い将来たとえば来年の最終需要の変化に応じて，生産量が各部門でそれぞれどれだけ変化するかを決定するというような，短期予測（これがマルクス経済学ではやれない近代経済学に学ぶべきことなどとよくいわれるものだが）のための，「全体分析」といわれるのが第一の予測法である。これに対して第二の方法として「いわゆるシミュレーション分析」がある。時間とともに変動する内生変量の値をまず第一期については全部もとめ，第二期では，この第一期の内生変量の値をすでにのべた既決変量（遅れた内生変量）として第二期の模型に入れて，その期の他の内生変量の値をもとめる。そして第三期以降についても，このことをくりかえしてみる。最初に第一期＝初期の条件として既決変量の，つまり外生変量の値を模型に代入して，方程式を解いて第二期の前提条件を一度もとめておけば，以下順次各時期毎に内生変量がいわば自動的に計算だけによってあたえられるという意味で，このくりかえし計算によって「経済の動学的経路を，……すべてモデル自体に生み出させる」などといわれる。しかしこの何回かのくりかえしのたびに，与件などをあらわす外生変量の値だけは模型の外から与えてやらなければならない。そこで現時点からはじめて将来にむかってこのシミュレーション分析をやって数期——何年とか何四半期とか——あとの内生変量の値をもとめる——これが模型分析による予測なのだが——場合

に二つの問題が生ずる。

その第一は先にみたように，この予測の全過程を通じて，初期に一回だけもとめた，パラメータの値は一定不変という非現実的な仮定がつらぬかれるということである。そして第二は将来の各期の与件としての外生変量そのものの将来の値が，模型の外部で別途そのつど推定されなければならないという点である。この推定には当面の模型分析そのものはすでにのべたように何ら関係しない。しかしこの推定値が正しくあたえられなければ模型分析による予測結果と現実の状態との一致はのぞむべくもない。ところがこの二点の困難は，ちょうど時系列に直線をあてはめてそれを将来に延長することで，"昨日またかくてありけり，明日もまたかくてありなん"とするのとまったく同じ想定でかたづけられているのである。いいかえると昨日まで上昇傾向にあった株価が明日下落に転ずることはない，将来は過去に似ているはずだとただ想定されているだけなのである。しかしこれが困難の解決でないことはいうまでもあるまい。

3 　模型分析における統計利用上の諸欠陥

以上のような変量選定のルーズさ，一次性＝線型性の仮定，パラメータ不変の仮定，予測のさいのトレンド延長的想定といった根拠薄弱な諸仮定のため，そして，このもう一段基礎では過度に単純化され数量化された諸要因の関数的依存関係しか考慮しないという基本思想のために，模型分析結果としてあたえられる内生変量の計算値を現実の統計値と対決させるといちじるしい不一致が生ずることは容易に想像できることだし，また現に現実にほとんど適合しないような模型分析結果が多いのも事実である。ところがこの計算値と実績値＝統計との不一致の処理にあたって計量経済学は独特のやり方をする。一言でいえばこの不一致＝誤差を，測定値の偶然誤差の問題としてかたづけるのである。この誤差は以上の方程式のなかの諸変量とならべて，やはり外生変量の一つとして，「誤差項」（別名「偶然的撹乱」「ショック」など）となづけられて方程式に導入される。この誤差項をもうけて，これを偶然誤差すなわち確率的にその大きさの決定できる誤差だと仮定するところに模型分析と数理統計学との密接な関係が生ずる。T. ホーベルモ，H. ウォル

第6章　計量経済学的模型分析の基本性格

ト，R. フリッシュなどの有名な計量経済学者たちは，この誤差項の導入ということで，計量経済学は一段と発展し，その模型分析の科学性はたかまったと誇っている。模型分析による計量値と実際の統計値とのくいちがいを偶然誤差として処理するというのはどういうことか。それははたして模型分析の科学性をたかめうるのか。

　模型分析の利用者は，通常この不一致の発生源を，調査結果としての統計数字そのものの誤差と，模型の方程式体系設定のさいの上述のような諸欠陥すなわち変量選定の誤り，線型（一次）性仮定の非現実性，パラメータ固定のあやまりといった方程式体系の側からくる誤差にわける。たとえば当然かかげるべき要因を見落して変量としてとりあげなかったり，あるいはそれに気付いていても数量化できないために未知の要因として無視したりすることによって方程式自身が現実の関係の正しい表現形式にならないような場合，このタイプの誤差が生れるという。そして一般に数理統計学でそうされるように，ここでも調査は自然科学上の観測と同一視されるので，調査結果の誤差は「観測誤差」とよばれ，一方，方程式自身の側に起因する誤差は「定義誤差」(specification error —— H. Wold) とよばれる。この両誤差は計算値と実績値の誤差＝誤差項の二つの部分なのであるが，どちらか一方だけをとり出すことはできないので，両者を一括した誤差項全体が観測のさいの「偶然誤差」（系統誤差＝器差などをのぞく）であると仮定される（そしてふつうは「観測誤差＝ゼロ」と仮定されるのである）。この仮定は正しくない。理由は次のとおりである。まず第一に経済統計の調査は自然現象の測定・観測と同じものではない。前者においては社会経済現象の量がつねに例外なく，一定の社会関係のもとで調査者が被調査者にその記憶内容を聞くという形ではかられる。調査結果は必然的にこの調査における人と人との関係を通してのみ把握されるのであって，そのため記憶ちがいや，とりわけそこに利害の対立がある場合などは意識的な虚偽の申告などが調査結果＝統計の真実性をいちじるしくゆがめる。たとえば徴税機関にたいする所得額の過少申告の例をもってみても社会的事実の一定の社会関係のもとでの調査結果に必然的な誤差がいかに大きいかは想像に難くない。自然測定ではこのような特別な問題は全くない。したがってこの誤差を偶然誤差＝原因のわからない偶然的に

生ずる観測値の誤差とみたり，あるいは観測誤差＝ゼロとしたりするのは，実は模型分析のデータたる統計のもつ，調査における社会関係からまぬがれがたい必然的な誤差——これこそ本来の統計の誤差である——をまったく無視することである。これは社会経済統計利用のイロハをわきまえないことである。では誤差項のもう一つの部分であるという「定義誤差」は「偶然誤差」であるかどうか。これを偶然誤差だと仮定するということは，模型分析の「理論的」部分である方程式体系の構成過程が，経済理論的に不完全である場合，つまり経済現象について理論的に未知のもの，未知の原因が多い場合，そのために生ずる現実と模型のくいちがいを，すべて偶然的原因によって生ずる誤差だと断定することになる。だが原因が未知であるということは，原因が存在しないということでもなければすべてが偶然できまるということでもない。科学的認識の歴史は未知の原因を決定してゆく過程である。模型作成のさい，たとえば前例の個人消費を決定する要因が十分あきらかにされていないから，個人所得以外の要因はすべて偶然とみなすというのが誤差項を導入する考え方の本質である。しかしこの考え方は「理論と現実とを対決させる際に，前者に不可欠な柔軟性をあたえる」(8)といったことで片づけられる問題ではなく，理論そのものが非決定論的で不確定だという立場から来ている。つまり，ここでは事実から法則を発見してゆくという学問本来の道はひらかれず，未知＝偶然ということでそれ以上の認識が停止されているのである。この認識の停止に科学性の煙幕をはるために確率論が登場する。非決定的・不確定な原因未知のものかならずしも数学における確率論の対象ではないが，この点はおくとしても，誤差項が確率的に決定（？）されるというのは誤差項＝不確定としたことの表明である。そしてこのことは結局，現象＝経済変量の背後には何らの原因もみとめないという不可知論の表明にほかならない。たんなる常識ならともかく，経済理論は全体としてこのように不確定とされてしまうほどあやふやなものではない。あやふやなのはさきの方程式選定の例にみたような模型分析論者の思いつき的仮説の方である。

　こうしてわれわれは，「誤差項は確率的に決定される」という，計量経済学の新しい「発展」段階に，言葉の真の意味での科学性をみとめることはできない。それは科学＝決定論的認識から，非決定論的不可知論へのてん落の

過程である。

　以上を要約すれば，計量経済学的模型分析の基本性格は，不可知論的世界観にたって，数量化できる経済現象だけの関数的相互依存関係の観念図式を作成し，変量の均衡状態を記述ないしは予測するということにある。理論の統計による検証として強調されるその分析の実証性は，しばしばシュムペーター流の純粋経済学の空転を克服したものとされる。しかし要素的な経済諸量間の相互依存関係を関数形式で表現するという伝統的な均衡論的経済学とこの模型分析の間には本質的な差別はついにみとめられない。相互外在的な現象の並立・継起関係だけの記述＝科学というマッハ主義的科学観が確率的非決定論とむすびついて，その不可知論的な性格をいっそうつよめたという点に，しいていえば数学と統計数字でかためられた模型分析論の「新しい」性格がみとめられる。

2　マルクス経済学への「模型分析論」の進出

　計量経済学的模型分析の関数関係中心主義的な均衡論としての基本性格は以上にみたとおりであるが，この分析手法がマルクス経済学者と自称する人々によって「現代科学の成果の摂取」，「マルクス経済学の遺産にたいする経験科学的接近」といった名目で，無条件的に支持されつつある。一方，こうした傾向にたいする無関心（沈黙）放置，あるいは模型分析の数学的手段の表面的な難解さに起因する畏怖，「数量化＝厳密化」というドグマへの屈服――こういった一連の風潮がマルクス経済学の内部に混乱をまきおこしているのが現状である。その顕著なあらわれをわれわれは，ソ連における数理的形式主義の復活と強化（ネムチノフ，カントロヴィチ，ベルキン），社会主義諸国（中国を除く）の国民経済バランス論への模型分析法の導入という現象のうちに見出すことができる。

　かつての著名なポーランドの近代経済学者O.ランゲの見解はなかんずく注目に値いする。かれはその『計量経済学入門』にみられるように「計量経済学的方法は社会主義経済でも適用されうるし，それは社会主義経済の有効な計画化と管理のため必要な道具であるという確信をいだいていた」（邦訳，

1頁）ばかりでなく，その最近の著書『政治経済学』においては，計量経済学的研究の根本思想が，かれのいわゆる政治経済学の基本的構成要素として吸収されているからである。その場合模型分析の手法が，そのあらゆる欠陥とともに導入されていることはいうまでもない。以下ランゲの見解をとおして，この手法の基本思想のマルクス学派への進出をあとづけ，批判してみよう。

計量経済学的研究の適用において，ランゲがとくに重視するのは，「国民経済全体あるいはその中の大きな複合体に関する問題」をあつかい「経済的意思決定の効果」の研究を目的とする，いわゆる「プログラミング」への模型分析法の応用である。すなわち，ランゲによれば「全体としての国民経済に関するこの（国家のたてた生産の——引用者）計画を実行するには」……「相互依存的な経済活動を斉合させる問題」の研究が必要である。計量経済学的プログラミングの課題がこれである。「われわれの計画化に計量経済学的プログラミング論を適用しようとする試みは，計画化の改善を促進しうる」，「資本主義経済のもとで発展した現代の計量経済学的研究は，もちろん適当な修正をほどこしたうえで，わが国においても多かれ少なかれ適用されうる……」というのがこの方法にたいするランゲの態度である。[10]

ではそのプログラミング論とは何か，またいかなる修正をほどこせば社会主義経済における計画化に役立つのか。

第二次世界大戦中に，アメリカの戦時経済のもとで，軍事力獲得のためにおこなわれた軍事物資生産と動員の計画方法として発生したプログラミングの理論の問題は，ランゲによると「本質的に，社会主義経済における計画化と同じ問題である」。

しかもこの理論は母国である資本主義国では実際に適用される可能性がなく，かえって「社会主義のうちに，とくに興味ある適用の場を見出している」という。

ところでこの理論の一部は，プログラムの内的無矛盾性をたもつ＝一連の生産上の決定を相互に調和させる＝方法である。ランゲはレオンチェフの産業連関分析の手法を，マルクスの再生産表式分析と比較して，マルクスの再生産論の発展として採用，社会主義経済のもとでの技術的生産係数，部門集

第6章 計量経済学的模型分析の基本性格　199

計,蓄積と消費,蓄積と生産増大,蓄積と雇用の増大,投資効率などの諸問題を論じている。[11] それらの各々についての紹介と詳論は他の機会にゆずるが,全体をつうじてランゲの一貫した態度は,社会的再生産過程を物と物との流れの関係としてとらえ,この関係を数量的に分析する一手段として,産業連関分析をそのまま応用するということである。そして社会主義経済体制の内的無矛盾性,つまり内的調和の確保にとってこの方法が有効であるということを強調する。ランゲは分析方法としての産業連関分析の利用とともに,この模型分析の基本思想たる均衡論的現象把握＝方程式体系の確立という見地をもそのまま社会主義経済の分析の基本見地として無批判的に採用するのである。

　産業連関分析をマルクスの再生産論の発展とみるランゲの見解は正しくない。この誤解はレオンチェフの分析の形式的な側面だけに目をうばわれ,この分析方法の理論的・イデオロギー的な前提にまでさかのぼろうとしないところに由来する。以下この点をあきらかにしよう。

　レオンチェフの構想は,かれ自身もみとめているように[12],V. パレート, I. フィッシャ, S. シスモンディ,とりわけ L. ワルラスから借りてきたものである。レオンチェフがワルラスからうけついだ理論的遺産は,①流通均衡論(需要と供給の均衡のみに着目し,生産の均衡状態を生産物の販売価格とその再生産費との一致からみちびく),②生産諸要素の用役(奉仕)の理論(土地→地代,個人の能力→労働,資本→効用によって生産がおこなわれるとする),③経済学への数学の導入(数学を補助手段としないでもっとも主要な研究方法とする)の三つである。

　ランゲの強調した社会主義経済のプログラミングの方法としての模型分析の有効性は,すでに,レオンチェフ自身がみずからの体系の卓越した利点だと自負していることと完全に一致する。レオンチェフの主張の要旨はつぎのとおりである。社会主義経済では経済の計画化と管理が,これはたとえばアメリカの国家やその巨大資本の経営内での計画・管理にも利用できるがそれよりもはるかに容易になる。プログラミングの理論の適用が資本主義と社会主義の両方で利用されることによって,両方のことなった社会・経済体制の接近が可能になる。技術的手法としてのプログラミングの汎用性にたいする

レオンチェフの自負にたいして，つぎの二点を理由に反論することができよう。①これは資本主義と社会主義との差別の無視である。両方における計画化の可能性の承認と強調は，資本主義のもとで恐慌の克服可能性の主張につうずる。②両体制が原理的に対立するように，ブルジョア経済学とマルクス経済学との間に綜合はありえない。レオンチェフはこの場合自らが中立の地位にあると宣言するが，両方の理論闘争において中立者としてふるまうことはゆるされない。

レオンチェフ体系そのものは，国民経済の諸産業部門間の生産物の数量的取引関係の純粋な記述である。その基礎には，部門間の生産物取引の関係が技術的に一定不変という仮定と，総投入＝総産出という仮定がよこたわっている。この体系は再生産過程の真の分析をあたえない。主要な欠陥はつぎの点にあらわれている。①生産的労働と不生産的労働，物的生産と非物的生産の区別がないので国民所得を数量的に正しく規定することができない。②生産過程における生きた労働の役割が認識されず，すべての生産要素が所得を生むと考えられている。③したがって，投下資本と生産物価値の差としての剰余価値が無視されている。これは新たに生産された生産物の把握を不可能にし，再生産論の基本的カテゴリーが見失われることになる。④所有関係，階級関係が全然捨象されている（労働者も資本家も家計としてとらえられる）。⑤レオンチェフは労働価値説をみとめないので再生産過程の素材的分肢と価値的分肢の交互作用を示すことができない。

こうして，ランゲがレオンチェフ体系をマルクス再生産論の発展とみるのはあやまりである。そしてこのようなあやまりが生じたのは，ランゲが数量的経済関係分析を過大評価したからであろう。

この数量分析過大評価は1935年の「マルクス経済学と近代経済理論」以来，1958年の「マルクス主義とブルジョア経済学」にいたるまで[13]，一貫してみられるランゲの態度であるが，レオンチェフ体系の社会主義経済分析への適用の可否という当面の問題との関係で，とくに注目しなければならないのは，つぎのような見解である。ランゲによれば，マルクス経済学は制度的事実を精密に詳論した点で，とくに資本主義社会には生産手段をまったく所有しない人民大衆がいるという制度的与件をうきぼりにした点ですぐれてい

第6章　計量経済学的模型分析の基本性格　201

る。しかし——とランゲはつけ加える——この経済学には一つのたちおくれがある。それがブルジョア経済学がやった程度に具体的な経済問題に寄与するのをさまたげている。このたちおくれの原因は，ランゲによると，昔からくりかえされている労働価値説への固執にある。マルクスの労働価値説は均衡と拡大再生産の理論の直接的前提ではない。しかも再生産論には超資本主義的な意味がある。古典的労働価値説をすてて限界効用説に走ったため「ブルジョア経済学は」資本主義の発展の基本的現象が説明できなくなったというマルクス経済学者の通説は，ランゲによると正しくない。なぜなら，労働価値説は「経済の一般均衡についての静学的理論にほかならない」からであるという。ランゲが労働価値説をマルクスの再生産論からきりはなし，純粋に量的なものとして，純粋な価値—価格関係として理解したことこそ，その数量分析過大評価の明白なあらわれであり，レオンチェフ体系への過信の原因もまたこの労働価値説の歪曲された理解のうちにある。というのは，労働価値説の放棄ないしは歪曲はランゲにかぎらず，現在の近代経済学とこれを無条件に支持するマルクス修正派に共通の，マルクス経済学との根本的差異であるから（とりわけ，実証分析をことさらに強調するものが，たとえばJ. ロビンソンのように労働価値説を形而上学的思弁としてしりぞけ，「価値論なき」経済学の旗印の下に結集する。そして，現象論的な模型分析においても，価値は経済諸変数として現象の表面だけをみていたのではとらえることが出来ないという理由で，操作性のない〈operationalでない〉カテゴリーとして追放されてしまう）。

　ランゲの数量分析過信，マルクス経済学の均衡論的歪曲は，その近著『政治経済学』においていっそう鮮明になる。

　数量分析への傾倒は，ランゲにおいてまず客観的な経済法則の三つの種類として，因果，並存，関数の三法則が並列されるという形で登場する。関数法則とは，「数学の関数をつかってしめすことのできる量的に測定可能な事象のあいだの関連が存在するばあいに作用する」法則で，「量的測定可能な事象の，恒常的な時間的連鎖かまたは規則的な並存から成る関連である」（邦訳，50頁）。

　ところで経済法則の作用は，偶然的な攪乱，すなわち，一定の具体的な事

例にあらわれる副次的関連あるいは関係からの攪乱をうける。この意味で「経済法則は確率的（stochastical）な法則あるいは統計的（statistical）法則の性格をもつ」（邦訳，52頁）。「確率的」あるいは「統計的」というのは，「本質的要因は現象の大量的反復においてのみ明瞭になる」（前掲箇所注4）ということで，「偶然的関連の結果の相殺と必然的関連の明瞭化＝大数法則」が経済法則の発現する形を構成する」というのである。経済法則のこの確率的性格から，「政治経済学の法則および理論の検証は現実のうちに存する大量過程との対置においてのみ可能であり，個々の例との対置においてではない」（邦訳，129頁）ということになる。そして，理論の命題と経済過程の現実の経過とがどの程度一致しなければならないか，の問題は，数理統計学によって確定される。数理統計学は理論の仮説と現実との不一致の最大限許容限度を確定する（統計的検証）。そしてこの統計的検証の方式こそは前述の「誤差項」の処理である。われわれはここに模型分析の数理にたいするランゲの全面的支持を確認することができる。因果の決定論的関係の軽視と確率的非決定論的関係の重視という現代の「反科学的」傾向へのランゲの顚落をみる。

むすび

　計量経済学的模型分析は，経済現象の数量的側面の特殊な形態としての関数的依存関係だけを一面的に一般化して，現象の量的均衡の記述に専念する。この方法の基礎には，事物の発展変化を内的矛盾の展開とみる見地とまったく相いれない機械論的世界観がよこたわっている。
　形骸化された均衡の観念に力学的アナロジイと方程式をつめこむことによって，その没概念性に物化の極致の形態をあたえる均衡理論経済学の伝統は，[14]計量経済学的模型分析にもそのままつらぬかれている。マルクスの再生産表式までも「均衡理論」としてわがものにしようとする近代理論が，経済学にたいする無知と曲解の告白にほかならないとすれば，「マルクス経済学」の側から計量経済学との無批判的妥協を提唱することほど露骨な修正主義はあるまい。

第6章 計量経済学的模型分析の基本性格　203

(1)　O. Lange, *Political Economy*, Vol. I General Problems tr. by A. H. Walker London 1963. p. 128f（邦訳『政治経済学』合同出版社, 123-24頁）.

(2)　岩崎允胤「均衡論的経済学の基本的性格」（『唯物論研究』季刊19号, 1964年秋, 116頁以下）,「近代主義的モデル論の批判」（同誌, 季刊16号, 1963年冬, 112-31頁）,「現代科学における数学主義」（同誌, 季刊11号, 1962年秋, 80頁以下）.
H. Meissner, Die Entwicklung der Gleichgewichtstheorie als Ausdruck des Verfallsprozesses der bürgerlichen politischen Ökonomie, *Probleme der politischen Ökonomie*, Bd. 5., 1962, SS. 199-251.

(3)　G. Ackley, *Macroeconomic Theory*, 1961（邦訳『マクロ経済学の理論』I, 18頁）.

(4)　上野裕也『日本経済の計量経済学的分析』東洋経済新報社, 166頁.

(5)　前掲書, 136頁,

(6)　前掲書, 137頁.

(7)　坂下昇「計量経済学的手法の意義」（『思想』1964年3月, 122頁）.

(8)　坂下昇, 同論文, 118頁.

(9)　玉野井芳郎「マルクス経済学におけるモデルと仮説」（『思想』1963年5月号, 106頁）.

(10)　以上の引用はオスカー・ランゲ, 竹浪祥一郎訳『計量経済学入門』日本評論社, 78頁による.

(11)　前掲書, 142頁以下.

(12)　Interview, Wir sprachen mit Prof. Leontief, *Zycie Gospodarcze* 25. 1. 1959. H. Koziolek, Zur Einschätzung der Ansichten des americanischen Ökonomen Leontief in Zusammenhang mit der marxistischen Reproduktionstheorie, *Geld und Kredit*, Heft 3/4 IV Jg, 1959, SS. 233-61 より引用.

(13)　O. Lange, Marxian Economics and Modern Economic Theory, *The Review of Economic Studies*, June 1935）.
Der Marxismus und bürgerliche Ökonomie, *Politika*, No. 9, 1. 3. 1958, No. 10, 8. 3. 1958.

(14)　中野正「均衡論的歪曲の発生 II」（『経済評論』1948年6月号, 34-35頁）参照.

III　現代経済学方法論批判

第7章 「経済学の危機」と近代経済学の方法

1

　1930年代の世界資本主義体制が経験した構造的危機（過剰資本と大量失業）に対する，この体制内部での打開策としての総需要維持策と管理通貨制度は，第二次世界大戦後約4分の1世紀を経た今日，資本主義諸国における最近の長期連続的な物価上昇傾向と失業との同時的併存（いわゆるスタグフレーション現象），また国際的には1970年以降急速に尖鋭化した国際通貨体制の激しい動揺（ドルの減価とIMF体制の管理能力喪失）という形での，資本主義の現段階における危機に対しては，もはや有効性をもたなくなっている。そのうえ資本主義は世界中いたるところで，独占大企業による資源の無計画的濫費と相つぐ自然及び社会環境の破壊のテンポをはやめ，人類の将来にとって重大な脅威になりつつある。

　世界の資本主義体制をおおうこのような危機状況がいかに深刻なものであるかということは，一見逆説的にみえるが，この体制に対してこれまで，意識するとしないにかかわらず，その理論の社会的実践的帰結において弁護者の役割を果たして来た近代経済学者たちが，もはやこれを黙殺し去ることができず，「専門化・厳密化を目指し，関心分野を限定する禁欲的仮説の下で論理の展開をはかる」（内田忠夫「"近代"経済学の発展から何を学ぶか」『季刊現代経済』8，日本経済新聞社，4頁）などと無関心を装うことすらできなくなっていることに，もっともよくあらわれている。

　経済政策としての自由放任が否定されてからすでに半世紀近くを経た今日なお，近代経済学の学界を支配する思想には，かなり多種多様なものが自由に乱立していて，上記のような資本主義経済の危機が，近代経済学者たちの意識に「経済学の危機」としていかに反映するかを見ると，それに対する対

策を論ずるはるか以前にそもそも現実にすでに発生している諸問題の受けとめ方においても，きわめて多様である。公害，都市問題，貧困，社会保障，医療，所得分配の不平等，インフレ，国際通貨制度の混乱，南北問題，等々と，かれらが手あたり次第に列挙して，「これまでの経済学の手法ではうまく取扱えないという認識は，大部分の人が持っていると思う」（前掲書，166頁，稲田献一の発言）と認めている現実の諸問題が，近代経済学の伝統的な分析方法体系のうえにいかなる変容を迫っているのか，また近代経済学者がこれをどこまで意識し，いかに対応しようとしているのか，要するに近代経済学が今日の経済，社会問題を解明しえなくなっている現状を，その分析方法の特質，思想的基盤の必然的帰結として批判的に評価することがこの研究ノートのねらいである。

　経済学が当面する上記のような困難が，きわめて多方面にわたる以上，議論すべき論点もまた，当然多岐にわたる。その危機感に広狭深浅の別はあっても，近代経済学が現に対決せざるをえなくなっている現実の諸問題は，もはやその学説の支持者たちが俗流的な意味で「価値判断を排除」し，「純粋経済学」の抽象世界に閉じこもることを許さなくなっている。それ故，その正しさに問題はあれ，かれらもまたかれらなりの方法体系のもとで，「実証」の必要を強調し，自ら「実証」をおこない近代経済学の危機の「克服」をはかっているといえようから，ここでは，かれらのいう「実証」の特質にも視点をおいて，その分析方法体系を評価してみたい。

　科学研究における理論の準拠すべき三大原則が，その，現実反映性，論理的整合性，実践指導性，の三点にある以上近代経済学とは思想的基盤を全く異にし，またすぐれて歴史科学的な研究成果を方法として体系化して来たマルクス経済学といえども，もちろん資本主義の現実の危機的状況についての正確な，具体的な分析と，将来の展望を怠ることはゆるされない。

　すでに近代経済学の方法的伝統としてのその，イデオロギーに対する，「その理論と『原則』との対置，原則の側からの相手側への批判」（内田小太郎「モダニズム社会科学の研究方法の再吟味についての一考察」『唯物論』13号，59頁）としては，『現代社会科学方法論批判』（未来社）その他における岩崎允胤の諸研究において，確乎たる基礎が与えられている。しかしな

がら，発展，変化する現実の経済についての客観的，科学的な分析が，一部の似而非マルクス経済学者のいわゆる「原理論」で完結したりしないのと同様に，資本主義の現段階が，この体制の維持を前提として来た近代経済学者の思想と論理における破綻を，その理論の現段階における歴史的役割の分析という基本的な論点との関連において具体的にあきらかにすることは，マルクス経済学のくりかえしとりくむべき重要な課題であろう。

2

経済学の危機は近代経済学者が自らの研究方法論を，その思想的基盤をふくめた全体系にわたって再検討することを要求している。E. H. フエルブス・ブラウンがイギリスの王立経済学会会長就任演説で強調した「経済学の後進性」(H. Brown, The Underdevelopment of Economics in *Economic Journal*, March 1972.) の解明は，近代経済学の研究の現段階をよく包括的にとらえている。すなわち，ブラウンは，この演説で，「資源配分と意思決定の論理を精緻化し，経済成長の模型を構成し，経済諸力のシステムを計量経済学的に分析する」(*ibid.* p. 1) 面で目ざましい成果をあげてきた経済学が，現実の世界から提起されているつぎのような諸問題の解決にいかに無力であったかを，また現に無力である，ということを承認している。ブラウンが経済学の現下の課題としているのは，後れた貧困な国ぐにの成長を推進し，工業先進国の行動を改善すること，国際収支の均衡をはかること，完全雇用を維持しながらコスト・インフレーションを阻止すること，自由競争市場と政府の経済への介入との範囲を決定すること，工業化や人口の増大とその都市集中が生活の環境と質に及ぼす破壊的効果をおさえること (*ibid.*) である。これらの重要な現実的諸問題が，現代の経済学の手に余るのは，ブラウンによれば，基本的には，経済理論も計量経済学もともに，経済主体の行動についての恣意的 (arbitrary) な仮定にもとづいて展開されてきたことによる。「実験科学においては，仮定が先験的にえらばれても，これを観測された事実と対決して検証できるのであるが，経済学の場合，実験の可能性はほとんどないし，この欠陥を計量経済学でおぎなう可能性も限られている……。経

済主体の行動についてわれわれが知識をもつには，直接観察を辛抱づよくつみかさねてゆく他はない」(*op. cit.*, p. 7.)。近代経済学のこれまでの発展が，上記のような現実の諸問題からいちじるしく立ちおくれた水準にあるという現状を克服するには，その研究の対象領域を拡張し，その研究方法を本質的に変革しなければならない。この点についてブラウンはつぎのように提唱する。まず対象領域についていえば，「経済学者の研究領域は対象の存在する領域によって決定されるべきであって，その専門分野によるべきではない (The economist's studies should be field—determined, not discipline—determined)」。委員会や団交の席上で結論を出すための具体的な方法が問われているところでは，経済学それ自体は何の役にも立たないとされている。「経済学それ自体」なるものを打破すべきである (Down with "economics as such")。われわれの研究領域は，われわれの視界を慣習的に一ぺつすることによってではなく，研究の主題が示すものによって決定すべきである。経済問題が生じた場合には，重要と思われるものはすべて観察し，どのような結果をもたらす原因もみな追求してみるべきである」(*op. cit.*, pp. 7-8.) と。

研究の対象領域をこのように，現実の経済問題に即して決定すべしとする考え方からは，「経済学の主題と他の社会科学のそれとの伝統的な境界線をとり除くこと」(*op. cit.*, p. 7) が要求される。経済分析の対象範囲に対する従来の近代経済学の不当にせまい限定を打破せよというこの要求は，社会的，心理的，法律的要因によって生ずる問題の解明にも経済学的分析を適用すべしとするミュルダールのいわゆる超学的アプローチ ("Transdisciplinary approach"——G. ミュルダール「現代経済学の責任」『中央公論』1972年12月号) にもみられるところである。

同様の要求は，P. L. ハイルブローナーの主張 (「新しい政治経済学の可能性」『季刊現代経済』8号，192頁以下) にもみられる。「在来の分析に欠けているのは，……社会的諸力の産物であり，その生産者でもある人間についての体系的考察だ……，"厳密ではあるが，遺憾ながら死物化している" (P. L. Heilbroner, "Putting Marx to Work", *New York Review of Books*, Dec. 5, 1968, p. 10.) ……状況から経済学を救い出すのに必要なことは，現行社会秩序の性格を説明しようとして伝統的な経済学が用いている二次元モデルに，

政治的・社会的次元を加えることである」(前掲書, 192頁)。言いふるされた当然の要求であるが, もとめられるものは「純粋経済学」でも, 「経済科学」でもなく, 「政治経済学」でなければならないという要求が, 他ならぬ近代経済学者によって, 今になってようやく叫ばれるようになってきたのである。このことは近代経済学者が, 1870年代のいわゆる限界「革命」によって象徴される知的堕落におちいって以来, 今日にいたるまで, 現代の世界に対して"かかわり合い"をもたず, "帝国主義"とよばれる現象に対する本格的な経済的関心を欠如してきたことにもはっきりあらわれていると, ハイルブローナーは考える。経済学のこの「手抜かり」は, 具体的には, 「マクロとミクロ双方の行動様式を説明しうる統一された理論的枠組みの欠如」(同上, 197頁), 「現代資本主義の重要な行為者である法人企業にかんする適切な理論がない」(同上) といった伝統的な近代経済学の致命的弱点となってあらわれている。「最初に"経済"と"社会"を引き離し, そのあとで複雑に関連し合っている因果関係を無視した抽象的な経済学を論じるという知的誤り」(同上, 200頁) こそは, いわゆる「純粋数理経済学」の方法論はもとより, 「実証」を旨とする計量経済学の研究をも貫くもので, 「社会科学としての経済学の真の荒廃」(同上, 202頁) に通ずるものである。マルクス経済学に対して, 「あれは思想であって科学ではない」と嘲笑してきた近代経済学が, マルクス経済学の根底にある歴史観, 社会観としての唯物史観を排し, 経済学という学問の思想性をみとめず, 力学, 自然科学の研究方法の安易な借用をもってむしろその「科学性」をほこってきた誤りの論理的な帰結が, 今になってやっと近代経済学者自身によって, 経済学の荒廃として自覚されはじめたのである。これはまたいわゆる分析的方法 (仮説―演繹法), とりわけ数学的方法の, 研究対象とは無縁の独走をもって, 経験科学としての経済学の精密化であると誤認し, 「研究のために用具をもとめるのではなく, 逆に用具に合う研究を模索してきた」(ブラウン, op. cit., p. 8.) 近代経済学の当然帰着すべき終点であったともいえよう。

　かくして, 古くはJ. ロビンソンによって, また新しくはハイルブローナーや村上泰亮の口を通じて (村上泰亮「近代経済学の可能性と限界」『中央公論』1971年4月号), マルクス経済学の「全体論的方法」(K. ポパーの用

語）の再評価，あるいは一定の限定つきでの導入という方向が，「"経済"とそれを取り巻く社会組織との間に強い関係を築いている要素を経済分析のなかに再び導入する」（ハイルブローナー，同上，202頁）という要求となってうちだされている。

マルクス経済学の研究方法が再評価され，導入されるといっても，近代経済学者のうけとめ方にはつぎのような重大な限定がつけられている。

すなわち，在来の近代経済学が，いわゆる「経験科学」としての経済学の「精密な科学的方法」＝分析的方法の用具を適用することを研究の第一義的要請とし，これに適合する限りで人間の，とりわけ個別的消費主体としてのその，経済行為を基本的モデルとして仮設し，没社会的，没歴史的な独特の心理分析を主題として来たこと自体の必然的帰結として，近代経済学者は上記のような「危機」感をいだかざるをえなくなっているのがこの経済学の現状である。ところがこうした否定しがたい現実に直面しながらも，なお近代経済学者自身の方法的反省はきわめて不十分なものといわなければならない。その一例は近代経済学の研究方法をその思想的背景からきりはなして，依然として「科学」としての独自性＝没思想性を強調することによって，「近代経済学の方法を何らかの形で分析哲学と結びつけて説明しようとする」（早坂忠「わが国経済学の現状についての思想史的考察(2)」『季刊現代経済』5号，175頁），わが国における一部の近代経済学者たち（山田雄三，水谷一雄，安井琢磨，村上泰亮など）の試みにたいして，「最近（そしておそらくは現在）にいたるまで（理論面たると応用面たるとを問わず）実際に分析に従事している近代経済学者の大部分は，そのような考えをとくに問題にしようとはしなかった」（同上）とする主張にみられる。この主張には実はマルクス主義側からの，たとえば岩崎允胤によって代表される，近代経済学方法論の思想的基盤に対する正当な原則的批判を，前記の一部の近代経済学者たちの分析哲学に対する不十分な理解にもとづくミスリーディングな主張に対する先走った近代経済学批判であるかのように印象づけようとする意図がみうけられる。しかしながら「問題は，このような形〔岩崎が近代経済学の思想的基盤はプラグマティズムと論理実証主義であるとしたことを指す——是永〕で近代経済学（ないし何らかの社会科学部門）の特徴づけがなされると

きには，たいてい，したがってそれは現象論だからダメだ，という結論が導出されるという点にある」（同上書，176頁）というだけでは，論者自身が「大綱として」はみとめている岩崎の批判に対する反論になりえないのであるが，早坂のこのような主張は，近代経済学者の側の，あるいはそれとマルクス経済学との両者にたいして第三者的に中立な立場に立つかのごとく「自負」する人びと，あるいはまたこの両者の思想体系の原則的対立を軽視して安易にその相互補完を唱えるもの（かつては杉本栄一，新しくは玉野井芳郎，村上泰亮など），たとえばサミュエルソンの如く両学説の「異花受精」を可能とみるもの，などに共通にみうけられる一つの特徴をもっている。すなわち，近代経済学の研究方法を貫く思考の思想的基盤と，その研究の具体的手法との関連をたちきり，そうすることでかえって近代経済学の「科学性」を保持できると誤認し，マルクス主義の側からのこれに対する原則的批判を封殺する途だと誤解することである。ここにとりあげた早坂の主張の全体もまたその一例である。「科学哲学や近代経済学の手法にも通じたうえで新しいマルクス経済論を展開したものとして」（早坂『季刊現代経済』7号，173頁），「近代経済学，マルクス経済学の何れに対しても経済学のというものの性質の解明という点で示唆に富む」（同上）と早坂が推している竹内靖雄の新著『マルクスの経済学』（日本評論社）で，経済学の学問的性格はいかに解明されているかというと，そこにみられるのは，「イデオロギーの体系であるとともに絶対的『真理』の体系でもあることを主張する性格をも含めて，マルクス主義が多くの点でユダヤ教・キリスト教に酷似した思想体系である」（同書，198頁）という結語にもみられるように，マルクスについての誤解を一面的に拡大し，結局マルクスの『資本論』を「信仰や回心の問題に帰着する」一つの神学体系の言語的構成物とみるために「分析哲学」を動員するというものである。「科学の哲学」を標榜してきた「分析哲学」が，はたして竹内の利用法（宗教を理解し，言語分析にかける）に適合したものであるかどうか，あるいはまたそれで，早坂のいうように神学体系としての『資本論』だけではなく，「『完全競争の仮定』と『限界費用逓増という経済法則』……それらいくつかのものが相互に分離しえない形で結合されている完全競争下のミクロの一般均衡論なども，……竹内のいう神学体系的なもの

とみなすほうがより適切なのではなかろうか」といえるかどうか，はここでは大した問題ではない（もっとも，一般均衡論は，その空虚，没社会的，没歴史的な抽象性の故に，内田忠夫のいわゆる「美学派」的経済学者の意識に適合はしても，現実非反映性という点では神学に通ずるものかもしれないが）。竹内がこの書物で強調しているのは，マルクスの『資本論』における労働価値説が，「行動単位の『選好』に関する合理性の公準と極大化の行動ルールを前提して価格現象を説明しようとする方法がもっているような形式的一般性はもっていない。それは何らかの生産システムを想定して〔竹内はここで生産の技術が線形（linear）で，レオンチェフ型のモデルにおいて生産係数行列が非負の解をもつ場合を想定している〕はじめて有意味となる……ような主張であり，しかもそれが価格決定の説明原理として妥当するのは……少なくとも非資本主義的な生産システムに限られる」という点である（同上，58頁）。資本主義を制度的「システム」あるいは，モデルとみなし，技術の線型性を想定し，数学的jargonをひけらかすのでなければ，価格現象を説明するための「形式的一般性」が保持できないとする竹内のこの言語分析の手法は，彼自身の特異なマルクス「解釈」というよりは，ランゲその他にもみられる近代経済学者に共通の，数学的定式化をあらゆる科学の研究の極致とみる思想の一例ではあっても，またその意味での新しい装いのもとでのマルクス攻撃（科学的な批判ないしは評価の名に値いしない）ではあっても，これをもって「経済学というものの性質の解明」（早坂）に役立つものとはとうてい考えられない。ただ，学史的にはこの竹内や，玉野井などの，マルクス主義から近代主義への転換が，マルクス攻撃に終始する宇野理論を媒介にしている点，多少注目すべきであろうが。

3

以上のように，一部の近代経済学者は，自らの「危機」を意識して，伝来のせまい研究領域の拡張——ただし分析方法の原則的変換ではない——によってこの「危機」に対処しようとしている。これはかれらの研究方法体系に，さらにいくつかの変更ないしは修正——正確には力点の変化——をよびおこ

すが，そのなかで重要なのは，数学的形式的な一貫性よりは事実観察を重視せよという方法的反省であろう。

さきに紹介したブラウンは「歴史研究は経済学者教育の重要な一部をなす。『教科書理論』――これは軽蔑を意味するもので……現実の事態をその複雑な全体としてとりあげる歴史家から，補足と修正を学びとるべきである。……『これら〔国によってことなる社会的変化の結果としての経済の発展――是永〕のあいことなる歴史的経験を，単純な経済諸量の間の直接的な因果関係に環元するような洞察力を経済学者はもち合わせていない』(P. Bauer and B. S. Yamey, *The Economics of Uuder-developed Countries*, 1958, p. 128.)」として (Brown, *op. cit*., p. 8) 歴史研究の重要性を強調して，「抽象力よりは観察力の方を，数学者の厳密さよりは歴史家の洞察力の方を，高く評価すべきである」(*op. cit*., p. 9.) と強調している。この点でブラウンは，「経済学を前進させるための主要な条件は，依然として，その経験的背景を改善することである。毎日の経済からは山のような数字が生みだされているのに，経済学のあつかう主要な事実についてのわれわれの知識は，主題が数学化された段階での物理学で修得されたものに比べるとはるかに小さい」とするモルゲンシュテルンの主張 (O. Morgenstern, Limits to the Uses of Mathematics in Economics, in *Mathematics and Social Sciences Monograph of American Academy of Political and Social Science*, June 1963, pp. 12-29.) をみとめ，性急な一般化を排し，まだまだ多年にわたる事実観測のつみ重ねがなければ，数学的定式化は尚早であるとみている。

全く同様な反省は，アメリカ経済学会の第83回大会での W. レオンチェフの会長就任演説にもみられる (W. Leontief, Theoretical Assumptions and Nonobserved Facts, in *The American Economic Review*, March 1971, pp. 1-7.)。レオンチェフはここで，従来の計量経済学の諸研究が，観察された事実の裏付けのないところで，事実についての安易な仮定のもとで構成された数学的モデルから，数学的なインプリケーションをひきだす技術に偏り，不毛な――というのは現実の問題にかかわりのない――論文の洪水をうみだしていることをとくに非難している。レオンチェフによれば，「数学モデル製造業」(mathematical modelbuilding industry) の今日の盛況には，モデル設定のた

めの仮定の非現実性，使用されている統計的手法の非適合性，事業資料の不足といった重大な欠陥がかくされている。たとえば，長大な数理的展開ののちに，「結果の実質的意味が解釈される段階になると，モデルの基礎であった仮定はあっさりと忘れられてしまうが，分析全体が役に立つかどうかは，あきらかに，この仮定の経験的妥当性によってきまる。真に必要なことは，観察データによってこの仮定をくわしく評価し，検証することであるが，この場合数学は役に立たない」(*op. cit.*, p. 2.)。一方，「利用できる資料的基礎 (data base) の歴然たる弱さ」を，手のこんだ統計的推理の手法でカバーしようとする計量経済学者の努力に対しても，レオンチェフの評価は否定的である。「統計的用具の妥当性は，特定のモデルが説明しようとする現象に確率的性質があるとする便宜的な仮定をみとめるかどうかできまるが，この仮定が検証されることはほとんどない」(*op. cit.*, p. 3.) のである。そのうえ，「大ていの物理科学の場合に比して，われわれが研究するシステムは，途法もなく複雑であるばかりか，たえず変化してやまない状態（in a state of constant flux）にある」。このことは一方でたえず新しいデータを研究材料としてとりいれることを要求し，他方では，近代経済学者がよく行う歴史的事実を理論にとっての与件として固定化することへの反省をよびおこす。すなわち，「今日の『与件』は，明日になれば説明すべき『未知数』に転化する」(*op. cit.*, p. 5.) と。

　以上にみたような，それ自体としては，ごく当然な方法的要求としての，事実認識の重視，あるいは，理論の現実反映性の要求は，形式的数理的コンシステンシー以外には盲目なモデル分析家たちに対する批判としては適切であるが，これにも，近代経済学がのりこえることの出来ない一線のあることを忘れてはなるまい。それは，かれらのいわゆるデータ，その獲得の手法と利用法，つまり「実証」の特異な意味づけにかかわる。具体的にいえば，かれらのいわゆる実証は，事実，それも測定という直接経験の結果としてとらえられた限りでの個別的な現象の一側面としての「事実」による理論のうらづけ以上の意味をもちえないのである。したがってその理論の現実反映性は，この意味での現象反映性とみるべきで，その歴史的発展によって長期にわたって，社会の経済活動が自ら実証してゆく，資本の運動法則の実在性，その

第7章 「経済学の危機」と近代経済学の方法　217

究極の規定者としての価値の実在性などをみとめずこれらを，形而上学として排除（J. ロビンソンがくりかえし主張している）した上での実証にすぎない。近代経済学にとっては，事実認識（fact finding）の必要がいかにつよく叫ばれても，直接に可視的ではない，ましてや直接可測的とはいえない，価値，その実体としての労働，剰余価値，そして結局は資本といった経済的諸範疇は，分析哲学者，あるいは K. ポパーのいうような検証，反証の可能性をもたないものであり，かれらのいわゆる「実証科学」の外に追放されるべきものである。それは，コーンフォースが正しく指摘しているように，労働価値説が，生産諸関係の形成と発展という歴史的事実にかかわる学説であること，この生産諸関係の形成と発展の歴史的過程は，人間の社会的実践をつうじて経験的に立証できるものであることを，分析哲学や近代経済学が理解しえないか，または，あえて理解しようとしないからである（M. コーンフォース，城塚登他訳『開かれた哲学と開かれた社会』紀伊國屋書店，214頁以下参照）。

　直接経験の対象以外に科学の対象（客観的実在とその諸側面）をみとめようとしない点では，分析哲学も近代経済学も，かつて経済学から主観的効用＝価値を追放しようとした V. パレートに対して杉本栄一が与えた評価，つまりマッハ主義的経験批判論に立つものといわなければならない。ただ重要なことはこのようにかれらの実証——というよりは実証主義——の特質を既存のブルジョア思想の一類型として分類し，命名することだけではなく，かれらの事実認識がいかなる理論とむすびつき，どのような実践的帰結をもたらすかを個別的に解明することもまた一つの課題である。

　経済的諸法則の実証をめぐって，最近，マルクス経済学者の間で〔この問題の方法論的な面にもふれるが，しかし，本来の問題は実証される事実の内容にある〕，法則の実証と論証との関係，実証の可能性などが議論されている（『経済』1972年10月，1973年1月，1973年6月，のそれぞれにおける，本間要一郎，野村秀和，戸田慎太郎の間での論争，参照）。価格次元での「法則の実証」にともなうさまざまの困難から，かつて J. ギルマンがやったように法則そのものの定式化を実証しやすい形にかえたり，本間のように実証のために新しいカテゴリーを設けて，法則については論証の可能性しかみ

とめない見解には賛成しがたい。私見は原則として戸田の一元的な，実証可能論が正しいと思う。実証が直接的には価格次元でしか，それもまた現実を歪曲して反映する統計資料や会計記録を修正することによってしか，おこなえないという経済学に特有の困難は，経済理論の検証又は反証の不可能性を意味するものではなく，したがってまたこうした実証の直接的条件に合わせて理論的カテゴリーやその相互の連関を任意に改造して，近代経済学的実証のレベルにひきさがることを合理化するものでもない。分析が構造的でなければならないとすれば，分析結果の検証もまた体系的でなければならず，ときには間接的な事実材料による証明をも必要とすることになろう。

4

以上，2，3でみたように，たとえ一定の限界内にせよ，研究対象の領域を，政治的，社会的，文化的諸要因にまで拡大し，しかも，括弧つきの事実にせよ，「事実」による検証を重視して，近代経済学が，現実の経済問題に無関心であることを止めて，それなりの実践指導性を持とうとするからには，このことはその従来の方法体系に対する反省を必至なものとする，それはまた近代経済学が没思想的な単なる分析技術の展開に終始することを許さないばかりか，ハイルブローナーのいうように，政治的次元を含めて伝統的な経済学の範囲を拡大し，経済研究のなかに政治的考慮を明示的に導入すること，「目標指向科学」として，経済の理論化プロセスに価値観を含んだ目標を持ち込むことを回避できなくなる。いいかえると，L. ロビンズ以来強調されていた近代経済理論の「価値中立性」が否定され，むしろ陽表的に一定の価値判断に依拠せざるをえなくなる。従来近代経済学のいわゆる「科学性」と経済理論の非イデオロギー的性格との保持が，価値観をふくんだ理論の展開という方向といかに両立するかについては，まだ問題としてさえ，ごく一部の近代経済学者の間で意識されているにすぎない（たとえば，R. Heilbroner (ed.), *Economic Means Social Ends*, 1970.）

しかしながら，「危機」を脱出しようとする近代経済学は，その分析方法の思想的中立性をこれからいかにして主張しつづけることができるのであろ

第7章 「経済学の危機」と近代経済学の方法

うか。

　サミュエルソンが，その『経済学』の版を改めるたびに，射程を延ばそうとして，章を付け足すごとに，「最初のほうとの論理的な関係がくずれてくる」(『季刊現代経済』8号，168頁，森嶋通夫の発言）という嘆きは，このノートに列挙したような現実の諸問題を扱おうとするかぎり，はてしなくつづくことであろうが，これはたんにかれらの理論＝「ケインズ的修正を加えた新古典派理論」の自己矛盾におわることではなく，以上のような「危機に直面した近代経済学」全体の，論理的破綻への道に通ずるものではなかろうか。

第8章　現代経済学の方法・思想的特質

はしがき

　現代経済学，つまり経済学におけるさまざまの「近代理論」は，その発展史上の諸事情，諸派への分裂という現状において，それらの全体をつらぬく共通点として，一定の哲学的・思想的基盤を継承し，共有しており，そのうえに特定の方法原則を保持している。きわめて一般的に——というのは，その具体的内容の細部に立ち入らずに——いうならばこの共通性は，何よりもまず，これらの諸理論が，いつの時代にも，またどの学派にあっても，その研究方法の「科学性」をそれぞれ誇示してきたし，また現にそうしているという点にある。いうところの「科学性」が，何であって，また「近代理論」のいかなる特徴とむすびつくかの検討は，この理論の性格をあきらかにし，その難点を指摘ないし批判するために不可欠の作業であるが，以下，これを行うにさきだって，ここで，今一つ，このことに関連して，「近代理論」の共通性とみなされる点を指摘しておかなければなるまい。それは，のちにくわしくみるように，これらの「近代理論」が一致して，「科学ではなく，イデオロギー，ないし思想である」と非難したり，軽蔑したりする経済理論史上の系譜，つまり，D. リカードからマルクス・エンゲルスを経て，レーニンが継承した科学的経済学の理論的体系全体にたいして敵対的に対立しているという一点である。

　以上二点にみられる「近代理論」諸派の全体をつらぬく共通性は，イデオロギーや，社会・経済的思想を経済理論の研究対象領域から放逐することによって，はじめて理論の「科学性」が保持できると考えるこの「理論」に固有な思考様式の発現にほかならない。イデオロギーや思想と通俗的にいわれているものを，広い意味での観念諸形態と解するならば，経済学の研究によ

って，この諸形態の物質的基礎とその変化，それに対応する観念形態の変動と変種を解明するという課題は，けっして「非科学的」でもなければ，「科学外的」でもない。この課題の検討を科学と峻別し，科学の射程外のものと考えるのも「科学」についての一つの観念ないしはイデオロギーであり，思想であるという点を，「近代理論」あるいは，一般に科学（自然および社会の）における近代主義の見地は，故意に，または無意識のうちに，無視するかあえて看過するのがつねである。このことの必然的な，しかしきわめて通俗的で低次元の帰結は，マルクスの理論体系をふくむ前記の系譜をその理論的内容の発展に即して検討――つまり，その現実反映性，理論的斉合性，実践指導性を仔細に検討――しないで，マルクス主義とマルクス主義者とが，つねに，またいたるところで，『資本論』の一言一句を疑うべからざる，絶対不可侵の信仰箇条として神格化するものであるとか，19世紀のマルクス時代の水準で思考停止の状態に陥っているとかの，断定――きわめてイデオロギー的な断定――となって，反マルクス主義＝反共産主義の通俗的思想を宣告するという社会的役割をはたすことになる。

　マルクス的な経済理論の体系と「近代理論」のそれとの，それぞれのイデオロギー的性格における差別をも含めたうえでの対立点は，たとえば，マルクスの理論体系において基底をなす労働価値説を承認するか否かといった理論上の決定的な対立点になるが，近代経済学者の一人が正当に指摘しているように，「この対立は，単なる論理の問題ではなくて，実は，二つの経済学（近代経済学とマルクス経済学――是永）の基本的な世界観の相違に基づく性格の違い，経済学の次元の違いからくるもの(1)」なのである。

　このように考えるならば，特定の経済体制の維持または弁護を目標とする経済「理論」の役割＝社会的・実践的帰結の解明は，経済学批判としての経済理論の重大な課題であり，これをはたすには，もちろん，まずもって具体的諸条件の具体的分析によって正しい理論を確立し発展させることが第一義的に必要であるが，これと併行して，というよりもむしろ，これとの有機的関連において相ことなる諸理論をそれぞれの世界観的基礎において対決させることもまた不可欠な課題である。「近代理論」の方法原則をその思想的基盤をも含めて検討することは，この不可欠な課題の主要な一環である。

かくして，以下「近代理論」の批判的研究に立ち入るにあたって，まずわれわれは，経済学の発展過程そのものについて，すでに，近代経済学の一部——たとえば松浦保の以下の見解——でとられている学説史観，すなわち，「現在存在する既成の経済学体系に向って」，「その変化が思考パターンの根本的な変革を通して行なわれるという見方」をとるのではなく，むしろその反対に，こうした思考パターンの基本型の変化（「科学革命」とか「科学のパラダイムの変更」とかよばれている）そのものをもふくめて，経済理論が，一般的には学問が「歴史的所産としてその時代時代の経済構造や制度によって生み出されてきた結果である」とする見地に立たざるをえない。[2]

以上の見地から，「近代理論」の発展の現段階を特徴づける社会・経済的基礎に注目するとき，現在の資本主義的生産関係のもとでの生産過程に適用されている科学・技術の高水準とその飛躍的進歩（「科学・技術革命」）が，自然科学をも含めた科学一般についての「科学観」が，経済学における「近代理論」ではいかにとらえられ，そのことによって経済学の学問的性格がいかに規定されているか，「近代理論」がいかなる分析手法体系をもってその「科学性」を高めようとしているか，を以下1，2節であきらかにしたい。

1　現代経済学の「科学性」——その科学観の特質——

1　現代経済学の経験科学性

現代経済学の性格を特徴づける主要な一側面は経験される経済的諸事実を重視し，経済理論の経験科学的性格を強調する点にある。観察された事実によって裏づけられないままに，事実についての安易な仮定のもとで構成される理論は，かりにその論理的斉合性あるいは数理的一貫性が論証されたとしても，現実の問題にかかわりがないという意味で，不毛な「純理論」におわってしまうという——それ自体としては正しく，また当然な——警告は，ケインズ経済学の登場する以前から，しばしば，近代経済学者自身によって，くりかえされている。理論的分析全体が現実の認識に役立つかいなか，またその認識がはたして経済活動の実践を指導しうるかいなか，という理論の有

第8章　現代経済学の方法・思想的特質　223

効性の判定にあたって，それだけでは十分条件とはいえないまでも，必要不可欠な条件の一つとなるのは，理論的分析体系の全体がよって立つ仮定の経験的妥当性の吟味であり，分析結果の実質的（数理的ないしは純形式論理的なものに還元されえない）意味の解明である。

　理論分析の始点と終点とにおける経験的事実との対決の重視というこのような経験科学性の尊重は，現代経済学がその研究対象を規定するにあたって，たとえば，W.レオンチェフのつぎのような主張となってつらぬかれている。レオンチェフはいう，「経済分析の対象は，実際に観測された，あるいは少なくとも観測可能な経済過程である」。

　それ自体としては当然でまた重要な，経済学の学問的性格のこのような規定——その経験科学性の重視——は，一般に科学的理論に現実反映性を要求するという見地からみても，理論の真の発展のための必須な条件を明示するという積極的な意義をもつものである。しかしながら，この方法的要請の充足をもって経済理論の科学性を証明する唯一の根拠として絶対視することは許されない。理由は二つある。まず第一に，経済理論の真理性はこの要請にこたえることによってだけではなく，その理論が論理的斉合性をもち，さらに経済生活の実践を指導するという役割を果たすことによって，はじめて確証されるものであるから。いま一つは，経験的事実や実質的意味の重視といっても，そのいわゆる経験的事実の内容がいかに規定されるかによって，この要請自体の正当性も一定の条件つきでしか承認できなくなるからである。第二の点についてさらに立ち入って検討することなしに，ただ字面の上で「経験の重視」即「科学性の証明」とみるわけにはいかない。というのは，さきのレオンチェフの対象規定をとりあげてみても，すでに「観測された」とか「観測可能な」とかの分析対象たる事実についての規定＝限定には，しばしば明示的にではないにせよ，研究の対象を，直接に可視的なもの，あるいは，直接に観測可能なものに限定するという意味がふくまれるからである。いいかえると，この対象規定それ自体には，体験知覚の連関あるいは感覚所与のみを研究対象として，それらの記述のみを科学の任務とするという一つの「科学観」が前提されるという否定的な要素がふくまれうるからである。具体的にいえば，事実認識（facts finding）の必要が叫ばれながら，現代経

済学においては直接に可視的ないし可測的でない事実は，経験外的なものとして分析の端緒から科学の範域外に放棄され，たとえば，価値，その実体としての労働，剰余価値，そして資本といった経済学の基本的諸範疇の全面的認識の道が閉ざされてしまうのである。分析哲学の科学方法論，とりわけ K. ポパーらの主張にならって，現代経済学者たちは，理論的認識のうちで，経験的事実による検証あるいは反証の可能性のないものを，経験科学的分析の外にあるという意味で，科学外的な，かれらの好んで用いる表現によれば「形而上学的」なものとしてすべて放逐する。J. ロビンソンがマルクスの労働価値説を「形而上学」として排撃するのもその有名な一例であり[4]，他の一部のマルクス批判家たちが，これと同じ論拠に立って，マルクスの経済理論の「非科学性」——正しくはかれらのいわゆる，以上の意味での「非経験科学性」——を論じ，たとえば『資本論』の全体系を「信仰ないし回心の問題に帰着する一つの神学体系」の言語的構成物とみなすのもその「近代的な」[5]一例である。

　こうした科学観，つまり「経験（可能）的」事実の絶対視という形での経験主義的科学観を前提にしたうえでの，経済学の「科学性」の論証は，哲学者 M. コーンフォースが正しく批判しているように[6]，たとえばかれらの排撃する労働価値説が，その基本的諸範疇をもふくめて，生産諸関係の形成と発展という歴史的事実にかかわる学説であること，その正しさが，人間の社会的実践をつうじて経験的に立証できるものであることを，理解しえないか，あるいは意識的に理解しようとしないという方法上の特殊な一つの態度の表明にほかならない。

　直接経験の対象以外のものは一切，科学的認識の対象（客観的実在とその諸側面）とみないという「科学観」は，こうして現代経済学のよって立つ思想的基盤が，ふるくは E. マッハの唱えた経験批判論に，また新しくは，哲学上の実証主義の最新版としての，いわゆる論理実証主義，分析哲学に発することをものがたるものである。この思想的基盤そのものの性格を検討することも重要ではあるが，ここではむしろ，この基盤から生み出されるさまざまの，経済学の学問的性格規定にかかわる見解——その多くは経済学の発展にとって制約的ないしは阻害的な役割をはたす——のうち主要ないくつかを

考察，吟味してみよう。

　第一に注目しなければならないのは，同じく価値範疇の排除といっても，労働価値説の否認とは全く異なる意味での経済理論からの一切の価値判断，イデオロギー性，思想性の排除，つづめていえば，理論そのものとその世界観的基礎の峻別・切断，後者の理論からの一掃を，理論の科学性保証とする見解であろう。M. ウェーバーの「社会科学的認識の客観性」確保のための価値判断排撃（Wertfreiheit の主張）という，経済学方法論争史上の有名な事例もその一例であるが，現代経済学においても，このことによる経験科学性の純化・徹底という考え方はかなり有力であり，そこから，一見，学問的な外被のもとに，現代社会における価値観の多様化，イデオロギーの終焉といった社会思想ないしは通俗的社会観が支持され，補強される。「経験科学」としての経済学の課題を，さきにみたような科学観から，経験された事実の純粋な（評価をまじえない）記述に局限することは，こうした社会観をアカデミックに弁護する役割を果たす。社会科学的認識が本来，その研究素材の性格からしても，その研究方法の特質からしても，現在の社会・経済体制のもとでは，一定の階級性ないしは党派性をもたざるをえないという歴史的な事実も，この社会観を帰結とする科学論においては，科学の客観性の名の下にあっさりと無視されてしまう。

　社会学の現状は，このことの顕著な一例を示す。経験科学としての社会学の純化がここでも経済学におとらず強調されている。しかし，「個別的事象に無前提にたちむかうことと，総体としての歴史的社会を把握することとのあいだをゆれうごく場合，『教条主義』への反対は不可避的に社会学的現実主義にいきつき，『マルクス主義社会学』の社会理論は，弁証法的唯物論と史的唯物論から独立した，いわゆる経験的一般化という実証主義理論への傾斜をたどることになりかねなくなる」(7)という指摘は，経済学をもふくむ社会科学一般の経験科学化という現代経済学のスローガンの帰結を示唆するものであろう。

　経済理論の経験科学性を重視する見解の第二の否定的な副産物は，現代経済学の特徴をその「現象論的思考（phenomenalism）」に見出す。ここで「現象論」とは，「分析の対象を現象間の依存関係に限定すること」とする立

場である。このことによって，現代経済学はその名称の新しさとはうらはらに，その内実の旧さを露呈する。というのは，ほかならぬこの現象論的思考こそは，A. スミスの経済理論における通俗的側面の再現にすぎないからである。すなわち，スミスは「ただ，生活過程のうちに外面的に現われるものを，それが現われ現象するとおりに，記述し，目録にし，物語り，それに図式的な概念規定を与えるにすぎない」という把握の仕方において，現代経済学の経験科学性の否定的側面を先駆的に体現しているのである。したがって，このような把握の仕方からは，「競争の諸現象のうちに外観上与えられているがままの，だからまた，非科学的な観察者にはブルジョア的生産の過程のうちに実践的にとらわれて，それに利害をもつ者に見えるのとまったく同様に見えるがままの関連」以外のものはけっして追求されない。ここにわれわれは現代経済学のいわゆる「経験科学としての経済学の科学性」なるものの帰着するところを見るのである。

　経済学を経験科学として純化させようとする見地は，第三に，経済学の範型を，現代経済学者たちが最新最高の発展水準に達していると断定的にみなしている自然科学，とりわけ物理的諸科学に見出すという思考態度——W. ゾムバルトはこうした方法論上の傾向を，「自然科学主義」とよんで，その否定的性格をあきらかにした——を肯定するものである。この場合注意を要するのは，従来の現代経済学が経験科学の範型として学んできたのは，その発展の最新段階における物理学の諸理論ではなく，むしろすでに古典的なものとされている古典力学的世界の物理的説明，とくにその基本概念としての力学的均衡体系の把握の仕方であるという点である。この把握方法の性格と欠陥についての検討と批判は，次の第 2 章でくわしく展開されているのでここでは立ち入らないが，自然における物質の階層性とその史的発展までをも研究の対象領域にふくめている現代の自然科学の分析方法に学ぶということが，はたして現代経済学における従来からの，あるいはその現段階での，自然科学の「経験科学性」の面だけの模倣を意味しうるであろうか。とうていそうは考えられない。というのも，経験科学としての経済学の模範を物理学にもとめるという考え方は，物理学の理論体系と経済学のそれとの間の共通性を，命題体系の形式的構造の論理的結合法（logical syntax）のうちに，ま

た対象のことなる二つの研究領域の内容上の差は度外視して，観察（測）結果の直接的・現象的な記述結果としての記録命題（観察プロトコル）を，理論の始点におくということのうちに，見出し，両部門の（つまり自然科学と社会科学との）統一を，かの「物理学主義」(physicalism)的次元で果たそうとする初期の論理実証主義ないしは論理経験主義のすでに失敗があきらかになっている統一科学論的構想の域を出ていないからである。

以上のように，一見反対の要なしと思われる「経験科学としての経済学」なる主張には，その経験の内容と，その意義の科学的認識全体における不当な絶対化の二面において，経済学をふくめて一般に社会科学の研究様式に，独断的な制約を加えるという点で反対せざるをえない。

2 現代経済学の数理科学性

現代経済学がそれ自身の「科学性」を誇る第二のよりどころは，その分析の主要方法が数学的であり，またその理論全体の構造形成が数学的体系構成の論理＝現代数学における数理を範としている点にある。経済学における「近代理論」の数学利用が，はたして経済学の科学性をたかめうるか，いいかえると数学利用によって，よくいわれるように，理論の論理的精密性＝内的無矛盾性が格段に高められたといえるのか，こうした諸問題は現代経済学の「科学性」なるものをあきらかにするためには，不可避の研究課題である。この課題を，経済学的分析の数量分析化，経済学の研究課題を経済諸量の関数的相互依存関係に限定する考え方，経済理論の体系構成における公理系構成（その範を集合論基調の現代数学の一部にとる）の意義，そして数理＝論理とする数学万能論，といった諸点について，本巻第3章は，くわしい分析・検討・批判をおこなっている。したがって，数理科学としての経済学の科学性の主張ないしは誇張の真の意義の仔細な検討は第3章にゆずり，くりかえしをさけることにして，ここでは第2節の現代経済学の分析手法の特徴を解明するのに必要と思われるかぎりで，数理科学化を科学の発展の終極点とみる現代経済学の「科学観」の特質を，あきらかにしてみよう。

経済学における数学的思考方法の利用が，この科学の科学性をたかめるとみる見地を支えるものとして，もっとも素朴ではあるが，しかしつねにまた

いたるところで、くりかえされているのは、数学という学問そのものの徹底した内的・形式論理的無矛盾性、その研究対象の高度なしかしあくまでも数学的な——対象の質に無関心という意味での——抽象性にもとづく数学的真理の適用場面の広大なこと、自然認識の武器としての数理的手法の有効性といった諸点の強調であり、より素朴な形では定性分析よりも定量分析が、日常言語によるよりも数量的・記号的表現によることの方が、それぞれ、はるかに精密であり、それゆえにより「科学的」であるとする一種の信念の表明である。

「数は科学の言語である」といったスローガンが、「科学的認識の発展をうながす有力な武器としての数学」という観念——これもまた一種の「科学観」であるが——の素朴ではあるが意外に、信奉者の多い主張の表現となっている。

科学の理論の真理性を、その論理的内在的無矛盾性に還元し、さらにこの論理的内在的無矛盾性を数理的斉合性におきかえ、個別的研究対象の数量的表示と、研究対象諸要素間の質的・量的諸関係を数量的関係表示、記号的関係表示という表現形式におしこむこと、こうした一連の方法手続がいわゆる理論の「精密化」のための必要条件とされる。この手続の内実は、それが数学の固有の研究対象（事物の質的規定性にかんして無差別な抽象的実体）以外の研究対象に拡張適用されるとき、数学以外の研究領域において、その領域に固有の正当な科学的分析操作の一環としての抽象化にかわって、この領域の固有の特質を捨象した上での数学的抽象が強行される。いわゆる「精密理論」はこうして固有の研究対象の分析の精密な展開ではなく、むしろこれを放棄ないしは最小限常識的・没概念的に把握するにとどめ、したがって分析という点では精密であるどころか単純化されすぎた、きわめて粗雑な表象による現象記述にとどめながら、数学的抽象とその結果の操作のみが無制約的に展開される。事実、第3章においてくわしく論及されるように、記号 p で表示される財の価格という経済量と、記号 D であらわされるその需要量との関係を、関数記号 D を用いて、$D = D(p)$ と表示することによって、われわれははたして商品の価格について、いかほど精密な経済学的分析の結果を得ることになろうか。数学的抽象とその結果の記号処理としての演算のみ

が問題とされ，研究対象の固有の質に即した分析が問題にされないところでは，すべてのものが数学的範疇であらわれるのは驚くにあたらない。ただし，そこにあらわれるのは，論理的諸範疇だけが数学的実体としてのこる「最後の抽象」の世界である。すなわち「あらゆる主体から，いわゆる偶有性をすべて——生命あるものも生命のないものも——，人間でも物でも，すべて捨象して」しまったのちになお残る論理的諸範疇の世界である。しかし，ここからは危険な妄想が生ずる。すなわち，「このような抽象によって分析をしているような気になり，対象から離れれば離れるほど，それだけ対象に透徹している」とする妄想が。ごくありふれた一例をあげよう。「数理経済学的方法は，演繹的推論一般と同様に，その帰結が前提の枠の外に出ることができないという性格をもっている。結論はすべて前提の中に埋め込まれている。この点帰納的推論と異なるのであって，たとえそれが論理的無矛盾性の条件をどのようにみたしているとしても，現象の重要な側面が前提の中に含まれていなければ，得られる成果は的外れのものとなる」と一数理経済学者はいう。この主張の基礎には，「前提と結論とを結ぶものは純粋に論理的な推論である。数理経済学は，……この推論のために数学を利用しようとする」という見解がある。直ちに疑問が生ずる。一体，「現象の重要な側面」を前提の中に含むための分析そのものにとって数学はいかなる役割をはたすのか。「数理経済学における主役はあくまで経済学であって，数学はよかれあしかれ与えられた前提にもとづいて結論を引き出すために奉仕しうるにすぎない」という「答」が与えられる。しかしながら，推論のために数学を利用することが，数学的展開の部分だけでなく，「主役である経済学の分析」全体にとって必要であり，可能であり，さらに有効であるためには，「通常の言葉と同じ役割を数学に担わせようとする」ことだけですべてが解決されるわけではない。数学が推論の前提そのものの内容に関知しないのは，数学的抽象に徹すればむしろ当然のことであろう。しかし，それは同時に，数学的抽象が経済学的分析とは異なる論理操作であることを意味する。とすれば論理的推論はいかに純粋に展開されようとも，そのまま数学的展開によって全面的におきかえられるものではなくなろう。数学が通常の言葉と同じ役割を担いうるのであれば，このおきかえも可能になるはずであるが，そうはいえな

い。推論の純粋性を保ち，その精密性をたかめるということが，数学的方法の利用に専一の排他的利点であるかのように考えるのは，こうして，数理経済学者のおちいりやすい錯覚であるといわざるをえない。

　以上によってあきらかになったように，経済学の数理科学性を，あるいは数理科学化の可能性を極端に重視して，これこそ経済学の「科学性」を高める所以であると考えるのは，現代経済学に一般的な特異な科学観，および数学観の表明である。しかし，さきにみたようにこの「科学性」が，抽象はあっても分析のない世界を現出するものであるならば，これを「精密性」「無矛盾性」といいかえたところで，経済学そのものの真の「科学性」が保証されたり，高められたりするわけではない。

　以上のような原理的難点をはらんでいるにもかかわらず，現代経済学をはじめとする，社会科学の諸分科における計量「分析」の重視，これら諸分科自体の数理科学化という傾向は，今日なおますます強まっている。のちに2節で検討するモデル分析，システム分析，情報理論の応用といった方面もまたこの例に洩れない。「数理科学」＝「科学」とする現代の特異な科学観は，こうして，数理科学の手法の適用範囲を拡大しているが，それによって，適用領域の個々の研究分野における固有の研究が飛躍的に発展させられているわけではない。そこにみられるのは，むしろ，「相異なる諸系の量的な・構造的な類似性を，それらの諸系の本性とは独立して確定する」という，いわゆる「構造諸科学」（東ドイツの哲学者たちは，数学，論理学をこう呼び，サイバネティクスにも，この側面を見出している(12)）の応用とその成果を，しばしば過大に評価する，という現代の「科学観」のあらわれである。この「科学観」は，個別諸科学の研究領域を横断する研究方法として，構造諸科学の方法を利用するという形で，数学をいわば，さまざまの領域における科学的研究の中心に位置する一種の「メタ科学理論」（認識論）とみる考え方，そしてこれを論拠として諸科学の統一科学化を構想するという方向に拡張展開されている。しかしながら構造諸科学における抽象が，固有の研究対象をもつ諸科学（「対象科学」）における分析といかにして結合されうるのか，という重大な一点はまだ未解決である。*

　　＊　この点にかんして，東ドイツの哲学者G. クラウスが「サイバネティクス

第8章　現代経済学の方法・思想的特質　231

は，社会的諸過程の組織およびその管理のための効果的な諸シェーマをあたえる」としながらも，この情報の制御にかんする一般理論が，自然および社会の具体的諸過程に応用されるさいに，つぎのように指摘していることは重要である。

すなわち，サイバネティクスも科学の一つとしては「語用論的局面（人間ないし社会のこの科学に対する態度を含んでいる）」をもつかぎり，「サイバネティクスの諸概念はきわめて高度の一般性からの抽象であり，この学問では，階級や階級闘争などから抽象がなされるのである。しかし，それから抽象がおこなわれた当のものがなにか魔術的な方法で最終的に再び現われることを期待することはできない」。「科学，ことにサイバネティクスは，しかし，その手段を用いて政治や経済学の代りをすることもまたできない」。「たとえある言語的に記述されたテキストを数学の方程式に直すことができるとしても，課題を数学に解消したことにはけっしてならないのである！」。

「もちろん，サイバネティクスは新たな社会的諸関係を創造することはない。けれどもそれは，われわれが認識した諸関係をより正確に，概念的により厳密に，より概括的に表現し，数学的な補助手段を，従来可能であるとは考えられなかったところでとりいれることに役立つのである。……言語的記述をサイバネティクスの表現手段に代えることは，多くの点で好都合である。けれども，表現されるべきものを表現の手段をもって代えることは，どのような場合にもけっして不可能である。……サイバネティクスは社会的な諸局面も単に記述することすらできないのである。それは，ただ，構造的，機能的諸局面しか把握しない」。

以上のようなクラウスの指摘は，数学，数学的論理学などの，構造的諸科学の命題結合法体系としての側面（科学の理論の形式的側面に関係し，それゆえ，正しい定式化の仕方や，科学上の記号の正しい用法や，論理的無矛盾性などの問題をとりあつかう）における利用の意義を不当に一般化し，それによってなんらかの新しい知識が内容的に展開され，経済学とは独立に，経済サイバネティクス，経済システム論といった新しい科学が成立しうるかのように考える誤解にたいする正当な批判となりうるであろう（ゲオルク・クラウス「サイバネティクスと階級闘争」『科学と思想』№12，1974年4月，新日本出版社，参照）。

3　数理的経験科学としての現代経済学

以上第1，2項で，現代経済学が強調する「科学性」の内容が，それぞれ，

特異な科学観から発する「経験科学性」であり，また「数理科学性」であることをあきらかにした。われわれとして重視しなければならないのは，経済学における理論の「近代性」が強調される場合，以上の二つの主要な側面にもみられるように，特定の科学方法論，科学観が，現代経済学の方法的・思想的基盤をなしているという点である。この基盤の上では，経験科学性と数理科学性とが，社会科学の研究方法としてみたとき，それぞれの方法的制約性ないしは難点のすべてをも含んで，一つの科学観に統合されている。この科学観の基本性格が『現象論的関数主義（数学主義）』――「物質，実体あるいは労働，価値（労働の対象化）などのカテゴリーを意識的に捨て，いっさいを現象に還元したうえで，現象諸量間の相互依存関係＝関数関係を記述することに科学の任務を限定する」，『還元論（力学主義）』――「高次の運動形態を低次の運動形態に帰着し，後者の法則性をもって前者の法則性を説明し去ろうとする見地」，『外因論』――「現象論的相互外在性に終始し，事物の運動発展の内在的法則性の認識を放棄する」といった点にあること，つづめていえば，現代の『機械論』にほかならないこと，この点はすでに現代経済学についての先学の批判的検討によって解明されているとおりである。(13)
こうした方法上の基本性格はほとんどそのまま継承されつつも，現代経済学においては，本巻の序で指摘したような『危機』に直面し，既成理論の「反省」と「再構成」を必要とする声が次第に高まりつつある。しかしながら，現代経済学が当面しているこの『危機』の主要因の一つが，以上にみたその「数理的経験科学」としての経済理論の構想を支える方法的・思想的基盤そのもののうちにあること，とりわけこの基盤の上記三つの基本性格に由来するものであることの「反省」は筆者の見るかぎりほとんど見当らず，したがってそのいわゆる「再構成」の志向もまた，こうした方法的諸欠陥の克服のうえに展開されようとしているものとは考えられない。「危機に当面している現代経済学」は，この意味で論理的破綻への道からはなれて，本来の科学的経済学へ復帰する緒口をいまだに見出しえてはいないというべきであろう。*

＊　近代経済学者の中にも，ここに指摘した基本性格をその方法的欠陥として自覚している例がないわけではない。たとえば，前出，川口弘『経済学を学ぶ』（有斐閣選書）の 10-13 頁参照。ただし川口氏は「近代経済学にお

第8章　現代経済学の方法・思想的特質　　233

ける均衡理論やモデルビルディング，あるいはいわゆるヴィジョンの重視などが，こうした観念論的背景（論理実証主義，プラグマティズム，ヴェーバー主義の融合——是永）をもっていることはみやすいところであろう」としながらも，同時に他方では，「観念論的立場はむしろ弁証法的・史的唯物論からの自由ということを本質的内容とするものであり，このような立場を選択する限り，自由な発想のもとに多面的な実証分析を展開することは近代経済学の長所であるということになる」という形で妥協的な見解をとっている（同上書，13頁）。

　現代経済学の内部における自己「反省」と「再編成」の志向が，一方において，けっして十分とはいえないまでもとにかく既存理論の方法上の欠陥の一部に対して批判を加えていることは，『危機』以後の最近の注目すべき一傾向である。すでに「はしがき」（編集注）でふれた『近代経済学再考』もその一例であるが，研究方法の反省としては，たとえば，R. L. ハイルブローナーの最近の主張などの方が，より体系的であり，鋭い。たとえばその論文「新しい政治経済学の可能性」でのかれの見解は，いくつかの注目すべき「反省」論点をふくんでいる。(14)

　「伝統的な経済学は現代の世界に対して“かかわり合い”をもたないという点」として，まずハイルブローナーは，「“帝国主義”と呼ばれる現象に対する本格的な経済的関心が欠如していること」，「貧困と環境破壊の如き現実の問題が無視されていること」を指摘する。

　現実の経済問題にたいするこれまでの経済理論の無関心の原因を，彼は，「科学的方法が今日ヘゲモニーを握っていること，あるいはむしろ，明白な価値判断を避け，（数学的に表示されることが多いのだが）厳密な表示ができるような関係に依拠することを強調する科学的手法にもとづく詳細なモデル（パラダイム）」にかかわらせつつ，「このモデルは，社会問題の分野に適用された場合，正確な測定が困難な問題には手を出さず，ちょっぴり不器用な数学的表示を行うか，さもなければ全然行わず，あるいはどうしても価値判断がはいり込むといった傾向」にもとめる。現実にかかわりのある問題を処理できる“技術”がないとする経済学者の弁解について，「この弁解は，モデル自体が大きな制約となって，経済学的理解を妨げていることを意味し」ているにもかかわらず，「モデルは不問のままにされ，一方でモデルに

従わない問題は二次的な問題とされ」るという点が指摘されている。数理的経験科学としての現代経済学の方法的欠陥が適切に批判されている。

* この点をさらにおぎなっているつぎの指摘も注目に値する。「経済学者が模倣しようとしている自然科学の有力なモデルは、最終的に経験的観察という検証を行うことのできる相互依存的パターンや仮説的関係を提示することのみを目的とするものである点を、経済学者たちは往々にして見逃している。つまり、科学におけるモデル・ビルディング手法の主な目的は、このモデルがよって立つ"仮説"の検証を容易にすることにある。経済学、あるいは一般に社会科学においては、通常、こうしたモデルの使い方は不可能である。管理された実験は、ほとんどの自然科学の基盤となっているが、社会科学者はそうした実験を行うことができない。そのため、経済的関係についてのモデルは際限なくふえてゆく。自然科学の諸仮説をふるいにかけていくような応用、実践上の制約に従わないですむからである。こうした条件が、経済学のための経験的仮定を大いに助長し、その産物が社会の基礎にある現実を本当に説明し、明らかにするのか否かについては無関心にさせているのである」。経験科学性と数理科学性の融合が、「科学性」を誇る現代経済学の現実無関心性の原因となってくることについてのこのような批判的指摘は、モデル設定のための仮定の非現実性、使用する統計的手法の非適合性、事実資料の不足といった点で、事実についての安易な仮定のもとで構成された数学的モデルから、数学的インプリケーションをひきだす技術に偏している「数学モデル製造業」としての従来の計量経済学的研究を批判するW. レオンチェフの主張と軌を一にしている。(15)

ハイルブローナーはこのほか、現代経済学の主要な欠陥として、現在の分析技術や概念図式における経済制度の排除に起因する、①マクロとミクロ双方の行動様式を説明しうる統一された理論的枠組みの欠如、②現代資本主義の重要な行為者である法人企業にかんする適切な理論の欠如、をあげ、一方、経済理論の予測用具としての不適性についても「予測モデルの基本前提の不確実性が高まった結果、経済学は真の危機に直面している。気まぐれな行動要因が、短期の経済予測の適性を弱め、技術変化の径路を知りえないことが、長期予測の基盤を崩している」と指摘し、既存の予測モデルにかわって、「目的達成のためにいかなる"前提"——いかなる行動、いかなる技術的制約、いかなる制度——が必要であるかを見つけ出すことを理論上の目的とした政策指向的用具としての経済学」の必要を強調している。いうところの政

第8章　現代経済学の方法・思想的特質　235

策指向的用具としての経済学の提唱は，現代経済学においてこれまで，その理論の「没イデオロギー性」，「科学の中立性」，「価値判断からの自由」などの維持のために，方法上のタブーとされてきた。価値判断（政策評価的判断を含む）を，公然と内在化する「目標指向科学としての経済学」の提唱に帰着する。「没価値性＝科学性」の観念に固執してきた既存の経済学から提起されることが予想される反論に対して，ハイルブローナーは，「いわゆる"価値中立的な"経済理論が実際には自由放任世界のなかに暗に含まれている社会的諸目標を黙認しており，"中立的"理論のもっとも無害な仮定でさえも，実際には制度的秩序の合法性や経済プロセスの出発点にかんしては価値判断に依拠している」という点と，経済学が科学的であるかどうかは「規則的で反復可能な方法にしたがい，仮定については常に経験的な検証に従うかどうかに依存している。仮定された行動関数から制度の軌道を導く手段としてよりも，先に述べたような目的を達成する手段として経済理論を用いたからとて，その科学性が失われるようなことは決してない」という点の二点から，経済理論の社会的目標への従属をむしろ積極的に評価する。

　ハイルブローナーがこのように，経済理論の現実関与性回復のために，その理論に価値判断を内在化させようとするのは，経済理論に実践指導性を要求する一つの見解として，既存の経済学の弱点をつくものと考えてよかろう。これにたいして，現代経済学の内部には，依然として，経験科学の境界設定の基準として K. ポパーの「反証可能性」を認めることによって，倫理的ないし政策的目標設定にかんする言明をあくまでも経験科学の言明から峻別する主張が根強い。研究さるべき問題の選択や，研究の基準や規則にふくまれる価値判断を「科学以前」のものとしてはみとめ，一方，一定の政策目的の選択について必要となる価値判断を科学的過程のあとに出てくる「科学以後」の価値判断としてみとめつつも，「科学的過程そのものにおいては，いかなる価値判断も論理的には必要とされない」，「科学的な理論研究にとって論理的に必要とされるのは，『科学以前』の価値判断だけ」であるとする主張がその一例である。[16]

　研究さるべき問題の選択が研究者の「関心」ないし価値判断によって左右されることにたいして，「分析と検証という科学的過程が開始されるとき，

分析的部分は厳密に定義された概念を用いて純粋に演繹的なモデルを構成する。そこでは，論理学と数学の規則が遵守されているかどうかという，論理的斉合性が唯一の検証である」ということで，科学的研究行程そのものの没イデオロギー性が強調され，ここに価値判断の介入する余地は全く否認される。しかしはたしてそういえるであろうか。「純粋に演繹的なモデル」の構成そのものが，たとえばハイルブローナーの指摘したような，自由競争を前提とする市場機構の想定，そのモデル化のための仮定の選定という論理操作を必要とする場合，分析的部分においても，論理学と数学の規則のみを理論の検証基準とするのは，数理的経験科学の分析を科学のパラダイムとする一種の価値判断なのではないか。

現代経済学はこうして，従来その理論の「科学性」が，経験科学的性格と数理科学的性格の強調によって，純論理的および純数学的操作の徹底という点で証明しえたかのように考えられてきたが，「危機」に直面して，こうした方法的構造を維持しつづけることが，不可能になったのではなかろうか。つぎに考察するシステム分析的手法による「再構成」の試みは，意思決定者の目的を導入し，費用と効果についてのモデル分析を行うことで目的―手段連関における評価を理論に内在化させようとするものである。そのため，モデル分析による演繹的操作は理論全体のますます限られた一部分となるのであって，この分析的部分の没価値性をもって，理論全体の没価値判断性を論証することは，方法的にみてけっして十分ではないであろう。このことにもまして重要なのは，数理的経験科学がこれまで，その演繹論理の純粋な行程の斉合的な進行のために，すくなくともこの行程そのものには内在させず，外的な与件として仮定してきた多くの要素が，理論に内在化されざるをえなくなるという変化であろう。以下，節を改めて，その主要な問題点を検討してみよう。

* 一例としてP. サミュエルソンなどのいわゆる新古典派総合の基本認識をとりあげてみよう。私的利益の追求の動機によって支えられた自由放任の経済体制では，完全雇用は保証されず，あるいは完全雇用への傾向が存在する場合でも均衡への収束に必要とされる調節の時間の長さを考慮し，公共部門の財政政策と貨幣政策のたくみな利用による総需要の管理が資本主

義経済の安定的成長にとって不可欠であるというのがこの認識の内容とされている。この考え方が分権決定的価格機構のもつメリットを積極的に支持しながら，しかもそれによっては解決しえない完全雇用の実現をケインズ的マクロ政策によって達成するという政策原理を混合経済（政府部門が国民経済の本質的一部を構成する資本主義経済）に期待しているとまでいわれてもなお，新古典派総合の理論体系は，没価値的で，純粋な数理的演繹体系であるということにその本質があるといえようか。数理的演繹によって説明できるのは，せいぜい，いうところの「分権決定的価格機構」という成分だけであるとはいえないであろうか。しかもこのような政策原理は，公害問題やインフレの激化の前にさらに反省が迫られているともいわれているのである。

2 現代経済学の主要な分析手法
――モデル分析・システム分析・情報理論の適用とその問題点――

数理的経験科学としての現代経済学は，すでにくりかえしのべてきたように，資本主義経済が当面する多くの現実の経済問題の前に，理論としての無力さを問われ，「反省」と「再構成」を迫られている。これを既存の分析手法の再編成によって果たそうとする一つの試みは，モデルと情報操作の論理によるシステム分析の手法である。この手法による理論体系の構成ないし再構成は，けっして現代経済学のみの問題領域には限定されていない。社会科学の他の諸分科，自然科学との境界領域にまで及ぶ壮大な情報社会科学の一大体系が構想されつつある。たとえば『講座　情報社会科学』では，その重点指向として，
  (1) 生命科学，環境科学と社会科学の接点の重視
  (2) 新しい人間科学の方向の指示
  (3) 学際的接近の方法論の確立
が提示され，とくに(3)については，社会科学の基礎概念たる，価値，文化，組織，統制，管理，環境などの情報科学視点からの再構成が企図されている。

自然環境をもふくめた人間の社会生活のほとんど全域に及ぶこの広大な社会科学の体系は，もちろんまだその細目はおろか，構想の概要も確定したも

のとはいえない。したがってこれを社会科学の研究方法論の諸原則から検討するということもそのほとんどは今後の研究課題とならざるをえない。ここではこうした壮大な構想によって，はたして現代経済学の「危機」からの脱出が，そして新しい理論の「再構成」が可能であるかいなかを検討するための準備作業として，この方向への分析手法体系の再編成によって，現代経済学の方法に現にみられる諸欠陥がどこまで，またいかに克服されうるかを，とくに，モデル分析とシステム分析の一般手法に注目しながら考察してみよう。その限りでも当然予想される多くの論点の検討も，いくつかの原則的な点を除けば，他日を期さなければならないが，さしあたりわれわれの最大の関心は，情報社会科学体系の主要な方法原理がはたして，従来の数理科学的経済理論，たとえばエコノメトリックスにおけるモデル分析などの方法上の問題点を正しく解決しうるかいなかの検討にある。したがってシステム分析の手法も，さしあたり経済システムに限定して検討するにとどめる。

1 モデル分析手法の特質

すでに別の機会にも批判的に検討したが，現代経済学における数理的分析と経験的実証とが一つの分析手法として一体化されているのは，1930年代以降，近代経済学の中に生まれた数理的経済理論の統計的情報による実証という構想，すなわち計量経済学的研究における，経済モデルの作成とその利用である。この場合の経済モデルは，その理論的内容からみれば経済主体の行動，国民経済的集計量の相互関係を，それぞれの要素＝経済諸量の相互依存関係として描写ないし記述する一つの体系(システム)であるが，その構造の形式は，通常，いくつかの経済量を変量として，それらの相互依存関係を方程式で表示される関数関係という形，通常はいくつかの方程式の連立体系という形をとる。したがって，「合理的に行動する個人や組織が全体として形づくる相互連結の体系(システム)[18]」を経済システムと名付けるならば，経済モデルは，経済システムの一つの数理的表現としての方程式群であるといえよう。実例は豊富であるが，経済モデルの理論的構造の特質をよくものがたる一例として，マルクスが『資本論』の中で想定しているものを材料として作成された「マルクスの『資本蓄積モデル』」なるものがある[19]。それはつぎのように定式化され

ている。

(1) 生　産　関　数　　$Q = \lambda N$　　　〈外生変数記号の説明〉
(2) 労　働　需　要　　$N = \dfrac{K}{w(1+\delta)}$　　λ：労働生産性
　　　　　　　　　　　　　　　　　　　　　L：労働の供給可能量
(3) 可　変　資　本　　$V = wN$　　　　　δ：「資本の有機的構成」$\left(= \dfrac{C}{V}\right)$
(4) 不　変　資　本　　$C = \delta V$
(5) 総　　資　　本　　$K = C + V$　　　　K：資本$\left(資本蓄積\ \dot{I} = \dfrac{dK}{dt}\right)$
(6) 剰　余　価　値　　$M = Q - K$
(7) 産　業　予　備　軍　$U = L - N$
(8) 失　　業　　率　　$u = \dfrac{U}{L}$
(9) 賃　　金　　率　　$w = w(u),\ \dfrac{dw}{du} < 0$
(10) 利　　潤　　率　　$r = \dfrac{M}{K}$

　この経済モデルは作成者によれば，「マルクス的な諸変数間の関係を示す定義の体系」である。モデル内の変数はすべて不変価格表示（w＝実質賃金率となる）で，δについて資本をすべて「流動資本」と仮定したうえで，(1)～(10)の方程式体系で一つの経済システムの動きが説明されることになる。諸変数のうちで，その値がこのモデルのふくむ方程式の解として定まるものを内生変数，定まらないで，いわばモデルの外部で規定されるものを外生変数とよぶ。上の「資本蓄積モデル」では，労働生産性（λ），労働の供給可能量（L），資本の有機的構成（δ），そして，資本（K）の四変数が・モ・デ・ル・作・成・者・に・よ・っ・て・外・生・変・数・と・み・な・さ・れ・る。若干の説明が加えられて，つぎのような規定関係が想定される。

　　〔資本家の意志決定による $\dot{I} = \dfrac{dK}{dt}$ の，したがって K の決定〕→
　　〔不断に高度化する「有機的構成」δ による C と V への分割〕→
　　$\begin{Bmatrix} \text{〔$V$と$w$による$N$の決定〕} \\ \text{〔$N$と$L$による$w$の決定〕} \end{Bmatrix}$ →〔NとλとによるQの決定〕→ r の決定

　ここですぐに気づくのは，経済諸変量相互間の関係をたとえば $Q = \lambda N$ と

いった形で，記号化して表現することの意義が，経済理論的にはすこしもあきらかにされず，すべてが記号化された量的諸関係の形で表示されていること，そして，このように人為的に設定されたある枠組みの中での諸変量の規定関係と枠組みの外での規定関係とが，これまた内生的変量と外生的変量にほとんど恣意的に区分されているという点である。いったい，マルクスは資本の蓄積を論ずる場合，λ, L, δ, K を，資本制生産の枠外で定まる「外生的要因」として説明しているであろうか。けっしてそうではない。蓄積のメカニズムにおいては，生産力の発展（したがって λ），産業予備軍の存在（したがって L），資本の有機的構成の高度化（したがって δ），資本の集積・集中の進化（したがって K）は，互に原因となり結果となるという関係で，すべて内在化されているのであり，これらを外的原因によって規定されるものと断定するのは，上のモデル作成者の，正当な論拠の示されていない一解釈の所産としか考えられない。

　経済過程〔ここでは資本蓄積の過程〕をこのように記号化された諸変量（より一般的には変項）の相互にとりむすぶ関係として表現するのは，モデル分析において，ほとんど例外なくおこなわれるきわめて一般的な手続である。記号と等式関係はもとより，なんらかの経済過程の表現の手段であるとされている。しかしここで注意を要するのは，こうした表現手段が利用されることによって，表現される当の経済過程そのものについて何か実体的な知識が追加され，この過程の内実がより深く解明されるわけではないという点である。にもかかわらずあえてこうした記号化がおこなわれ，しかも過程の諸要素間の交互作用が，それらの限られた一側面しかあらわしえない変量間の相互関係として記述されるのはなぜか。日常言語〔自然言語〕による表現〔記述〕に比して，記号化された変量体系による表現〔記述〕のほうが，より精密であると素朴にも固く信じられているからにすぎない。いいかえると「精密」ということを，もっぱら量的表現，量的関係による表現だけがもつ，専一，排他的な規定性であると断定すること，ここに量化・記号化の意義についての一切の誤解の基礎がある。経済過程における諸要素の関連は，しかし，たとえこのように記号化されて表現されるという一側面をもちうるとしても，それはあくまでも局限された一側面にすぎず，このように表現される

ことによって，記号化されない他の諸側面が捨象されてしまうのであり，モデル分析にあっては，この捨象による内容の稀薄化が，記号化による表現形式の「精密」化の代償とされてしまうのである．したがって，これによって達成される「精密化」は，論理＝数理という観点に徹底的に立たないかぎり，きわめて一面的なものでしかありえない．こうしてモデルは，現実における経済過程の精緻な映像であるという意味での精密な模写物ではなくなり，現実の過程の一側面（かならずしもつねに本質的な側面とはいえない）の，思考における恣意的な抽象像に転化する．

(1)～(10)式で表現された資本蓄積の過程のモデルが，いかに空虚な，内容のとぼしいものであるかは，このモデル作成者自身のつぎのような演算の展開とそれにもとづくマルクス「非難」が，よくものがたっている．すなわち，かれは，ここでマルクスの主張するのは「w の低下（窮乏化）」と「r の低下（利潤率の傾向的低下）」の二点であるとし，

(a) $\dfrac{d\delta}{dt}>0$（有機的構成の高度化）

(b) $\dfrac{d\lambda}{dt}>0$（労働生産性の上昇）

の仮定のもとで，賃金率決定関数を，

$$w=\dfrac{w_0}{u} \quad \text{ただし} \quad 0\leqq u\leqq 1$$

と特定したうえで，

(11) $U=L\left(\dfrac{1}{1+\dfrac{K}{\alpha}}\right)$ ただし $\alpha=w_0(1+\delta)L$

(12) $w=w_0\left(1+\dfrac{K}{\alpha}\right)$

(13) $r=\dfrac{\lambda N}{\alpha+K}-1$

を展開し，「マルクスに従って，δ および λ の上昇を仮定し，かつ K は増大するものとしても，U, w, r, の動きについては確定的な『予測』は得られない」ということを結論づける．そして「マルクスにとっては，精密なモデルにもとづいて *quantitative* な結論（例えば，実質賃金率の低下）を導

くことよりも，資本蓄積の進行が労働者階級にもたらす精神的な荒廃とその地位の悪化の印象を強調することの方が重要だったのかもしれない。……マルクスの目的は，みずからの構成した『資本主義』というシステムの破滅的帰結を示すことによって，そのイデオロギーに『科学的』根拠をあたえることにあったのである」と，マルクスの意図を断定的に推測する。

ここでわれわれが注意しなければならないのは，このモデル作成者にとっては，以上のような記号演算の展開こそが，「精密なモデルにもとづいて*quantitative*な結論を導く」ための手続であり，そのモデルは，一つの言語体系として，マルクスの分析した資本制的蓄積の歴史的過程を——マルクスの叙述よりもはるかに精密に——記述するものとされている点である。しかしながら，以上の(1)～(10)式とそれから演繹された(11)～(13)式のいずれをとってみても，資本蓄積の過程についての，歴史的事実にもとづいたマルクスの豊富な叙述と分析の内容は，あとかたもなくうちけされ，すべてが量化された諸要素とそれらの関係に転化されてしまっている。したがってこの(1)～(13)式のいずれをとってみても，それから逆に，マルクスの分析した対象的諸関係を復元することは，いかに想像力に富むものでも不可能であろう。ところがモデル作成者は，こうしたモデルによる表現——つまり記号化による抽象——が，ほかならぬかれ自身の，マルクスがとらえた歴史過程についての一つの粗雑な解釈にすぎないことを忘れ去り，このように抽象化された記号システムに対して，マルクスがこれを量的に展開しなかったことを非難し，実はモデル作成の出発点であった歴史的事実についてのマルクスの客観的叙述，たとえば「一方における富の蓄積の対極には，労働者階級の側における貧困，労働苦，奴隷状態，無知，粗暴，道徳的堕落が蓄積される」といった叙述を，上のモデルから演繹されないというただそれだけの理由で，マルクスの議論は「イデオロギーに『科学的』根拠をあたえる」ものにすぎぬと断定，論難するのである。

およそ科学的認識の手段として，モデルが研究者に対して研究対象の直視的ないしは索出的（heuristic）な模像として，対象を分析するために役立つ手段として正当かつ有効に利用されうることは，自然科学においても豊富な実例によって証明されているところである。対象に接近するために，直接と

第8章　現代経済学の方法・思想的特質　243

らえられない対象の代用品として利用されるかぎり，モデルが有効な認識手段たりうることはいうまでもない。しかしこのことは，モデル作成者が自由自在に，対象の任意の側面にのみ注目し，記号化された言表体系をつくることを無制限にみとめてよいということではない。いわゆる思考実験，数学モデルの名のもとに，こういう記号化と記号演算がおこなわれてしまい，対象の研究を忘れ，モデルの記号操作にのみ心を奪われてしまうことによって，モデル分析者は，ますます研究対象から離れざるをえなくなる。多くの変量の記号化された体系が，こうしてその原型（オリジナル）からきりはなされて模型（モデル）として独立させられてしまうと，記号体系の結合法（syntactical rule）のみが分析の唯一の関心事になり，モデル分析の独走がはじまる。こうした分析の独走をもって，研究の深化，精密化だと速断するもののゆきつくところでは，日常言語による事実の叙述をも含めて，およそあらゆる理論は，命題の体系という形式的側面からのみとらえられて，言語的体系とされてしまう。このようにして，さきのモデル作成者にとっては，マルクスの『資本論』もまた，資本主義的経済システムの全体像をひとつの言語的体系として構成したものにみえるようになる。同一の事実を記述する言語がけっして一種類でないように，原型からはなれたモデルを純粋な言語的体系として構成するということになれば，「経済学ではマルクスとは違った型の説明や分析の方法もありうるという立場」も当然みとめられることになろう。しかしながら，モデルをではなく原型を分析することが目的にされるかぎりでは，こうした立場はけっして無制限に自由にみとめられるものではない。

2　システム分析手法の特質

　以上のような言語的体系としてのモデルの構成とそれについての分析という考え方は，いわゆるシステム分析におけるシステムの操作と同一の方法原理にもとづく，すなわち，いわゆる一般システム論においては，システムとは「認識主体による知的・記号的構成物」のことであり，主体はこれを媒介にして，「現実界の認識や制御や変更を行なおうと試みる」ものとされる。[20]このシステムのうち，物理的・生物的なもののほかにこれらとは異なる社会

システムなるものが構成されるが、そのもっとも簡単なものとしては、つぎのようなケインズ型マクロ・モデル＝連立方程式体系が、その一例を与える。Y：所得，C：消費，I：投資とすると，このモデルは，

$$\begin{cases} Y = C + I \\ C = f(Y) \\ I = 一定 \ (= \bar{I}) \end{cases}$$

の形であらわされる。

このモデルにおいて，Y, I, C, $\bar{I}$ といった諸変項は，その動きを決定する諸要素たる個人，家計，企業，官庁，政府などと結合されて，次図のようなシステムを構成するものとみなされる。

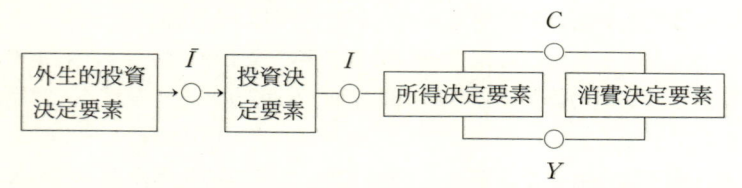

ごく一般的には，社会システムとは「特殊な『要素』と『変項』および『変項連結』からつくられたシステムである」と定義される。ここで，これらの要素，変項，変項連結といった基礎概念を，経済システムにそくしてあきらかにし，システムによる分析の方法的性格を吟味してみよう。

ここにいうシステムの「要素」は、現実の社会の構成要素としての個人または組織で、それがまた同時に分析の最終単位となるものであるが、システム分析ではこれらを総称して「個別主体」と名づけ、この要素の状態と動向がいくつかの「変項」とその可能な変化の範囲（関係）によって記述される。たとえば企業という個別主体では、その投入量と産出量とが「変項」として指定され、これとそれらの間の関係とによって表現される。これは「個別主体を外部にあらわれた働きによって理解する」という、いいかえれば「個別主体を一つのブラック・ボックス（black box，内部の構造がみえない箱という意味）として理解しようとする」分析手法の採用を意味する。経済システムのような、複雑で、その内部にいくつかのサブ・システムを、併列的にも、また重層的にもふくむシステムについては、いくつかの次元でのブラッ

ク・ボックスの内容にたちいることもあるが，要素の中に構造を考え，その構造の要素の中に，さらに構造を考えるという手続を無限に進行させることは不可能なため，「どこかで，ブラック・ボックスとして扱わなくてはならない要素にぶつかる」ということになる。このような「深化」をどこで断念するか，つまり，システムの内部構造にどこまでたちいって，そこで思考を停止するか（そこからさきは要素をブラック・ボックスとしてとらえるということ）の決定も一つの問題であるが，この深化の程度がどうであれ，重要なのは，「個別主体を外部にあらわれた働きによって理解」するという見地が一貫してつねに保たれるという点である。この「働き」を個別主体の機能と考えれば，この見地は，個別主体の機能主義的なとらえ方ということになり，システム分析の特徴は，要素と変項からなるシステムの構造とその中での諸要素の機能——要素自体が一つのサブ・システムならばその機能——と，全体としてのシステムの機能を分析するという点にある。この場合，変項は，要素たる個別主体（ブラック・ボックス）への入力としての入項，そこからの出力としての出項とみなされ，あたかも電算機にデータが投入され，計算結果が産出されるといった数値の入・出力の関係が類推され，「入項と出項との間にはある種の制限ないし関係が存在し，その関係のあり方がおのおのの個別主体の活動を特徴づける」という形でシステムがとらえられる。

　ここで入項は，個別主体をとりまく環境の状態を示す項であり，環境状態の変化は入項の値の変化によって表現される。たとえば企業という個別主体の場合，入項としては，市場の状態，商品価格がえらばれる。また出項は，個別主体による環境への対応ないしは働きかけの状態を示すものとされ，企業の例でいえば，上記のような入項の変化に対応して企業が変化させる投入量，産出量が出項となる。

　社会システム一般についていえば，以上の諸変項は，「必らずしも量的なものである必要はない。たとえば，情報とか，名声とか，地位とか，権力とかいったような，一般に定量化しにくいものであってもさしつかえない」とされる。しかし，経済システム，とくにいわゆる市場システムにおける重要な変項は，「財」——正確には経済財——という，制御可能な実物変項 (real variate) のうちとくに測定可能な変項によって代表され，この変項の

市場システム内における関係が，地位，権力，威信，名声といったもの（「関係財」という）にも拡大され，さらにシステムの制御部門で働く変項としての「情報財」（消費財としてのマスコミのニュース，書物，教育，生産技術）にもおよび，「財」の概念が拡張される。この場合，「財」一般のそしてとくに市場システムにおいて交換という実行行為の手段または目的となる経済財の特徴は，それが物質的な世界を表現するという意味での実物変項（具体的には，生産関数や効用関数などで考慮される事項）であるということにあるとされ，この変項の漸次的変化をとらえて，システムの状態の変化を明らかにするため，その測定ないしは定量化（quantification）の可能性が重視される。

こうして，測定が行われると，状態を示す変項は，ある約束の下での実数値をとることになり，微妙な区別をおこないうるようになる。「変項のとりうる最も進歩した複雑な形態が，定量化された変項，または測定された変項であり，……これを変量（variable）という」ことになる。

このようにして，経済システムにおける主要な変項のひとつは，測定可能な変項＝変量としてとらえられる財ということになる。この財の定義づけにおいて注意しなければならないのは，財が使用価値物としてもつ自然的属性の一つとしての量的規定性を基礎にしながらも，財の測定可能性，したがって定量化可能性には，測定ないしは定量化という操作の上での一定の協定という意味が大前提として付与されている点である。

すなわちここでは，測定とは，一般に，①「可能な状態のすべてを集めた集合を考え，状態を区別するためのある性質が，集合の上の順序関係あるいは加法性を含む順序関係の形で表現できると考える」（対象の側にある関係が存在すると仮定する）操作と，②「その集合の各々の元，つまり可能な状態の各々を，順序関係を保ちながら，実数のある値に対応させることができると考える」（対象の側に仮定されたある関係を実数によって表現するための方法ないし約束をきめる）操作との二段階をあわせたものと定義される。要するに，「測定とは，対象のもっているある性質を，実数の大小に結びつけて表現するようなモデルをつくり，それを特定の測定器具によって具体化すること」とされる。そしてこの操作によってとらえられるような対象の性

第8章　現代経済学の方法・思想的特質　247

質のこと，つまり「測定可能な性質」が，量（quantity）とよばれるということになる。つまり，対象の性質としての量は，上に定義されたような測定という操作によって測定者の側から対象に付与されるわけである。

　このような測定観から，「測定とはまさに質を表現しようとする努力のひとつに他ならない」から，「量」と「質」とを対立的に考えて，質は本来測定できないものだとか，量的科学は必然的に質的側面を無視せざるをえないなどというのは誤解を招く考え方だという主張が出てくる。

　しかし，ここで「量」という対象の規定性を上記の「測定」操作から逆に対象に付与するのは，「対象の側に，ある関係が存在すると仮定すること」と「それを実数によって表現する方法ないし約束をきめること」とを内容とする前記の測定操作が，対象に固有の規定性をとらえうる方法であることがあきらかにされないかぎり，つまり，ここにいう「仮定」や「約束」の適用根拠があきらかにされないかぎり，逆立ちした論法であり，測定可能性については同義反復をくりかえしているにすぎない。

　このような測定可能性＝量という定義によれば，測定操作の応用範囲は任意に拡大されるが，測定結果についての評価もまた操作的ないしはプラグマティカルにしかおこなえないことになる。すなわち，そこでは「測定方法の採用について人々の同意がえられるか」が唯一の問題となり，測定によってはたして対象が把握されたかいなかを，対象に即してではなく，測定する側の間主観的一致の有無によって判断するという逆立ちした論法がさらに展開される。こうして測定方法についての同意の成立根拠は，その測定を利用しつつ，つくられた社会制度ないしシステムが，人々に十分に便益を与えつつあること，および，その測定にもとづいてつくられた理論体系が検証に耐えて，科学的な分析として広く認められつつあることの二つにもとめられる。結果として，「人々のこれらの点のいずれかについての支持が強いとき，その測定方法は公認され，その性質または変項は測定可能であると認められることになる」。

　測定が一つの操作であることはいうまでもないが，しかし，この操作の適用についての人々の合意が，変項を測定可能なものにするという考え方は，完全な顛倒であろう。たとえば，「ある人が強引にある考え方にもとづいて

測定器具をつくれば，そこにはつねに何らかの測定結果が生まれる」という論者自身の設例においてすら，こうした「測定」が可能とされるのは，実は論者の「測定」観の帰結にすぎないのである。「知的能力をあるテストにもとづいて測ることにきめれば，それなりの知能の測定結果があらわれる」と見るのも，そもそも，測定すべき対象の性質を問うことなく，つまり「何を」測定するのかを明確にしないで「測定」を強行することからくる誤りである。しかしこのことには全くふれないで，論者はここでこのような測定については人々の同意がえられないという理由から，それは無意味だとするのである。測定が人々に与える「便益」，測定にもとづいてつくられた理論体系の「検証」，いうところの「科学的」分析といった，測定操作を承認する根拠もまた，その内容をあきらかにしないかぎり，測定方法公認の間主観的ではなく客観的な根拠とはなりえないであろう。

「財」の測定可能性の根拠づけについてのこのような考え方が出発点におかれるために，同じ論理次元において，財が人々の手段や目的にかかわる変項であることを理由に，長さや重さなどの純粋な物理的性質を測定する場合と同じ意味での厳密な測定は，「財」については不可能とされる。また測定されても，その測定方法についての人々の同意の程度には，財によって高低が生じ，たとえば市場において売買される財については高く，権力，威信などの関係財，情報財については低いといった議論も，測定という操作が測定される対象の性質を逆に規定するという，つまり，測定主観が測定対象の性質（つまり量的側面をもつということ）を規定するどころかこれを約束された性質として生み出すという，顚倒した「測定」観からの帰結にすぎない。

はたせるかな論者自身が，結論として，つぎのようにそのいわゆる測定可能性なるものが，対象自体の性質ではなく，これをとらえる側の主観的仮定であることを，明白に宣言している。「社会システムのもっとも重要な例としての市場システムは，測定可能性を前提にして成立している。測定可能性とは結局，一つの世界解釈ないし世界表現であり，その点について人々がどの程度同意に達しているかを示すものである」と。

ここまでくればすべてがあきらかになる。測定可能性がこのように人々の同意の所産であるならば，それを前提に成立する「市場システム」なるもの

も，ひいては「社会システム」なるものも，こうした同意によって成立する知的構成物となり，システムは，「主体にとっての外部世界——これを現実界または経験界と呼ぶ……」(呼ぶのは自由であるが，現実界＝経験界とするのは誤りであろう)のなかから，主体がとくに関心をよせるところのその一部(これを「対象」という)をとり出し(主体の関心による対象の限定が行われている)，それについて，認識主体が形成する知的・記号的構成物のことだということになり，このシステムと現実界やその一部としての対象との間には一定の対応・適合関係が期待されるにとどまる。しかしこうした対応・適合よりもむしろ重視され，主観的構成物としてのシステムにつよく要求されるのは，このようにしてとらえられたシステムが主体の目的にとって有用であること，制御や変更のために主体がとりうる手段の概念がそれ自体の中に含まれていることなどであり，このために，また，このかぎりにおいて，システムは「それ自体が対象(現実界の一部)であるのではなく，対象とある望ましい対応・適合関係をもつことが期待されているような主体による構成物」とされるのである。したがって「厳密な意味でのシステムとは，主体による知的構成物であって，現実界に存在しているわけではない。しかしある程度の検証をへているならば，システムはそのかぎりにおいて現実界に存在しているかのごとくに扱われることがある」ということになる。

　システムが構成されたり，分析の手段として用いられるさい，厳密にはこのようにそれが「主体による知的構成物」にすぎないとされていることは，経済システムの前提たる財の測定可能性の定式化について上にみたように，測定という重要な操作から，対象の測定可能性が逆に規定される事情からもうらづけられる。

　こうして，システムを思考し，分析用具とする「分析」は現実界とのある程度の適合・対応が期待されるととなえながらも，その内容はきわめて主観的で，システムを利用する側(主体)の目的，便益，それ(主体)が枠づける「検証」可能性の方に重点をおいておこなわれる。それは一見「科学的」にみえるが，しかし，実は現実についてのひとつの「解釈」としての知的操作の結果にすぎないことがあきらかになる。
　＊　システム分析論者は，システムと現実界とのこの対応・適合関係につい

て，つぎのように説明している。

「われわれの考え方では，システムとは，主体と現実界との行動連関をいわば媒介するものであった。……主体が認識するところの，いわゆる『パターン』とか『法則性』とか『真理』とかよばれているものは，現実界それ自体の絶対的な属性でもなければ，主体が一方的に現実界に押しつける性質でもなく，主体と現実界の両者がある特定の形で結ぶ関り合いにおいて発現する性質だ……主体の作成するシステムは，現実界に関する絶対的な知識を表わすものではなくて，たかだか，検証してみれば主体の目的にとって有用な適合性を現実界との間に示す可能性をもつものにすぎない。……われわれは，絶対的真理を求めているのではなく，相対的な真理，主体にとって有用な真理，を求めているにすぎないのである。われわれは，システムを通じて現実界がわかればそれでよいし，現実界に関する予測があたればそれでよいのである」と。

こうしてこの論者は，「現実界には固有の『パターン』，『法則性』ないし『真理』が，われわれの意識とは独立に存在していて，科学者の任務はそれを知ることにある」とする考え方にたいして，「だが，その場合でも，われわれの認識能力は限られていて，この種の『真理』を完全に明らかにすることは不可能であり，常に従来のものとは異なった認識が成立する余地があるという立場に立つかぎり，これまで述べた考え方とのあいだには，実際問題としてはほとんど差がないといってよいだろう」としている（前出注 20 の公文俊平『一般システムの諸類型』36 頁）。

科学的認識が一挙に絶対的真理に到達しえないことはむろんであり，「常に従来のものとは異なった認識が成立する余地がある」のは，立場の問題ではなく，科学史の示す事実である。しかしながらこのことは，『法則性』や『真理』に客観性（意識から独立な存在という意味での）がなく，これらのカテゴリーを，単に現実界について「わかる」，つまり，理解したり，予測したりする主体の側の手段にすぎないとみなければならない理由にはなりえない。「実際問題としてほとんど差がない」といえるのも，この論者が，「法則性」や「真理」を主体と現実界との関り合いにおいて発現する性質とみているからにほかならない。そしてこうした操作主義的な見地はシステムの分析手段としての性格を一面的に強調させ，対象たる現実界からのその遊離を促すのであるから，「実際問題」だけにプラグマティカルに固執する場合はともかく，原理的にはこの論者のいうごとく「ほとんど差がない」どころか，まったく相対立するとみなければならない。

3 モデル分析・システム分析における情報理論の適用とその問題点

以上にみたように，モデルやシステムを記号化された知的ないしは言語的構成物として作成し，これを分析の用具にする考え方においては，その分析をいわゆる「精密」なものにしようとすればするほど，モデルにおける変数，システムにおける変項などが主要なカテゴリーとみなされる。しかしこうした変数や変項がモデル・システム分析家による分析操作の可能なものとなるためには，対象の性質としての「量」が，測定操作によって一つの仮定として付与される「測定可能性」として規定されなければならない。測定方法の妥当性は，かくて，間主観的な合意の程度の問題とされ，さらに測定にもとづく理論体系の「検証可能性」についての合意の程度の問題とされる。

具体的には，モデルにおける変数，システムにおける変項には，以上のごとき意味での測定の結果としての実数値が対応させられる。この実数値は，たとえば効用関数における効用の測定のような内包量（順序関係のみが意味をもつ「序数的効用」）であったり，長さ，面積，体積，重さといった外延量であったりする。社会システムのうちとくに市場システムが成立するための前提条件は，そこでの財が外延量として測定可能であるということであるとされる。しかしもともと測定可能性は，さきにみたように主観の側の測定操作によって付与される財の性質であると考えられ，その結果の妥当性を保証するのは，合意であると考えられていたのであるから，市場の成立・拡大は，この測定可能性を強化するという事情が生ずるとみなされることになる。財の測定可能性と市場システムとの間には，こうして，相互補強的関係がみとめられることになり，市場システムの分析においては，財の定量化つまり測定が基本前提とされる。モデル分析においても，システム分析においても，第一義的に重要な要件は，こうして，測定という操作が一方では市場における人工的製品の増大ということにもとづく，「各種製品の測定についての同意」の強化によって支持・拡大され，他方ではモデル・システムを構成したり分析したりする場合の計量的方法の意義の強化とむすびつく。

システムに分析の一段階としてのいくつかの代替案の比較評価と選択にあたって，各代替案からどのような結果がもたらされるか，すなわち費用がど

れだけかということと目的がどの程度達成できるかを知るためのモデルについては，変項が数量的にとらえられること，変量間の関係が定量的に定められるということが望ましいとされるのも，このことの必然的な帰結である。

この計量的手法の重視は，のちに本巻第3章でくわしくみられるように(編集注)，経済理論における数学的方法の利用を促し，ついに，今日みられるような経済学そのものの数学化（mathematization）にまでいたっている。その結果がわれわれに何を与え，また逆にわれわれから何を奪いさったかについての分析は，第3章にゆずり(編集注)，ここでは，計量的手法の重視，経済学の計量科学化を，ひろく社会科学一般の計量科学化——たとえば，システム論とならぶその最新の一形態は，「計量行動科学」である——という線上において吟味し，とくに，いわゆる情報理論とこの計量科学化との関連を検討してみよう。

経済学をふくめてひろく社会諸科学の研究方法を，情報理論によって統一的にとらえなおそうとする見地から「社会科学における情報論的視座」を確立することの必要性を強調する見解がある[21]。この見解を展開している社会学者の説によると，「マルクス主義の立場をも含めて，現代の社会諸科学を貫通する基幹的アプローチ」には，

(1) 相互連関論的アプローチ
(2) 要件論的アプローチ
(3) 情報論的アプローチ

の三つがあるという。

(1)の「相互連関論的アプローチ」とは，「研究対象を相互連関する諸要因の集合，あるいは各部分の変動が他の諸部分に波及するような諸要因の集合とみなす」ものである。このアプローチは，

(a) 「相互連関する諸要因（変数）」の析出，その定性的・定量的内容（変数の値）の確定
(b) 「諸要因の間の相互連関（関数即ち変数間の定性的・定量的な対応法則）」の定式化
(c) 「相互連関する諸要因の均衡」の分析，

という三段階をもつ。(a)においては，システムを構成する諸要因（内生変数）とその外部に属する諸要因（外生変数）とが，対象そのものの性格によ

るだけでなく研究目的に応じて区別される。(b)においては，諸要因間の相互の作用・影響が，「インプット—アウトプット」対応関係として確定される。そして，(c)においては，外部要因を与件として，システムの各要因の定性的・定量的内容がその相互連関の構造（関数型）に制約される。

この相互連関論的アプローチを最も自覚的・系統的に彫琢してきたものは「近代経済学の均衡理論」であるとされている。そして，「数学的には，相互連関論的アプローチは，諸変数の関数関係の集合，即ち連立方程式によって表現することができる」とされていることからもあきらかなように，このアプローチの核心は，計量化された諸要因間の関係の数理的説明ということにある。

この論者は，このアプローチの一般性を強調して，「弁証法の名の下に，事物や事象の諸側面，諸要素，諸部分の相互連関や相互依存の認識を重視する」マルクス主義をもこのアプローチの一例とみなす。ヘーゲルのいわゆる「交互作用」のカテゴリーを，この論者は，字面の類似性にまどわされて，「相互連関，相互依存」と誤解し，「交互作用」が，関数関係，因果関係などよりもより高次なカテゴリーであることを見失ってしまう。その結果は，つぎのような形で因果関係を関数関係に解消し，またそれを諸要素現象間の時間的継起関係とみなすという誤りをおかしている。

すなわち，かれはいう，「一部のマルクシストは，近代派の相互連関的アプローチは，同時決定的な相関関係のみを扱って時間的な因果関係を無視する……と批判するけれども，それは全くの誤解であろう。原因 x が結果 y を惹起するという関係は，$y_t=f(x_{t-1})$ という関数関係で表示しうる（例えば，経済モデルにおけるタイム・ラグをもった内生変数をみよ）」と。あきらかに，この論者は，いわゆる「post hoc」（この後に）を「propter hoc」（この故に）ととりちがえている（つまり夜は昼の原因であり，結果であるということになる）のであり，また原因と結果の関係を $y_t=f(x_{t-1})$ という関数関係で「表示」することが，因果関係の何らかの説明であるかのように幻想するという関数主義のおちいる誤解をおかしていることを自らみとめているわけである（このような誤解については，第3章でくわしくふれている）。(編集注)

つぎに，(2)の「要件論的アプローチ」とは，「いわゆる自己保存系（生

物・生物社会・人間・人間社会・自動制御機械）を対象とするアプローチ」であって，
- (a) 自己保存系が所与の環境の下で存続（survival）・繁栄（welfare）・発展（development）するための諸条件の解明＝「要件分析」
- (b) 自己保存系の内外の各要因が，これらの諸要件の充足を促進すること（eufunction，正機能）あるいは，それを阻止すること（dysfunction，負機能）の認定＝「機能分析」
- (c) 要件充足の許容状態の条件，存否，その安定性の吟味＝「許容性分析」

の三段階にわけられる。

この三段階の全体を総括して，「要件論的アプローチ」は，数学的には，評価関数（あるいは選好関数，厚生関数，目的関数）の集合と内生・外生諸変数の相互連関を表わす制約条件の集合とによって示されるという。このアプローチの典型例として，「効用関数（評価関数）と収支方程式（制約条件）から構成される消費者行動の理論，利潤関数（評価関数）と生産関数（制約条件）から構成される企業行動の理論」があげられている。

上記(a)～(c)の三段階については，(a)が，各要件を表わす変数＝「価値変数」（あるいは選好変数，厚生変数，目的変数）の確定であり，(b)が，「自己保存系の内生，外生変数の値に価値変数の値を対応させる法則ないし操作」＝「評価関数」の定式化であり，(c)は，「価値変数」が許容値（一定の許容範囲の値）に達するかいなかの分析であると，いずれも変数の確定や関数関係の定式化といった定量的操作という形式をもつものとして説明されている。そしてこの見地から，このアプローチは「いまだ相互連関論的アプローチほどの彫琢をみるに至っていない」と評価されている。

要するに，この「要件分析的アプローチ」なるものは，社会的諸事象についての，形態や実体についての分析という面をさておいて，機能にのみ注目するという機能主義的な手法が関数関係の確定・定式化という形で行われるところに特徴がある。論者によれば「ミクロ経済学の〈効用〉や〈利潤〉の概念」は，「要件ないし価値変数の一種」とされ，「厚生経済学にいう〈社会的厚生〉もまた，国民経済システムの要件を示したもの」となる。そしてこ

のアプローチは「一般に，実践科学的・政策科学的・計画科学的・社会工学的な立場，要するに〈主体的な視座〉にとって不可欠なものとされるのであるが，ここにいわゆる「実践」，「政策」，「計画」の「主体」が何であるかの実質的分析のくわしい展開よりはむしろこのアプローチにおいて機能主義とプラグマティズムの見地との結合がみられる。

論者はこの見地から，「〈矛盾〉を〈負機能〉，〈照応〉を〈正機能〉と読みかえる」ことによって，史的唯物論もまた「物質的生産の規模と水準を規定する生産力の発展を，社会の最大の要件とみなした」点で，そのエッセンスは，「要件論的アプローチである」と，史的唯物論を機能主義的に解釈しなおしている。しかしながら，マルクスやエンゲルスによってあきらかにされたのは，けっしてここにいわゆる「生産力」の「機能」だけではなく，それ以前に，「生産力」とは何かという実体分析が先行していたのであり，これによってはじめてその「機能」もあきらかにされたのではなかったか。社会的・経済的諸カテゴリーの認識において，それらの実体の歴史的・社会的な確認が軽視されるとき，「生産力」が社会の発展の原動力となること，そしてそれが生産諸関係の変動・変革の基本的要因となることの正しい理解，つまり社会の発展史についての唯物史観の意義は見失われ，結局のところ，社会そのものもまた非実体的なものと見なされてしまうであろう。

最後に(3)の「情報論的アプローチ」とは，一面において「〈自己保存系〉を，情報によって自らをコントロールするシステム，即ち〈自己制御系〉と把握する見方」にほかならない。「利潤最大・効用最大の主体的均衡」が，経済主体（企業と世帯）の合理的意思決定によって媒介されたり，「需給均等の市場均衡」が，価格機構という情報処理システムの働きによって成立するといった事例を一般化して，論者はいう，「人間社会の物質代謝（物質的生産）は，文化情報（制度その他）を基底にし，経済的意思決定を中核にする」と。

「情報論的アプローチ」は他の一面において，以上の情報・情報処理の，自然選択（たとえばダーウィンの〈自然淘汰〉）と主体選択──「システム自体による情報の選択淘汰」──という見地にもとづく。

論者はこの二面をまとめて，「情報論的アプローチ」の根底をなすのは，

「『自己保存系の内外の諸要因とその相互連関は，自然選択ならびに主体選択のふるいにかけられた情報ならびに情報処理によって，当該システムの要件を一定の許容範囲で充足しうるような方向へとコントロールされる』という自然認識」(傍点は是永)の見地にもとづく思想であるという。

以上の(1)〜(3)の三種のアプローチが，たとえばシステム分析においては，システムの内外の諸要因の相互連関をとらえること((1)のアプローチ)，内外の諸要因とその相互連関がシステムの情報と情報処理によって媒介されることの解明((3)のアプローチ)，システムの情報と情報処理は，システムの要件が一定の許容範囲で充足されるように，諸要因とその相互連関をコントロールすることの解明((2)のアプローチ)という形で併用ないし統合される。ここから結論として，「社会科学の方法は，システム内外の諸要因とその相互連関，情報ならびに情報処理による諸要因とその相互連関のコントロール，そしてコントロールされた諸要因とその相互連関によるシステム要件の充足，という研究対象の三つの基本的側面を統合的に把握しうるようなものでなければならない」という構想が主張される。

システム論におけるこのような諸アプローチの統合において，情報・情報処理の役割が重視されているのは，社会科学についていえば，自己制御システムである人間，人間社会，自動制御機械などが，「一定の選択淘汰作用を通じて変容する一定の情報ならびに情報処理によって，内外の諸要因とその相互連関をコントロールし，みずからの存続・発展のための条件(要件)を充足するようなシステム」としてとらえられているからである。ここで情報と情報処理についての一般理論，いいかえると通信と制御の一般理論としてのサイバネティクスが，自己制御システムの分析のための基礎理論となる。

自己制御システムとしての社会は，もちろん固定，静止したものではない。たえず発展，変化する。システム論では，この社会の発展・変化を，一方ではすでにみた相互連関論と情報論の併用により，「与件の変動によって不均衡化した(システムの)諸要因の相互連関が，情報ならびに情報処理の革新(選択淘汰)を媒介にして再び均衡化する」というシェーマでとらえる。情報・情報処理の革新という媒介はあるが，ここにみられる社会変動観は，かのJ. シュムペーターによって代表される経済学上の一般均衡理論の見地の

第8章　現代経済学の方法・思想的特質　257

完全な踏襲である。すなわち社会変動は,「諸要因の相互連関の〈均衡――不均衡――均衡〉という変動シェーマ」でとらえられる。したがって,社会システムの変化・発展の原因はこのシステムの外部にある与件の変動にもとめられ（外因論),それによって破壊された均衡が,「新しい与件の下で諸要因の相互連関が再び均衡化するプロセス」を経て,ふたたび回復される,という見方つまり均衡論基調の発展観がとられることになる（本巻第2章参照）。こうしてシステムの内的矛盾による自己運動という把握は,ここにはみられず,この面は,いわゆる要件論的アプローチと情報論との併用によって,「与件の変動によって要件の充足が許容範囲を離れるプロセス,ならびに新しい与件の下で負機能的要因が消滅して正機能的要因が生成・発展し,再び要件充足が許容範囲に到達するプロセス」としてとらえられる。ここで論者は,「史的唯物論」を〈矛盾―照応―矛盾〉というシェーマでとらえ,これを要件充足の〈許容―非許容―許容〉,あるいは要因の〈正機能―負機能―正機能〉という変動シェーマと等値（置ではない――原文のまま）する。みられるように,矛盾とその止揚という社会発展の過程は,ここでもまた与件の変動という外因によってひきおこされるものとみなされ,また要件論的アプローチの変動シェーマでは,発展過程における飛躍＝漸次性の中断が,要件充足の〈許容―非許容―許容〉,あるいは要因の〈正機能―負機能―正機能〉というシェーマのうちに解消されてしまう。

＊　システムをその恒常性（ホメオスタシス）の面に注目してとらえ,その変動をみるときにも,このように与件（外的要因）の変化による「恒常性の破壊→新しい与件にたいするシステムの適応による恒常性の回復」というシェーマでとらえる見地は,弁証法的方法から峻別されている。たとえばつぎの主張はその一例である。

「……社会システムは,つねに高次化し自己組織を行うものと思わなければならない。このような高次化の現象そのものを把握するために,弁証法的方法が必要である,という主張がしばしば聞かれる。しかしそのような方法は,たとえば無限の高次元というパラドックスを含む困難に挑戦しなければならない。安易に弁証法（とくにその応用）を云々する人は,分析的方法との間におそるべきギャップがあることを忘れている」。この主張の基礎には,システム分析は「形式的な分析的方法である。あるレベルでのシステムを考え,その構造を明らかにするのがシステム分析の内容で

ある」という考え方がある。このため「自己組織系」としての「社会システム」は,「その構成要素が自分自身について,およびシステム全体についての認識をもちうるし,また,同時にその認識の内容をたえず深化させ,あるいはそのような認識に基づいて現存のシステムの構造そのものを再編成しようとする性質をくみこんだものとして,つくられていることが望ましい」とされながらも,「自己組織系は,システムの高次化をその中に含み,……正確な意味でのシステムとしては規定しようのないもの」であるという理由で,「われわれが社会の発展をうまく記述できるようなシステムを考えようと思い,なおかつ,そのようなシステムを自己組織系として厳密に規定することができない以上,社会の発展の姿は,構造を異にするいくつかの非自己組織系としてのシステムの連鎖によって,記述する他はない」という結論におちつく。そして,おそらく,K. ポパーにならってであろうが,「自己組織系をそのまま分析的に描きうるかのように思うのは大きな誤解であり,社会科学の陥りやすい『歴史主義的』(historicist) な誤りである」という。

　分析的方法と弁証法的方法をこのように対置し,そして前者にシステム分析の方法原則をもとめつつ,しかも歴史的発展については,たんなるシステム連鎖としての記述しかおこなえないとまでみとめ,論者は,弁証法的方法の適用を拒否している。このことはシステム分析が,システム自身の変動については,その原因を究明することも,これを弁証法的論理によって再現することもできず,非自己組織系つまり発展のないシステム構造の機械的連結によってプロセスを記述すること以上はできないということの自認にほかならない。システム分析は,たとえ情報・情報処理を媒介にしようとも,この重大な限界をのりこえることができないであろう。

（１）　川口弘「経済学を学ぶ——近経とマル経との融合は可能か」川口弘ほか編『経済学を学ぶ』（有斐閣選書）7頁。
（２）　松浦保「新古典派　価格分析の精緻化」稲田献一ほか編『近代経済学再考』（有斐閣選書）32頁参照。以上に引用した松浦氏の見方では,「科学的危機の状況が発生すると,科学革命が準備され,新しいパラダイムが生まれる契機が生じ……という発展過程」（同書,33頁）の歴史科学＝社会科学的解明は不可能になろう。
（３）　W. Leontief, *Essays in Economics —— Theories and Theorizing,* 1966, p. 23.
（４）　J. Robinson, *Economic Philosophy*（宮崎義一訳『経済学の考え方』岩波書店,参照）。

（5） 竹内靖雄『マルクスの経済学』日本評論社，198頁．
（6） M. コーンフォース，城塚登ほか訳『開かれた哲学と開かれた社会』紀伊國屋書店，214頁以下．
（7） 河村望・宇津栄祐『現代社会学と社会的現実』青木書店，27-28頁．
（8） 江沢譲爾『近代経済学の論理』日本評論社，4頁．
（9） 久留間鮫造編『マルクス経済学レキシコン2——方法Ⅰ』大月書店，43頁．
（10） 同上，149頁．
（11） 以下の引用は，和田貞夫『数理経済学講義』中央経済社，4-5頁による．演繹的推論の唯一・強力な用具としての数学の利用という考え方は，現代経済学に一般的にゆきわたっている．しかし，本文で考察した数学的抽象の性格についての分析は，それ自体を数学的に推論できないためか，ほとんどおこなわれていない．
（12） K. マルクス大学哲学研究集団，岩崎允胤訳『科学論』法政大学出版局，266-67頁参照．
（13） 岩崎允胤『現代社会科学方法論の批判』未来社，9-17頁．
（14） 『季刊現代経済』第8号，1973年，192頁以下参照．
（15） W. Leontief, "Theoretical Assumptions and Nonobserved Facts," in *American Economic Review,* March 1971, pp. 1-7.
（16） 前出『近代経済学再考』（有斐閣選書），278-80頁．
（17） 拙稿「計量経済学的模型分析の基本性格」『経済評論』1965年1月号．
（18） 村上・熊谷・公文『経済体制』（現代経済学10）岩波書店，1973年，2頁．
（19） 竹内靖雄，前掲書，84頁以下．
（20） 以下の引用は主として，村上・熊谷・公文，前掲書による．なお，公文俊平『一般システムの諸類型——社会システム論のために——』（講座情報社会科学6　社会システム論の基礎Ⅱ）学習研究社，参照．
（21） 以下の引用は主として，吉田民人「社会科学における情報論的視座」『情報社会科学への道』（講座情報社会科学5　情報社会科学への視座Ⅲ）学習研究社による．

　なお，吉田民人「生産力史観と生産関係史観」『別冊経済評論』第5号，1971年，116-33頁．

　この二つの論稿その他における吉田の議論は，「情報科学としての社会科学」という構想を，類書によくみられるような単純・素朴な論法——つまり，情報とその制御の一般的・形式的側面のみをもっぱら扱う数理的科学としての情報理論は，自然および社会の全域にわたって適用でき

るという形での抽象的な記号化された展開——によってうち立てんとする低次元のものではない。とくに社会の歴史的発展についての弁証法的唯物論あるいは史的唯物論の「公式」による従来の定式化を正面からとりあげ，これに情報論的視角からの検討を加えようとしている点で注目にあたいするものと思われる。たとえば，彼が指摘する「生産の社会性に照応する経済主体ないし経済的意思決定の社会性」（前掲『別冊経済評論』133頁）という事実は，いわゆる管理労働の社会化が進展している現在，情報理論やシステム論の社会科学へのインパクトを正当に評価するためには，検討を要する重大な一つの問題点であろう。

　にもかかわらず，筆者は，以下本文にのべたような原則的な諸点において，吉田の見解にはかならずしも賛成しえない。とくに彼が「情報論的アプローチ」と併行して，「相互連関論的アプローチ」の近代経済学による「彫琢」を肯定的に高く評価したり，また「要件論的アプローチ」の一つとして弁証法をとらえ，これを，のちにのべるように，外的与件の変化にともなう「矛盾―照応―矛盾」のシェーマとみなしたり，「情報論的アプローチ」の先駆形態としてM. ウェーバーの〈理解の方法〉（＝主観的に思念された意味の理解）を評価したりしている点は，史的唯物論とこれら異質の方法原則との対立点をあいまいにし，いたずらに性急・安易な「総合」を試みているとしか考えられない。彼のいわゆる「現実そのものを師とする『自由発想と主体選択』あるのみ」という大胆率直な態度のまえには，唯物論と観念論との，均衡論と弁証法との，原理的対立などもことごとく解消されてしまうのであろうか。

(22)　以下の引用は前出(18)の村上・熊谷・公文『経済体制』12-13頁の注(12)および本文50-51頁による。

(編集注)は，是永純弘編著『講座現代経済学批判Ⅰ』（現代経済学の方法と思想）日本評論社，1975年，所収の「はしがき」「序」および以下の論文をさす。
　　第2章　長屋政勝「近代経済学の社会的均衡観」
　　第3章　杉森滉一「現代経済学と数学的方法」

第9章 「政策科学」は可能か

はじめに

　第二次世界大戦後の日本経済の発展を，今日にいたるまであとづけてみるとき，注目しなければならない一つの大きな特徴は，数多くの経済計画が作成されてきたこと，とりわけ，国家独占資本主義の再構築による，いわゆる「高度経済成長」期以降今日にいたるまで（1955年以降）の経過である。国と時期によってかなりの差はあるといえ，戦後の世界主要資本主義国では，国家の国民経済への介入が「資本主義的生産様式そのものの限界のなかでの」経済の「計画化」——その多くは誘導的計画化——という形で，強力にすすめられ，とりわけ日本ではその成果が他に例を見ないほど急速で大規模な経済の復興と発展となって結実したとされている。
　このことは，経済研究の面においても，戦前とは異なったさまざまの新しい局面の開発をもたらしたが，いわゆる「経済計画」方式において，近代経済学の新しい形態としての計量経済モデル分析手法の開発によって，経済成長過程の予測能力と国民経済の各部門間の整合性とが高められてきたと誇称されている点に，特に注目しなければなるまい。というのは，元来，自由競争原理にもとづく資本主義的市場経済のもとで，国家がその経済政策の主要な一環として「経済計画」を作成し，これによって資本主義経済に固有の諸困難を克服し，そのいっそうの発展を保障することが可能となったかの印象がつよまり，理論的にみて本来計画経済を原則とする社会主義への接近（いわゆる両体制収斂の傾向の一端）が事実上も進んでいるかのような外見をもたらしているからである。それだけではない，この数年来，とくに1970年代に入ってから，高度成長が中断され深刻な不況が再来し，成長過程で累積されてきた環境破壊，資源不足など多くの問題が資本主義経済の今後の発展

にとって重大な脅威となりつつある現在，資本主義体制の内部で，「現実の経済をいかにして変革するのか，その手段，その実現の可能性や条件などについてより積極的な解明を行うべきであるという意見」が，従来の「経済計画」作成者たる国家とは政治的に対立する諸野党の側に強まってきているからでもある。

経済成長の永続性を期待してきた資本主義国家の「経済計画」が，70年代に入ってとくに，「現実の経済とは大幅に乖離し，作成後1～2年で改訂を余儀なくされている」ことは，たとえば日本の場合，1965年の「中期経済計画」以降の事実をみてもあきらかである。それはおそらく，こうした諸「計画」が，所詮，現代の資本主義のもとでの生産の社会的性格の発展に対応してはいるが，しかし「資本関係の内部で可能なかぎりでの」政策としてしか機能しえないという限界性を反映するものであろう。そしてこの点ははっきりと再確認しておくことが必要であろうが，同時に看過しえない点が他に一つある。それは，こうした「経済計画」の一見，科学的で，厳密で，しかも実証的にみえる計画作成方法について，その「科学性，作成の技術的手法の適否など方法論のうえで問題がある」という点である。

「諸矛盾が激化し，要求が渦まいている今日の社会では，経済学が超越的立場からの暴露，批判ばかりに終始するのではなく，これに建設的な具体的解決策を積極的に提示することによってはじめて国民大多数の力を結集することができる」というのは，経済研究にとって重要な当面の課題の指摘である。だがしかし，「具体的政策を提示するためには，一般的抽象的理論のみでは不十分であり，事実の具体的な調査，研究にもとづいて，経済全体を計数的に分析する能力をもつことがぜひ必要になる」（傍点は是永）かどうか。より具体的に言えば，「たとえば賃金率のいっせいの引上げ，あるいは輸入原材料価格の上昇が直接間接の波及効果をつうじて各部門にどのような影響を与えるかを的確に予測，分析するには……数学を援用して経済全体の数値的分析を行うことがぜひ必要になる」かどうか。指摘された課題の重要性からみて，研究方法についてのこれらの指示にかんしては，十分に，方法論的な考察を加えてみなければならない。なるほど，こうした新しい経済研究の課題を設定し，これにもとづいて「建設的な具体的解決策」を提示する「政

策主体」は，いうまでもなく，「独占資本＝大企業中心の」現行計画を作成している政府・与党ではなく，経済民主主義の路線をすすむ革新的な政治機関（たとえば「民主連合政府」）でなければならないし，またその当面の目標は，けっきょく現存機構の民主的改良と民主的活用にあるであろう。そしてまた，こうした改革に成功するならば，「経済学がたんに現実の解釈やその客観主義的な階級的批判にとどまっているのではなく」，「政策科学として発展すべきである」とする要求にもこたえることになろう。

しかしながら，このように高度の，重大な目標を志向するがゆえに，そのための研究の主要な方法の性格については，まずもって十分な考察と吟味が必要となることもまた否定できないであろう。おそらく杞憂にすぎないであろうが，もしこうした考察と吟味を不十分にしか行わず，既成の「計数的分析」や「数値的分析」を安易に適用するならば，結果は事志に反することになるであろう。さいきんの論壇では，経済学にかぎらず，社会科学全体にたいして，イデオロギー擁護の神学，単なる批判的科学の段階をこえて，政策的科学に転進すべしという声が高い。だが，これは単なる発想の転換といった程度の軽い問題ではなく，研究方法とその原則にもかかわる重大な問題であり，研究のための材料と方法とが，すくなくとも政治的には，前記の目標に敵対する体制のなかで，その制約のもとでしか与えられないという事実を十分に考慮しなければならない。経済研究に即してみるならば，その材料は，資本主義国家の行・財政目的に従属して作成され，階級的性格によって歪曲されやすい政府統計の組替えと批判的加工によってのみ与えられる。つまり統計の信頼性・正確性の吟味・批判という問題にかかわる。また，その研究方法としては，計数的ないし数値的な分析が重視される以上，いわゆる近代経済学のマクロ分析における諸手法，とくに計量経済学的諸手法の批判的活用が要求される。したがって，既存の諸手法を徹底的に検討するという方法論的な課題が生ずる。

小論では，こうした問題点をふまえて，経済研究における数量的研究方法（ただちに数学的分析方法を意味しない）の適用上の問題点を，この方法の特質およびその適用対象となる経済統計指標の特質に焦点をあてながら，これまでのマルクス経済学および社会科学方法論系譜の統計学の研究成果にも

とづいて，整理し，再検討してみよう。

いわゆる構造的危機におちいった資本主義の現段階において，労働者階級を中心として大多数の人々が，経済部面での民主主義を擁護・拡大してゆくには，近代経済理論の根本的批判，この理論を理論的支柱とした支配的イデオロギーの批判が必要とされている。だが，一方で，近代経済学の良心的研究者との共同のもとで，「国民大多数のための経済政策をつくるさい」，諸政策間の整合性を保持し，諸政策の「直接的効果のみでなく，間接的にも生じる波及効果の測定・予測」を有効に行うために，「数学的方法の援用が不可欠となるが，経済諸量の連関の数学的分析は，近代経済学研究者が比較的努力を集中している分野である」とする認識にもとづき，また「近代経済学は科学的要素をもっており，科学としての経済学にぜひ組みこまれなければならない」という認識から「近代経済学摂取」の必要性が強調されている。[6]

近代経済学研究者の良心はともかくとして，「経済諸量の連関の数学的分析」が科学としての経済学の研究上どのような位置にあるのか，また，近代経済学のもつ「科学的要素」がいかなる意味で科学的なのかは，「近代経済学摂取」の当否を決定するうえで鍵となる重要な問題である。だが，この問題を考察するさい，これに答える以前に最低限必要なことは，いうところの数学的分析の方法的性格，経済研究へのこの分析方法の適用の可否，その意義，適用条件を明確にすることである。

1

ここにいう数学的分析方法は，小論がとりあげようとする数量的研究方法の，特殊な一形態であるが，一般に自然および社会の諸科学にこの分析方法が適用されるとき，それぞれの科学の研究の厳密性（exactness）が，これを適用しない場合よりも格段に高まるとみる通念がある。

経済学および統計学の歴史において「政治算術」の提唱者として有名なW. ペティの方法の特徴は，「比較級や最上級のことばのみを用いたり，思弁的な議論をするかわりに……自分のいわんとするところを数（Number）・重量（Weight）または尺度（Measure）を用いて表現」[7]するところにあると

第9章 「政策科学」は可能か　265

いわれている。「政治算術」の方法のこの特徴は、同じペティが「労働価値説または富の父母を労働および土地とする思想的観点に立って」いたというより重要な点を看過ないし軽視して、「社会経済現象の徹底的な数量化とそれにもとづく推理、諸現象の数量的関連の把握」という側面からのみ強調され、社会科学における数量的研究の先駆的形態とされたり、「数と量に依拠する『代数的方法』は、ペティの議論の実証性の基礎とみなされ」たりしている。このようなペティ理解が、すべてただちに、数量的研究方法の適用＝厳密化という素朴な通念に帰着するとは思われないが、数学ないし数理諸科学をもって精密科学の範型とみる現代の有力な思想は、これによってもっともプリミティブな姿で示されている。

　数量的研究方法、とくに数学的分析方法を経済現象に適用することの可能性と有効性を強調する見解が、しばしばその論拠とするものには、このような素朴な「厳密性」の通念のほかに、なおつぎのような、質・量・数学そのものと諸科学へのその適用についての通念がある。

　「数学は質を捨象して純粋に量をとり扱う科学である。質と量とは事物を規定する基本的な二側面であり、この質と量との相互関係を明らかにするところに数学利用の基本問題がある。質的側面を捨象する数学は、等質的な事物にたいしては直接に応用できる……異質性のままでは数学利用はできないが、しかし、それでは科学に厳密性は保証されない。数学利用にとっては、異質性のなかをつらぬく等質性を抽象し、等質的関係を厳密な量的関係として表現する必要がある」と。

　数学それ自体が研究する固有の対象は、最広義には質的無関与性における事物の側面という意味での量であり、この量は必ずしも数、大きさおよびその関係に限らない。ましてや一定の方法で測定される量または大きさおよびその関係に限定されるものではない。自然数から出発して算術、代数学を経て今日の現代数学に至る数学の発展がこのことを証明している。

　さきの通念にみられるような、「質的側面を捨象する数学」、より正確には「質的無関与性」において事物をとり扱う数学が、事物の等質性を必ずその適用の前提とする（＝「異質性のままでは数学利用はできない」といえる）かどうかは問題である。質に無関与なことにその抽象の特質がある数学にと

っては，むしろ，等質か異質かは問題にすらなりえないのではないか。牛5頭と人間5人はあきらかに異質であるが，これを問わない数学にとって，両者はどちらも5つの元からなる集合として，直接にとり扱うことのできる数学的対象とされるのである。「異質性のなかをつらぬく等質性の抽象」を，数学は質的に無関与ということで十分に行いうるのであって，特定の領域における数学以外の諸科学が，異質なものから共通性を，あるいはさらにすすんで普遍性を導き出すことに関して数学は一切関与しないし，またしえないのではないか。たとえば「人間労働は，異質的な具体的労働をとおして異質的な使用価値をつくりだすと同時に，等質的な抽象的労働をとおして等質的な価値を凝結させ，労働時間によって価値量を表現する(13)」というが，これはすべて，経済学がその固有の研究方法によって，厳密に析出したこと，他の科学の方法や数学の援用によらないで分析したことなのであって，この段階ののちに数学が適用されてはじめてこの科学の「厳密性」が保証されるのでもない。経済学として厳密な方法が，そのまま数学自身の厳密性に由来するのでもなければ，その利用によって厳密になるのでもない。人間の思考にとって，数量的ないし数学的な思考様式は，あくまでもその一形態でしかない。非数学的思考がすべて非厳密な思考にならざるをえないとしたら，数学以外の科学において，あるいは数学を利用しないかぎり，思考の厳密性は保証されないということになるのであろうか。科学の，人間の思考の歴史と現実は，あきらかにそうではないことを明示している。

　つぎに重要なのは，諸科学における量と，数学が扱う量との本質的な差別，あるいは同じことだが，それぞれの量を抽象する認識方法の本質的な差別を明確にすることである。数学にかぎらず，およそ科学は，すべて生きた現実から本質的なものを抽象すること，つまり科学的な抽象を経て，理論的認識に到達する。そしてそれをふまえて再び現実を諸規定の総合として，意識のうちに再現する。しかし数学以外の科学での抽象は，固有の研究対象の質を捨象しないかぎりで可能なのであって，数学的抽象の場合のように，質的無関与性にまでゆきつくことは許されない(14)。物質を捨象したところに物理学が研究する場はない（物質が消滅し方程式がのこる）。したがって，異質なものをつらぬく共通性としての等質なものを量としてとらえることはむろん可

能であるが，そうやってとらえられた量または量的な側面は，個別科学の対象に固有の質をもつ量，つまり定量であって，そのまま質的無関与性一般の上に立つ数学的抽象によってとらえられる量ではない。

してみれば，「経済学は社会科学のなかでは最も量的性格の強い科学であり，価値・価格・所得などのさまざまな経済諸量が登場する」[11]といっても，このことからただちに，経済学が，数学あるいは数学的な科学であるとか，数学利用が容易でありかつ不可欠な科学だということにはならない。価値・価格・所得などは経済諸量であって，量一般＝質的無関与性ではけっしてないからである。事実，数学（現代数学にいたる）にとっては，これらの「さまざまな経済諸量」が問題なのではなく，あくまでも量が問題なのであり，価値・価格・所得などが一定の大きさをもち，量的に表現できるからといって，これらがすべてただちに，数学的カテゴリーになるわけではないし，またこれらの間の「相互関係」は，たとえ量的であっても，数学に固有の対象としての量の諸関係ではない。したがってこうした経済的カテゴリーの相互関係を明らかにするには，必ずしも数学利用は不可避ではないし，数学利用を経ないかぎり相互関係の明確・厳密な分析が不可能なわけでもない。現に経済学は，価値形態の非数学的な分析によって，価格形態の成立を，厳密に明らかにしている。

量と経済量，数学の扱う量的諸関係と経済量の相互関係といった形で，共通の「量」という表現をとることが，この両者の同等性を証明するわけではないし，また経済的カテゴリーから，固有の経済的＝質的規定性を捨象することが，いつでも可能あるいは不可避になるわけでもない。

「マルクスは，《資本論》で，労働の異質性と等質性との相互関係にもとづいて商品交換を規定する価値方程式を定式化し」[11]たというが，まず第一に「価値方程式」→「方程式」→数式という類推は根拠がなく危険である。

「単純な，個別的な，または偶然的な価値形態」の考察にあたって，マルクスは，「x 量の商品 $A=y$ 量の商品 B，または x 量の商品 A は y 量の商品 B に値する」という二商品の関係において，商品 A（相対的価値形態にある）の価値が，商品 B（等価形態にある）の使用価値の一定量で表現されるという，商品 A の商品 B にたいする価値関係を解明している。この等価

表現は上記の等式で記録されてはいるが，それは商品 A の価値量が，商品 B の使用価値量で表現されるということ，いいかえると商品 A の価値の量的規定が商品 B によって与えられるということ以上の意味をもたない。ところが，この等式（方程式とも訳されている）の量的規定性を問題にして，「たとえば 1 単位量の商品 A が 20 労働時間を，1 単位量の商品 B が 10 労働時間をふくんでいるとすると，$20x = 10y$ とあらわされ，両商品間の交換価値は 2 となる」とみる説明があるが，この等式でマルクスが解明しようとしたのは，この引用文における前提と，その結果としての「$20x = 10y$」という表現との間にみられるような同義反復ではない。商品 A＝商品 B がこの場合，等式の基礎とされ，両者の関係における商品 A の役割と商品 B のそれは明確に区別されている。ところがこの引用文の説明では，個別的な価値形態の真の内容が，「$20x = 10y$」という等置によって，うち消されている。等価表現「x 量の商品 $A = y$ 量の商品 B」において重要なのは，この等式における x と y との関係ないしは比率ではなく，等式の基礎にある「$A = B$」であって，これが「$B = A$」とはなりえない点，いいかえると商品 A が商品 B のうちにその価値を表現させるという能動的な役割をにない，一方，商品 B は商品 A の等価としての受動的な役割をになうということである。ところが「$20x = 10y$」では，こうした役割の差別はなく，それゆえ，容易かつ数学的には正当に「$10y = 20x$」（交換則により）が成立する。ここでマルクスが詳論しているのは，この説明におけるような価値等式の量的規定性ではなく商品 A の価値の量的規定性なのである。一見したところ両方の量的規定性にはほとんど差がないように見えるかもしれないが，両者の混同は実は重大な誤りにつうじる。「価値関係のうちに，ただ，二つの商品種類のそれぞれの一定量が互に等しいとされる割合だけを見て」，「$20x = 10y$」したがって「$x:y = 1:2$」と考え「両商品間の交換価値は 2 となる」と結論するとき，価値形態と価値との混同が生じ，S. ベーリと同次元の誤りにたちかえることになりかねないからである。

　以上の例は，等式の両辺における二つの項の等価を出発点におく数学的な思考では，「一商品の単純な価値表現が二つの商品の価値関係のうちにどのようにひそんでいるかを見つけだす」ことがかえって不可能になるというこ

と，ここでの量的規定性の分析は，質的に無関与な数学的な量についてではなく，経済学的に規定された価値という経済量について行われていることの証明である。こうした分析にとって不可欠なのは，経済学的抽象力であって，数学的抽象の能力ではない。

「経済学における数学利用では，資本主義的生産様式の質的性格と不可分に結びつけて経済諸量の相互関係を明らかにしなければならない」[11]ということは，数学利用の有効性を強調する論者たちが，数学の乱用あるいは数学主義にたいする批判から，自説を擁護するための免罪符としてよく唱えるテーゼである。しかし，ほかならぬ数学利用の全内容とそのすべての段階において，「質的性格と不可分」なことが明示されなければ，この免罪符の効力は失われてしまう。価値等式の量的規定性についての，上例のような説明は，この「質的性格」の忘却を意味するのではなかろうか。

2

「経済諸量の相互関係」の数学的分析，あるいは「経済諸量の連関の数学的分析」は，多くの論者によって，経済研究において数学利用が不可欠になる場とされている。ここでもむろん「資本主義的生産様式の質的性格と不可分に結びつけ」ることは，遵守されねばならない方法論的原則である。しかし，いわゆる「経済諸量の相互依存関係」の厳密な数学的記述を目指してきた近代経済学（とくにローザンヌ学派）の均衡理論基調の諸研究においては，「質的性格を捨象して形式的に無矛盾な量的整合性だけを追求する」[11]ために数学的方法が利用されてきたのであるから，その数学利用の手法とその結果をそのまま科学としての経済学に導入することはむろん正しくない。ではこの方法を批判的に「摂取」するためには，何が不可欠の要件となるのであろうか。数学利用の経験が豊富な近代経済学者のうち非良心的で，ブルジョア・イデオロギーの支配下にある者の諸研究の，いわゆる「弁護論的性格」を暴露し，これにかわる立場に立つことだけによって，すくなくとも数学的にはコンシステントな方法体系のほうはそのままにしておいて活用できるのであろうか。数学的には整合的であっても，経済過程の変化・発展における

重要な諸契機，たとえば人口，生産力の発展，資源，等々を外的な与件として均衡体系を構想するという研究方法の特質を検討しないで，数学的に厳密であるということで，これを摂取することがゆるされるのであろうか。このような疑問には眼をふさいで，たとえば均衡体系のマクロ・モデルを作成し，これに多くの統計材料を投入し，コンピュータを駆使して大がかりな計算を行うことで満足するという考え方もありうるであろう。

　戦後今日までの，多くの「経済計画」の策定とその修正の過程を指導してきた，計量経済学の諸方法をとりあげて，こうした疑問点をさらに検討してみよう。

　計量経済学がいわゆる「経済計画」の指導「理論」として，国家独占資本主義のもとでの，経済政策の策定に役立てられているのは，日本の場合，1965年の中期経済計画以降の事実である。近代経済学における「実証的方法」の展開を標榜してきた計量経済学が，国家と総資本の本来の意図を隠蔽するという粉飾効果をもつことや，その意味で弁護論的性格をもつことは，すでにマルクス経済学の側からあきらかにされている事実である。しかしながら，国家独占資本主義の経済政策体系にとって，計量経済学がこのような役割を果たしてきたのは，たんに計量経済学者の現体制弁護という主観的意図や，そのイデオロギーの観念論的性格だけによるものではなく，経済研究の方法としての計量経済学の特質に根ざすものであることも否定しがたい事実である。

　計量経済学をその研究方法ないし手法の一体系として方法論的視角から批判的に検討してきた結果としてあきらかにされているのは，この学科が「経済学の内的発展の結果としてでなく，経験主義的科学方法論によって外から誘発されたものである[16]」という点である。計量経済学の本質は，その創始者たちの意図した「経済学，数学，統計学の統一による経済過程の数量分析」という点にではなく，「経済過程を確率的世界とみなす数理統計学的分析方法である」という点にある。その方法的特質は[16]「経験主義的科学方法論を基礎とするブルジョア経済学の今日的形態」として，経済研究全般に大きな影響を与えていることにある[16]。経済現象や経済過程の理論的分析をすすめて，その成果にもとづいて政策提言を行ってきた経済理論――たとえばJ. M. ケ

第9章 「政策科学」は可能か　271

インズの理論——などとはことなり，計量経済学の主要な研究内容は，既存の経済理論を数値的に検証したり，検証された理論にもとづいて現実の経済を数値的に分析する方法の模索である。数値的検証や数値的分析を専一の主題とするのであるから，この方法は当然，経済分析における数学利用の展開以外の何物でもない。計量経済学という方法体系の数学的構造は，それが特定の，独自の経済理論を適用の理論的基準としないで，もっぱら数値的分析の数理技術的な基準にのみ依拠するところに最大の特徴があるために，計量経済学は近代経済学の諸理論はもとより，マルクス経済学の命題の数値的検証の手段ともなりうる。「どんなに対立する理論でも命題でもおなじように数値的にその正当性を証明してみせることができる」[17]という，この学科の方法的中立性のゆえに，計量経済学の適用範囲はきわめて広い。したがって，経済諸量の相互関係の数量的分析を，経済学の主要課題として設定する見地を先取りしてしまうと，計量経済学の方法体系がもつ原則的な誤りは軽視され，かえってその正しさを積極的に認めて，批判をもっぱらその政治的悪用だけにしぼるという見解も登場してくる。[18]たとえば，経済過程を必ずしも確率的世界とみなさない点では，マクロ・モデル分析の手法よりも現実適合的な，そしてまたその研究の素材が国民経済の生産技術的連関を数量的に表示する集計量的統計指標であるために，数学的整合性のみを追求するモデル分析とはことなり，現実反映的な性格をもつ産業連関分析手法という計量経済学の一部門がある。しかしこの産業連関分析手法にしても，その本質は，ワルラスらによって主張された一般均衡理論の数値的実証の手法という方法体系以上のものではなく，独自の経済理論的内容をもたない。ところが，このことが逆に，産業連関分析の手法＝国民経済の生産技術的連関の数値的分析手法＝「実証可能な線型体系」を，資本弁護論としての経済理論たる産業連関論からきりはなし，経済諸量の数量的合法則的連関を把握する方法とみなし，これによって研究されるところの「数量的合法則的連関は，国民経済の生産技術的連関の量的側面であり，社会形態の相違にかかわらず客観的に存在する事実である」[19]とする見解がある。生産技術的な連関の表現形式としての「実証可能な線型体系」とは，実は，最終需要を所与として，中間生産物の産業間移転を物量的な連関として，しかも産業相互間の生産物の相互連関

をば安定的な投入係数を構造パラメータとする線型＝一次の方程式で表現される関数関係であると仮定したうえで，数値的分析をおこない，この連関の数学的変換の結果与えられるところの「逆行列で表現される部門間の生産―技術上の連関」＝「波及効果の連鎖」を媒介にして必要生産量を決めるための手法にほかならない。この手法の核心には，生産関係，価値関係を捨象した生産技術的連関がおかれているために，この手法の適用範囲は社会主義の計画経済にまでひろげられるものと考えられている。しかしながら，生産技術自体も，諸産業部門の生産技術的関連も透明な数値的関連関係ではなく，現実には，それぞれの社会体制に固有な生産諸関係によって規定されているのであり，後者を捨象することはこの連関の客観的存在にたいする不当な単純化＝暴力的抽象である。だがこの単純化のうえで，産業連関論の数学的構造は「産業連関論という経済理論」から切りはなされてしまい，「数学的論理としては，最終需要が構造パラメータを媒介として，生産量を決定することは合理的であって解をもつ[21]」とされる。しかし，産業連関論からその数学的構造をとり除いたのちに，一体いかなる「経済理論」がのこるというのであろうか。資本主義の無政府生産においてはむろん，生産が国民の欲求充足のために行われる，したがって需要が生産を決定するかにみえる社会主義のもとでも，上記のような数学的構造の合理性が，生産関係の媒介なしにそのまま再生産構造を反映しうるものではない。論者は「数学的構造は，つねに経済学の衣をまとうがゆえに，事態は複雑になる……産業連関論が，マルクス再生産論の具体化・発展であるかどうかの判定は，経済理論にまたなければならない[22]」という。しかし一方で，この論者は「産業連関論は固有の価値法則論ないし価格メカニズム論を有しない理論（？）体系であって，……価値体系としての資本主義の作動様式を一面的かつ技術的にしか表現しえない[22]」ともいう。このことは数学的構造以外に経済理論的内容のない産業連関論が，経済理論ではないことを証明しているとしか考えられない。価値法則論も価格メカニズム論ももたない「経済理論」であることを自認する産業連関論については，しかし，「まさにこの理論的弱点にこそ，再生産論の具体化としての部門連関バランス論にひきつがれるべき論理的遺産が並存しているように思われる[22]」という次第である。理論なき数値的分析手法としての産

業連関論、いや論者がこれだけはのこりうると信じている、その数学的構造、つまり「実証可能な線型体系」なるものは、かくして論者自身によって、経済理論たりえないことが明白となったが、それでもあえて統計数値を投入してこの線型体系の解を求めるとき、その結果はけっきょく「理論なき測定」以外の意味をもちえないであろう。このような「論理的遺産」（というよりは「負債」であろうが）を社会主義経済計画におけるバランス論に継承させることが、社会主義経済についての理論の進歩と深化に役立ちうるかどうか、きわめて疑わしいが、この点はこれ以上立ち入るまでもなかろう。

3

　数学利用については、また自然科学と社会科学では、その程度がことなるという見解がある。「自然科学のほうが社会科学よりも等質的な事物を対象とするという意味で、数学利用の程度は高い。たとえば古典力学では、物体を等質的な点に還元することによって力の均衡関係を数式で表現する」[11]という。この指摘は、正確にいえば「力学の若干の分野、たとえば運動学においては、一定の条件（物体間の距離に比して、物体が極めて小さい場合）のもとに物体を質点と同一視するから、物理的抽象はほとんど数学的抽象に近い」という意味であろう。しかし、「運動学の範囲の中でも、速度、加速度のような物理学に特有な物体の特性を欠くわけにはゆかない」ということ、一般に「理論物理学において数学的概念を広く適用しながらも、この科学に特有な物理的諸概念が主要な意味をもつ」ということをみのがしてはならない。[23]

　より高次の運動形態、つまり質的規定性のより豊富な対象を研究する科学、たとえば経済学においては、運動学や理論物理学に比して、はるかに、経済学に特有な研究対象の特性が多く、経済学に固有の経済的諸概念が主要な意味をもつ。いいかえると数学利用はよりきびしく限定されることになる。ところが、これと正反対の見解がある。すなわち、「自然および社会の諸現象や諸過程の量的な連関構造が、より複雑になり多様になるにつれて、現実を認識するための数学の必要性は一般に増大する」[24]というのである。その理由

として，この論者は，人間の認識が深まるにつれて，「質的規定性のもつ量的側面がより多様な形で現われる」ということ，また「現象や過程の量的側面の解明によって，一段と深い質的規定の解明が可能になる」という見地から，B. C. ネムチノフの「量的研究は，……現象の質的特殊性を数学によって表現し，現象のもっとも本質的な特性と特徴を明らかにする」という見解に同調しているが，断定的であって，論証はない。

　数学的認識が，それ自身は量と量的諸関係を研究するものでありながら，このように，質的研究をも深めうると考えるのは，数学が量における質的区別，質的規定性を扱う，いいかえるとその固有の対象としての量の内部での質にかかわるかぎりでは正当であろうが，それは数学が具体的事物において統一されている量と質のレベルでの質を直接にとり扱うことを意味しない。この意味での質を扱うのはやはり数学ではなく，他の諸科学であろう。数学が適用されて，具体的事物の量が研究されるとしても，それはこの事物に固有な研究方法にたいして副次的に行われるのであるから，数学が質をもとり扱う学として，この方法にとってかわりうるとは考えられない。

　経済学研究における数量的方法の適用には，その研究材料の側からの制約があることもみのがせない。経済学が，価値，価格，所得などの経済諸量を扱うことを，この科学の量的性格の強さと考える誤解については，すでに，1でふれたが，この点は，ここでも再確認できる。というのは，この数量的研究に素材として提供される多くの経済統計の指標が，経済理論の規定するカテゴリーを完全には質的にも数量的にも表現しうるものではないということ，その作成（＝統計調査）の目的と方法が，これらの指標の性格を規定することは一つの社会的な事実であるからである。統計の階級性，信頼性，正確性を吟味することが，指標としての統計数値の利用＝統計による数量的研究を行う以前に，不可欠な研究過程であるという事情は，ほとんどの自然科学における数値（観測値）の数量的研究にはみられないがしかし社会科学には特有の事情である。2でとりあげた計量経済学の大きな欠陥の一つは，この事情を無視して，統計調査の結果としての数値データの観測誤差をゼロと断定する点にもある。この誤差の確認と，経済理論に導かれた統計の組替えと批判的加工は，数量的研究方法の数学的構造の精密化よりもはるかに重大

な課題であり，数学的方法の援用では解決しがたい課題である。ここでも重要なのは，分布型の知られている偶然誤差の確率論的処理という，数理統計学の数量的手法の開発ではなく，調査の目的設定と調査過程にたいする社会関係の制約についての，いわばデータの質的な研究である。

4

　経済学における数学利用をめぐって，以上，主として経済研究の方法論的原則にてらして問題となる主要点のいくつかを指摘してきた。数学利用が経済学の研究の厳密性を高めるうえで，不可欠なことであるかどうかは，経済学に適用される数量的研究方法の特質を検討して，この科学の研究方法体系のなかに正しく位置づけることなしには確定できない。そのためには，一見迂遠にみえても，やはり，この方法の理論的基礎となる数学の学問的性格＝その対象と方法の特異性を解明し，これと他の諸科学の対象および研究方法体系との差別をあきらかにしたうえで，この方法の利用の意義を確定するという方法論的検討を経過しなければならない。そうすることはけっして，「本質論的な接近だけですませ」ることでもなければ，「客観主義的な階級的批判にとどま」ることでもない。方法論の研究がおちいりやすい哲学論議への昇華という欠陥に注意しなければならないことはいうまでもないが，こうした方法論的批判検討を軽視して，数学的方法の汎用性を性急にみとめる見解には賛成できない。
　構造的危機のもとにある資本主義のもとでの経済計画の作成の段階でそれが果たしてきた役割を，もっぱらその体制弁護論的な政治的機能の面においてのみとらえ，批判するだけで，この方法に内在する科学的研究方法としての欠陥があきらかになり，さらにそれを克服することによってこの方法を特定の政治目的の実現のために活用する展望と可能性が，あきらかにされるわけではない。数学的研究方法を，経済学の外部からもちこみ，経済理論の発展の内的必然性とはかかわりなく，これを唯一の研究方法とする計量経済学は，いわゆる近代経済学の現代的形態である。理論なき数値的研究方法の体系は，その没イデオロギー的外見の故に，かえって特定の目的にとって

「有用」であるかにみえる。そのためこの体系の方法原理自体に浸透している思想的性格＝イデオロギー的性格は，その技術的中立的な外観によってかくされ，対立し合う諸理論のすべてにとっても，また，目的を異にするさまざまな経済政策のいずれにたいしても，「有用」な手法として適用される。科学・技術の発展に問題があるのではなく，その資本主義的利用が非難さるべきであるという論理が，誤って類推適用され，数学利用そのものの方法論的な問題点は放置され，その利用目的の当否が議論の中心に登場する。かくして批判は数学利用の政治的役割にたいする批判にとってかわられ，好ましい政治目的への利用は可能かつ不可避であり，また「有用」とされる。こうした考え方の基底にあるのは，理論のイデオロギーによる制約を一面的に強調するつぎのような見地である。「すべて理論は特定の目的＝イデオロギーに由来する。したがって，目的は手段＝理論を選ぶのである。理論の正当性＝客観性＝科学性は，目的＝イデオロギーを達成するためのその理論の有効性によって評価されるのである[26]」と。方法論批判は，こうした見地それ自体が，プラグマティズムの理論観，科学観であり，理論の「真理性の基準はその実用性にある」とする特異なイデオロギーの表明であることを指摘してこれに反対せざるをえない。計量経済学の数学的方法体系は，理論でなく方法であるがゆえに資本主義体制の弁護という目的を達成するうえで有効であると同時に，科学としての経済学の再生産論の具体化，経済民主主義的な政策実現，さらに社会主義的経済計画の達成にとっても有効でありうるという点に，特徴がある。とすればわれわれはこの方法自体をいかに評価すればよいのか。方法論的批判のいっそうの深化と，現実の分析における計量経済学の破綻の事実による解明が，なお必要となる所以である。

5

近代経済学にたいする方法論的批判は，近代経済学はまったく事実を反映せず，論理を犯したデタラメのかたまりであると見る見地とは無縁である[27]。近代経済学が一面的にせよ，事実を反映し，論理的に整合性を保とうと努力しつつ，しかも支配的イデオロギーの基礎づけや，独占資本のための政策立

案の基礎を提供しているという事実をみとめたうえで，なお，これを内在的に批判することによってその一面性の由来する方法論的特質を解明し，その多くの研究者たちが主観的には「事実と論理にしたがって科学をつくり出そうという科学的良心をもって[27]」いるにもかかわらず，その研究が，客観的にはそれに成功しえないことの根拠を批判的に明らかにしてきたのである。

とはいえ，このような内在的な方法論批判の進展を，近代経済学批判の全体と考えたり，そのイデオロギー（＝弁護論的役割）の批判の重要性を無視したり，学問上の批判活動とたとえば現実の民主主義運動の発展との有機的連関を切断したりして，方法論批判主義の領域にたてこもる試論的な学説批判にとどまるものとみることはできない。事態はその正反対である。方法論批判とイデオロギー批判はその主眼点がことなるとはいえけっして相対立するものではない。方法論批判をあたかも現実の民主化運動にたいしてシニカルな，客観主義的な，あるいは没イデオロギー的な，一般的抽象的な論議ときめつけるがごとき批判が，いわゆるイデオロギー批判の側からなされるのは理解し難い珍現象である。イデオロギー批判は，性急に方法原則のことなる近代経済学の手法を吸収する以前に，方法論批判の成果をその科学的基盤として摂取し，自らの科学的批判としての批判力を強めることが必要なのである。これに敵対したり，このことの意義を理解しえずに，高い調子で，近代経済理論の弁護的性格の暴露とそこでのイデオロギー上の対決の必要をくりかえし絶叫するだけでは，この二つの批判を現実の民主主義擁護という目的に結合するという終局の目標など実現すべくもなくなろう。「経済学を含めて，特定の科学領域における批判活動と，政党ないし政治活動との同一視[28]」が正しくないことはいうまでもない。しかし「自然科学・社会科学の全領域にわたる学問的な民主的共同研究体制[29]」の樹立は，たとえば公害問題の研究に局限されるものではない。方法論批判もまた，自然科学と社会科学の全領域にわたる学問的批判活動の一環であり，これをさらに深め，誤った科学方法論の批判を徹底することによって，現実の反動的諸政策の理論的支柱を打破し，危機的情勢になるほど強まる思想反動化の傾向と，学際的領域で闘うことこそ，当面の主要なその課題であろう。具体的な社会的実践における統一戦線の結集は，学問的にも確乎たる地盤のうえでしか達成しえない。

それにはイデオロギー批判のみでは不十分である。方法論批判の基盤をもたない「イデオロギー上の統一戦線」は、これをスローガンとしてかかげる人の主観的意図に反して、批判活動の鋭さと説得力を奪い去り、ついには「思想と理論の平和的共存」という誤ったスローガンのもとで、科学的でない研究方法の、科学的でない「摂取」＝実は妥協、という方向に転落するおそれがある。

さいごに、経済学だけでなく社会科学全般にわたって、単なる批判科学ないしは実証科学から、政策科学へと飛躍すべきであるとする見解についてふれておきたい。この見解が社会科学に提起する実践的課題のひとつは、「制度改革をふくむ政策への責任をもつ」[30]ことであるが、この政策が何を目的とし、またこれを提唱し・実践する主体が誰であるかがまず問題であろう。とりわけイデオロギー批判の見地からみると、相ことなるイデオロギー上の統一戦線の結集をすすめ、「学問的な民主的共同研究体制」が、経済民主主義を目的として、「現実の経済をいかにして変革するのか、その手段、その実現の可能性や条件などについてより積極的な解明を行なう」[31]ために必要なのは、目標を具体的に設定すること、これを実行する政策主体が、「国民多数の支持を得て……、独占資本にたいして民主的規制を実施する資質を有し……、起こりうる事態の予測と対応策の選択などを的確に遂行しうる能力をもつこと」[32]である。単に「市民を主体と」[30]するといった漠然たるものではない。だが、ここでも忘れてならないのは、起こりうる事態の予測、分析という政策科学の課題をいかなる方法で達成するかという問題である。具体的にいえば、経済諸量の相互関係をつうじて政策手段がもたらす波及効果を分析、および予測するだけの力能を、数学のたすけをかりて経済全体の数値的分析を行う方法にどれだけ期待できるかという問題である。こうした分析や予測は、社会科学の領域ではとくに、正しい現状把握とそれについての理論的分析にもとづく、歴史的な発展過程の展望という課題にこたえるという困難な研究＝具体的条件のもとでの具体的事実の経済理論による研究を意味する。そしてこのためには、たとえば、すでにみた産業連関論の数学的構造としての線型体系の解を、トレンド延長による外的与件の単純な推定のもとで実行し、経済理論をも修正可能な与件としてしか参照しないで、もっぱら構造推

定の数理技術的な面での改良に終始する研究方法で十分だとは，とうてい考えられない。ここでもふたたび，こうした方法の分析・予測能力をきびしく方法論的に検討してみるという方法論批判という名の理論的批判がなされなければならない。これは批判科学への後退または停留を意味するのではなく，そこから政策科学へと前進するために不可欠の前提であり，特定の立場に立つ性急な政策科学への「飛躍」(30)が犯しかねない理論的な誤謬を防止するために必要な客観的な条件なのである。

6

　以上のような方法論的批判を重視することは，経済研究からあらゆる数量的分析（数学利用を含む）を一掃し去るという，ニヒリスティックな，あるいは清算主義的な姿勢をとることを意味するものではまったくない。むしろその逆に，経済理論によって本質が規定されるかぎりでの諸カテゴリーとその相互連関の数量的側面を積極的に分析するための数量的研究方法の適用を推進しようとするものである。ただし，この場合の数量的分析は，歴史的に与えられた経済現象の構造とその発展過程を，経済理論によって説明し，経済法則の定立または具体的事実によるその検証という実証的な研究を目的として行われるのであって，数学的な量とその関係についての数学的には合理的な演算の既成の体系を，いわば外から経済研究にもちこむことを主旨とするものではない。そしてまた，この場合，研究の素材の面においても，従来の数理経済学あるいは計量経済学的モデル分析が想定するような，単なる数学材料として，既成の統計数字が無批判的に与えられ，ただちに計算の対象とされるのではない。与えられた官庁統計を材料とはするが，統計作成の過程を指導する理論（統計の定義づけ）や調査過程における統計結果の歪曲をもみのがさず，これを批判的に組替え，加工した結果がはじめて，数量的研究の素材とされるのである。この種の研究の一例は，統計指標研究会の研究成果として，すでに開発されている。(33)資本の有機的構成，利潤率，剰余価値率などの，経済理論によってその本質が解明されている数量的経済的カテゴリーに対応する数値の統計的な算定も貴重な研究成果の一つである。

こうした研究に，数学的に高度で整合的な構造分析の手法がただちに適用されていないからといって，そのことがこの種の経済研究のレベルの低いことや，厳密でないことを意味するわけではない。それ自体，一定の歪曲性をもつ数値から成り立ち，また非現実的な仮定のうえに立ってはいるが，商品資本の運動の一側面を反映する統計の集大成としての産業連関表（連関分析ではない）の組替えによって，われわれは再生産の具体的な構造を定量的にとらえることができる。またこれによって，国民的剰余価値率や国民的利潤率の高さも，近似的にではあるが，定量的に推定することができる。しかしながら，さらにすすんで，「投入係数の安定性を前提としての逆行列表の計算，および，それを媒介としての最終需要と『均衡産出高』との一対一対応関係の論理」[34]（「産業連関分析の核心的部分」とされている）までもが，全面的に正当化されるとは考えられない。再生産過程の現実が，その最も核心的な部分において，「最終需要の増大に対する産業間の直接間接の生産技術上の連関による波及過程」[34]によって反映されるということの経済理論的な論証が与えられないかぎり，波及過程の純数学的な追跡（線型体系の展開と解法）＝「再生産表式の代数学による展開」[35]という形での数学利用をそのまま経済理論の展開とみなすことはできないからである。

　経済理論によって主導される数量的研究においては，数学主導型の計量モデル分析のように，経済過程の歴史的変化を規定する諸条件を，モデルにとって外在的な要因（いわゆる外生変数）つまり与件として措定し，とくに将来の予測のさいに，この要因自体の変化は，単なる過去の変化のトレンドの延長によってのみ推計するといった安易な処理はゆるされない。与件とされているこれらの要因の変化自体が，経済理論の研究すべき問題なのである。中期経済計画以降の諸計画がくりかえし経済予測に失敗し，見直しを迫られてきたのは，計画策定作業の骨組みである計量モデルを構成する方程式や変数の個数が少ないことや，パラメータの推計値の精度が低かったことだけによるのではなく，モデルが外在化し捨象してきた諸条件の側に，現実の経済構造を規定する重要な要因があったからである。インフレの進行，不況の深刻化，為替相場の変動といった諸要素を内在化しえない計画モデルに，歴史過程の展望としての経済予測の道具としての役割を期待することはできまい。

ほかならぬこの種の変化の研究こそ,経済理論基調の数量的研究のこれからの主要な課題とされねばならないであろう．

(1) 『大月 経済学辞典』〔以下『大月辞典』と略記する〕,大月書店,1979年,551頁(「政策科学」の項)．
(2) 同上,211頁(「経済計画(日本の)」の項)．
(3) 注(1)と同じ項．552頁．
(4) 「高度成長が終わり55年体制がくずれた今日,思想はビジョンにとどまることなく,制度改革をふくむ政策への責任をもつ必要がある．社会科学も,もはやイデオロギー擁護の神学でありえないことはもちろん,単なる実証科学にもとどまりえず,市民を主体とし,制度論をふくめた,政策科学たらざるをえない」(松下圭一,朝日新聞,1978年11/27〔夕〕論壇時評)．
(5) 「国民経済の総合的バランスについて,いくつかの計量的検討と試算をおこなっている」『日本経済への提言』も,「こうした計量的検討は,……相互に関連し依存しあう個々の分野の政策の総合性と整合性を検討するためにも,経済学的に必要なものである」としながらも,「方法論的検討にもいくつもの新しい問題がある」ことをみとめている(日本共産党中央委員会経済政策委員会『日本経済への提言——危機に挑戦する再建計画——』1977年,6頁．
(6) 以上の引用は,『大月辞典』226頁(「経済民主主義と近代経済学」の項．傍点は是永)．
(7) W. ペティ『政治算術』岩波文庫,24頁．
(8) 『大月辞典』563頁(「政治算術」の項)．
(9) たとえば,ペティのこの主張について,竹内啓はいう．「ここでは,合理的な推論を行なうための量的認識の重要性,さらにそれを現実に検証することによって真実な命題に達することの可能性と必然性が明確に把握されているといってよい．……前提から結論への推論の論理的展開が明確であること,命題が客観的観察によって検証可能な事実によって裏付けられていること,そうしてその目的のために数量的方法が意識的に導入されていること,これらの点において,ペティは完全に近代的な科学的方法を採用しているといってよいであろう」という(竹内啓『社会科学における数と量』東京大学出版会,1971年,54-55頁)．
(10) 横倉弘行『統計学入門』青木書店,1979年,4頁．
(11) 『大月辞典』207頁(「経済学における数学利用」の項)．

(12)　岩崎允胤『科学的認識と弁証法』梓出版社，1979 年，94 頁。
(13)　関恒義『経済学と数学利用』大月書店，1979 年，63 頁。
(14)　数学的抽象の特質と，自然科学および経験科学一般における抽象との相違点については，G. I. ルザービン，山崎・柴岡訳『数学論』岩波書店，1977 年，41-46 頁参照。
(15)　『マルクス=エンゲルス全集』第 23 巻 a，大月書店，67 頁。
(16)　『大月辞典』230 頁（「計量経済学」の項）。
(17)　山田耕之介「計量経済学批判へのコメント」『社会科学としての統計学』経済統計研究会，1976 年，324 頁。
(18)　山田弥「計量経済学批判における若干の問題点」『立命館経済学』215 号，1972 年，参照。
(19)　横倉弘行『経済学と数量的方法』青木書店，1978 年，91 頁。
(20)　同上，90 頁。
(21)　同上，131 頁。
(22)　同上，132 頁，86 頁。
(23)　以上の引用は，ルザービン，前掲書，42 頁による。
(24)　横倉，前掲書，7 頁。
(25)　В. С. Немчинов, Теория и практика статистики, "Избранные произведения 1", «Наука», Москва, 1967, стр. 356.
(26)　横倉，前掲書，125 頁。
(27)　『大月辞典』226 頁（「経済民主主義と近代経済学」の項）。
(28)　関恒義『近代経済学の破産』青木書店，1976 年，190 頁。
(29)　同上，196 頁。
(30)　前出，松下圭一「論壇時評」（朝日新聞，1978 年 11/27〔夕〕）。
(31)　『大月辞典』551 頁（「政策科学」の項）。
(32)　同上，552 頁。
(33)　統計指標研究会『統計　日本経済分析』上・下，新日本出版社，1977 年。
(34)　横倉，前掲書，85 頁。
(35)　同上，127 頁。

第10章　システム思考と社会認識

はじめに

　研究対象となる現象の状態とその変化が，複雑になればなるほど，対象を他の事物との相互連関・相互作用においてとらえ，その状態と変化（運動）をたんに記述するだけではなく，内在的な原因を明らかにしなければならない。この認識の一般原則は，運動形態が比較的簡単な自然科学——たとえば力学，古典物理学においても守らなければならないが，より複雑な生物学，さらに社会科学においては，とりわけ重要になる。

　その固有の研究対象が高度に抽象的であることから，自然および社会の諸科学のほとんどすべてにおいて広く適用されている数学とその諸分科——本書の主題である数理統計学や確率論もその一例であるが——の研究方法や，通信と制御の一般理論とされているサイバネティクス（又は情報科学）とならんで，今世紀の30年代以来，システム思考（システム研究，システム分析，システム理論など）とよばれる一つの科学的な手法，方法論的な態度の適用がすすめられている。

　システムという用語そのものは今日なお，多義的で（この節の末尾の「定義」参照）あるが，系，体制，体系などの概念としてはすでに，システム思考が注目されるはるか以前から多様な仕方で用いられている。たとえば有機的なシステムとしての生体や社会，自然の体系的な全体像などのように。一般システム論の提唱者である L. v. ベルタランフィのシステムの定義＝「相互作用する諸要素(interacting elements) の複合体(complex)」(v. Bertalanffy 1968) や，J. G. ミラーの「その中では構成部分が機能的関係（functional relationship)を結んでいるような,時空内のある囲まれた領域」(Miller 1955)にみられるように，システム思考は研究対象の諸要素をその相互作用におい

てとらえ，対象の構造と機能（対象のもつ一定の機能的連関，ないし機能的な構造の連関）を明らかにする研究手法にほかならない。

　システム思考は，システム，構造，機能などの基本概念の抽象性のゆえに，広い範囲の研究対象に適用されるものとされている点で，数学の諸分科，サイバネティクスの手法などと同形であるが，これらの手法は実はそれぞれの機能を果たすシステム思考の一分野ともみなされ，その中に包括されるものとされている。たとえばサイバネティクスは，情報の系（システム）についての制御の一般理論とみなされている。システム思考の最も抽象的なレベルでは論理システムが変項，関係，構造などを扱うが，たとえばこの構造は典型的には連立方程式体系の形で表現される。こうした分野の一つに，「モデル分析」がある。計量経済学における数理統計的手法の適用では，方程式体系で表現される「計量モデル」が基本用具の一つであるが，このモデルはシステム（それもかなり抽象度の高い）であり，モデル分析はシステム思考の代表的な一例である。とりわけ，「ローマ・クラブ」の名とともに有名になった，世界モデル（世界ダイナミックス）のような大型のシミュレーション・モデルは，システム思考による未来予測の典型例とされている。

　自然・社会のかなり広い諸分野を横断して適用されうることから，システム思考は，その機能が過大に評価され，かのウィーン学団における物理学主義や数学上の公理主義による統一科学の形成が企てられ失敗したあとをうけて，諸科学の統一に役立つものとされたり，ソ連や東ドイツでも一時期，弁証法的唯物論や史的唯物論に代位しうる新しい哲学とまで過大に評価された事がある。哲学者の間でも，すでに，こうしたシステム思考への過大評価は克服されつつあるが，社会科学へのその適用，いわゆる社会システム論とモデル分析の社会科学への導入といった特殊問題にそくして，システム思考の真の役割（その意義と限界）を検討しようというのが，この章の目的である。

【システムの諸定義】

- 「多数の部分の複合した全体（whole）。諸属性の集合体（ensemble）」
　―― C. Cherry
- 「いくつかの変数に任意の時点において特定の値を付与する形で記述しう

るような世界部分」——A. Rapoport
- 「概念的なものであれ物的なものであれ，相互依存的な諸部分（interdependent parts）からなる存在（entity）」——R. L. Ackoff
- 「相互作用する諸要素（interacting elements）の複合体（complex）」——L. v. Bertalanffy
- 「対象の集合（a set of objects）に，対象間ならびに対象の属性間の関係（relationships）を合わせたもの」——A. D. Hall & R. F. Fagan
- 「現実の"機械"に見られる諸変数のうちから，観察者が選び出した任意の変数集合」——W. R. Ashby
- 「物理的装置（a physical device）の外面的挙動に影響を及ぼすようなあらゆる決定的特徴を把握しえている数学モデル」——T. L. Booth
- 「一つまたは複数の入力を受け入れ，一つもしくは複数の出力を生み出す装置」——R. F. Drenick
- 「その中では構成部分が機能的関係（functional relationships）を結んでいるような，時空内のある囲まれた領域（a bounded region）」——J. G. Miller
- 「意思決定および行動評価（つまり制御）の実践によって，時間的・空間的に互いに結びつけられているような活動（機能）の集合」——S. S. Sengupta & R. L. Ackoff
    ——以上 G. J. Klir 1969 による——
- 「現実界の認識のための，ひいてはその制御であるとか変更のための媒介物として，主体がこしらえる，現実界の一部に対応させられるような記号的構成物」——（公文 1973, 28 頁，村上・熊谷・公文 1973, 255-56 頁）
- 「環境界の他の諸要素から，何らかの原則にしたがって抽出された，要素（物的なもの，エネルギー，情報）のある集まり」——A. A. マリノフスキー（Малиновский 1980, стр 80.）

1 システム思考の基本特質

システム思考一般の特質が数学と不可分の関係にあることは，「一般シス

テム論」をL. v. ベルタランフィが，その完成した形では論理・数学的な学科であり，経験諸科学に応用できる純粋に形式的な理論であると考えていることからあきらかである。

システムの分析，総合，診断，制御などの一般的な数学・論理的な理論は今日なお，実現したわけではなく，そもそも実現できるかどうかが争われているのが現状で，多様なシステム概念が，併存し相互に補完しあっているにすぎない。システム思考を特徴づける基本概念には，システムの構造 (structure)，機能 (function)，位階（又は階層）(hierarchy) の三つがあるとされている。すなわち，構造としてとらえるとき，一つの全体としてのシステムは相互に結びついている諸要素 (elements) の全体とみなされ，諸要素間の関係 (relation) は，諸要素に還元されえない質をシステムに付加する。一つの全体としてのシステムは，その部分である諸要素の総和 (sum) 以上のものとみなされる。

これにたいして，システムの機能が問題にされるときには，システムの内部構造は捨象されて，一つの全体としてのシステムがその環境 (environment) の中でいかに振舞うかというシステムの態度 (behavior) だけが問われる。つまり事物の態度についての操作主義的な問題を考察するために，その本質を問題にすることが断念される。つまりシステムはその外面的な諸事項の一定の連関によって特徴づけられるという，かの暗箱 (black-box) の原理がつらぬかれる。ここで外面的諸事項というのは，外界（環境）からシステムへの入項 (inputs) と，システムから外界（環境）への出項 (outputs) によって代表される諸事項であるが，システムの状態そのものの記述が必要になるといわゆる状態変項がとりあげられる。そのシステムとは何かではなく，いかに作用するものなのか，がここでの問題なのであり，研究対象の構造が未知であるか，あまりにも複雑すぎて，構造の記述ができないときに，システムはその機能だけが問題にされる。

システムが位階としてとらえられるというのは，問題のシステムの諸要素がこれまたシステム（下位システム）であり，このシステムそのものはこれを要素として包括するシステム（上位システム）に含まれるものとみなされることである。ここでとらえられるのはいわゆる下位＝サブ・システムと上

第10章　システム思考と社会認識　287

位＝スーパー・システムの関係であり，多段階にわたる部分と全体の関係としてとらえられる。

　構造，機能，位階という三側面から事物をとらえるという，このような特徴づけからもあきらかであるが，システム思考は，つぎの二面において，特殊な抽象的な仕方で展開される。

(1) 研究対象の諸性質のなかから，システムであるという性質だけがとり出（抽象）され，それ自身として（für sich に）考察される。研究対象は，個別科学や哲学でそうされるのとはちがって，システム思考においては，その多様な諸規定の総合としてではなく，その不変の構造諸形態（構造），行動主体（機能），順位関係（位階）のレベルに還元され，研究対象の質的差別（多様性）は捨象され，その形式的同等性だけが抽象される。

(2) システムであるという性質だけが，以上のように，それ自体として（für sich に）考察されるだけではなく，この考察はまた，特殊な側面（aspect）から抽象的に，たとえば，構造性，機能性，外界（環境）又は内的組織にたいしてシステムが維持されたり変化したりする諸条件などにそくして行われる。

　システム思考において，一方で，システムの要素となる事物についてはその内的構造の研究が行われず，また他方で，システムにとっての環境となる事物については，それが，上位システムの要素であるという性質の研究は欠落する。

　システム思考においては，このように，考察すべき内容が一方で抽象され，他方では捨象される。この抽象＝捨象はシステム思考の特質であり，その認識能力の源になるとともに，その能力の限界を与える。

　システム思考が，個別科学の研究対象に適用されるとき，たとえば，社会が一つのシステムとして考察されるとき，どのような結果が生ずるか。

(1) 質的に全く異なる諸全体が，同型性＝構造上の一致を理由に，同一のシステムとして，あるいは，包括的な一個のシステムのなかで共生するものとして扱われる。

(2) 個々の研究対象は，たとえばこれを記述する数学的方法の如何によっ

て，さまざまな仕方で模写され，モデル化 (model building) され，目的は同一でも結果は異なることになる。研究対象を，問題志向的にとらえ，かつ形式的に処理するのに便利な諸言語＝諸システム語（記号）で表現するので，同一の対象がどのシステム語によるか，あるいは表現の方式の如何によって，異なる表現をうける。

(3) 同一のシステムが，諸要素の全く異なる全体としてとらえられることもあるので，このことからも異なった研究方式が適用されることになる。

同一の一個の研究対象にたいする，多様な諸方法の適用ということから，システム思考は，学際的 (interdisciplinary——ときには super——又は trans——disciplinary) な諸研究方法，既存の諸科学の方法の混合体によってすすめられるものと考えられ，そこから，諸科学の方法の統一適用＝諸科学の統合という構想が導かれる。すでに通信と制御の一般理論としてのサイバネティクスの方法により，相異なる対象領域にかかわる諸科学，たとえば，物理学，通信工学，生物学，社会学が，一つの情報科学に，社会科学の諸分科が一つの情報社会科学に統合されるという構想が，科学の新しい発展方向にされたことがあり，そのさい，サイバネティクスは，生物と機械における情報の伝達と制御の理論（N. ウイーナー）という特質をはなれ，一般的な科学方法論，そしてついには，一つの哲学の地位にまでたかめられた。同じことが，システム思考についても，より広い範囲の諸科学，諸方法を統合するものとして構想されている。

ここで重要なことは，システム思考という研究方法複合の一形態が，複雑な研究対象に適用されて成果をあげうるかどうかは，この思考の要素となる個別諸科学の発展段階の高さとその研究の深さによってではなく，この研究方法の複合そのものが研究対象にどこまで適合しているかによって規定されるという点である。というのは，数学的方法（システム思考の主要な一環としての）が，広大な研究領域に適用され，一般に成果をあげうるためには，この方法の適用される諸分科 (discipline) が，十分精密な（数学的な意味においてではない）概念体系をわがものとして駆使しうるようになっていなければならないからである。数学的モデルの作成というシステム思考の主要な武器の使用も，モデルにすべき事実内容の諸要素，諸関係のうち本質的な

ものを抽象し，非本質的なものは捨象するという個別科学の思考による研究段階が完了してから始まるのであって，この段階は，個別諸科学の研究そのものなのであって，システム思考の所産ではない。この段階で，相当に包括的な，また深い知識が確立されないままに，システム思考が独走しはじめると，研究は発展するのではなく，その内容が空洞化され，壮大なシステム思考の展開も，実を結ばないことになる。システム思考が，システムを構成する諸要素の本質の究明という研究段階を経過しないというところに，機能概念重視のこの思考の特質があることはすでにみた。この特質＝ブラック・ボックスの措定をむしろ本質とするシステム思考には，したがって，個別諸科学に，新しい，直接に把握されるような成果をもたらす力はない。事態は正反対で，この個別諸科学自体の成果と，これを真に統合できる哲学＝認識論こそは，システム思考の成果を保障する，不可欠の前提なのである。個別諸科学の研究成果は，システム思考そのものの適用されるべき問題の所在を明示する基礎であり，システム思考の成果の検証材料を不断に提供するものである。数学的に定式化されたモデルは，それ自体にこのモデル適用の前提条件をととのえる能力も，形式的演繹によって導き出された，つまりモデル分析の展開によってうち出された成果を評価する能力をも，もっていない。システム思考もまた，この点では，数学的モデル分析の手法と同様に，それ自身が，問題提起と分析成果の評価という重要な研究段階を指導する力をもたないという意味で，個別諸科学に君臨し，その諸方法を統合する地位にあるのではなく，逆に，これをたすける補助的な方法としての役割しか果たしていない。

　制御理論の世界的権威として有名な R. ベルマンが，社会問題に適用されたときのシステム思考の従属性，限界をよく自覚して，つぎのようにのべていることは注目にあたいする（Bellman 1971；なお公文 1973，参照）。すなわち，ベルマンによれば，社会システムの考察のためには，「漠然とした，不正確な，時には矛盾するような概念を取り扱うことができ，また予測機構の欠如と正確に定義された目標の不在とに適合できる」ような特殊な仕組としての人間の精神が必要とされる。これは，コンピュータの能力とはまったく異質な能力であって，人間の判断力は，機械やコンピュータでは置きかえ

られないのである。社会システムは，こうした能力をもった人間を要素として構成されたシステムであるから，物理の世界から借りてきた類推によってそれを理解しようとしても成功しない。社会システムが人間によってしか，理解，管理されないという事実は，システム思考によっては直接に如何ともしがたい事実であり，これを直接に研究し，システム思考の適用されるべき問題の有無を決定し，その解法を指導するのが，他ならぬ，社会についての個別諸科学なのであり，その成果の基礎なしにはシステム思考による研究の飛躍的前進はおろか，社会システムへの数学的モデルの適用さえも有効な成果をもたらしえないであろう。

システム思考の社会への適用についてのこうした反省，その限界の確認を欠くとき，つぎのような新しい科学の構想，いわゆるパラダイムの転換なるものが，いかに空疎な大言壮語におわるかは，くりかえすまでもなかろう。その例は多いがつぎのごときものもある。すなわち，政策科学の名のもとに，トランスディシプリナリィな，社会諸科学の統合の試みを高唱する一論者によれば，「情報科学やシステム科学の研究（アメリカにおける40年代のマンハッタン計画，50年代の国防プロジェクト，60年代の宇宙開発プロジェクトなどのナショナル・プロジェクトの展開のなかで育成されたシステム科学とシステム工学的技術）が，いま社会開発プロジェクトへの振替えないし配置替えの時期にいたり，ここに行動科学的研究と，マクロ・レベルのシステム科学との新しい統合が問題になってきている……。そこでは，従来のインターディシプリナリティを一歩超えた，超インターディシプリナリィなアプローチへの転換，理論研究と実践の統合，ハードな科学とソフトな科学の統合などを含む，人間を含んだ複雑な社会システムへの新しいアプローチの擡頭が顕著である。これを社会科学の側からみるならば，まさに大きな転換といえよう。それは，観察や測定の方法論の革新の域を超えて，大きく社会観，科学観そのものの基本的観念，つまり Paradigms そのものの変革をもたらし，他方その機能からみても，事実解明型の行動科学から，予測・計画の科学への変身を用意するものである」というのである（吉村1973，129頁）。

こうしたシステム思考への旧来の科学全体の一大変革構想の前では，従来の「社会体制」の観念は，「非常にプリミティブな機械技術を中軸とした産

業社会,つまり工業化社会の初期の発展段階を背景として,それ自身変化や流動性の稀薄な堅い,静態的なモデルで考えられている」のであり,マルクス主義の社会観の前提も,この古典的「社会体制」観念なのだそうである(吉村1973,135-36頁)。近代市民社会の経済的運動法則を明らかにすることに成功し,社会を生成・発展・死滅のたえざる運動過程においてとらえ,その原因と基本的法則性を明らかにしたマルクスが,なぜ,「流動性のない静態的モデルで考えている」とされるのか,ここには何の証明もない。ともあれ,このような壮大なシステム思考の構想の空虚さの中にではなく,むしろわれわれは,旧来の「社会体制」観による経済学の研究の方にはるかに,信頼できる,確実な,歴史的事実によってうらづけられた成果,社会の運動法則を知る力をみとめざるをえない。ベルマン流の反省から,一歩すすめて,人間の判断で管理可能な,社会システム＝適応制御可能なシステムを考えるためにも,必要なのは,システム思考による飛躍の幻想(性急なパラダイム転換など)ではなく,個別科学としての経済学の研究のいっそうの進化であろう。

　以上によって,システム思考が,科学の研究方法論の新しい一般原則でもなければ,その意味で哲学,認識論の新しい型といえるものでもないことは明らかになるが,これはけっして社会,経済の研究にあたって,研究対象をシステムとしてとらえることが,社会認識にとって無意義なものだということを意味しない。いわゆるシステム思考を,個別諸科学にたいする補助科学として位置づけ,その意義を哲学的に評価しなおすという研究もかなりすすめられているが(たとえば,Heidtmann, B. et al. 1977. これについては岩崎允胤 1979, 203-218頁に要旨の紹介と批判がある。Leske, M. 1981 ; Stiehler, G. 1981.),この章では,節をあらためて,いわゆる大型モデル(global model)による社会認識のさいに,システム思考がいかなる問題をもつかを,さらに具体的に検討してみよう。

2 システム思考の問題点
——大型モデル分析におけるシステム思考適用例について——

ソ連におけるサイバネティクス（кибернетика）の研究者として有名なИ.Б.ノヴィーク（現在，システム研究所の所長）によると，いわゆるローマ・クラブの世界モデル（紀元 2000 年の世界経済の予測）にみられるような大型モデル（global model）分析は，現在，社会・経済的諸関係を認識するという研究の重要な一部分である。この研究は，新しい，システム論的表象の展開と結びついた分科の今後の発展を展望する上でも，重要な意味をもっている（以下の大型モデル分析論は Nowik 1981 による）。

いわゆるモデル分析はすでに，一般的な研究方法論のうちに位置づけられているが，大型モデル分析には，システム的性格，記述と制御の統一，統合の側面，相互作用の側面といった特質のほかに，社会科学，自然科学，工学の相互作用と関連する評価という役割もあるというのであるから，システム思考の具体的な適用例として重要視される。

モデル分析には，その歴史的発展の順にみると，研究対象と類似のもの（ひな型・模型）を技術的に作成するというもっとも素朴なものから始まり，物理的対象を理論的に記述するための物理模型（思考モデル），生物システムのモデル化，社会の運動形態の本質的契機としての経済過程の数学モデル化，社会・経済的・生態的システムの大型モデル化などがある。

このうち最後の大型モデルの特徴は，①それが長期（100 年にもおよぶ）の未来予測のために作られていることと，②通常の経済的諸要因の他に資源採取，環境汚染，社会構造の変化といった経済外的な諸要因を包括していること，③従来の生産，人口，資源などの相互作用の将来の動態の傾向を，統計資料とその時系列の延長にもとづいて記述していたモデルと異なり，モデル内の諸要素の相互作用の変化を予測し，人間の活動と選択すべき方法との間のフィード・バックの関連が考慮されることにある。

大型モデルが扱う人間と環境との間の相互作用の問題は，きわめて複雑で，多数の，自然，技術，社会，文化の諸要因に依存している。このモデルの客

体＝原型がたえず変化する複雑な動態的システムであることから，それはシステム思考の適用の一つの場となる，上記の諸要因を要素として含むためには，大型モデルは，学際的研究の結果とむすびついていなければならない。ノヴィークはこの学際的研究の基本形態として，①各自が独立している科学の諸分科の外的相互作用（知識の「弱い」総合），②構造が異なり，その実体の異なる対象の行動についての諸科学の表象の機能的システム（「適度の」総合），③自然の諸過程の研究から自然科学的認識のすべての領域について一定の理論的表象をひきだすような基本科学の確立（「強い」総合）の三つがあるという。

　大型モデルは，このように多様な，しかも可変的な諸要因にかかわる情報の複合体であるが，そのなかでもとりわけ複雑で予測しがたい要因は人間の行動に関するもので，大型モデルの表示すべきシステムの複雑さもこれから生ずる。大型モデルによる予測が，システム思考の力だけによってこうした人間行動の不確定さをすべて克服したうえで行われると考えるのは，大型モデルの過大評価である。むしろ，この場合，この複雑なシステムを特徴づける諸指標のパラメータの総体によって未来のありうべき諸状態の組合わせをコンピュータが算出した結果によってとらえ，これを選択する人間の行動を補助する手段として大型モデルを用いるべきである。社会動態のシステムを特徴づける指標（統計はもちろんその大きな源泉）のシステムがいかに完全であっても，人間の目的がどの程度まで達成されたかを自動的に表示することはできない。指標はいくらでも詳しいものに仕上げてゆくことができようが，そうしたところで，指標そのものの表示する内容についての評価（価値の判断）が自然に与えられるのではない。コンピュータは対象をパラメータのシステムという形で固定するが，そのシステムがはたして望ましいものかどうかを判定できるのは人間だけである。コンピュータによって大型モデルが行う諸指標の記述・分析的処理は，人間の判断力にもとづく，規範的評価的な判定によって補われることが必要になる。こうして，大型モデルが反映すべきものは，社会有機体の硬直した構造ではなく，むしろこれを手段として行われる人間の行動の過程である。

　大型モデルと，判断を下す研究者との間には，こうして，一種の対話とい

う形の相互作用が必要になる。

モデル分析のさいに，通常は，モデルが作成される以前に，記号や数に形式化されない要因が現われ，モデルの形成後，モデルの内部では専ら，形式化された諸要因（数式，記号系，コンピュータのアルゴリズムなど）だけが処理される。ところが，大型モデルにおいては，この形式化されるものとされないものとが，分析の過程内に併存し，はじめに形式化されない知識が問題提起の段階でとりあげられ，ついで，モデルの形式化されない要素が概念的に規定された上で形式化が行われるが，そのあとは再び，モデル化という操作の結果の評価という形式化されない研究段階がつづくのである。

Н.И.ラーピンは，人間の判断により問題が提起され（つまりモデル化の目標が与えられ），モデル分析の結果が再び人間によって評価，判定（価値判断）されるような研究の段階を「モデル化のシステム」としてとらえる。それは一種の「人間＝機械システム」，いいかえると「人間とモデルとの対話のシステム」であるが，いわゆる大型モデルによる研究の重要な問題点として，このモデルにおける，形式化可能な要素と形式化不可能な要素との関連がくわしく考察されている（システム思考における非形式化要素についてはЛапин, Н.И. 1980 が参考になる）。

その要点は，モデル化のシステムにおける要素の図式としてつぎの図 10-1 のように示される。

形式化不可能な要素のうち，モデル化の前提となるのは，モデル化される対象についての初期情報，その発展の問題についての情報と，それらにもとづく問題の経験的なリスト・アップであり，モデル分析の出発点である。このいわば問題提起の段階そのものは，形式化されえない要素であるが，これによってモデル分析全体の目的と課題が，またモデル形成の方式が決定され

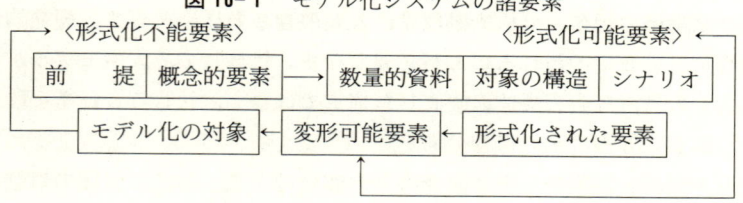

図 10-1　モデル化システムの諸要素

〈形式化不能要素〉			〈形式化可能要素〉	
前　提	概念的要素	→ 数量的資料	対象の構造	シナリオ
モデル化の対象	← 変形可能要素	← 形式化された要素		

るのであるから，きわめて重要な段階をなす。個別諸科学の研究成果にもとづいた人間の判断が必要とされる，決定的な段階の一つである。システム思考はここで，モデル化システムの要素が相対的に可変であってもよいとするが，システム全体としては不変であることを要求する。

　形式化されえない第二の要素は，モデル化システムの概念的諸要素である。これらはシステムを構成するための基礎となる基本的な方法的原則であるが，これにしたがって対象の初期構造（モデル化されるものの構造的要素の最少限の決定）が与えられ，ついで，この対象の発展の問題と選択肢のシステムが作られる。

　システムの形式化可能要素とは，その概念的構造のうち形式化されるものだけからなる対象の形式化可能な構造，モデル化される対象の過程についての形式化される情報である。このような情報が十分に与えられないと，対象の形式化されうる構造には重大な制限が加えられる。研究者又はモデルの利用者が，対象（世界とその地域）のさまざまの発展バリアントを研究したり評価したりするのに役立つ研究のシナリオ（手順）もまた形式化可能要素となる。この手順の形式化の限界がせまいために，ローマ・クラブの世界モデルは，そのシナリオ（手順）の多様性にもかかわらず，経済と資源の問題に局限され，他方，サセックス大学のシステムは，社会・経済，社会・政治の諸問題を含む広大なシナリオをもつが，これについてはいまだに形式化された用具が与えられていない。こうして，形式化されうる要素の制約は，そのまま，モデル分析の，システム思考の能力に限界を与える。

　大型モデルが，こうした限界のなかでも，システム思考の威力を発揮するためには，実は，形式化される要因を少しでも多くするための努力よりも，むしろ，それ自体は形式化されないものの多いモデル化システム全体の基礎概念の選定を適切に行うことの方が，はるかに重要である。この場合とくに要求されるのは基礎概念がつぎのような条件をみたすことである。すなわち，基礎概念は，人間，社会，全人類，自然のもっとも重要な構造的・動態的な特質を一つの立場から考察できるような，世界観的な広大さと規定性をもたなければならない。

　基礎概念は世界とその地域の発展傾向を明らかにするとともに，この発展

の内在的源泉を見出すために,歴史的なものでなければならない。

基礎概念は,個別諸科学の新しい科学的成果にたいしては開かれており,新しく生じた諸問題の有効な解決をもとめるものでなければならない。

そして最後に,基礎概念の理論的内容のうち本質的な部分は,形式化されるように,明晰でなければならない。

ラーピンによると,西側諸国の大型モデルにはこうした諸条件をみたす基礎概念が欠けている。その大型モデルには多くのさまざまな要素が含まれてはいるが,それらはしばしば矛盾し合うような,哲学,社会学,経済学,政治学の概念のあつまりである (西側の大型〔世界〕モデルの例としては,Albizuri, G. A. 1978 ; Cole, S. 1978 ; Leontief, W. et al. 1976 ; Mesarovic, M. and Pestel, E. 1974 などが参考になる)。

数,量,関数,記号といった形式化された諸要素をとりあげ,その構造,機能,位階をそれ自体として記述,分析する思考としてのシステム思考に,以上のような諸条件をみたす基礎的諸概念を前提として要求するのは,一見,この思考法の本質に直接かかわりのない場ちがいの主張のように思われるかもしれないが,実はそうではなく,この前提が十分に確立されないかぎり,システム思考の適用は,とりわけ複雑な社会現象への適用は,実体のない空虚な結果以上のものをもたらさない。システム思考におけるシステムは,現実の対象そのもの又はその側面ではなく,これを研究するために認識主体としての研究者が,観念的に創造した用具＝知的記号的構成物だとする見解は,それ自体研究対象と思考の用具とを分離・隔絶するという誤りをおかす危険が大きい。しかしかりにこの見解をみとめるとしても,思考の用具としてのシステムの構造,その要素の選定は,すべて研究者の恣意的な発想によって自由に行われるものではない。この思考法の適用前提の検討はこの自由を制約する不要の作業にみえるかもしれないが,そもそも,何を問題にすべきか,また適用結果の価値をいかに判定すべきかという決定的な段階において,世界観的に中立なあるいは没世界観的な立場にたち,歴史的事実とその発展を無視し,システムの諸側面についての個別科学の研究成果を度外視し,システム諸要素のうち本質的なものを摘出することを怠ったとすれば,この思考法の適用はもはや科学的研究とはいえなくなろう。

第10章 システム思考と社会認識

　システム思考の適用にあたって，かくも周到な検討を経て，その前提としての基礎概念を確立しなければならないのはなぜか。それは，これらの基礎概念のほとんどすべてが，これを安易に形式化可能なものと想定することつまり，数学化や記号化してただちにシステム思考に適合した表示手段——たとえば，われわれの日常言語ではなく，モデル語，コンピュータに解読可能な言語とそのアルゴリズム——によって表示できるような内容をもたないことが常だからである。

　たとえば，実在としての経済システムの分析にシステム思考が有効であることを強調する論者自身がこのシステムにおける情報の定量化の困難を自覚せざるをえず，つぎのようにのべているのは正当である。すなわち，

　「たとえば，経済システムの全体のなかには，定量的にはとらえられないような要因が含まれているかもしれない。一例をあげると，『情報』(information) が経済システム全体の構造のなかで重大な役割を演じていることは，多くの人が指摘しているが，『情報』は定量化することが困難である。またその場合，情報を含む経済システムは定量的な形で描くことができず，算術的演算や微積分演算を適用できないようなものとなる。そのような例は情報にかぎられない。たとえば，生産の理論にとって技術は所与とされてきたが，経済システム全体のなかでは，技術もそれ自体変化する要因とみるべきであろう。技術（情報の一種と考えることもできる）は定量化の困難な要因である。公共的な無形の便益——たとえば，公園，都市美観，自然景観など——も，定量化しにくいもののもう一つの例である。これらの問題を含めて全体的な経済システムをとりあげようとするとき，定量的分析は，経済学の伝統的な専門諸分野におけるような切れ味を発揮できないであろう」というのである。システム思考にかかわらず，経済学自体においても，定量的分析がどれほど「切れ味」（村上・熊谷・公文 1973，9頁）のよいものであったか，また，あるかは疑わしいが，この点を別とすれば，定量化の困難をみとめているこの主張は，数学，数理統計学の無反省な利用や，コンピュータの駆使をそのことだけで科学的認識の深化とする素朴な数理科学信仰にくらべれば，はるかに社会認識の特質に適合している。

　定量化不可能なものまたは事情は，しかし，上に引用したいくつかの例に

とどまらない。この論者自身も，たとえば，財政理論における財政支出の量と内容，金融理論における通貨発行量や所得分析における政府支出などが，それ自体定量的な要因であっても，「それらの要因が政治機構を経由して決定される」ことを考え，さらに政治システムと経済システムの相互浸透を考えなければならないという。しかしその場合，投票のような例外を除けば，「政治的行動は，到底定量化できない」ことが事実である。上記の経済量を諸要素としてとりいれても，それと定量不可能な諸要因との機能的な関連を問うことがシステム思考の課題である以上，しかし，ここで展開されるのは到底，定量的関係（たとえば，関数，相関，時系列解析，因子分析など）ではない。

システム思考における定量化可能な要素や要因がこのように制限されていることはたしかであって，「新古典派経済学の開発した数学的手法に依存できない部分があまりにも多い」（村上・熊谷・公文 1973，11頁）のは，実在としての経済システムの特質がこうした定量化不可能なものを多く含むからである。したがってまたシステム思考がこれに適合的に応用されて成果をあげるためにも，この制限を度外視できないからである。

このことと並んで，ここでみすごせないのはシステムの諸要素，諸要因がかりに定量化でき，またそれらの間の機能的連関や，その全体としての構造が，数学的な変量の相互関係や，この構造の集合論的写像で適合的に代置できたとしても，さきにみた大型モデルの場合の基礎概念の確立は，やはりシステム思考全体の前提として不可欠な概念分析であるという点である。

3 システム思考と社会・経済における諸システムの研究

以上，二つの節を通じて，われわれは，システム思考が，形式的にはたしかにその一般性，広い領域に適用される研究方法ではあるが，その内実は，けっして，哲学や科学方法論一般のような思考の一般的規範ではなく，実在としてのシステムを，あるいは実在のシステム的側面を認識するための特殊な研究手法であることをみてきた。

システム思考における基本的カテゴリーとしてのシステムを，それ自身が，

第10章　システム思考と社会認識　299

図10-2 〈市場〉
取引量 / 価格
Q, P×Q, ●R, P

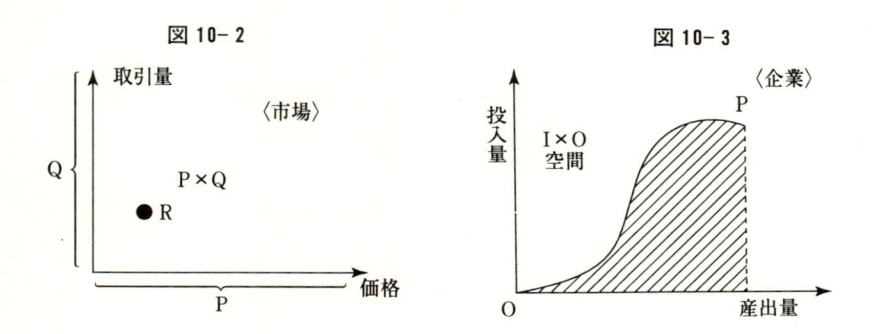

図10-3 〈企業〉
投入量 / 産出量
I×O空間, P

一つの実在又はその一側面であるとは考えずに，現実界（実在）の認識や制御や変更のために，主体（認識主面）が，知的・記号的に構成したものとする論者もある。

　この論者によると，システム思考において，主体がこのような思考の構成物として作成するシステムには，さまざまのレベル（より簡単なものからより複雑なものにいたる）があるが，簡単な順にたとえば三つ　①論理システム，②物理システム，③社会システムを考えることができる。

　経済システムや社会システムなどは，この序列においてはより複雑なものの例であるが，それらはより簡単な物理システムやもっとも簡単な論理システムを基礎とし，これに新しい規定を付け加えることによって構成される。ここで注意を要するのは，より簡単なレベルのシステムにおける規定は，より複雑なレベルのシステムにもその一部分であるサブ・システムとしてそのまま含まれると考えられていることである。いまもっとも簡単な論理レベルにおけるシステム構成のなかで，そのまま社会システムや経済システムのサブ・システムとみなされる例をいくつかとりあげてみよう。

　たとえばいわゆる市場システムは，論理システムのレベルでは，集合：{市場, {価格, 取引量}} で表わされる。これは市場（名辞としてのシステム）が，自らを要素として含みかつ価格，取引量のような属性（又は個体）を要素とする集合としてのシステムであるということで構成される。この市場システムにおいて，属性とされている価格，取引量などの要素（集合の元）はさまざまの値を取りうるのでこれを変項と名づけ，これらの値の集合

図 10-4

```
取引量
 |
 Q {  需要関係      供給関係
         ＼      ／
          ＼    ／
           ○ R(均衡価格・取引量)
          ／    ＼
         ／      ＼
                         → 価格
     P
```

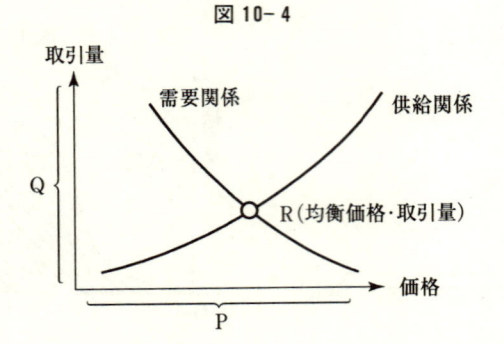

を変域と呼ぶ。価格，取引量の変域をそれぞれ P，Q で表わすとき，市場システムは，{市場, {価格, 取引量}, $P×Q$} という空間としてのシステムになる。この空間は図10-2のような形で図示される。$P×Q$ という P と Q の直積は変域空間であり，そのなかの1点 R はたとえば「均衡価格・取引量集合」の一要素になる。

企業というシステムは類似の方法で，投入量 i（その変域は I），産出量 o（その変域は O）が，それぞれ非負の実数の集合に含まれるとすれば，変域空間（$I×O$）の部分集合（図10-3の斜線部分）を「企業の生産可能性集合」という関係とみることができ，これを関係としてのシステム＝企業システムという。境界線（$o×p$）もまた関係としてのシステムであって，これを「生産関数」とよぶ。

需要曲線と供給曲線の交点で均衡価格・取引量が与えられるという，かの有名な例はさきの市場システム {市場 {価格, 取引量}} に，需要関係，供給関係という要素関係システムを重ね合わせて，図10-4のように描かれる。これは，市場を，「構造としてのシステム」として構成した例である。

構造とは，システムの要素の集合であり，かの投入・産出連関に例がみられるような，内生変数ベクトル X と外生変数ベクトル Z を含む，線型連立方程式体系 $XA+BZ=0$ 型の経済モデルや，行列転換によって作られるその変換型 $X=CX+DZ$ なども構造としてのシステムである（つまり $(I-C)X=DZ$）。この例では，右辺の変項 X と Z の値は入項，一方，左辺の X を出項という。

第10章　システム思考と社会認識　301

　論理システムのレベルで，このようにつぎつぎと構成されるさまざまの名称のシステムは，すでにいわゆる近代経済学における経済諸量の相互依存関係として古くからよく知られている平凡な例ばかりである。ここには定量化されえない要素，要因，関係，構造は全く登場していない（というよりも，それらの考察なしにシステムが構成されている）。こうした論理システムが，市場システムのサブ・システムとして，経済システムに，このままその部分として含められ，これらのシステムによって，経済量の相互関係を解明することが，経済の研究にとってシステム思考が有効に役立つ例証だとされているのである。問題はここにある。定量化不可能な要素，さらには，形式化不可能な要素についての，前節末尾でみたような正当な反省は全く消え去っている。しかしそれでは，システム思考の本来の姿とはいえまい。[1]

　これらのシステムには，価格，取引量，投入量，産出量といった変項が現われるが，これらが何らかの物理的変項として物的世界を表現するとき，これを実物変項という。実物変項には上例のものと異なり，定量化できないものもすくなくない。そこで一つの重大な仮定として，「社会は，実物変項を共通に認定し，その範囲を拡大し，その変域の分解水準を高め，つまり変項を定量化し，その値の測定についても一般的な合意をつくりだし，制度化していく傾向をもつ」と考えるのである（村上・熊谷・公文 1973, 56 頁）。こうした傾向の極致として表象されているのは，一物一価の法則が支配する，かの完全自由競争市場というシステムである。この実物変項のうち制御可能（たとえば，任意可増財のように）なものを，財と定義し，さいごに，市場システムを，「ある一定の財について，その財の 1 単位がある標準的な財（貨幣）の何単位と交換されるかという比率（価格）が，その財の需要と供給を一致させるように全社会でただ一つ共通に決定され，その比率にしたがってすべての個別主体が交換を行なうシステムである」と定義する（村上・熊谷・公文 1973, 113 頁）。定義の内容自体は，いわゆる完全自由競争の下での均衡価格の存在という，よく知られた命題以上のものではない。システム思考は，このように定義された市場の形態，そこでの完全競争のあり方，資源配分，貨幣，金融などとの関係を説明し，これを資本主義という実在の経済システムの完全な＝理論的なモデルとして説明の一つの用具にする。そ

の内容に立入ることは別の機会にゆずるが,このモデルでも,財の測定可能性(定量化の一形態)が仮定されているのである。

このようにシステム思考は,運動形態がかなり複雑な社会,経済などについて構成されるシステムを用具としなければならなくなると,論理システムのレベルで簡単に規定された概念だけで,その全体を完全に説明することはもとより不可能であり,そのサブ・システム,つまり部分の説明としても妥当か否かが,疑問になる。定量化の可否,形式化の程度に限って以上みてきた限りでも,システム思考は困難を克服してしまったとは到底考えられない。

以上のごとき特殊な一方法としてのシステム思考とは別に,実在の研究対象そのものが一つのシステム(体制,系,など)であるか,あるいはその一側面にシステム性がみとめられるような事例が存在することは,かなり以前から,社会現象についても,すでにみとめられている歴史的な事実である。

システム思考は社会的実在にたいして,その現象論的,構造・機能的側面からの研究として,一定の妥当領域をもち,社会認識に寄与しうる政治学や経済学においてもすでに,政治的システム,規制システム,行政システム,社会システム,賃労働のシステム,生産のシステム,機械のシステム,国家システム,経済システム等々がとりあげられている。これらはしかし,認識主体が認識,制御,変更するために意識的に創造した観念的モデルとしてのではなく,歴史的な実在としてのシステムである。

実在としての,又は実在におけるこのようなシステムが,本章でとりあげたシステム思考をすべて正当化するわけではない。問題にすべき点も,システム思考の一般論に拘束され,制限されるわけではない。すでに哲学者によって,この点についての指摘,システム思考の批判的検討が行われ,示唆に富む結果が与えられている (Heidtmann, et al., 1977; Leske 1981; Stiehler 1981)。

要点のみを摘出すると,実在におけるシステムの特質は,抽象的・一般的に考えたところでは,全体,諸要素と内的諸分肢の機能的統一,環境(他のシステム)への作用である。たとえば,資本主義的生産システムの基盤が,資本の絶対的支配であるといわれるとき,社会システムの性質,質は,すべ

第10章　システム思考と社会認識　303

ての部分を貫き，規定する一つの本質的関係に帰着する。システムの基盤を形成し，その展開の合法則性を規定する本質的関係は対立物の統一と闘争であり，すべての社会システムの基幹構造は矛盾である。

　社会システムはより具体的なレベルでは，いわゆる有機体，社会有機体であるが，それは，一つの目的機能のもとでの諸要素の複雑な相互作用であり，社会・歴史的主体の全体的で総合的な性格，経済からイデオロギーにいたるまでの生活の基本的現象の複雑な全体であり，生活過程の特殊な自律性である。

　有機体としての社会システムは，一つの総体性（Totalität）ともいえる。この総体性とは，肯定的な全体（Ganzen）にまでたかめられたその契機の運動から生じ，これを一つの機能的な統一体にまでたかめる，システムの具体的な形態である[2]。

　システム思考の限界内で構成されたシステムは，とくに論理的レベルのそれは，さきの例にもみられたように，実在の社会システムよりもはるかに抽象的なものであった。これを直接，無媒介的に社会に適用することは許されない。すでに社会的現実として知られている事を，たんにシステム思考の抽象的な言語に翻訳するだけでは——システム思考の現状はここで終わるものが多い——，無意味であり，研究対象たる具体的な社会システムに迫るのではなく，むしろこれからますます遠くへはなれていくことになろう。さまざまのシステムの構造・機能的な共通性を認識することは，それぞれの特殊システムの特性を分析するために役立つが，全体としてこの分析に代位することはできない。

　システム思考の科学的方法としての積極面は，けっして——一部のシステム論者のいうように——，それが，数理諸科学やサイバネティクスのように，多様な諸対象——自然と社会の——を横断的に抽象的一般的なレベルで，その構造，機能，相互作用に共通なルールを導き出し，これを特殊具体的な研究対象に，直接，短絡的に適用することにあるのではない。実在のシステムが，たとえば社会システムのように，総体性をもつとすれば，これに適合したシステム思考の展開の積極性は，具体的な問題提起に始まり，複雑な全体の把握を志向し，結局，社会的実在の法則性を具体的普遍としてあきらか

にすることにこそある。したがって，システム思考は元来，現象の集合をその諸要素に分割し，複雑な対象の諸性質を，これら諸要素の組合わせから，還元論的に導き出すという，機械論的思考に対立するものである（なお，システム思考の経済学への適用については，本著書第8章参照）。

(1) 一方で，システムの諸要素とその機能的連関が複雑なこと，定量化困難なことをみとめつつ他方で以上のような数量的定式化がそのまま複雑なシステム構成の要素（部分）とされるのは，形式的にみても一貫しない態度である。

(2) この総体性（Totalität）については，マルクスのつぎの指摘が示唆に富む。

「完成したブルジョア的体制（システム）においては，どんな経済的関係も，ブルジョア経済的形態をとった他の関係を前提としており，こうしてまた，指定されたものはどれをとっても同時にまた前提でもあるとすれば，こうしたことは，すべての有機的体制（システム）（organishes System）についていえることである。総体性（Totalität）としてのこのような有機的体制（システム）そのものは，その諸前提をもっており，またそれの総体性への発展はとりもなおさず社会のすべての要素を自己に服属させる（unter-ordnen）か，ないしは自分にまだ欠けている器官を社会のなかからつくりだす〔ことに〕ほかならない。このようにして有機的体制（システム）は，歴史的に総体性になるのである。この総体性になるということが，有機的体制（システム）の過程の，それの発展の一契機をなすのである」（『1857―58年の経済学草稿Ⅰ』（マルクス資本論草稿集1）大月書店，1981年，332頁）。

参考文献

岩崎允胤［1979］『科学的認識と弁証法』梓出版社
公文俊平［1973］「一般システムの諸類型」『講座情報社会科学6』学習研究社
村上泰亮・熊谷尚夫・公文俊平［1973］『経済体制』（現代経済学10）岩波書店
吉村融［1973］「政策科学におけるトランスディシプリナリィな統合の試み」『講座情報社会科学5』学習研究社
Albizuri, G. A. [1978] "What Future (if any) may Global Modeling have?" *Proceeding of the Seminar on Large Scale System and Global Models*, Dubrovnik.

Bellman, R. [1971] *"On the Growing Pains of Giants : an Essay on Large Scale,"* Technical Report No. *71-28*, Univ. of Southern California.

Cole, S. [1978] *Global Models : an Evaluation of Their Relevance to Policy*, Univ. of Sussex and UNITAR.

Heidtmann, B., Richter, G., Schnauss, G., Warnke, C. [1977] *Marxistische Gesellshaftsdialektik oder »Systemtheorie der Gesellschaft« ?*

Klir, G. J. [1969] *An Approach to General Systems Theory*, Van Nostrand Reinhold.

Лапин, Н. И. [1980] «Неформанизованные Элементы Системы Моделирования,» Системные Исследования, Наука.

—— et al. [1976] *The Future of the World Economy*, United Nations.

Leske, M. [1981] „Zum Verhältnis von Systemdenken und Dialektik," *Deutsche Zeitschrift für Philosophie*, 7, 29Jg.

Малиновский, А. А. [1980] «Основные Лонятия и Опреределения Теории Систем,» Системные Исследования, Москва.

Mesarovic, M. and Pestel, E. [1974] *Mankind at the Turning Point*, New York.

Miller, J. G. [1955] "Towards a General Theory for the Behavioral Sciences," *American Psychologist*, Vol. 10.

Nowik, I. B. [1981] „Die globalen Modelle und ihre erkenntnis-theoretische Bedeutung," *Sowietwissenschaft—Gesellschaftswissenschaftliche Beiträge*, Bd. 4.（なお，原文は，Новик, И. Б. Новый Тип Модельногопознания, « Вопросы Фирософии, » 1980 7.）

Stiehler, G. [1981] *Dialektik und Gesellschaft*, Teil II.

von Bertalanffy, L. [1968] *General System Theory. Foundation, Development, Applications*, New York.

IV 統計と情報

第11章　社会情報の真実性とその利用について

はしがき

　いわゆる情報化の目覚ましい進展は，労働過程，産業構造のみならずわれわれの日常生活にも大きな影響を及ぼしている。これにともなう「経済のソフト化」，「サーヴィス経済化」とよばれる傾向の本質は必ずしも明らかにされていないが，社会・経済生活における情報の役割がますます強まっていることは事実である。今日の情報化の特質は，ますます大量・多様な情報が広域的に迅速に（いわゆるリアルタイムで無時間的に）に伝達され利用されているところにあり，それによってもたらされる便益は極めて大きい。

　一口に情報といっても，その形式と内容は多種多様でありまた，それを処理し伝達する技術的手段の発展もまことに目覚ましい。概括的にみても，いわゆるサイバネティクス（通信と制御の一般的研究，数学的ないし工学的情報論，たとえばシャノンの情報理論など）が扱う情報，自然における物質の物理・化学的あるいは生物的運動過程を内容とする自然情報，社会的に規定されている存在としての事物や事実とその変化を伝達内容とする情報，すなわち社会情報と，われわれが利用する情報の種類はきわめて多様であり，それぞれが，固有の特質をもっている。筆者の能力と，与えられた紙面の制約から，ここではその全体ではなく，特に社会情報に限ってその特質とその伝達内容の真実性を規定する諸要因および利用上の問題点を考察してみたい。情報化がもたらす便益を享受して，社会認識を深め社会生活を豊かにするためには，その手段としての個々の情報自体が真実を伝え，バランスのとれた情報体系が確立されていなければならない（いわゆる過剰な情報，虚報，情報体系の偏りが，社会認識を歪め，大量の情報はかえって情報の氾濫としてわれわれにマイナスの影響をあたえるというのは，高度情報化社会の影の面

である)。

1 社会情報の特質とその真実性

情報という概念はその外延が広く，極めて多義的であるため，現在のところまだ一元的な定義は存在しない。たとえば（情報の）通信と制御の一般理論としてのサイバネティクスにおいては，情報は「一定の確率または度数で現れるところの，多数の有限な物理的通信」とされ，また，哲学的には，「人間の思惟や意志から独立に存在する実在的な諸対象の——物質的諸対象の——秩序ある反映」と定式化されている。その他多くの定義の試みをここで網羅的に検討する余地は無いが，ここで注目しておきたいのは，情報概念を固定化したり，単なる意識の所産に還元するのでなく，いわゆる情報的関係や情報過程が成立する経過を，自然の史的過程の発展に即して考察した結果としての一つの一般的な定式化，すなわち，「事象の状態を他に伝えることができる場合，事象の状態の内容を情報という」である。この定義の根底にあるのは，客観的実在における（物質的属性に規定されている）多層的な区別の諸契機間の対応関係が，物質の運動の高度化にともなって，物質的属性から解放されるという自然の史的過程において発生し，この関係が情報的関係として展開されるという考えである。この対応関係にある多層的な区別の契機を論理的情報というならば，たとえばある情景がテレビの画像として映しだされる過程自体は物理的変化の過程であるが，情報過程としては，論理的情報が意識過程に媒介されて，画像という形式をとり，物理的過程に支えられながら，（物質的属性から解放されて）独自の内容が伝達される過程である。

ここでは情報的関係が①物理・化学的対応性，②遺伝情報過程のような，物質的属性から解放された物質的過程としての情報過程の出現，③意識作用に基づく多層的区別の契機の著しい「情報化」という三つの段階において，いわば史的発展に即して把らえられている。

われわれがここで問題にする社会情報は，固有の論理的情報が物質的過程に支えられつつも，意識過程に媒介されて，物質的属性からは完全に解放さ

第 11 章　社会情報の真実性とその利用について　311

れ，極度に多様化した段階，つまり第 3 段階の情報である。この段階では情報の表現と伝達は物質量とエネルギー量の零の極限でも可能であり，情報の内容はいわゆる情報媒体から独立している。またこの段階の意識過程の役割の増大は，情報があらゆる物質的過程から切り離された，純粋な意識の産物にすぎないという誤った表象の源泉になりうる。社会情報が社会的に規定された存在としての社会的な事物や事象の（いわゆる社会的集団現象的過程に限らない）反映であることを忘れ，社会情報過程における意識作用の絶対的自立性を認める見解の発生する所以である。

　社会情報の主要な一形態である統計に例をとるならば，「客観的な大量（その存在が社会的に規定されている，存在としての集団——是永）と統計の中間に『統計的総体』の観念をさしはさむ考え方」に立ち，客観的な社会的事実の認識手段（対象反映の一形式）に過ぎないこの「統計的総体」が形骸化されてもそれにしがみつく社会統計学派の見解，あるいは「肝心な点は，統計の対象反映性の強調にあるのではなく，統計における対象反映の形式性についての徹底的理解でなければならない」(8)（傍点是永）といった見解の根源の一つは，情報過程におけるこの意識過程の自立性の過度の強調，統計という情報の対象反映性の軽視または無視にねざしているのではなかろうか。

　ところで社会情報の特質とその真実性は，なによりもまずそれが反映すべき社会的事実の歴史的・社会的な性格によって規定されるのであるが，いま一つ重要なのはこの反映の形式の情報内容におよぼす影響である。社会認識の手段として社会情報を利用するもの（情報利用者）にとって必要なことはいうまでもなく，社会情報がわれわれに伝えてくれる反映内容の意味を理解し，その真実性を吟味・批判することである。その場合，情報の収集または作成の結果として与えられた情報の内容を，ただその字面だけからとらえ，形式的な整合性のみを基準にしてみても，その真実性はほとんど解明されないであろう。この場合，すべての社会情報について，厳密に行うことは現実問題としては不可能に近いかもしれないが，誰が，いかなる目的を持って，どのような認識装置を媒介してその情報を作成ないし収集したかの検討が何よりも必要である。ほとんどの自然情報の場合は，いかに複雑な操作を要するとしても，観測装置の性能を理解し，これを利用する技術に習熟すれば，

一定の技術水準のもとで許容される精密性の程度において，正確な情報を観測データ（観測値）として獲得することができる。この過程に特有な困難は，ほとんどいわば技術的に克服できる。ところが社会情報の場合には情報の収集・作成の過程自体が，一定の社会関係のもとで，情報収集・作成者の理論的立場と社会的意識に主導されて実施される能動的な認識活動の過程である。勿論，自然情報の獲得，つまり自然観測の過程においても，観測者が観測対象と観測装置についての深い理論的な理解をもたなければ，そもそもいかなる目的のもとで，何を対象にして，そのどのような側面をいかにして観測するかといった問題そのものが正確に提起・解明されず，観測の方針・手続きも定まらないのであるから，その意味では過去の経験や常識だけに頼っていたのでは，観測の成功，つまり真の結果の獲得はおぼつかない（いわゆる銅鉄主義の限界はここにある）。それゆえ，ここでも理論は観測結果の真実性を判断するための導きの糸となる。

　社会情報の場合にも，全く同じ意味でこの理論の主導性はいっそう決定的な重要性をもつ。自然観測の結果をふくめて，通常，人は情報の精度，言い換えると情報内容の数量的な精密性には重大な関心をもち，その「誤差」を最小にすることに力を尽くす。しかし言うところの精度が情報のいかなる一面性ないしは偏りによって低められるのか，また何ゆえにそのような誤差が発生するのかといった問題は等閑に付され易い。社会情報の一つとしての統計については，この点がすでに半世紀も以前に，蜷川虎三の統計理論によって，原理的に明らかにされている。[9]蜷川によれば，統計の真実性の吟味・批判は，「その統計が，はたしてとらえるべき大量（存在としての社会的集団——是永）をとらえた結果であるかどうか」（統計の信頼性）の理論的批判と，「理論的に規定した大量が，実際の調査を通して，はたしてとらえられるのかどうか」（統計の正確性）の吟味からなる。[10]吉田忠は上記の蜷川のいう統計の信頼性（統計調査の理論的過程における問題）と統計の正確性（統計調査の技術的過程における問題）を規定する要因をさらに仔細に分析し，それぞれを「統計調査の社会的歴史的側面」と「統計調査の方法的技術的側面」の二側面に分けて考察している。結果は次の表11-1に集約されている。[11]

　社会情報としての統計の真実性を規定する要因としてとくに注目すべきは，

表 11-1 統計調査資料の信頼性と正確性

	統計調査の社会的歴史的側面	統計調査の方法的技術的側面
統計調査の理論的過程	(イ) 統計調査が前提とする社会集団概念と利用者が前提とする社会集団概念との間のずれ。	(ロ) 統計調査が前提とした社会集団とその統計集団・統計調査集団との間のずれ。
統計調査の技術的過程	(ハ) 統計調査における被調査者の政治的社会的経済的理由による意図的行為がもたらす誤差。	(ニ) 統計調査の実査・集計過程で，関係者の努力にもかかわらず出てくる各種のミス。

表中(イ)と(ハ)，すなわち統計調査が行われるための前提条件としての主導的な理論と，調査が行われる場としての社会関係における政治的・社会的・経済的な諸要因である。我が国国民経済の総括指標として，今やあらゆる政府統計の基準システムとみなされている国民経済計算体系（新 SNA）が，ケインズ流の所得概念プラス常識をその公認の理論的基盤としているのは(イ)の顕著な現れであり，また最近，統計調査機関の憂慮しているいわゆる「統計調査環境の悪化」（個人情報の漏洩によるプライヴァシー侵害はその深刻な社会的背景である）にともなう，統計の信頼性の喪失は(ハ)の問題である。統計によって事実を把握しようとするもの（統計利用者）の採るべき方向は，制度化された統計調査に必然的な統計の形式性と一面性を与えられた事実として確認するに止まって，客観的事実の追求を断念することではなく，一方では政府統計がこうした理論的基盤に立たざるを得ない歴史的社会的な理由を批判的に解明し，また他方ではプライヴァシー保護の制度化を要求しつつ，統計の公開を進めることであろう。

ところで吉田は以上の検討結果を社会調査の今一つの形態である事例的実態調査の結果である資料にも拡張して，統計調査にみられる社会集団の形式

的固定化にともなう資料の信頼性の問題を別として，実態調査資料にも基本的には同じ問題が存在するという。

　吉田はここで，事例的実態調査の発展過程において，「統計調査がもっていなかった方法，すなわち社会の個体的存在を対象にその質的構造と発展形態を直接的にとらえようとする方法」（傍点是永）が合わせ用いられながら，「統計調査の方法のはたした役割は大きかった」としているが，調査結果の信頼性という見地からは，実態調査に固有のこの方法はむしろ，統計調査の固定化された形式性と一面性を克服する方向として注目すべきであろう。とりわけ統計調査に固有の形式性と一面性は，統計が常に数値の形でまた統計表という形式でしか与えられないことに由来するからである。

　情報収集が調査によって行われる場合の調査技術上の諸要因から発生する結果の不正確性には次のように多様なものがある。例えば主要なものに限っても，調査リストの不備による脱落や重複，難解なあるいは回答を特定方向に誘導するような質問，調査員の説明不足，拙劣な面接技術，また，申告者の知識不足，誤った記憶，錯覚，記録の不備，虚栄心理による誇大ないしは虚偽の回答，などに起因する無回答や調査票への誤記入，回答内容の形式的不整合などがそれである。調査の方法的技術的側面から発生する不正確性は，調査以外の情報収集形態に共通のものが多い。

　社会情報の作成ないしは収集は，調査という形態をとるもの（統計調査と事例的実態調査）に限られない。いわゆる歴史的な資料としての多様な史料をはじめ，法廷における証拠物件・資料や証言，個別的な人間関係を通してのいわゆる「口コミ」による伝聞情報，アンケート結果，マスコミ諸機関の取材活動の結果，公聴会や調査会の記録，企業や経営組織の内部で日常的に作成されている記録――会計記録はその典型的な実例――，情報収集を本来の目的としない業務や活動の記録としての文書（それがふくむ数量的データが統計として利用される場合は，業務統計とよばれ，本来の調査結果である調査統計と区別されている）等々ときわめて多種多様である。

　その収集または作成過程において千差万別なこれらの情報の真実性を，吟味・批判するのに直ちに有効な統一的な方法は与えられていないし，また簡単に与えられるものとは思われない。ここでは統計に特有の形式性や一面性

第11章　社会情報の真実性とその利用について　315

の検討結果は殆ど用をなさない。しかし，調査をその一形態とする社会認識の過程を，認識論，あるいは研究方法論の一般的規定にもとづいて根源的に検討することが，情報収集過程の諸形態に共通の側面，すなわち，この認識過程の間接経験性の解明が，その結果の真実性を検討するために有力な手掛かりを与えてくれるであろう(15)（統計学＝社会科学研究方法論説は，大屋祐雪のいわゆる情報利用者の「視座」の転換を待たなくても，情報収集の過程に共通の誤差の原因の研究を今後十分に発展させ，具体化することができるであろう。同時に，この方向への研究の進展は，研究方法の一般的展開を不生産的と断定して，個別的な情報収集過程の現状をただ詳細に記述することで満足する見地にたいしても，それが一見迂遠に見えても実はかえって捷径であることを実証することになろう）。

　統計の信頼性の批判においては，調査者が統計調査の企画・設計の段階に前提するところの，調査によってとらえるべき社会的事実（社会的集団）の理論的規定と，調査結果としての統計（社会的集団を物語る数量的規定）を利用する者が観念し，予想ないしは期待する社会的事実（この社会的集団）の理論的規定との不一致が，つまり両者の概念のずれが，解明すべき主要問題である。調査が，社会情報を媒介とするその結果の利用者の間接経験である以上，この不一致は統計調査以外の社会認識においても避けがたい社会認識に固有の特質である。自然の観測においては観測行為自体が原則として観測者の直接経験であるから，医師が問診によって患者から診断に必要な事実（患者の直接経験の内容）の説明を受けるような場合を除けば，観測対象についての概念の不一致などの生じる機会はない。数値が調査結果の唯一の表現形式となる統計の場合は，この不一致も数量的な誤差として与えられるが，統計調査以外の社会情報の作成・収集過程では，それは単なる数量的誤差の姿をとるとは限らず，質的な差異をも含む概念の不一致となる。したがってここで問題になるのは，情報の数量的精密性の程度＝精度ではなく，両概念の外延と内包の差異である。調査結果の信頼性を数量的に表現できるのは統計の場合の特例であって，その他の社会情報の作成・収集過程においては，それぞれの過程に特有の質・量的な誤差を問題にせざるをえないことに注意すべきであろう。社会情報の多様性に即して考えるならば，いわゆる数量的

な精度が問題にされる統計の場合がむしろ特例である。したがって，自然観測値の精密性を基準にして調査結果の精度を評価しようとするのは，社会情報には妥当しない思考様式である。社会調査の方法としていわゆる無作為抽出標本調査法が多用されているが，この調査法に固有の標本誤差（random error）算定の数理は，社会情報の信頼性と正確性の吟味にはほとんど無力であることが再確認される。

　他方，統計調査や事例的実態調査の実施過程（いわゆる技術的過程）に固有の，それぞれの歴史的社会的側面によって規定される信頼性の問題もまた，これら以外の社会情報の獲得過程が免れ得ない問題である。とりわけ個人情報の漏洩によるプライヴァシーの侵害という被調査者の協力を阻害する要因は，原則としては調査結果の公表が直接には個人情報の識別につながらないはずの統計調査の場合に比して，はるかに深刻な影響を社会情報の作成・収集過程とその管理・保有に及ぼす。最近のプライヴァシー侵害による被害者意識の高揚は，個人情報の保護が制度化されない場合には，統計調査以外の社会情報の獲得を妨げ，その結果の信頼性を低める重大な要因である。それは社会情報の作成や収集が，調査者と被調査者との対立する社会関係のもとでしか行えないという，社会情報に特有の条件を明確に物語るものである。

　以上に概観した社会情報の真実性を毀損する諸要因は，社会情報の内容に深刻な影響を与えるものであるが，これらはいずれもいわば情報処理のソフト面にかかわるものであって，情報処理と通信のハード面の技術の革新によって解決される問題ではない。社会情報の「品質」（真実性）を保証し，社会認識の手段としてのその役割を高めるには，情報処理機器の技術的水準を向上させることよりも，情報とそのシステムの安全管理を志向する努力がまず必要である。これを怠るとき，多様・大量の社会情報の高速・広域的利用は，輝かしい「テレコム」社会の到来を告げるものではなく，かえって情報化社会を危険な状態におとしいれることになろう。こうして，情報の真実性を保証し，情報システムの安全性を確保することは，当面の最も重要な課題の一つとなろう。

2 社会情報の利用をめぐる諸問題

　多種多様でそれぞれ形式と内容の異なる社会情報が，多様なメディアを通じて，ほとんど氾濫状態に近いと言えるほど大量に提供されている。情報処理・通信技術の革新によって情報のネットワーク，大型データベースが次々と整備され，利用者のアクセスもますます容易になっている。しかしその反面，以上に見たように，提供される社会情報のすべてが，利用者の知りたい社会的事実の真相を伝えてくれるわけではない。事実を意識的に歪めて捏造される情報（デマ，興味本位の週刊誌ゴシップ記事など）は論外としても，情報の提供者，収集者が主観的には真実を伝えようといかに努力してもなお，結果的にはその意図と利用者の期待に反して，事実についての偏った，一面的な，そして不正確な情報しか与えられないのがむしろ実態であろう。そうなると社会情報の利用者は，与えられる個々の情報の真実性を吟味することがまず必要になり，それには前節でみた統計調査や事例的実態調査における信頼性と正確性の吟味・批判が参考になるであろう。しかし，今日のように大量の情報が目まぐるしく与えられる場合，実際問題としてはこれも至難のことであろう。社会情報を媒介にしてわれわれが知ろうとする社会の実態や社会的事実の様相は，実験室内で諸条件の管理下に行われる観察の対象とは本質的にことなり，きわめて複雑な構造をもち，変化しやすい。情報を素材にしてこれを全体として意識的に再現するためには，個々の断片的な情報をたんに受容するだけでなく，積極的に，同一または関連する事実についての複数の情報を比較検討し総合することが必要である。この場合，注意を要するのは，一見具体的な事実の完全な記録のように見える情報が，実はその作成・収集者の社会的・政治的・経済的な立場，その社会的意識，社会的事実についての専門・理論的知識，主観的意図（情報収集の目的にかかわる）といった「フィルター」を通して描かれた事実の映像であり，具体的な事実からその多くの面を捨象した記録，つまり一種の抽象の産物だということである。情報の利用者は自らの理論，知識にもとづく推論によって，また他の情報によってこれを補い，いわば「加像」的に事実を再現するように努めなけ

ればならない。

　さきにみたように信頼性と正確性が吟味・批判される統計の場合にも，必ずしも常に調査の理論的過程において次のような過程を経て初めて統計調査が実施されるとは限らない。すなわち，指導的統計家（統計調査の企画設計に当たる）の意識の内にまず最初に「社会的集団現象的過程」が客観的実在として措定され（調査の端初において社会現象に集団的という規定を自明のことのように付与すること自体が既に問題であるが，ここではいわゆる「集団」論争に立ち入ることを避け，別の機会にとりあげたい），調査目的に即して「社会集団」という予備的概念が形成され，つぎにこの集団の数量的全体像をとらえるために「統計集団」が方法的に構成され，これについて四つの要素（または要件：単位，標識，存在の時，存在の所）が認識され，ついでこの四つの要素が調査可能な「統計調査集団」の具体的な四つの要素に転換されるという過程が，それである。このような過程を前提にしないで，あるいはその一部分を省略しても統計が得られる場合があることはすでに，蜷川統計理論においても考察されていた。すなわちいわゆる「大量観察代用法」（統計調査代用法）の一つとしての「間接大量観察」（間接的統計調査）がそれで，そこでは統計調査の技術的過程がすべて省略される。今日，業務統計と呼ばれているこの代用法の結果は，上記のような過程を経ないで，したがって必ずしも「社会集団」，「統計集団」，「統計調査集団」といった作業仮説的な，方法的媒介を設定しなくても，統計として十分に通用するものが少なくなく，特に経済統計にはそのような統計が多く，本来の統計調査の結果である調査統計と併用されているのである。また今日の政府統計の基軸をなしている国民経済計算体系の諸指標も，主要なものの殆どが調査の結果ではなく推計によって与えられるものである。

　統計の種類におけるこのような多様性は，統計の真実性の検討にももちろん重大な影響を及ぼす。統計調査の理論的過程や技術的過程の一部または全部が省略されるならば，統計の信頼性と正確性を吟味・批判する際に，手掛かりになるべき「社会集団」，「統計集団」，「統計調査集団」などの諸要素の規定も失われるからである。しかしこのことによって，結果としての社会情報である統計の真実性の検討が不必要になるわけではけっしてない。本来の

第 11 章 社会情報の真実性とその利用について 319

調査過程を経て獲得される調査統計の場合とは異なる基準と手続きによって，つまり上記のような方法的に設定される諸集団の諸規定にはよらないで，別個の規定を基準にしてではあるが，やはり真実性の検討を行わなければならない。推計結果としての統計についても同様である。いや，さらにすすんで，一般に収集・作成される社会情報のすべてについても，やはりそれぞれの真実性の検討は，それらを社会認識の手段として利用する際には常に例外なく必要な方法的手続きである。言い換えれば，利用される社会資料が調査統計であるか，業務統計であるか，実態調査の結果であるか，推計値であるか，幾段階もの加工（計算を含む）を経て与えられるさまざまの誘導情報であるかにかかわりなく，その真実性の検討はそれを利用する者にとって必須の前提条件であると考えられるからである。ただここでの問題は，現段階においてはまだ，こうした検討にとっての理論的（資料論的ないしは情報論的）な基準が十分には解明されていないことである。この基準の解明は社会情報利用論の緊急の課題であるといっても過言ではあるまい。

社会情報によって，複雑な社会的事実の全貌を再現するには，また，多様な社会情報の体系的な利用が必要である。再び統計を例にとってみるならば，調査結果としての個々の統計は，いずれも社会的事実を形式的，一面的にしか反映しない情報にほかならないので，それらの断片的な利用では社会的事実の正確で完全な再現は望むべくもない。他の統計および非統計的な情報による補完をまってはじめて，事実の現実性のある近似的映象が描かれるのである。この場合，情報体系のなかで主導的な地位をしめるものが，必ずしも常に統計であるとは言えない。例えば，統計の整理・加工によって，経験的な規則性や安定的傾向が見いだされたとしても，これに対して非統計的情報，たとえば事例的実態調査の結果が常に補完的な役割をはたすとは限らない。現実の歴史過程から偶然的攪乱的諸要素を捨象して必然的連関を見いだすために，常に主役を演ずるのが統計的方則だとは言い切れないであろう。代表的事例，あるいは典型的事例の方が，歴史過程を貫く必然性をよく物語ることも大いにありうるからである。この意味で，蜷川統計理論における統計の限界的利用形態としての，純解析的統計系列による集団性の安定的強度（確率）の検出は，到底，社会情報利用の理想的範式にはなり得ないであろう。

社会情報の体系的利用に基づく事実認定は，大数法則に基づく確率論的推定や統計的仮説の検定，つまりいわゆる統計的推論，頑健性あるパラメータ推計値の発見などとは，論理的次元の異なる，というよりも全く異質の社会科学的分析・総合の始点にほかならない（統計的法則は社会情報を用いる実証的研究の終点ではない）。[16]

次に問題になるのは，この情報の表現形式が数量的であるか非数量的であるかによって，はたして社会情報の利用が内容的にも異なった結果をもたらすかということである。社会情報のなかで，その表現形式が常に数量的なものとなるのは，数値情報としての統計だけである。事例的実態調査の結果をはじめとするその他の社会情報は，もちろん事物の数量的な側面を表現出来ないわけではないが，特定の質的規定性をもつ限りで数量を表現するものである。実は統計もまた，本来は質的に規定された数値，すなわち「経験数」なのであるが，数値という形式をもってしか表現されないという特性のゆえに，サイバネティカルな情報や，自然観測値情報，工学的情報などと混同されて，単なる数値として加工され，数理解析的に利用されるのが当然であるかのように誤解され易い。その基底にあるのは，数量的表現によってのみ推論の形式論理的な厳密性が保証されるという観念である。これはすでに常識ともいえるほど一般的に認められている観念であって，それ自体は直ちに誤りだとは言えないが，問題は統計とそれを素材とする推論が，他の非数量的な情報やそれにもとづく推論よりも，常に厳密な思考を可能にするという素朴な確信（信仰というべきか）に連なっている点にある。社会科学的な思考，判断，推論の厳密性が，もっぱら数値情報の利用によってのみ保証されると見るのは，情報の数量的形式にたいする過大評価である。非数値情報による精密な記述や推論が可能であり，数値情報によるよりも厳密であることさえ決して少なくはないからである。

さきに述べたように，社会情報の利用によって社会認識に成果をもたらすためには，何よりもまず利用される情報の真実性が保証されていなければならない。しかし情報が数量的形式で表現されるからといって，その真実性が必ず自動的に保証されるわけではない。事実を誤り伝える数値情報も十分有りうるからである。したがって情報利用の過程を社会認識の中に位置付ける

とき，情報の認識価値はまずその内容と意味から定まるのであって，けっしてその形式のみによってではない（前掲書において吉田は，統計が「ある社会的集団現象的過程の特定の側面に関し，その数量的全体像を与えてくれる」という特質を評価して，統計はその第一次的な利用において，「数量的比較という形式論理的に厳密な推論を可能にする」（88頁）というが，たとえば人口密度のような比率がはたして社会科学的に「厳密な推論」の結果だと言えるであろうか）。

統計，特に調査統計と違って，それ以外の社会情報は必ずしも数値情報の形態をとらない。このことから直ちにこれらの情報が統計に比べて，不精密であるとか，信頼性と正確性に欠けるなどというのは，すでに述べたとおり，数量的表現に対する過信の現れである。同様のことは，社会情報の利用段階においてもいえる。調査統計以外の社会情報は数値形態をとらないことが普通であり，また数値形態で与えられるとしても，つねに一定の質的規定のもとでしかその意味は明らかにできないので，統計のように安定的規則性の発見を目的として，数理解析のための素材として，つまり蜷川のいわゆる純解析的統計系列を構成して，安定的な集団性の強度（確率）を算定できる根拠をもたない。しかしこのことはけっして統計以外の社会情報を利用しても科学に有効な結果がえられないということを意味しない。この種の問題を検討するには，社会的事実の分析において，非数量的情報と，その非数理的総合がはたす役割，その反面においては，統計のような数量的情報とその数理解析的利用の意義と限界を，方法論的に，しかも具体的事例に即して，詳細に研究しなければならない。

最後に，社会情報を処理し伝達する技術の急速な発展が，この情報の利用にもたらすインパクトを，予想しておくことも必要であろう。第五世代のコンピュータ，いわゆる人工知能の実用化される段階においては，社会情報の収集と伝達，そしてその利用形態も現在とは全く異なったものになることが予想される。経営内部における情報処理の変革，たとえば大規模のテレコム化，POSシステム，VANによる労務，販売，財務などにおける情報処理の変容は今日すでに進行中である。しかしこうした技術の開発によって，やがて社会情報システムの管理やその処理の自動化が進み，情報の真実性の確保

やその利用法までもが自動化され，すべてを人工知能が操作すると考えるとしたら，それはあまりにも安易なSF的な空想であろう。新技術の開発が歴史的社会的な過程である以上，情報の処理と管理のための技術の発展も超歴史的社会的な物理的過程に環元されるものではなく，とりわけ，社会情報の収集・伝達・処理の過程においては，ここで考察した諸問題をいっそう深く再検討しなければならなくなるであろう。

<h2 style="text-align:center">むすび</h2>

以上，社会情報の真実性とその利用上のいくつかの問題を検討してきたが，多様・大量の社会情報を利用して社会認識を深めるために最も必要なことは，当然の要請ともいえる以下の諸点である。

1. 社会情報が情報として有効に利用されるためには何よりもまず，その真実性（対象反映性）が保証されなければならない。社会情報の真実性を規定するのは，情報処理と情報伝達のハード面の先端技術ではなく，一定の歴史的・社会的な諸条件のもとでそれを収集・作成する過程である。
2. 社会認識の手段としての社会情報の真実性を検討する際に，統計調査の理論的および技術的過程における統計の信頼性と正確性の規定要因の解明は，重要な手掛かりを与えるであろう。しかし，より重要なのは，社会認識における情報収集・作成過程の認識論的・具体的検討である。これにもとづく社会情報論の展開は，また社会科学研究方法論としての統計学の緊急な課題であるといってもよいであろう。
3. 以上の研究成果を踏まえた社会情報の利用は，断片的な社会情報の個別的なものではなく，体系的総合的なものでなければならない。
4. 数量的な社会情報とその数理的な利用は，社会認識の過程において正しく位置付けられ，これに対する過信を警戒しなければならない。

しかし，認識論や社会科学の研究方法論の上で至極当然なこのような要請を，抽象的一般的に指示することよりも，はるかに重要なのは，今後の研究

第 11 章　社会情報の真実性とその利用について　323

の方向を展望するとき，情報化の進展にともないますます増大する困難の予想される問題点を具体的に解決することであろう。つまり，ますます多様化する社会情報の全体に広大な研究領域を設定し，従来の統計調査論や社会調査論のなかで進められてきた調査結果の真実性の問題の検討成果を踏まえつつ，統計や事例的実態調査の結果以外の社会情報の真実性の吟味・批判とその体系的な利用を積極的に進めることである。問題の範囲が極めて広大であり，また多種多様な社会情報を取り上げなければならないために，研究が拡散され結果が希薄な内容のものにおわる危険はおそらく大きいものと予想される。にもかかわらずこの方向への研究を進めなければならないのは，今日の社会生活における情報化の急速な進展がますます強くそれを要請すると思われるからである。社会問題の研究に利用される資料は，もはや統計調査や社会調査の狭い枠組以外でも生産され，広く利用されるようになることが確実に予想されるからである。

　本章はこうした研究方向への課題設定のための予備的な一考察にすぎない。

（1）　フェリックス・フォン・クーペ，西村皓・井上担訳『情報理論と教育学』慶応通信，28頁。
（2）　岩崎允胤・宮原将平『現代自然科学と唯物弁証法』大月書店，427頁。
（3）　田中一・長田博康『情報処理概論』北大図書刊行会，2頁。
（4）　田中一「情報とは何か」『広報』7（北大情報処理センター）1987年8月，41頁。
（5）　田中，前掲論文，43頁。
（6）　内海庫一郎『社会統計学の基本問題』北大図書刊行会，140頁。
（7）　この見解を「統計＝社会集団説」としてその形骸化を鋭く批判したものとして，次の書物が重要である。
　　　木村太郎『統計・統計方法・統計学』産業統計研究社。
（8）　大屋祐雪「統計情報化過程の考察」徳永正二郎・矢田俊文編『ソフト経済の研究』九州大学出版会，124頁。大屋はここで統計に「対象反映性」を求めるのは「できないことねだり」であるとしているが，「統計の一面性と形式性」をいかに詳細に説明してもそれだけでは，その信頼性を吟味・批判するための基準は与えられない。
（9）　蜷川虎三『統計利用における基本問題』（現代語版）産業統計研究社。
（10）　蜷川，前掲書，72,77頁。

(11) 吉田忠「社会調査の方法」大橋隆憲ほか編『社会調査論』法律文化社，91頁。
(12) 吉田，前掲書，106, 108頁。
(13) 吉田，前掲書，109頁。
(14) 大屋，前掲書，123頁以下。大屋はこれを「統計の宿命的な情報性格」という。
(15) 内海，前掲書，147頁以下参照。
(16) 内海，前掲書，279頁以下参照。

第12章　統計の情報特性について

はじめに

　統計を手段とする社会認識の構成論的性格と反映論的性格が，社会統計学の根幹にかかわる重大問題の一つとして議論されている。[1]論点は多岐にわたるが，現段階において最も重要な焦点のひとつは，統計という社会情報の真実性，すなわち蜷川統計学が半世紀以上も前に提起・解明した「統計の信頼性と正確性」の問題を，この社会認識の過程との関連において，いかに考えるかにある。[2]

　いわゆる情報化の進展が目覚ましい現在，この問題が大きな意義をもつと考えられるのは，それが数量情報としての統計をその一要素とする社会情報全体の真実性，すなわち社会情報を媒介にする認識の対象反映性と深くかかわっているからである。いいかえると，社会全体の情報化が急速に進み，情報の処理と伝達のための機器とそのシステムの発展が目覚ましい今日，いわゆるソフト・ウエアをも含めた社会情報システムの性格の解明と，そのなかでの統計の位置づけが求められており，さらにまた，社会情報による認識の対象反映性にとっての意識の役割が根本的な検討を迫られているからである。

　社会情報とそのシステムを処理する技術のいちじるしい進歩に比して，これを指導すべき理論としての社会情報論はいまだ完成の域に程遠い。新たに発展し始めた知識の領域においてしばしば見られるように，ここでもエレクトロニクスという情報処理・変換の過程における革新的な先端技術によって処理される情報の種類はその形式のみならず，内容からみてもますます多様化し，処理速度の高速化によって利用される情報量は急増している。にもかかわらず（あるいは，それゆえにかえってというべきか），情報とは何かについての厳密で明解な定義はまだ与えられていない。[3]学者によっては情報論

において端緒の概念となる情報をいわゆる無定義要素と見なすものもある。[4]
したがって，情報一般を扱おうとすれば焦点が不鮮明な抽象的な議論になりやすい。

しかしながら，情報という言葉が社会生活においてすでにかなり定着していることは否定しがたい事実であり，とりわけ社会情報の一形態としての統計については，大屋祐雪のように，この情報を獲得ないし作成する認識行動たる統計調査の分析を展開するにあたって，統計が情報化する過程にとくに注目して，統計的認識の「経験批判論的性格」あるいは「情報性格」を論ずる試みもある。しかもそこでは，統計という情報の特性が統計による社会現象認識の真実性（信頼性と正確性）をめぐって，重大な意味を持つ。

このような状況を踏まえて，本章では統計を特殊な数量的社会情報として内含する社会情報の真実性を検討するために，社会情報としての統計の情報特性を明らかにしその利用上の問題点を明らかにすることを目的としたい。行論の過程で必要な場合には，抽象的な空論におちいらないように警戒しつつ，さらに広く情報一般の真実性の問題にも言及する。

1 社会情報としての統計

上述のように情報一般には単一の厳密な定義は与えられていないのであるが，ここでは差し当たり，実在の情報過程を自然及び社会の累層的構造（図12-1）に即して，広くまた根源的に考察している情報科学者である，田中一，長田博泰の定義「事象の状態を他に伝えることができる場合その状態を情報という」[5]に従うことにする。というのはこの定義は，情報を実在的なものと捉え，単なる認識の所産に局限せず，また社会生活に有意義なものに限定せず，よりひろく自然現象をも含めようとしており，社会情報としての統計の対象反映性を考察するうえで，他の諸定義よりもはるかに適切だからである。

情報（＝伝達可能な事象の状態）は，情報の諸形態によって，すなわち様々な媒体（各種の情報処理・伝達の機器とそのシステムなど）を通して，また様々な媒質（記号，数字，言語，音声，文字，図形，映像など）を用い

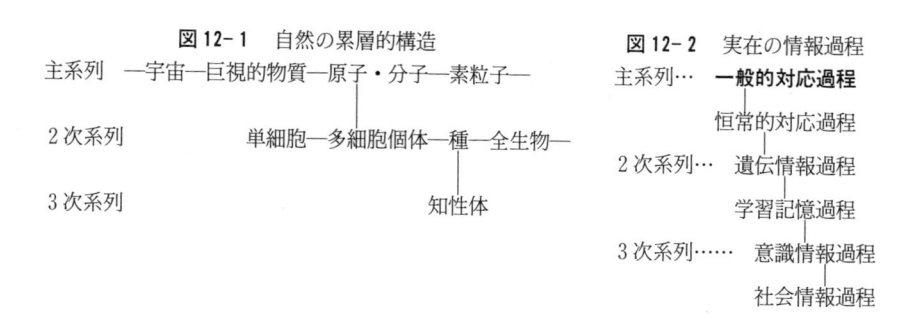

```
図 12-1  自然の累層的構造              図 12-2  実在の情報過程
主系列  ―宇宙―巨視的物質―原子・分子―素粒子―   主系列…  一般的対応過程
                                                恒常的対応過程
2次系列      単細胞―多細胞個体―種―全生物―    2次系列…  遺伝情報過程
                                                学習記憶過程
3次系列                   知性体              3次系列……  意識情報過程
                                                社会情報過程
```

て発信者が受信者に伝達する内容（内実）である。同一の情報内容を伝達するとき，複数の媒体あるいは媒質のうちどれが用いられてもそれによって伝達される情報内容には変わりがないということは，情報変換過程一般の特質である。

ところで，図12-2にみられるように，社会情報の変換過程は実在の情報過程としての生物の誕生とその進化にかかわる遺伝情報過程と学習記憶情報過程を下位の層序〔単数又は複数の系列からなる累層的構造における位階〕とする高次の情報過程としての意識情報過程，それよりもさらに高次の社会情報過程にかかわる。前者は知性体〔全宇宙の意識を持つ存在〕が個体として行う概念による思考過程〔脳髄の情報過程〕であり，後者は社会的に所有される外部情報，たとえば図書館の蔵書によって個体としての人間の情報処理の制約〔脳髄の神経細胞数と脳の大きさの限界〕をこえた記憶容量「記憶情報量」を基盤とする情報変換過程である。田中はいう，「社会情報過程の特徴はその情報蓄積規模の大きさにのみあるのではありません。……学的認識の絶えざる発展は，社会の情報過程のなかで初めて可能になったのです。つまり社会情報過程は情報の生成という点でも，むしろこの点においてこそ一段と高度なのです」[6]。

田中は実在の情報過程の高度化を実在する物質過程すなわち外的世界の中で進行する自然史的過程として考察し，最も高次の社会情報過程に至るまでの進化を展望して，個別科学の認識内容が，物質世界から出発しながら概念を用いて体系化されてきたことにもとづいて，これに対応する情報過程の存

在に注目，これを情報論理過程と呼ぶ。「このような認識内容は，そのままの形で物質世界に実在しているとは限りません。限りある私達の脳髄で限りない外的世界を認識しようとすれば，外的世界の実在に直接の対応をもたない概念を通らざるを得ないのでしょう。そのようなものとして私達は概念的に構成した情報過程を持っています。またこのような情報過程にもとづいて，すなわち実在する情報過程を概念的に再構成することによって始めて高度の情報過程を創り出し，またこのことによって外的世界の情報過程を最終的に認識することができるのでしょう」（田中「情報変換の層序」12頁）。

　田中のこの指摘は，情報過程の高度化，すなわち高度情報化の過程を，個体としての人間の知的成長から学的認識の発展にいたる，われわれの知識の獲得，蓄積，発展とかかわらせて見るとき，重大な意義がある。個人的な経験，学習といったレベルでのいわゆる知覚にもとづく感性的認識の進化はもとより，概念操作による思考という優れて理性的な認識の段階においても，対象反映的な知識を深化させるために，われわれがいかに多種多様な情報の助けをうけているかは，いまさら繰り返すまでもない事実である。しかもこのことは認識論の根本問題である意識の創造性と能動性に深くかかわっている。

　田中はいう，「……意識の創造性は微視的世界の認識に対する物質の根源性を否定するものではない。反対に微視的世界に対する測定結果に対する現実化した対応物を発見すべく現れた意識の活動が意識の創造性である。……それは概念を媒介とした認識活動に常に見られるものである。……意識はまことに能動的である……」[7]。

　「我々の外的世界に対する認識は，外的世界と直接の対応を持たない観念連合を構成し，これを媒介することによって初めて得られるのである。……自由に形成された観念連合を媒介とする認識こそ小さな物質系（認識を支える物質としての脳髄）にもとづいて大きな外的世界を認識する唯一の道であろう。したがってまた意識の創造性は意識活動を支える基本である」[7]（ただし個体の脳髄の情報過程よりも高次の社会情報過程〔実在する〕に対応する情報論理過程がどのような特質を持つ過程であるかは，まだ不明である）。

　さて，実在する情報過程と概念的体系化による情報論理過程の進化の以上

第12章　統計の情報特性について　329

のような経緯をふまえて、統計という社会認識材料の情報特性を考察しよう。ここで注意を要するのは、この場合、情報特性というのは情報内容の容器、形式、ないしは形態としての媒体の特性ではなく、あくまでも情報内容そのものの特性だということである。

ここでまず問題になるのは統計の情報性格とその真実性（信頼性と正確性）についての以下のような大屋祐雪の理解である。[8]

すなわち、「特性と特性値による表象は知覚複合であるから、それは感性的認識である。それにたいして、理論的模像は……概念の複合であるから理性的認識のカテゴリーに属する。しかしながら、その認識は科学が理想とする対象的存在の総体性を反映する全一的な模像ではなく、統計目的を通して選ばれた総体像の局部ないしは局面にかんする、しかもそれだけに局限された模像＝概念複合である。総体像のこの論理から、統計の経験批判論的認識性格が、不可避的に派生する」（大屋『ソフト経済の研究』97-98頁）。肝心な点は、「統計の対象反映性の強調にあるのではなく、統計における対象反映の形式性についての徹底した理解でなければならない。統計の対象反映性を強調するあまり、反映の形式性、一面性に考察が及ばないのであれば、そうした論述は、統計の対象反映性についてなにごとも論じなかったに等しい。なぜならば、いかなる意味においても対象反映的でないような統計調査は、もともと、統計調査の概念に値しないものなのだからである」（大屋、前掲書、124頁、傍点は是永）。「統計の信頼性、正確性は、統計調査が制約を受けている課業過程の歴史的社会的側面すなわち体制的要因にもとづくものであり、後者〔対象反映の形式性、一面性〕は、統計調査の方法行程としての抽象的一般的仕組み、すなわちシステムとしてのその論理構造に起因することで、統計が統計調査の結果表章であるかぎり、不可避的に帯びる情報性格である」（大屋、前掲書、124-25頁）。

ここで大屋自身の「情報」の定義をみると、「個的存在例えば個人Ａについての認識は、Ａに対する接触、応答、ないしは観察、測定、検査などによって個人Ａがもっている諸属性（肉体的、精神的、社会的、経済的等々の性質・特徴＝対象性）を知覚し、その観念的な総合の上に成り立つ。したがって、その認識内容はＡについての知覚、記憶、想像等による表象（representation）で，「特性」と「特性値」の複合として，意識ないしは記録される。それがいうならば個人Aに関する「情報」（information）である（大屋，前掲書，94頁）。

　個人Aについて語るとき，われわれは語る目的に応じて，情報として獲得されている多岐にわたる特性ないし特性値から，そのいくつかを選び，頭の中ないし紙のうえに配列あるいは結合して，個人Aを具体的に語る。そこで語られている個人Aすなわち表象としてのAは，人間としての個人Aの全一体的な反映像（模写）ではなく，Aのもろもろの属性のうち，特定のものにスポットをあて，その特性と特性値だけで構成した模像にほかならない。

　なんらかの実践を予想してつくる対象の模像＝知覚複合は，そういう認識性格の目的像にほかならない。

　大屋がここで主張する統計の情報性格とは，端的に言えば，統計による認識が「科学が理想とする対象的存在の総体性を反映する全一的な模像ではなく，統計目的を通して選ばれた総体像の局部ないしは局面にかんする，しかもそれだけに局限された模像＝概念複合である。総体像のこの論理から，統計の経験批判論的認識性格が，不可避的に派生する」という点にある。

　一見，統計に固有の情報特性を捉えているかに見える。しかしながら，社会情報の提供する認識内容が「対象的存在の総体性を反映する全一的な模像ではなく」，「総体像の局部ないしは局面にかんする，しかもそれだけに局限された模像＝概念複合である」のは統計以外の情報を含めた社会情報一般について，いな，さらに広く情報による認識一般についてもいえることであって，統計のみに固有の情報特性ではない。

　われわれが外界の事象についての知識を獲得する過程は，自らの限られた経験的知覚による場合以外，もっぱら他人の直接経験の結果（記憶，記録）を，質問に対する応答や情報を媒介にしつつ，いわば伝聞証拠として得る一種の間接経験にほかならない。結果として与えられるのは，もちろん対象的事象の総体性を反映する全一的模像などではなく，つねに総体像の局部ないし局面にかんする，しかもそれだけに局限された模像＝概念複合に過ぎない。科学的認識を理想とする場合であっても，研究の各段階において現実に可能

第 12 章　統計の情報特性について　331

なのはこのように局限された対象認識であって，一挙に「総体性を反映する全一的模像」が得られるわけではない。大屋の理解は認識の相対的局限性についての誤解にもとづくものではないか。

　いわゆる取材という情報の獲得，生産から始まり，その伝達，利用にいたる経過の全体を通じて，情報の受信者・利用者はつねにその発信者・生産者をいわば自らの認識行動における代理人（agents）として，この代理人が作成した情報を受け取るのである。統計という社会情報の獲得と利用には，このような情報一般の局限性ではなく，その特殊なありかた，すなわち統計目的によって規定され，統計が獲得されるための一般的方法的技術の制約を受けるということがさらに加わるのである。自然における実在の情報過程を別として，社会情報の獲得，伝達が行われる社会情報過程の特徴はここにある。したがって，伝達され利用される情報内容の真実性（信頼性と正確性）はつねにこの代理人の主観，知識，能力，理論，思想，イデオロギー，および彼または彼らが情報の収集に当たっておかれている歴史的社会体制的諸条件に依存せざるを得ない。したがって，その局所性，一面性は，対象反映の形式性，一面性という統計表章のみの一般的性格に起因するものに限られない。統計のみが他の社会情報とことなって，対象反映の超歴史的，理論的技術的な情報性格を持ちうるのではない。極言すれば，およそ社会情報の獲得が特殊歴史的社会的制約のないいわば真空状態で，あるいは実験結果に影響を及ぼす諸条件の管理された実験室の中で管理実験（controled experiment）として行われることはあり得ず，思想的に中立な実験者，すなわち F. ジージェクにならって大屋のいう「指導的統計家」が，超歴史的な調査技術や理論にもとづいて行動する余地はすくないのである。

　この意味で，吉田忠の次のような大屋批判は正当であろう。[1]

　「大屋氏は，……歴史的社会的側面に偏った（と大屋氏は考える）蜷川大量観察理論に対置すべく抽象的一般的側面における統計調査論を構築しようとした。そして，統計家の意識次元における方法的契機を体系化することにより統計情報化過程論を形成した。そこで統計家は，社会認識において孤立したただ点的に社会に直面している存在であり，社会的集団現象の数量的把握にただ方法論的関心を集中させている存在である」（吉田，7頁，傍点は

吉田)。

「問題は，統計調査の方法的技術的側面を歴史的社会的規定性から切り離し，それを統計家の意識次元において自己完結的な，いわば closed system にしてしまったことである」(吉田, 8頁)。

「統計調査の計画は，もしそれが実施される場の現実的条件を考慮に入れずに構想されるとしたら，無意味であり無力であろう。統計家は官僚的中立性の立場から，統計調査の実査・集計に係わる社会の現実をある種の秩序において予想し，それを前提にしながら調査計画を構想する。しかし，現実の社会は政治的，経済的または社会的な種々の対立を内在させており，それが統計家の前提と構想をくつがえす形で実査・集計の過程を攪乱することが多い。

実査・集計段階で生ずる統計の正確性は，統計家の前提に近い社会的条件のもとであらわれる，いわば構想そのものに起因する場合と，社会的条件の変動が統計家の前提や構想をくつがえすことによってもたらされる場合とがある。正確性の方法的技術的側面と歴史的社会的側面である。さらに信頼性に関しても，とくに前提段階で受けた社会的規定性の作用による歴史的社会的側面と，準備・企画段階での調査主体の構成的操作に起因する方法的技術的側面とが区別される。このような統計の真実性のとらえ方は，統計調査を規定的に支え規定している歴史的社会的過程を統計調査論の対象に加えたことの必然的な帰結である」(吉田, 11頁)。

こうして，統計に情報性格を認め，統計が社会情報であることを否定しない限り，大屋のように，抽象的一般的側面における統計調査論を構築しても，そこでの統計の信頼性と正確性の問題を排除することは不可能であろう。

統計調査という社会情報獲得のための認識行動の不完全性，局限性を克服して対象の反映に迫るためには，大屋のように統計調査の方法的技術的側面を歴史的社会的規定性から切り離すのではなく，この規定性を認めつつ統計以外の社会情報によって補完する以外に方途はない。しかし非情報的社会情報の獲得の全行程もまた，この歴史的社会的規定性を免れるものではなく，その社会情報の信頼性と正確性の検討を省略することは許されないであろう。

大屋のいうような，「いかなる意味においても対象反映的でないような統

第12章 統計の情報特性について 333

計調査」(大屋,前掲書,124頁)などのあり得ないことは情報の獲得一般においてもいうまでもない当然のことであるが,この反映の局限性,一面性が直ちに社会情報による事象認識の「経験批判論的認識性格」を意味するかどうかは疑問である。社会情報を利用するわれわれの認識の一面的な対象反映性は,けっして対象認識の不可能性を意味するものではなく,逆にその可能性を前提にしつつ,能動的ないし創造的な意識がそれ自身は必ずしも実在の世界に対応物を持たない観念連合をも含む情報論理過程を駆使することによって克服しようとするものであろう。いわゆる統計の「加象的」利用,Г.ウスペンスキー「4分の1頭の馬」〔生きている数字〕が想起される。

しかしながら「……個々の知識は任意に観念連合を形成する。観念連合の多くは無意味なものであって,課題意識や既成の様々な知識からなるチェックシステムのチェック過程で消えてしまうが,このチェックを経た観念連合が自然語の表現をとって意識上に現れてアイディアとなる」(田中,1991年,7頁)。

確かに,われわれは研究過程のみならず,日常的な知識の獲得の過程においても,あたえられた情報に基づきながら,その含意を探り,自由な観念連合を形成して思考を深める。しかしながら,この過程があくまでも意識によって対象を反映する認識行為の過程であるためには,上記のチェック過程を経ることが必要である。この意味で,対象反映的認識というのはもちろん鏡に映像を写し出すような消極的受動的な行為ではない。それは意識の能動的,創造的な働きに依存する,作為をこらした過程である。

2 数量情報としての統計

橋本勝は情報を「発信者から受信者への知識伝達の総体」と定義して,これをさらに表12-1のように分類する。

この分類そのものには特にユニークなものはないが,橋本は,社会統計学における統計対象あるいは統計のこれまでの定義が,統計の対象を「『客観的存在たる大量』のより具体的な規定としての,現実の社会経済過程の中の集団的社会現象」と見るものよりも,次第に拡張されつつあるという。橋本

表 12-1　簡単な情報分類

	数　　量　　性	
集約性	個別的数量情報	個別的非数量情報
	集団的数量情報	集団的非数量情報

は統計の定義の拡張には必ずしも賛成しないが，統計以外の数量情報は「現実の経済活動の中で，それが果たす情報的性格は，本来的意味での統計データと何ら変わらない，否，場合によっては，むしろ，より大きい」ものがあることを認める。彼によると「統計調査，統計とプライバシーをめぐる一連の研究等は統計の固有の問題を含みながらも基本的には情報一般の課題といえるし，逆に数量情報に関する議論の中には，統計の正確性・信頼性の話に置き換えた方がすっきりする」〔ものがある〕と述べ，今後の課題として，「数量情報が統計をその構成要素の一つとする上位概念であること，したがって統計以外にもそれとは別の個別的数量情報・非数量情報〔集団的および個別的な非数量情報〕が存在することを」認め，さらに，「いたずらに情報全部を統計学の学的対象とすることで旧来の統計学の『情報科学』としての全面的な再構築を目指すよりも，統計学のこれまでの蓄積を生かしつつ，統計以外の情報に対してそれに応じた対応を進め，また場合によっては統計を含めた情報一般に対する対応を検討するという方が望ましい」という。

　この橋本の主張は基本的に正しく，統計が数量情報の一種類であることは確かに統計の重要な情報特性である。統計対象を「集団的社会現象」に限定しないで，個体についての数量情報をも含めるべしという，社会統計学に伝統的なしかし形骸化した「統計＝社会集団説」にもとづく「統計＝集団的数量情報観」批判の視野にはすでに個別的数量情報が統計として含まれ，また，その広義の統計と他の情報との関連を明らかにし，情報体系の中での統計を位置付けるという課題が意識されている。いわゆる調査統計以外の業務統計，総合・加工統計，推計結果，などの研究がこれを証明している。

　いずれにしても，橋本によれば，「『情報化』は単なる新しい数理解析手段の普及という表現では表し尽くせないこともまた事実であって，それを統計学の理論体系の中でどう位置づけるかは避けて通れない重要課題である」[9]。

第12章　統計の情報特性について　　335

　以上のような統計の情報特性は，統計利用の過程においても重大な意味をもつ。この点に関して大屋はいう。

　「統計は，統計調査報告書や統計年鑑のなかに統計表のかたちで見い出される。それは外見こそ，まさしく数字であるが，しかし数字として自由に加減乗除できる性質の数字ではない。それは，統計が統計表という表章の形式をとらなければ表現できないような社会にかんする情報であり，統計作成という特殊な社会的行為の結果だからである。

　統計が数字のなかでも"特異なもの"であるならば，社会で日常的に利用されている統計の数字としての性質を明らかにし，その特異な情報性格がなぜ生ずるかを明確にすることは，統計学にとっての第一の基本的な課題であろう」。

　また，蜷川統計学については，「統計の情報性格に影響する契機として，社会体制的な要素と情報性格的な要素とがその作成過程にあるとすれば，蜷川の統計論への貢献は，もっぱら前者とのかかわりを明らかにしたことである」（大屋『現代統計学の諸問題』10頁）。

　「統計表の外観（外的形式）とそこに記載されている総数，総額，平均値，比率，指数等の数字形態とが目につく。統計論に『統計形態論』が必要なゆえんである。それはいうならば統計の外的形式の考察である。もちろん統計にとって最も重要なことは，それが"何を語っているか"であるから，『統計の内実論』が統計論の中心でなければならないことは，あらためていうまでもないことである。しかし統計表から統計の内実に至る道は，表の上では表頭，表側のための表章（分類標識）とそのマス目の数字を媒介としてしか，そこには開かれていない。したがって，その考察はおのずから統計の内的形式にとどまらざるをえない」（大屋，前掲書，11頁）。

　みられるように，統計にとって最も重要なことは「統計の内実論」であると言いながら，大屋が重視するのは統計の内的形式の方である。統計の数量情報としての特性は，しかし，その外的形式たる統計表ともろもろの数字形態の数理的意味にあるのではなく，それらの内実としての実質的社会的意味（implication）にある。物価指数の経済的意味はその計算式の形式的整合法をチェックするだけではけっして明らかにならない。それが通貨の一般的購

買力を表現できるかいなかがこの情報の試金石である。その他の数字形態の情報もまた経済指標としての意味が明らかにならない限りは情報価値を持たない。

数量的社会情報としての統計の利用について，大屋が，社会科学的統計学の重要な課題とするのは，「統計数理の社会事象化（すなわち数理の統計実践への応用）」である。彼はいう，「統計数理がさまざまな統計実践なかんづく政府レベルの統計調査や経済計画に不可欠な数理技術として採り入れられている現状にたいして，数理の社会現象への適用には限界がある，あるいは数理形式主義に陥る危険が多い，と論難することで，社会科学としての統計学が果たさねばならない課題に応えたことになるのであろうか」（大屋，前掲書，20頁）。

ここでの中心問題とされるのは「事象の論理と数理技術の対応をどうみるか」であるが，いうところの事象の論理が，数量情報としての統計の特性に関連していかにとらえられるかが明らかにされていないために，数理技術との対応もまた十分には解明されていない。彼は数理の社会事象化を次の三つのケースに分けて説明する。すなわち，

　ケース I　ある種の関心や目的から，社会現象の数量的表現が求められる場合。

　ケース II　数量化ないし数理技術の適用が求められている特定の社会現象について理論的，経験的解明部分が少ないか，多くても極めて不確かな状況のもとで，数量的表現ないしは数理技術の適用が求められる場合。（経済の数量分析，計量モデル）

　ケース III　因果関係の統計分析は中止して，えられた統計を数値情報として，もっぱらその集合的性質を追及し，それにもとづいてなにごとかを立論しようと試みる場合。（社会理論は排除され，もっぱら統計数理によって分析され，結論づけられる）

　前　提　1　利用される統計の存在
　　　　　2　現象と統計との数量的反映関係（統計の対象反映性）についての利用者の具体的理解の内容
　　　　　3　利用者による事象の論理の理論的把握

4　仮定する事象の論理に対応する数理技術の形成能力
　　5　事象の性質についての仮定の許容範囲
　　6　数量化と数理技術の形成と適用にかかわる，事象の認識と実践をめぐる世界観（大屋，前掲書，21-22頁）

とくに問題になるのは，「ある種の目的や関心事から，事象の数量化と数理技術の適用が，事象やデータの性質を越えて実践的に求められる場合」（大屋，前掲書，22頁）であるが，

「そのとき，Aは，そのような事象の数量化とそれに対する数理技術の適用は真理に反する非科学的な行為と論難して，そのような統計実践には否定的な態度をとるであろう。

他方，Bは，真理や科学よりも実行と実践を重んじて，数量化の可能性をさぐり試行錯誤を立て前に数理技術の形成と適用に意欲を燃やす。そしてついには，いくつかの仮説をおいて数理技術の適用に及び，数量的表現の要請に応える。

このとき，AはBの統計実践を非科学的，数理形式主義と非難し，Bは批判に耳を借(ママ)さず，『犬の遠吠え』ででもあるかのように黙殺する。統計界のこんにち的風景である」（大屋，前掲書，22-23頁）。

そこでさらにわれわれは2人の研究者C，Dを登場させることを忘れてはならない。

まず，Cはこのような統計界の風景を克明に描写して伝え，自らは価値判断停止よろしく一切の評価を留保して，AにもBにも与せず，またどちらにも反旗を翻すことなく，ただ統計実践の現状を叙述することに専念する，「客観の視座」に立つ統計研究者C，つまり統計実践の評論家，いな，叙述者である。

だが，Bとは異なる利用目的（たとえば民主的計画のための計量モデルの作成）に数理技術を駆使しようという実践的意欲にもえる研究者Dが自らの利用目的の正当性，緊急性のゆえに，その統計実践のみが唯一の正道であると自負して，そのための手段としてならば，方法としては疑問の残る数量化や数理技術の適用も正当化されると確信して宣言するであろう。「これこそ『主体の視座』に立つ研究者のあるべき姿である」と。

大屋が描こうとして統計学界の現状では，上記研究者B，Dの統計利用およびそれらについてのCの論評にはつぎのような欠陥または思考の欠如があることに注目しなければならない。
　その第1は，利用しようとする数理技術の分析用具としての適切性についての十分な方法論的検討が欠落しているという点である。Cは一見，この検討を済ませたうえでいわゆる「数神性」の謎の解明にとりかかろうとしているかに見えるが，そのためにはAの研究の蓄積を深く理解する努力を吝しむべきではなかろう。大屋のいう「数量化や数理技術の形成，適用の手続も統計実践を支える方法的技術の論理として定式化が可能である。適用矛盾が解っていても，数理の適用に人びとを駆り立てる社会的インパクトの様相」を明らかにするには，数理の適用がいかにして，また，なにゆえに適用矛盾を冒すことになるかの問題をAの研究にもとづき，またその方向の延長線上において把握しなければならない。
　第2に，Cの研究においては，まず数または量という情報媒質によって表現される数量的社会情報（統計はその特殊な一形態に過ぎない）の内容について検討し，それにもとづいて数量化，数理技術（統計による数理解析はその特殊な一形態に過ぎない）が社会認識において果たす役割を検討しなければならない。その存在が歴史的社会的に規定されている社会的事象の情報内容としての数量的情報（統計に局限されない）は，その形式が数または量であるからといって，超歴史・社会的な，大屋のいわゆる理論的技術的一般規定のみに規定されるものではない。数量化や数理技術は統計とむすびつかないが統計実践の前提となる純理論的展開においても縦横に，しばしば適用限界をこえて駆使されているのであり，その結果の検証に統計が用いられる例は少なくない。この理論的展開はしかし，統計利用における数量化や数理技術適用に不可欠の前提になるのであって，それ自体が独立の研究過程として検討されるべきであると同時に，統計利用の方法的前提としても検討されなければならない。Cの研究は「客観の視座」に立つというが，それだけでは不十分であって，こうした検討を欠けば，数量化，数理技術の利用についての単なる記述に終始せざるをえなくなり，とうてい社会科学としての統計学の批判的研究の名に値しないものとなりかねないであろう。大屋は「数値と

数理の関係が事象と認識の関係を代位し，事象と人間はその関係からいよいよ疎外される」事態を統計実践の「数神的性格」と呼び，商品の「物神的性格」の概念とのアナロジーにおいて，こうした数量化や数理技術の無批判的な（適用矛盾をものともせぬ）適用を，「数神的性格」によって疎外された認識行為と名付ける。しかしそれだけで，数，量のカテゴリー，数量化，数理技術の適用といった操作の本質と社会認識におけるそれらの役割が解明されるわけではない。それこそ，大屋のいわゆる「数理的形式主義のレッテル張り」にほかならないであろう。大屋は数理に「寛容」なのは彼自身ではなく，「統計と統計数理に数神的性格を帯びさせるこの社会の生産的合理主義と，その思想的背景であるプラグマティズムの世界観」であるというが，これまた，数量化，数理技術といった基本概念の社会的ないしは思想的背景を概括するにすぎず，これらの概念それ自体の方法的性格を明らかにすることにはなりえないであろう。

　第3に，大屋は統計の「あるべき利用主体」による「あるべき利用方法」の主張が非現実的であると決めつけ，それは「できないことねだりである」と論難して，統計利用の信頼性・正確性の吟味の必要を認めないが，統計以外の数量的情報をも含む数量的社会情報の利用に求められる要件をいったいどう考えているのであろうか。これらの情報が獲得ないしは作成される過程もまた統計情報化と同様に，方法的技術的側面およびそれとは独立の体制的制度的側面の両面から把握すべきであるとでもいうのであろうか。かりにこれを認めるとしても，そのことによってこの情報が数量的情報であることによる社会認識の限界がどこまで明らかにされるであろうか。

　以上のような大屋の説明においては基幹的な概念である，数，量，数量化，数理技術についての厳密な規定もなければ，社会現象を対象とする認識におけるそれぞれの役割についての批判的評価がみあたらない。大屋は支配的な統計利用の形態である数理技術の適用に彼自身が批判的であると断っているが，その研究の主眼はあくまでも現在の社会において彼のいわゆる「数神性」が支配的な潮流にならざるを得ないメカニズムの論理構造を客観的に（そのいわゆる「客観の視座」からみて）解明することにある。すなわち何故にまた，いかにして「数神性」によって疎外されるかのメカニズムの詳細

な記述，その理由の分析を標榜するのであるか，大屋自身がこれを説得的に展開している訳ではない。

　ところで，統計の特性である数量情報性については，何よりもまず，数量情報が対象認識の手段ないしは結果としていかなる特性をもつかを，その情報の内容に即して正確に把握しなければならない。繰り返し確認されてきたことであるが，「経験数」としての統計は純量や数学的な数・量のようにあらゆる質に無関与なものではなく，事物の特定の質によって規定されている定量または度量である。統計のこのような情報特性はその媒質たる数，量，または統計表という表現形態の形式性に由来するのではなく，情報内容そのものの特性である。これは統計がその調査の過程において一般的方法的技術的にのみ規定され，一定の超歴史的で，社会体制的な規定を受けない形式的性格をもつという大屋の主張とは別の，はるかに根源的な特性である。数学の研究対象を除けば，この特性は統計以外の数量情報一般，したがってまた，数量的社会情報一般についても言えることである〔質的規定性の比較的簡単な数量的自然情報についてももちろん妥当する〕。統計の利用過程において，大屋のいわゆる「適用矛盾をものともせず」数理解析が行われるのは，統計という数量情報のこの基本的特性が無視されるということにほかならない。数量化や数理解析といった技術的処理が，社会情報を用いる統計的研究として意味をもつかいなかを判定するには，数量化，数理技術の方法特性，どのような場合に適用矛盾が冒されることになるのかについての明確な分析〔いかにして，また，なにゆえに〕が必要である。この状況にただ「数神性」の名を冠するだけでは，適用根拠や適用限界を具体的に明示しもしないで，「一定の限界まで，条件付きで」数理解析を行うという逃げ口上で批判的思考を黙殺ないしは放棄する〔前出の研究者BやDの〕態度と選ぶところがない。数理解析を適用可能な限度において適用せよというだけでは，ほとんど何もいったことにはならず，同義反復にすぎない。必要なのは特殊具体的な状況のもとで，数理適用の一般原則をふまえつつ，適用条件とその結果の意味とを解明することであろう。

第12章　統計の情報特性について　341

むすび

　数量的社会情報としての統計の情報特性を明らかにすることは，社会認識の重要な手段としての統計の特質を捉えるためにだけではなく，統計利用の部面において数量化や数理技術の適用の条件を明らかにする上においても，社会科学としての統計学の重要な方法論的課題である。

　その場合，統計作成（つまり統計調査）の過程のみに特有の方法的技術的制約を超歴史的・社会体制的な問題として，研究することも必要であるが，それより以前に，この研究の前提として，いわゆる調査統計以外の諸統計や統計以外の情報をも含む情報一般の特性，とくに数量的社会情報の特性を一般的に，ただし具体的に，考察するという課題を回避してはならない。数量的社会情報の内容は，つねに，変転きわまりない歴史的社会的な諸条件の変化によってその真実性が規定されながらも，社会的存在の数・量的側面の特質，数量化や数理技術の適用という研究操作の性格によってもその社会認識の材料としての特質が規定されているからである。この課題を果たすには，数量的社会情報としての統計の利用をめぐる諸問題が，科学方法論の問題であるということを再確認したうえで，社会科学における数学的方法利用の一環としてこの問題を研究することがさらに必要である。

　これはまた，統計の真実性（信頼性と正確性）すなわち，対象反映性の検討という決定的な問題の研究と深く関わり，情報，社会情報の利用という広大な認識過程においても，常に緊急な研究課題であることを忘れてはならない。

　方法論議は不生産的であるという雰囲気が一部の社会統計学者の間で顕著になりつつあるという。しかしながら，統計の利用によって社会の現状を批判し，その望ましい将来を展望するための統計実践を実りあるものとするには，統計学の領域においても社会情報論の確立が必須であろう。

　　（1）　例えば，
　　　　　藤江昌嗣「反映論と統計学」『統計学』第48号，1985年，

大西　広「社会統計学における『構成説』と『反映論』」『「政策科学」と統計的認識論』昭和堂，1989年。
　　吉田　忠「統計の構成論的性格と反映論的性格——とくに大屋祐雪氏の統計情報化過程論をめぐって——」『統計学』第59号，1990年，7頁。
（2）　社会情報，数量的社会情報の信憑性がとくに問題になるのは，つぎのような極限状況においてであるが，それに限られない日常的な問題もである。
　　〔1941年日米開戦当日の一シーン〕
　　俊介は，黙りこくって統計資料をめくってばかりいて，傍目には確かに感じ悪かった。……
　　彼には，日本が開戦に踏み切った根拠が納得行かないのである。
　　戦力基礎となる諸元の生産力比較は日米の間では隔絶しすぎている。そんなことは，満州の一会社の青年社員にすぎない俊介にさえわかっている。企画院や商工省にはもっと精密な数字があったはずである。……日本人は，いま，興奮の坩堝の中にいる。数字が示す冷厳な事実など全然問題にならぬかのようである。
　　資料の数字を何度拾い直してみても，不吉な予想しか立たない。数字が，彼我の関係について，彼を過大に，我を過小に評価する誤りを冒していない限り，どんな見込もない。
　　俊介は資料の綴を立てて閉じた。
　　「得心が行きましたか」
　　……「行きませんね」
　　俊介が答えた。
　　「重要物資の生産力比較の算術平均値が74対1であるのを，何で埋め合わせるのか」
　　「戦争は数じゃありませんよ」
　　相手が笑った。
　　「数が問題なら，支那四億の民に日本が勝つのはどうしてです」
　　「勝っていますか」
　　相手はきょとんとした。
　　「……伍代さん，まさか，負けていると言うんじゃないでしょうな。あなたの統計表にもそんな数字は出てないはずだ」

　　〔ミッドウェー海戦で〕
　　南雲機動部隊は滅亡した。……あまりにも一方的な惨敗ではあった。
　　米国はこれを，「情報の勝利」と呼んだ。

第12章 統計の情報特性について 343

　日本は，これを，何の敗北とみるべきであったか。
　この敗戦は国民の前にひた隠しに隠されて，大本営は虚偽の報道をした。この海戦の戦傷患者は病院に軟禁され，外部との交通は遮断された。付添の看護人も外部との通信さえも禁止された。
　米国が逆の立場であったら，敗北を国民に告げ，反撃のための戦力の基礎数字を挙げ，所要時間を予告し，国民の理解と協力を得るように政治を指向したかもしれなかった。日本にはその巨きさはなかった。
　　（五味川純平『戦争と人間』光文社文庫⑦，197-98頁，379-80頁より）
(3)　岩波書店の『情報科学辞典』にも「情報」の項目はない。
(4)　野口悠紀雄『情報の経済理論』東洋経済新報社，1974年，参照。
(5)　田中一・長田博康『情報処理概論』北大図書刊行会，1981年，2頁。
(6)　田中一「情報変換の層序」『社会と情報シンポジウム』（札幌学院大学）11頁。
(7)　田中一「自然科学の研究過程と意識論」『札幌唯物論』第36号，1991年，6-7頁。
(8)　大屋祐雪「統計情報化過程の考察」徳永正二郎・矢田俊文編『ソフト経済の研究』九州大学出版会，1987年。
(9)　橋本勝「統計と情報——外国為替相場の情報的特質を手掛かりに——」『統計学』第59号，1990年。
(10)　大屋祐雪「社会科学としての統計学」大屋祐雪編『現代統計学の諸問題』産業統計研究社，1990年。

解　説

近　昭　夫

　是永純弘の 40 年以上にわたる研究において発表された多数の論文のなかから，今回，12 編の論文を選んで本書が編まれたが，これらの論文について解説しておきたい。

1　1950 年代に至る学界の動向

　はじめに，是永が研究生活に入った 1950 年代に，研究の方向とテーマを定める際に目にしていた統計学，経済統計学の状況をみておこう。

　当時，多くの人たちの注目を集めていたのが，推測統計学をめぐる議論である。戦後間もなく，北川敏男や増山元三郎等によって推測統計学（北川），推計学（増山）が新しい統計理論として唱道され，多くの人びとがそれに注目していた。一般的にアメリカ的文化の影響が強まる中で，戦争中に壊滅状態におちいった日本の統計制度を再建する過程で標本調査法が政府の統計調査法として取り入れられたことも，この方法にたいする社会的関心を高めることになった。北川がこの方法は"弁証法的"であると主張したこともあり，当時の社会的状況のなかで進歩的な人たちもこの統計理論に注目した。このような動きに対して，社会統計学の研究者は批判的であった。大橋隆憲は，推計学は弁証法的なものなどではなく現代の"有産者的思惟"の一形態であると厳しく批判し，推計学の基本的概念である確率的な母集団は，抽象的な数学的な構成物にすぎず，推計学とは固有の構造と運動の法則をもっている対象を混沌（カオス）とみなし，対象の外で用意された観念的構想物をおしつけ，それでわりきってしまうことに帰着する，と主張した（大橋隆憲「近代統計学の性格――その歴史的地位とイデオロギーの系譜――」『8000 万人』1949 年）。

　推計学をめぐる議論と並んで，戦後のソ連で展開された統計学論争の行方

が注目されていた。戦後のソ連統計学界では，ベ・エス・ネムチノフ等の統計学が計画経済の実行に役立たない数理的形式主義であるという批判にはじまり，統計学は本来どのような学問であるべきかをめぐって統計学＝普遍科学（数理統計学）説，統計学＝実質科学説，統計学＝研究方法論説等が主張され，論議された。日本では，内海庫一郎，井上照丸等によりこれらの議論の動向が紹介され，多様な論者の議論が整理され，検討された。この論争に照らして考えると，推計学の主張はまさしく統計学＝普遍科学説と重なるものであった。統計学の学問的性格，つまり統計学研究のあり方を主としてイギリスやアメリカで発達した数理統計学だけでなく経済学，社会科学における研究と関連させて考えるべきであると考える社会統計学，経済統計学の研究者の観点からは，このような主張はとうてい受け入れることのできないものであった。ソ連では統計学＝実質科学説が主流派的見解として受け入れられていくことになるが，日本の研究者たちはこの見解にも問題があると考え，統計学＝社会科学方法論説をとるエヌ・カ・ドゥルジーニンの見解に関心を寄せていた。

また，戦後の労働者，国民大衆の生活困難の状況が政府統計では正しく捉えられていないという観点から政府統計の批判的な研究，政府統計の批判にとどまらずそれを利用して一定の社会的，経済的事実を明らかにする研究もはじまった（上杉正一郎『マルクス主義と統計』1951年，総評調査部『統計の闘い』1954年）。戦時中に，高野岩三郎を中心にドイツ社会統計学，ケトレー，イギリス政治算術学派の古典的著作の翻訳が進められ，『統計学古典選集』（全13巻）が出版されたが，それを引き継ぐ松川七郎のW. ペティの研究等もはじめられている。

これらの研究が進められ，活発な議論が展開される中で，1953年6月に社会統計，経済統計の広範な問題の研究に関心をもつ人びとが集まり，経済統計研究会が発足した。1955年6月には，同研究会機関誌『統計学』が創刊された。以降，この研究会（後に学会）が是永の主要な研究活動の場となる（経済統計研究会の発足，初期の研究活動については，経済統計研究会編『社会科学としての統計学——日本における成果と展望』1976年，を参照）。北海道大学では，内海庫一郎の指導の下に研究を進めたが，内海（経済学，

統計学），岩崎允胤（哲学），宇佐美正一郎（生物学），宮原将平（物理学），田中一（物理学）等の専門を異にする研究者が集まりヘーゲル『大論理学』を読みながら哲学，社会科学，自然科学の広範な問題について議論するヘーゲル研究会にも参加し，科学研究の方法論について触発されるところが多かった。また，ほぼ毎週土曜日に経済学部のいろいろな専門の研究者が参加する土曜研究会（土研）が日常的な研究発表・討論の場であった。

2 大学院，助手時代──数学的方法，確率論，計量経済学の研究

このような研究状況のなかで是永は研究を始めたが，最初に取り組んだのはF. カウフマンの経済学方法論，数学利用論の検討であった（[1953]* [1954] [1956 a]）。F. カウフマンは，オーストリア学派の観点から1920〜30年代に「経済学の論理的基礎の解明」を目的とする論文を書いているが，彼の議論の特徴はC. メンガー以来の数学的方法による"精密な"経済理論の構築と，M. ウェバー的な了解的方法とを結びつけようとすることにあった。経済学における数学的方法利用についてのカウフマンの議論は，わが国における数理経済学の導入者・研究者であった中山伊知郎の著作においても援用されている。是永は，カウフマンの主張は「経済学の諸範疇，諸概念と客観的事実，歴史的存在としての対象の正しい関係を切断し，経済学を形式的論理操作の集合体たらしめることによって無内容化しつくす」（[1954] 52 頁）ことになると指摘している。

  ＊ 以下論文名を省略する。357-358頁の「主要業績」を参照。

次に是永が取り組んだのは，北川，増山等の議論の原型であるR. A. フィッシャーの統計理論である（[1956 b] [1956 c] [1957]）。是永がとくに着目したのは，標本から最尤法によって母集団を推理するという思考の図式が帰納的推理であるというフィッシャーの議論である。是永は，最尤法は標本理論における推定上の手続きにすぎないのであって「標本→母集団」推理＝「個別→普遍」推理＝帰納法とするフィッシャーの主張が一般的な議論として成り立たないと主張している。次いで，仮説検定論の理解をめぐるフィッシャーとJ. ネイマン，E. S. ピアソンとの違いを取り上げている。北川・増山をはじめ数理統計学の研究者の間では，フィッシャーの貢献がネイマン・

ピアソンの貢献と同時に，矛盾しない形で紹介されていた。しかし，パラメータ推定の確率の理解をめぐって，それを仮説の合理的信頼度（fiducial probability）と理解し最尤法を重視するフィッシャーの考えが，頻度説的理解（confidence theory）をとるネイマン・ピアソンから厳しく批判されており，この問題を中心に両者の間で激しい論争が続けられていること，また確率的推定法である最尤法の適用対象は限定されており，計量経済学で行われているような無限定な利用は許されないことを，是永は指摘した。後に，フィッシャーとネイマン・ピアソンとの間では，30年に渡る激しい議論が展開されたことが明らかになり，多くの人の注目を浴びることになるが，両者の見解の相違をごく早い時期に問題にした是永の研究は研究史的にも重要である。

　その後，是永の研究は経済学における数学的方法の意義と問題点，統計的研究法の基礎である確率論の意義，確率的方法の経済学への適用である計量経済学の批判的検討へと展開していった。

経済学における数学的方法利用の意義にかんする研究　経済学における数学的方法利用の意義の検討は，是永の研究の中心的なテーマとなった。カウフマンの議論の検討に引き続き，戦後の西ドイツで数学的方法の評価をめぐってゾンバルト的観点から数理経済学を批判したF. オッテルと，それを反批判し数理経済学を擁護するG. カーデとの間で展開された論争を紹介し，論評している（[1957]）。W. ゾンバルトは数理経済学を「整序的経済学（die ordnende Nationaloekonomie）」とみなし，それが自然科学的方法に由来すると考えた。彼によれば「自然科学的方法」の第一の使命は「単純な，出来れば計算し得，かつ測定し得る事実の獲得」にある。こうして得られた事実は「質のない数値」にすぎない。したがって，ゾンバルトによれば，このような記録しうる，かつ何よりもまず第一に計算しうる事実への，現象の還元によって，自然科学は形而上学的自然観を脱却すると同時に，自然の実態的把握をも断念せざるをえない。このようなゾンバルトの考えに基づいてオッテルは，「A. 数理経済学の対象たる"純粋に量的な諸関係"は，経済の現実から隔絶された函数関係にすぎない。B. 経済の現実は，数学的方法という自然科学的方法によってではなく，社会科学に固有の"理解的方法"に

よってのみ本質的に解明されうるものである。」ことを主張した（[1958 a] 173頁）。是永は，オッテルがカーデの「数学の存在論的に中立な公理体系的性格」を主張し，数学利用論の問題点を指摘していることでは評価しているが，批判の仕方が不十分であると指摘している。

1959年4月に『思想』（岩波書店）に「経済学における数学的方法の利用について」（[1959 a]）を発表した。この論文に是永の基本的な考えが示されている。この論文では，まず戸坂潤にしたがって数学的方法が「研究様式」に従属し，それを補足する一種の科学的研究操作としての「研究手段」であることが説かれる。そして，数学は量と空間形式（エンゲルス）および「それと類似のもの」（エ・コールマン）を対象とするのであって多様な人間関係，社会関係，経済関係を研究対象とする経済学，経済の研究においてはその適用の範囲，意味が限定されることが主張される。「広義の研究方法としての"研究様式"は，社会・自然の一般法則にかんする知識と在来の研究の総括的結論（結論→方法）であって，数学的方法は，これに従属し，これを補足する限りでのみ機能しうる，部分的な補助研究手段に他ならない。」「実践による検証を経て真理性の確認された結論は，次の段階の研究の導きの糸になる。そして，この検証のために利用される材料は，なるほど歴史的経験の結果そのものであるとはいえ，この一致は，その場合，歴史材料と統計数字における反映を通じて検証されるのがつねである。数学的方法はこのような理論または法則の認識，とくに量的側面の分析の補助手段として，直接に使用される一方，理論・法則の定式化とその検証の過程における，研究材料として統計数字の数理的分析として間接的に，つまり，統計的研究操作との相互関係においても正しく利用されなければならない。」（[1959 a] 52-56頁）。次いで，このような基本的観点にたって，数学を利用する経済学的研究の3つの方向，すなわち均衡論基調の経済学（ワルラス，パレート），確率論基調の計量経済学（L. クライン），公理主義的経済学（O. モルゲンシュテルン）が取り上げられ，検討されている。

これらの研究をもとに書かれ，北海道大学に経済学博士論文として提出されたのが「経済学研究における数学利用の基礎的諸条件に関する研究」（[1962 b]）であり，本書の第4章に収められている。この論文では，これ

まで発表された論文で提示されていた諸論点が，より系統的に展開されている。論文は，序説と4つの章（第1章　数学の学問的性質，第2章　経済学における諸量とその関係，第3章　経済学における数学的方法，第4章　数学利用論の最近の諸形態），および結語から成っている。

「第1章　数学の学問的性質」では，まず数学が「現実世界のなかから，その量的関係と空間形式の面だけをきりはなし」て成立してきたことが，算術，幾何学が成立した段階，代数式が成立した段階，抽象数学（現代数学）が成立した段階を通じて明らかにされ，「数学の対象は現実世界の具体的な現象そのものではなく，その抽象的な量又は空間的側面である」こと，「数学の方法は，現実世界から量的関係と空間形式を一面的に抽象することに，その特徴をもっている。」ことが主張される。そして，「物質の変化の一般法則は，各々の物質に固有の法則性にもとづくのであって」，それを量的変化に還元することができない以上，「数学の行う量的分析＝量的変化の数学的分析は，変化の全過程の分析にとっての必要条件ではあっても，決してその十分条件ではない」ことが指摘されている。

「第2章　経済学における諸量とその関係」では，経済的諸量が質的規定性と量的規定性を併せもつものであり，それを量的規定性に還元してしまうことは歴史的社会的性格の否定することになることが説かれる。その上で，経済諸量の関係は諸量の均等関係，比率，比例関係として現れるが，それらは自然的測量とはまったく異なる認識実践である統計調査によって得られることが，強調される。

「第3章　経済学における数学的方法」では，はじめに経済的諸量とその関係の数学的表現の意義が，諸量のそれぞれの質的規定性に対応して，一定の量的規定を表現することにあること，数学的な「諸記号は，それに対応する現実の過程をもたないかぎり無意味な，内容のない，代数的記号に転化する」のであり，数学的分析に先立って行われる「質的分析が，たえず，数学的分析の全過程を指導する」ことが強調される。この観点が戸坂潤の見解に基づいて，確認される。戸坂によると，諸科学の一般的な研究方法（または研究様式）と計算，実験等の科学的操作（研究操作）とに分けられるが，数学的方法は，統計操作（統計材料の収集，加工）等と並んで，この実質的研

究操作の一つである「解析的操作」にあたる。こうして「数学的方法という研究操作は，研究様式という統一体＝研究方法体系の中で，従属的，補助的な地位をふりわけられなければならないということになる。」

「第4章　数学利用論の最近の諸形態」では，数学化された論理学によって経済理論の"厳密な構成"を図ろうとするO. モルゲンシュテルンの「記号論理学と社会諸科学」（[1937]）における見解と，経済理論によるモデル（模型）の構成とその諸パラメーターの確率論的・統計的推定という方法をとる計量経済学の主張が検討されている。

最後に，数学の学問的性格，経済諸量と関係の特徴，経済学の研究方法としての意義についての，是永の検討の結論が整理して述べられている。経済学的研究における数学的方法利用の意義について，このように基礎的な問題に遡って系統的にまとまった形で論じた研究は，是永の論文が初めてであり，その後も現れていない。執筆されてからやや時間がたっており，現在の観点からみて十分とはいえない部分も散見されるが，この問題について考え論じていくときには，今後とも，この論文の検討が欠かせないであろうし，誰しもこの論文から出発するということになろう。

確率論にかんする研究　この時期に是永が力を注いだもう一つの研究が，確率論である。数理統計学は確率論に基礎をおいているが，確率とはなにかについて様々な見解がある。最もよく知られているのは，「好都合な場合の数/等可能な場合の数」が確率であるとする古典的定義である。しかし，この"等可能"であるということがどのようにして証明されるかをめぐって，さまざまな議論が行われてきた。R. A. フィッシャーの統計理論においては，確率は合理的信頼度を表すものとして，きわめて主観的なものとして考えられている。しかし，確率論が現実の事象の研究において有用なものであるとすれば，その意義を客観的なものとして考え，その現実的基礎をあきらかにする必要がある。この観点から是永が注目したのが，確率を客観的事象との関連において頻度説的に考えるR. v. ミーゼスの確率論である。是永はミーゼスの確率論（『確率，統計と真実』第3版，1951年）について検討した論文「確率の基礎概念について」（[1960]）を『統計学』第8号に発表した。これが，本書の第1章として収められた論文である。

ミーゼスは，集団的現象または反復現象をコレクティフと総称し，試行を無限回繰り返したとき，その一定のメルクマールの相対頻度を確率であるとする。ただし，そのコレクティフは無規則なものでなければならないとされる。つまり，「無規則コレクティフ内でのあるメルクマール出現の相対頻度の極限値」が確率であるというのである。ミーゼスのこの議論を，是永は確率を客観的存在と結びつけて考えようとしていることでは評価するが，その一方でミーゼスのいうコレクティフが客観的に存在するものなのか，それとも観念的に想定されるものなのか判然としていないことが問題であると指摘している。

計量経済学についての研究　1930 年に国際計量経済学会が創立され，33 年に機関誌 *ECONOMETRICA* が創刊されたが，計量経済学の研究が本格的に行われだしたのは，1940 年代に入り T. ホーベルモの確率論的な方法が提唱され，ヨーロッパから移ってきた研究者を迎えてコールズ委員会の活動が活発になってからである。戦争が終わり，1950 年代に入るとコールズ委員会に集まった人びとを中心に多くの著作が出版されはじめた。日本では，杉本栄一が 1930 年代からこの学派の研究を始め，戦後は杉本，山田勇，鈴木諒一等により，アメリカでの研究が紹介された。1955 年には山田勇等によりホーベルモが 1944 年に発表した論文「計量経済学における確率的接近」が翻訳・出版された。また，代表的計量経済学者の 1 人である L. クラインのテキスト『計量経済学』(1953 年) も 1958 年に翻訳・出版された。経済理論，数学，統計学の統合を標榜する計量経済学は，経済学の新しい研究方法として注目を集めていた。

　このような動きに対し，経済統計研究会の若手の研究者であった広田純・山田耕之介により 1957 年に「計量経済学批判」(『講座近代経済学批判』第 III 巻，東洋経済新報社) が発表され，計量経済学の成立以来の研究動向と問題点が摘出された。

　是永も計量経済学の問題点の検討に取り組み，1958 年に 2 つの論文を書いている。[1958 b] は札幌唯物論研究会の機関紙『唯物論』7 号に発表されたものであり，計量経済学にも経済現象の因果性の解釈とその把握の仕方・モデル構築において，因果循環モデル（逐次モデル）をとる H. ウォル

ト等と，経済現象を相互依存関係にあるものと捉え，構造方程式体系モデル（相互依存的モデルとパラメーターの同時推定）をとるホーベルモ・コールズ委員会の人びととの間に対立があると論じている。両派の議論の対立について論じた研究としては，最も早い時期のものである。[1958c] は『統計学』第7号に発表されたものであり，広田・山田論文でも取り上げられていたT. C. クープマンスが制度学派のA. F. バーンズ，W. C. ミッチェルの景気循環研究を「理論なき測定」として批判したこと（"Measurement without theory," *The Review of Economics and Statistics*, vol. 29, 1947）をめぐって2度にわたって展開された計量経済学派と制度学派との論争の経過が詳細にフォローされ，論評されている。ここで問題になるのは，クープマンス等のいう"理論"の意味であり，"理論模型"の現実性である。是永は，クープマンス等の「理論模型」に基づく実証が「非現実性」「無内容性」に帰着すると指摘している。

3 法政大学時代

1962年に是永は法政大学に移り，新たな活動をはじめた。折からソ連経済学界で数学利用にかんする議論が盛んになり，社会主義計画経済における数学的方法の利用，サイバネティックスの適用についての議論が人びとの関心を呼び始めていた。是永の関心の幅も広がり，ソ連における統計学，経済学における数学利用をめぐる議論，サイバネティックスの適用にかんする論文を発表している（[1964a] [1964b] [1965a] [1965b] [1966b] [1971]）。また，北大時代の基礎的な研究をさらに展開した諸論文を書いている。

その一つが，計量経済学批判の論文である。1965年は政府の中期経済計画が策定され，そこで初めて計量経済学の手法が利用されたことが話題となる年である。日本評論社から出版されていた月刊の『経済評論』は当時の代表的な経済雑誌のひとつであったが，この雑誌に是永を中心に計量経済学批判の連載が企画された。その第1回の論文として『経済評論』のこの年の1月号に発表されたのが是永の「計量経済学的模型分析の基本性格」（[1965a]，本書第6章）である。この論文に引き続き，2月号に岩崎允胤「近代経済学の哲学的基礎」，6月号に伊藤陽一「計量経済学におけるパラメータ

ーの確率的推定」が発表されたが，3つの論文は検討すべき問題を分担した形になっている。岩崎が計量経済学的モデル分析の哲学的基礎を検討し，また伊藤はパラメーターの確率的推定法の問題点を検討しているが，是永の論文は計量経済学的モデル構成の意味を明らかにし，その問題点を摘出することに焦点を当てている。

数理統計学の基礎理論の研究も続けられたが，その成果の一つがL. ホグベンの統計理論を検討した「統計的方法の『有効性』について」（[1966 a]，本書第2章）である。ホグベンの『統計の理論』（1957年）は，馬場吉行と平田重行により翻訳され，自然科学を研究する立場から現代の数理統計学，統計的推測法を批判しているものとして，注目されていた。しかし，ホグベンの主張は独特の用語，文体で展開されていて，その真意と意義が容易に理解できないというのが大方の受け取り方であった。このホグベンの議論を是永は，①集団の計算法，②誤差の計算法，③調査・研究の計算法，④判断の計算法，を中心に丁寧に読みこみ，その意義を検討している。

1969年に青木書店から『講座マルクス主義哲学』（全4巻）が発刊されたが，その第3巻に書かれたのが「数学的方法の意義と限界」（[1969 b]，本書第5章）である。この講座は多くの読者を想定して編集されたこともあり，この論文で是永は，これまでの研究に基づいて，経済学的研究において数学的方法を利用することの意義と問題点，限界を分りやすく説明している。論文の最期の節では，急速なコンピュータの発達を社会的背景にして論議され始めていた情報科学やサイバネティックスを取り上げ，それらをみる基本的な観点を示している。

4 1970年代以降の研究から

本書第Ⅲ部では，1971年8月に北海道大学に戻ってから以降に書かれた論文が採録されている。第7章「『経済学の危機』と近代経済学の方法」は，1973年に札幌唯物論研究会『唯物論』に書かれた論文である（[1973 b]）。1960年代末から資本主義経済は，景気後退とインフレーションが同時に進行するスタグフレーションや公害・環境破壊，南北問題等に悩まされていた。このような状況を前にして，イギリスのJ. ロビンソンが1971年のアメリカ

経済学会で「近代経済学会の第2の危機」と題する講演を行い，大きな反響をよんだ。これを契機に，日本でも経済学研究，経済研究における実証の意味等をめぐって論議が交わされた。是永はこれらの議論における重要な点を整理している。

　第8章「現代経済学の方法・思想的特質」は，内海庫一郎の還暦を祝して企画された『講座現代経済学批判』I, II, III（日本評論社，1975年）の第I巻の巻頭に書かれた論文である（[1975]）。このシリーズは内海研究室の出身者が，近代経済学の現代的諸形態の研究方法とその思想的背景，その学説史的展開，そして現代の経済問題について分担して執筆したものである（第I巻　是永純弘編著『現代経済の方法と思想』，第II巻　佐藤博編著『現代経済学の源流──学説史的検討──』，第III巻　山田喜志夫編著『現代経済学と現在』）。この論文の第1節で是永は，マルクス経済学に対立して提示されている現代経済学の「科学性」がいかなるものかを示し，その問題点を整理している。第2節では，この時期に社会的に注目されだしていたシステム分析に的を絞り，その基本的性格と問題点を検討している。

　第9章「『政策科学』は可能か」は，青木書店から季刊で出版されていた『現代と思想』36号に書かれた論文である（[1979]）。経済統計研究会の創設時以来，この研究会に属する研究者の多くは数理統計学，それの経済研究への応用形態である計量経済学が経済分析に適用されることについては批判的であった。数理統計学を応用して各種の計算をすることによって経済学的分析，経済学的認識が深まるのか，いく本もの方程式から構成される経済モデルを作り，そのパラメーターを数理統計的方法によって推定，検定することによってなにが明らかになるのか，を多くの人たちが問い続けてきた。これまで説明してきたように，是永もこれらの問題について調べ，考え，議論し，多数の論稿を書いてきた。ところが1970年代頃から，民主的経済計画を推進していくために積極的に経済の民主的な経済計画を提示することが必要であるとする議論と連動して，計量的分析の利用が必要，有効ではないか，という意見が強くなってきた。これまで問題を原理的に考え続けてきた是永にとっては，このような動き，意見はとうてい容認できないものであった。"問題だらけ"の方法で社会的に責任ある回答を用意することができるのか，

という危惧もあった。このような考慮のもとに書かれたのが，この論文であった。

この論文の発表後，学会の場でこの問題について真正面に向き合って議論されたことはなかった。しかし，コンピュータが日に日に発達している現在においては，数理的方法による暫定的計算とその利用，それを通した経済的分析の深化ということも考えられるので，意見の異なる者同士がもっと突っ込んで議論し，具体的な分析結果をめぐって討論が重ねられてもよかったように思われる。

第10章「システム思考と社会認識」は，内海庫一郎の古希を記念して編まれた『経済学と数理統計学』I, II (第I巻　高崎禎夫・長屋政勝編著『統計学の生成と展開』，第II巻　山田貢・近昭夫編著『経済分析と統計的方法』産業統計研究社，1982年)の第II巻に書かれた論文である ([1982])。当時，はなばなしく論じられていたシステム的思考が，新しい思考様式といえるのかどうか，そこから何か新しい思考がでてくるのかどうかを明らかにすることが，この論文の狙いであった。

第11章「社会情報の真実性とその利用について」で取り上げられているのは，さまざまな形で社会情報が提供される今日において，情報の真実性をどのようにして確保すべきか，という問題である。現在では，情報，統計数字が，それらが成立，作成される過程が無視されて，一人歩きする危険が大きくなっている。このような状況にあるからこそ，社会情報，統計の真実性に配慮し，数量的な社会情報の社会認識過程における意義づけを明確にしておくことが重要である，と主張している。

第12章「統計の情報特性について」では，情報という内容がはっきりと規定されていない概念と統計との関係をどのように考えるべきかが主題である。この問題を考える際に大屋祐雪の見解が問題になる。大屋は1960年代から，「統計学＝反映・模写説」，すなわち統計学は統計方法（統計の作成と利用の方法）を研究の対象とするという蜷川虎三以来の統計学＝社会科学方法論説を批判し，統計学の課題は統計調査と統計利用，つまり統計実践を「資本論的に反映・模写」することにあると主張している。大屋の見解をめぐっては，これまで経済統計学会の会員の間で長い間議論されてきている。

ここで是永がとくに取り上げているのは，統計における現実の社会・経済現象の反映は統計調査者の統計目的に制約されて一面的なものにならざるをえず，したがって「経験批判論的認識性格」をもつという大屋の主張である。大屋はこのことを，統計の"情報性格"と表現している。大屋はまた，そのような一面的性格をもつ統計数値が一人歩き的に利用されていくことを，商品の物神的性格とのアナロジーで「数神的性格」とよんでいる。これに対し，このような大屋の見解では社会情報としての統計の特性とその利用の意義は理解できず，統計の真実性（信頼性，正確性）の検討と，数理的方法の適用条件とその結果の意味の検討を解明することが重要である，と是永は主張している。

　1994年に内海庫一郎が他界されたが，先生の追悼を機に，「統計と社会経済分析シリーズⅠ～Ⅳ」を北海道大学図書刊行会から出版する運びとなった。このうち既に3巻は，昨年から今春にかけて出版された（第Ⅰ巻　長屋政勝・金子治平・上藤一郎編著『統計と統計理論の社会的形成』，第Ⅱ巻　杉森滉一・木村和範編著『統計学の思想と方法』，第Ⅳ巻　岩井浩・福島利夫・藤岡光夫編著『現代の労働・生活と統計』）。この第Ⅱ巻に寄せられたのが「経済研究における統計利用の基本問題——経済研究と社会情報としての統計の利用をめぐって——」であり（[2000]，本書第3章），是永の没後の2000年1月に出版された。是永の最後の論文である。ここで是永は，社会統計，経済統計の研究者の間における「数理統計学的研究の体系的受容」ともいうべき現状を指弾し，真に社会科学に基礎を置く統計利用論の追究を呼びかけている。この呼びかけに，真摯に応えていく努力を続けていくことが，残されたわれわれの課題であろう。　　　　　　　　　（九州大学経済学部教授）

故是永純弘教授主要業績

共編著
『統計学〈改訂版〉』（共著）有斐閣　1966
『現代経済学の方法と思想』（編著）日本評論社　1975
『社会科学のための統計学』（共著）評論社　1976
『統計学』（共編著）産業統計研究社　1984

翻訳
W. J. ライヒマン『統計〈利用と誤用〉』（共訳）法政大学出版局　1967
O. モルゲンシュテルン『経済観測の科学』（共訳）法政大学出版局　1968
マールィー『「資本論」と統計』（共訳）大月書店　1980
マールィー『エンゲルスと統計』（共訳）大月書店　1980
ヴェ・コトフ『現代経済システムの再検討』（共訳）梓出版社　1983

論文
「経済学における数学的方法の意義について」『経済学研究』（北海道大）第5号　1953
「『経済科学』の論理について」『経済学研究』（北海道大）第7号　1954
「フェリックス・カウフマンの『経済法則論』とその吟味」『経済学研究』（北海道大）第10号　1956 a
「R. A. フィッシャーの『帰納推理論』について」『統計学』第3号　1956 b
「R. A. フィッシャーの『帰納推理論』と統計的仮説検定論について」『統計学』第4号　1956 c
「仮説の検証と『最尤法』の原理について」『経済学研究』（北海道大）第11号　1957
「経済学における数学利用の意義について」『経済学研究』（北海道大）第13号　1958a
「計量経済学における統計的方法の利用について」『唯物論研究』（札幌唯研）第7号　1958 b
「計量経済学における方法論争について」『統計学』第7号　1958 c
「経済学における数学的方法の利用について」『思想』418号（岩波書店）　1959 a
「計量経済学における統計解析について」『経済学研究』（北海道大）第16号　1959 b
「確率論の基礎概念について」『統計学』第8号　1960
「経済理論の公理系化について」『経済研究』（一橋大）第13巻第1号　1962 a
「経済学研究における数学利用の基礎的諸条件に関する研究」学位（経済学博士）取得論文　1962 b
「統計的合法則性についての一考察」『経済志林』（法政大）第30巻第4号　1964 a

「経済研究における数学の適用条件」『経済志林』(法政大) 第32巻第2号　1964 b
「社会主義経済学におけるサイバネティックスの適用とその疑問点」『統計学』第12号　1964 c
「計量経済学的模型分析の基本性格」『経済評論』1月号 (日本評論社)　1965 a
「計量経済学的模型分析とはなにか」『統計学』第15号　1965 b
「統計的方法の『有効性』について」『経済志林』(法政大) 第30巻第4号　1966 a
「ソヴィエト経済学における数学利用論の現状と問題点」『経済研究』(一橋大) 第17巻第2号　1966 b
「社会科学と統計」『経済志林』(法政大) 第37巻第2号　1969 a
「数学的方法の意義と限界」『講座マルクス主義哲学3』青木書店　1969 b
"On the Quality of Economic Statistics"『経済志林』(法政大) 第39巻第1・2号　1971
"Mathematical Programming for an Optimally Functioning System in a Developed Socialist Economy"『統計学』第27号　1973 a
「『経済学の危機』と近代経済学の方法」『唯物論』(札幌唯研) 第20号　1973 b
「システム分析とモデル論批判」『経済』5月号 (新日本出版社)　1974
「現代経済学の方法・思想的特質」『講座現代経済学批判Ⅰ』日本評論社　1975
「社会科学としての統計学の課題」『統計学』第30号　1976 a
「俗流的『科学・技術観』とシステム的思考の本質」『経済』3月号 (新日本出版社)　1976 b
「近代経済学の方法の特質とその思想的背景」『経済理論学会年報』第14号　1977
「『政策科学』は可能か」『現代と思想』第36号 (青木書店)　1979
「システム思考と社会認識」『経済分析と統計的方法』産業統計研究社　1982
「社会情報としての統計の利用」『経済論集』(関西大) 第36巻第5号　1987
「社会情報の真実性とその利用について」『経済論集』(北海学園大) 第36巻第1号　1988
「統計の情報特性について」『経済学研究』(立教大) 第45巻第4号　1992
「社会情報の対象反映性」『唯物論』(札幌唯研) 第38号　1993
「『情報化』と経済統計学の課題」『統計学』第69・70号　1996
「経済研究における統計利用の基本問題」『統計学の思想と方法』北海道大学図書刊行会　2000

編集を終えて

　是永純弘先生が亡くなられて，1年がたとうとしています。ご逝去があまりに突然のことだったため，暫くはそのことが信じられず，その現実をしっかりと受け止められないまま今日まで時間が経過してしまいました。その想いと精神的に混乱した状態は今なお，続いています。わたしたちの感情のいつわらざるところです。

　しかし，先生から学問の，また人生の薫陶を受けたものとして，いつまでも嘆いているわけにもいきません。学恩に報いるにはどうしたらよいか，その手だてとしてもっともふさわしいことは何なのか，そのことに早く気がつくべきでした。そのような折，是永先生の著作集の企画がもちあがりました。企画は是永先生が法政大学経済学部で教鞭をとられていた当時，ゼミナールの学生であった大森幹夫氏，小黒正夫氏，大松純氏，森嵩氏，広田真人氏らOBの方がたによるものでした。本書は，その熱心な願いが実ったものです。

　先生が永い研究生活のなかで掲げておられたテーマは，社会科学方法論の立場から統計的方法の意味を解明することでした。先生は統計的方法にはどのような意義と限界とがあるのか，また数学的方法を経済分析に適用することの現実性はどこにあるのか，という諸点について多くの示唆的な研究を遺されました。これらの問題との関わりで，計量経済学，現代経済学の方法を批判的に検討され，最近では情報の正確性や信頼性について一連のお仕事をされました。

　先生はすぐれて今日的意義をもつ研究業績を残されながら，しかしご自身の著作をまとめられることに慎重であられ，結果として一冊の著書にまとめられることなく，他界されました。先生の学問的業績を知るものにとり，このことは大変に残念なことです。

　法政大学是永ゼミナールOBの方がたから著書企画の話しを受け，編集の仕事にあたることになったのは，先生が北海道大学経済学部で研究・教育に専念されていた頃，先生のゼミナールに所属していたわたしたちでした。責務を感じ，引き受けてはみたものの，先生の数ある論稿のリストを作成し，

それらを集め，一定の制約のもとに主要なものを選択し，これを大まかにジャンルわけし，可能なかぎり発表順にまとめる仕事は一筋縄ではいかず，採択する論文をどれにするかは容易でありませんでした。先生の諸論文が実は緻密に計画され相互に連携をもち，継続的に重複なく書かれ，御研究の全体がひとつの体系的作品であったためです。しかし，いったん編集の仕事を引き受けた以上，後戻りはゆるされません。切羽つまった状態のなかで，先生の御研究の全体について主要論点を欠くことのないように配慮し，諸論文を与えられたスペースのなかにようやく収めたのがこの本書です。ご容赦願わざるをえないのは，多くの貴重な論文を断腸の想いでこの著書からはずさざるを得なかったことです。すべての仕事を終えた現在，わたしたちとしては先生のお叱りを受けないようにと願うばかりです。

本書発刊にあたり，先生から暖かくかつ厳しくご指導いただいたわたしたちがあらためて自覚しなければならないのは，わたしたちひとりひとりの努めが新しい時代のテーマをそれぞれの持ち場で考え，解明し，その成果を社会に還元していくことにあるということの確認です。モラル・サイエンスとしての経済学の理論に裏うちされた統計的方法で社会・経済現象を研究，分析するという，先生が一貫して示された学問的姿勢をわたしたちは絶やすことのない灯として継承していくことをここに誓いたいと思います。

末尾になりましたが，九州大学経済学部の近昭夫先生には，お忙しい中，本書全体についての解説をお願いしました。近先生はこれを快く引き受けられました。この場を借りて，お礼を申し上げます。また，研究書の出版事情がますます厳しくなっているおり，本書の出版で，企画の段階からお世話いただいた八朔社の片倉和夫氏に心から感謝いたします。氏の熱意とご尽力がなければ，この著書の出版は，はじめから成り立たないものだったことでしょう。厚くお礼申し上げます。

2000年7月3日

岩　崎　俊　夫
(立教大学経済学部)

岡　部　純　一
(岩手大学人文社会学部)

[著者略歴]

是永　純弘（これなが　すみひろ）
1928年　中国青島に生まれる
1952年　北海道大学法経学部経済学科卒業
1957年　北海道大学大学院経済学研究科(旧制)修了
　　　　北海道大学経済学部助手を経て
1962年　法政大学経済学部助教授
1965年　法政大学経済学部教授
1971年　北海道大学経済学部教授
1992年　札幌学院大学経済学部教授
　　　　北海道大学名誉教授
1999年　7月24日　永眠
専　攻　経済統計学　経済学博士
共編著　『統計学〈改訂版〉』（共著）有斐閣，1966年
　　　　『現代経済学の方法と思想』(編著)日本評論社,1975年
　　　　『社会科学のための統計学』（共著）評論社，1975年
　　　　『統計学』（共編著）産業統計研究社，1984年

経済学と統計的方法

2000年8月15日　第1刷発行

著　者　　　是　永　純　弘
発行者　　　片　倉　和　夫
発行所　株式会社　八　朔　社
　　　　　　　　　　はっ　さく　しゃ
東京都新宿区神楽坂2-19　銀鈴会館
振　替　口　座　・　00120-0-111135番
Tel 03-3235-1553　Fax 03-3235-5910

©是永純弘，2000　　印刷・平文社／製本・みさと製本

― 八朔社 ―

新MEGAと《資本論》の成立　大村泉　七二八二円

マルクス／エンゲルス著作邦訳史集成　大村泉／宮川彰・編
新MEGA第II部（『資本論』および準備労作）関連内外研究文献　六三〇〇円

再生産論の基礎構造　宮川彰　六〇〇〇円

再生産論の学説史的研究　鈴木春二　四八〇〇円

価値形態と生産価格　山内清　六〇〇〇円

戦後インフレーション　原薫　理論発展史的接近　七〇〇〇円

陸軍工廠の研究　佐藤昌一郎　昭和三〇年代の日本経済　八八〇〇円

定価は本体価格です